HISTOIRE
DES PAYSANS

II

Paris. — Imprimerie de L. MARTINET, rue Mignon, 2.

HISTOIRE
DES PAYSANS

DEPUIS LA FIN DU MOYEN AGE JUSQU'A NOS JOURS

1200 — 1850

PRÉCÉDÉE D'UNE INTRODUCTION

AN 50 AVANT J.-C. — 1200 APRÈS J.-C.

PAR

EUGÈNE BONNEMÈRE

TOME SECOND

PARIS

F. CHAMEROT, LIBRAIRE-ÉDITEUR

13, RUE DU JARDINET

—

1856

L'auteur et l'éditeur se réservent le droit de traduction.

HISTOIRE DES PAYSANS.

LIVRE QUATRIÈME.

XVIIᵉ SIÈCLE.

CHAPITRE PREMIER.

Les coutumes au XVIIᵉ siècle.

> « Il n'est point vraisemblable que les peuples aient accordé volontairement à des seigneurs particuliers tant de droits contraires à la liberté publique, dont la plupart des coutumes font mention et dont plusieurs subsistent encore. »
> FLEURY, *Hist. du droit français*, § XVI.

Le XVIIᵉ siècle, rempli tout entier par les dix dernières, et les seules années heureuses de Henri IV, par le tout-puissant ministère de Richelieu, et par le règne quasi-séculaire et tant admiré de Louis XIV, est sans contredit le plus brillant que l'histoire de la royauté puisse offrir à nos regards. Acceptons-le donc comme type, et que ce soit lui qui nous édifie sur ces quatorze siècles de gloire et de prospérité que la France dut à la monarchie absolue, s'il faut en croire les adversaires de l'avenir, admirateurs peut-être trop passionnés d'un passé qui ne peut plus renaître.

Si, grâce au travail patient des siècles et à la marche persévérante de l'esprit humain, la législation a réussi souvent à modifier, *en droit*, d'une façon avantageuse la situation du paysan, *en fait*, elle reste identiquement la même ; l'armée a remplacé les grandes compagnies, les hauts barons ont cédé la place aux gouverneurs de provinces, et ceux-ci vont la céder tout à l'heure aux intendants, mais Jacques Bonhomme restera gros Jean comme devant ; ceux qui le volent et le pillent changent de nom et de titre, mais on lui prend tout, comme par le passé, on exige de lui de plus fortes redevances à mesure qu'il devient moins misérable, et les maîtres seuls sont plus riches au milieu de la misère éternelle et fatale des pauvres ahaniers.

« Le peuple, écrit en 1605 le commentateur de la coutume d'Anjou, le peuple est aujourd'hui si chargé et si opprimé, qu'il est prêt de tomber sous le pesant fardeau qui l'accable : il n'y a plus moyen qu'il se puisse relever d'une si grande pauvreté où il se voit réduit. Le malheur procède de ce qu'il n'y a que les pauvres qui paient la taille, et les riches en sont affranchis : au lieu que le menu peuple en devrait être déchargé. Mais c'est tout le contraire ; car les plus riches se déchargent sur les pauvres, et les grandes villes sur le plat pays.

» Or pour remédier à cet inconvénient et soulager les pauvres, il serait nécessaire que les tailles fussent réelles... » (Delommeau, liv. III, 48.)

Chacun le savait parfaitement : mais, comme on compte avec les grandes villes, qui font peur, tandis que l'on n'a rien à craindre des campagnes ; comme la puissance est toujours aux mains de la noblesse et du clergé, de l'échevinage et de la magistrature, qui constituent la haute bourgeoisie des villes, les tailles deviennent de plus en plus personnelles, les villes étendent leurs priviléges, la bourgeoisie se sépare plus que jamais des campagnards, et voilà ce que, soixante ans après Delommeau, écrivait, au sujet de l'Anjou même, un homme bien informé, et qui tenait de trop près à la cour pour qu'on l'accuse d'assombrir le tableau :

« Tout le monde convient que les plus riches et les plus puissants s'exemptent ou font modérer leurs taux à la foule et oppression des plus pauvres. Le remède que l'on y a trouvé jusqu'à présent, c'est la taxe d'office, et il est *très bon* aussi, pourvu qu'il soit fait avec connaissance de cause. Mais, comme elles se font ordinairement sur les mémoires des sergents et des receveurs, elles ne servent bien souvent qu'à venger les passions, à les faire redouter dans les paroisses et à nécessiter les habitants de prévenir le mal qu'il leur peut faire par des présents et des contributions; en sorte que *le remède est pire que le mal* (1). »

« Auparavant six ou sept vingt ans, écrit Guy Coquille vers les premières années de ce siècle, quand les tailles et subsides ne montaient à la dixième partie de ce que le peuple porte aujourd'hui, quand il n'y avait pas la dixième partie des officiers et des procès qui sont de présent, les gens du plat pays du Nivernais étaient fort à leurs aises avec les commodités susdites... Mais, comme les tailles et subsides ont été accrus presque d'an en an, les officiers et les procès sont multipliés, ce pauvre peuple s'est grandement affaibli en moyens et facultés et nombre de personnes, par les transmigrations volontaires des habitants, et par les famines et mortalités, passages et séjours ordinaires des gens de guerre, et s'est aussi affaibli de cœur, voyant les pauvres gens que plus ils travaillaient, plus ils étaient chargés, tellement qu'aujourd'hui le plat pays du Nivernais est extrêmement pauvre, et chaque jour s'appauvrit davantage. » (*Hist. du Nivernais*, t. I, p. 496.)

La coutume du Nivernais, commentée par ce savant homme (2), auquel ses contemporains décernèrent le surnom bien mérité de judicieux, prouve que dans cette province le servage ne cessa point de subsister avec une partie de ses rigueurs.

(1) Charles Colbert, *Mém. sur l'Anjou* (1664), 158.
(2) Député du tiers état aux états de Blois, Coquille flétrissait l'égoïsme de ses collègues dans ces vers, éternellement de circonstance :

Omnibus his populi commissa est causa : veremur
Ne pro re populi rem sibi quisque gerat.

« En ce pays la servitude adhère à la personne, et encore que le serf quitte tout au seigneur, il demeure serf de poursuite. Cet article montre que la servitude étant de naissance, tient et adhère à la chair et aux os, en sorte que le serf demeure serf en quelque lieu qu'il aille, encore qu'il quitte tous ses biens, meubles et immeubles; même la dignité épiscopale ne le délivre pas de la servitude. » Cependant il nous apprend ailleurs que le clerc serf, qui autrefois était déposé des ordres, conserve désormais sa position, à la condition de donner à son seigneur des dommages-intérêts.

« Hommes et femmes de condition servile sont taillables par le seigneur *à volonté raisonnable*, une fois l'an, pour payer la taille à eux imposée, au terme de Saint-Barthelémy.

» Et pour imposer la taille susdite, le seigneur ou ses commis doivent appeler deux ou trois prudhommes, *tels que bon leur semblera*,... pour d'eux et soi informer sommairement et sans formes judicielles des facultés desdits hommes et femmes. »

Si tout cela n'est pas de l'arbitraire, ce n'en est pas loin.

« En cette ancienneté, dit Coquille sous ces articles, les tailles étaient de bons revenus aux seigneurs, qui étaient seuls à les prendre; mais de présent les tailles du roi sont extraordinaires et excessivement crues, ils prennent tant qu'il n'y a rien de reste pour les seigneurs. »

Je pense, quoi qu'en dise le commentateur, que les gentilshommes trouvaient encore moyen d'obtenir quelque chose de leurs redevables, et que c'est après eux qu'il ne restait rien aux paysans.

« Les seigneurs, dit l'article IV, qui, par convenance *ou par prescription suffisante*, ont plus ample droit de tailles qu'une fois l'an sur les hommes et femmes serfs, de tailler deux ou trois fois l'an, et de quester (1) leurs gens de trois

(1) « Queste est une espèce de taille, quand le seigneur demande quelque aide à ses serfs, en deniers ou autres devoirs. » — G. Coquille.

ans en trois ans, ou autres semblables temps, et d'avoir sur eux corvées, en useront ainsi qu'il est convenu ou qu'ils ont accoutumé. »

Il y a donc encore une variété infinie dans la situation légale des hommes des champs; l'usurpation, sous le nom de prescription suffisante, fait la loi, et tout dépend toujours de l'arbitraire des seigneurs. Ils restent toujours plus ou moins en dehors du droit de propriété. Dans le Nivernais, le serf ne succède point au franc, ni le franc au serf, tandis que sous la coutume de Troyes, où, par l'article 91, le seigneur « n'est saisi par le trépassement de son serf que des biens de main-morte, » ses parents francs lui succèdent pour les biens libres, et réciproquement.

Dans d'autres provinces, au contraire, « l'homme ou la femme franche ne succèdent point au serf, mais le serf succède bien à ses parents francs (1). »

C'est tout simple : le serf succédant à tous, et le seigneur seul succédant au serf, la propriété retournait toujours au seigneur.

Sont-ce là ces *excellentes lois* dont parle M. Thiers, qui, *sous une longue suite de rois, avaient rendu régulière la transmission de la propriété?* (*De la propriété*. liv. I, 99.)

Lorsque Bourdaloue soutenait et développait devant la cour et la noblesse de France cet aphorisme hardi de saint Jérôme : *Omne dives aut iniquus est, aut hæres iniqui!* (2) — combien, s'il eût été chrétien, son brillant auditoire n'eût-il pas dû courber et humilier son front coupable vers cette terre, tant de fois usurpée!

---

(1) *Cout. du Bourbonnais*, art. 200; — *du Chastelet en Berry*, art. 29...
« L'homme motoyer ou quevaisier, mourant sans enfants, la tenue retourne au seigneur, à l'exclusion des collatéraux, et même à l'exclusion des filles, s'il n'y a des mâles dans la tenue motoyère. » — *Traité des droits des communes et bourgeoisies*, par ***, avocat au parlement (1759), 59.
(2) *Carême* de Bourdaloue, Serm. sur les richesses, Ire partie.

Le paysan, en Bourgogne, n'est pas serf de corps, il le devient s'il possède pendant un an et un jour une terre mainmortable, et se libère en délaissant l'héritage. Puis, une fois asservi, il ne peut acquérir ni prescrire la franchise contre son seigneur. Il est taillable haut et bas, c'est-à-dire « au plaisir et à la volonté des seigneurs. » (*Cout. de Bourgogne*, Notes.)

Dans la Champagne, il faut des lettres du seigneur pour acquérir la franchise; en Auvergne, dans le pays de Combrailles, terre de servage, les enfants suivent la pire condition, et, bien que fils d'un père libre, sont serfs si leur mère est serve, et Prohet, commentateur de la *Coutume d'Auvergne*, plaidait pour les chanoines réguliers de Saint-Augustin, que les mariages des serfs n'étaient pas de véritables mariages. *Non matrimonia, sed sodalitia* (1).

Dans le bailliage de Troyes, nous retrouvons les serfs de plusieurs conditions et servitudes, selon la nature des terres et seigneuries. Les uns sont de taille à volonté, de poursuite, de formariage; d'autres sont de taille abonnée, et comme les autres pour le reste; quelques-uns sont mainmortables en meubles seulement. Dans l'évêché de Troyes, quand un homme franc épouse une serve, les enfants se partagent par moitié; s'il se marie avec une femme d'une autre seigneurie, l'évêque prend tous les enfants. Si le serf appartient à plusieurs seigneurs, « le fruit se partage entre eux pour telle part et portion que les pères et mères sont leurs hommes ou femmes de servitude. » (*Cout. de Troyes*, art. 3-7.)

Ils sont de poursuite en quelque lieu qu'ils aillent, francs ou non, car « ils sont censés et réputés de pied, et partie de la terre. » Ils sont « astreints et liés du lien de servitude, » dit la coutume de Meaux.

Les tailles sont personnelles en Bourbonnais, sur le chef et

---

(1) Fléchier, *Mém. sur les grands jours d'Auvergne*.

la personne, les unes franches, qui ne rendent point serf, les autres au contraire ne sont point franches, et rendent serf et mainmortable.

« Quiconque doit tailles personnelles et sur le chef, dit l'article 190 de cette coutume, soit taille franche ou taille serve, ladite taille est à volonté raisonnable, *et la peut le seigneur croître ou diminuer, selon la faculté des biens de celui qui la doit.* »

Dans la coutume de Château-Meillan, rédigée en 1648, tous les hommes sont serfs, s'il n'appert du contraire. Ils sont taillables trois fois l'an, *selon leurs facultés*, et « mortaillables quand ils décèdent sans hoirs communs et demeurans ensemble » (tit. V, art. 17). S'ils vont demeurer pendant un an et un jour en lieu de franchise où le seigneur ne les peut suivre, ils perdent tous leurs héritages, acquis de plein droit à celui-ci. Chacun doit, par mois, un herban à bœufs et charrettes, et s'ils n'ont point d'attelage, une corvée de leur corps. S'ils n'ont point d'héritages, ils paient pour taille douze deniers tournois, que l'on appelle la commande, et sont, pour le reste, comme les autres, et mortaillables.

Toutes terres incultes, buissons, bruyères ou friches, appartiennent au seigneur (1).

On voit que cet aphorisme féodal : *Nulle terre sans seigneur*, a de la peine à disparaître.

Ajoutons que les nobles avaient coutume de s'emparer des communs des paroisses, *sous ombre qu'ils étaient terres vaines et vagues* (2).

Pour la banalité, ils paient au fermier du four un pain sur treize, et un denier tournois; si la fournée est de gros pains, ils n'en donnent qu'un sur dix-sept.

Non-seulement les seigneurs continuaient à exercer les

---

(1) Voy. aussi Hevin, *Quest. féod.*, p. 181; — d'Argentré, sur l'art. 277 de l'*Ancienne coutume de Bretagne*.

(2) Édit de 1579, sur *Remontrances des états de Bretagne*.

droits, odieux de bris et d'épaves, mais encore ils les établirent jusque sur le bord des fleuves et des rivières (1), et partout où ils le purent, en Bretagne par exemple, ils les maintinrent jusqu'à la chute de la monarchie.

A Château-Neuf, en Berry, pays de servitude, les uns sont abonnés, les autres non. Les non-abonnés doivent en deux termes, Noël et Saint-Jean, taille serve à volonté raisonnable, à l'arbitrage du seigneur et de son bailli. Le serf est de plus bienable, c'est-à-dire qu'il doit une journée d'homme, et pour ledit bian ou arban, quinze deniers tournois, au choix du seigneur. Il doit de plus douze charrois de bœufs, chevaux ou charrettes, ou dix sols tournois pour les douze, en deux termes, Noël et Saint-Jean, et de plus une géline. Ces redevances étaient dues non par tête, mais par feu, par communauté d'habitants; ils étaient mortaillables, et devaient moudre leurs grains, fouler leurs draps, battre leurs écorces au moulin du châtelain, sous peine de soixante sols d'amende et de confiscation de bœufs, chevaux et charrettes. Quant aux abonnés, ils ne l'étaient que pour la taille, les corvées et les gélines, et restaient mortaillables pour tout le reste.

Dans une autre partie du Berry, sur la terre du Chastelet, ils faisaient une corvée de bœufs et charrettes par quinzaine, payaient douze sols de taille à chaque fête de Pâques, de la mi-août et de Noël, plus trois boisseaux d'avoine à la Saint-Michel.

Ceux qui étaient venus s'y établir depuis 1521 ne payaient point ces tailles.

Ainsi, encore une fois, jamais de libéralité spontanée de la part des seigneurs. L'excès de la misère amène la dépopulation d'une contrée, et alors le châtelain, pour la repeupler, accorde des priviléges à ceux qui viendront s'y établir. Le mieux-être de quelques-uns ne s'achète qu'au prix de l'excessive misère des autres.

(1) Registres manuscrits du parlement, 10 février 1616.

En outre des mille redevances que la terre du vilain payait au gentilhomme, celui-ci se faisait encore payer pour permettre d'enlever la tangue, le sable que l'Océan prodigue sur ses rivages, et qui donne de la légèreté aux terres trop fortes (*États généraux*, XVIII, 36). Rien n'était donc oublié, on le voit : la poussière des grandes routes, le sable de la mer, et ce fut en 1760 seulement que le parlement, tout en confirmant tous les droits que réclamaient les seigneurs, abolit le vitrillage, que l'on payait lorsqu'un cheval se vautrait par les chemins (1).

Quant à la taille, elle se payait en trois termes, août, Noël et Pâques. « Le droit de taille se lève ordinairement au doublement de la censive, » disent des arrêts du parlement de Toulouse, en date d'avril 1652 et mai 1693.

Inutile de dire qu'il s'agit ici de tailles annuelles et non de tailles aux quatre cas, dont presque toutes les coutumes gardent des traces jusqu'à la fin du xviiie siècle. Ainsi la coutume d'Auvergne fixe la taille aux quatre cas à trente sols par feu, et parmi ces cas se trouve le mariage de *ses filles*, cas réitérable, ainsi que celui de la captivité. L'aide de rançon était exigible, même en temps de guerre civile, et je trouve dans les *Arrêts notables* de Papon un arrêt du 26 octobre 1596, qui ordonne aux habitants de Sabazat de payer un fouage de trente sols pour racheter leur seigneur, fait prisonnier par ceux qui tenaient pour la ligue (liv. XIII, tit. III, n° 4).

Qui croirait qu'au xviie siècle, le paysan payait encore à l'occasion de la chevalerie des gentilshommes de la cour, et pour celle des enfants de France au maillot (2) ? Cependant,

---

(1) Cambry, *Description de l'Oise*, I, 49.

(2) Madame de Sévigné nous montre, dans ses *Lettres*, en 1689, M. de la Trémouille, à son passage par Vitré, reçu « à grand bruit, à cause de sa chevalerie; c'est une des occasions où l'on redouble les honneurs et même les redevances, selon le droit de certaines terres. » — VIII, 33.

Henri IV, en 1609, et Louis XIII, en 1643, firent lever la taille dans le royaume pour la chevalerie des dauphins. — Chabrol, sur *Auvergne*, III, 441.

dans le Perche, la taille est, en 1620, réduite aux trois cas : Pour la captivité du seigneur, pour l'armement de son fils aîné, et pour le mariage de sa fille aînée.

« Il y a aussi des aides raisonnables, écrit en 1764 le commentateur de la Coutume de Touraine, qu'on paie au seigneur en cas de nécessité, et qu'on taxe raisonnablement selon les facultés de chaque noble ou roturier. »

L'arbitraire perd néanmoins du terrain, et, à côté d'un arrêt du parlement de Metz, en date du 27 janvier 1674, et d'un autre du 4 décembre 1682, qui limitent à une quantité déterminée les corvées à toutes mandées, j'en trouve deux, l'un du parlement de Grenoble, à la date du 9 juillet 1664, l'autre du parlement de Toulouse, à celle du 2 février 1658, qui réduisent à quatre cas la taille à miséricorde.

Il arrive même que dans certaines contrées, l'usage, l'excès de la misère, l'impossibilité de les payer, font tomber en désuétude quelques-uns de ces cas. Ainsi, dès 1548, un arrêt rendu à Toulouse déboute Gilbert de Lévis, comte de Ventadour, du droit de lever la taille au sujet d'une nouvelle acquisition de terre.

Je lis dans le commentaire de la Coutume du Loudonnois, publié en 1612 : « Et quant au second et troisième cas, fondés sur le mariage de la fille aînée du seigneur, et pour l'ordre de la chevalerie, elles sont comme éteintes par la cessation du payement procédée des grandes charges, qui depuis ont été imposées sur le peuple, tant pour les tailles, desquelles les rois ont fait un service ordinaire, et autres subsides et impôts en si grand nombre, que le pauvre peuple ne peut plus respirer, ne vivant qu'en l'espérance que notre roi les relèvera par sa bonté et miséricorde, autrement il n'y a plus de moyen qu'ils puissent subsister, mesmement à cause des impôts du sel, qui lui sont de beaucoup plus onéreux que la taille. »

« Le droit de franc-fief, ancien et domanial, dit l'historien du Perche, introduit au temps que les rois n'étaient contraints de fouler les gens du tiers état de tant de charges, comme ils font maintenant, leur devrait être remis; et si les rois étaient bien informés du peu de secours qu'ils en tirent, et de la grande ruine que cela apporte à leur pauvre peuple, ils l'aboliraient sans doute. »

Donc, dans le Perche comme dans le Loudonnois, le Nivernais et partout, la situation de fait ne s'améliore pas, et c'est avec raison que Boutaric dit qu'au XVIIe siècle, les paysans étaient plus malheureux que les serfs (1). Si en droit, et dans certaines provinces, elle paraît le faire à chaque réformation de coutume, c'est que la misère du peuple s'oppose à l'exécution des exigences des seigneurs. Où il n'y a plus rien, le seigneur comme le roi perd ses droits; mais dès que le villageois possède quelque chose, le seigneur sait bien le lui extorquer, en dépit des réserves établies par les coutumes réformées. (Loyseau, *Des ordres*, ch. VIII, 47.)

Du reste, si l'on veut voir combien il y avait loin, pour les paysans, de la position légale à la position de fait, et combien, en réalité, ils étaient en dehors du droit et de la loi, on peut lire ces lignes de Basnage dans son commentaire de la Coutume de Normandie (1678). Il s'agit d'une allusion à une vieille comédie intitulée *Querolus* : « Brodeau, Coutume de Paris, art. LXXI, n° 17, l'explique à la lettre des gentilshommes français *qui traitent leurs pauvres villageois à coups de bâton*, ce qui était pratiqué principalement dans les provinces d'Anjou, du Maine et autres voisines de la Loire, dont nous avons d'illustres témoignages dans les Capitulaires de Charlemagne. *Il reste encore aujourd'hui trop de gens de cette humeur, et qui en usent de la sorte*, lorsqu'ils osent le faire impunément. »

« Dieu sait, dit Loyseau, comment le seigneur usurpe hardiment et impunément sur ses sujets, soit banalités, soit

---

(1 Boutaric, *Questions sur les baux à ferme*, p. 365.

l'augmentation de ses cens, soit la haute taxe de ses rachats à tant par arpent, soit les fruits de pure perte, soit les biens des mineurs ou des pauvres gens, sous prétexte de déshérence ou autres prétextes, soit des péages, soit des corvées, soit des subsides et levées de deniers, soit des amendes en toutes causes, dont les pauvres gens n'osent se plaindre ; et quand ils s'en plaindraient, leurs juges n'en oseraient faire justice, et si on les saurait bien attraper au passage. Et c'est pourquoi on dit que le seigneur de paille mange le vassal d'acier. » (*De l'abus des justices de village.*)

CHAPITRE II.

Louis XIII. — États généraux de 1614. — Ils restent sans effet pour le peuple. — Guerres civiles. — Guerres de religion.

> « Nous les avons tant rabaissés, même opprimés, et par les tailles, et par la tyrannie des gentils-hommes, qu'il y a sujet de s'étonner comment ils peuvent subsister, et comment il se trouve des laboureurs pour nous nourrir. »   LOYSEAU.

Le moment était bien choisi, à la mort de Henri IV, pour risquer une dernière tentative en faveur du règne de la féodalité. Le roi était mineur, le temps de la majorité des gentilshommes allait revenir. Les économies du feu roi furent gaspillées, Sully fut congédié, et le maréchal d'Ancre, qui lui succéda, vendit des arrêts du conseil qui assuraient l'impunité aux traitants qui pressuraient le peuple. On le vit faire acquitter, pour 300,000 francs qu'il toucha, des élus qui, de leur autorité privée, avaient augmenté leurs taxations dans la proportion de trois à huit (1).

Les princes et les grands quittèrent la cour, recommencèrent leurs menées, et ramenèrent sur notre pauvre France tous les fléaux de la guerre civile. Un accommodement fut

(1) **Dareste de la Chavanne**, *Hist. de l'administration en France*, I, 365.

signé à Sainte-Menehould, et l'une des conditions du traité fut la réunion des états généraux. Nous arrêterons un instant nos regards sur leurs séances, car ils furent les derniers, puisque ceux de 1789, convoqués par Louis XVI après une vacance de cent soixante-quinze ans, prirent le nom d'assemblée nationale.

La cour les convoquait malgré elle, elle résolut de faire payer au peuple l'outrecuidance de ses prétentions. Ce fut une guerre de vulgaires insultes et de mesquines vengeances. De Bonneval, gentilhomme député du haut Limousin, bâtonna un député du tiers, de Chavaille, qui ne put obtenir de réparation. Le tiers s'étant oublié un jour jusqu'à dire que le roi était comme un père qui a trois enfants, dont le clergé était l'aîné, la noblesse le second, et lui, tiers, le troisième, la noblesse alla droit au roi, lui demander de faire justice d'une théorie aussi nouvelle et aussi subversive : « Nous repoussons toute fraternité entre eux et nous, dit un des membres de cet ordre privilégié; nous ne voulons pas que des enfants de cordonniers et de savetiers nous appellent leurs frères, et il y a autant de différence entre eux et nous, comme entre le maître et le valet. »

A la séance d'ouverture, l'orateur de la noblesse fléchit le genou, le roi le fit relever; Miron, l'orateur du tiers, ploya les deux genoux, et Louis le laissa parler dans cette attitude. Mais, tout agenouillé qu'il était, le tiers se releva par la hardiesse de certaines paroles, et par un langage bien nouveau alors.

« Que veut le roi, ce veut la loi, dit Loisel ; le roi ne tient que de Dieu et de son épée. » Respectant ce vieil adage féodal, Miron reconnut tout d'abord que les rois ne sont liés à d'autres lois qu'à celles de leur volonté; puis il exposa avec énergie le tableau de ce qu'avaient souffert les campagnes du fait des gens de guerre, durant les derniers troubles :

« Quant aux nobles, aujourd'hui leurs principales actions se consomment en jeux excessifs, en débauches, en violences publiques et particulières, en mépris de la justice et des juges, oppression des pauvres, violences contre les plus faibles, et autres désordres qui obscurcissent l'éclat et le lustre ancien de cet ordre, respectable et redouté par tout le monde.

» Combien de gentilshommes ont envoyé les gens d'armes chez leurs voisins, et quelquefois en leurs propres villages, pour se venger de leurs sujets, ou de corvées non faites, ou de contributions non payées? Il s'est vu depuis quelques temps une seule compagnie de gens d'armes avoir ravagé quasi la moitié de la France, et après avoir tout consommé, s'en retourner chacun en sa maison, enrichi de la substance du pauvre peuple, sans avoir donné un coup d'épée...

» Les tigres, les lions, et autres bêtes plus farouches que la nature semble avoir produits quand elle a été en colère contre les hommes, font du bien, ou du moins ne font point de mal à ceux qui les nourrissent. Les Lamies donnent leurs mamelles à ceux qu'elles engendrent, dit le prophète, et cette race de vipères (il est impossible d'en parler sans passion) étouffent leurs pères nourriciers, innocents de tous maux, sinon d'avoir nourri cette engeance serpentine...

» Si Votre Majesté n'y pourvoit, il est à craindre que le désespoir ne fasse connaître au pauvre peuple que le soldat n'est autre chose qu'un paysan portant les armes, et que quand le vigneron aura pris l'arquebuse, d'enclume qu'il est, il ne devienne marteau... »

Écoutez ce cri suprême de détresse, jeté par le tiers au nom des campagnes :

« Chose horrible et détestable, non-seulement à voir, mais à ouïr raconter! Il faut avoir un triple acier et un grand rempart de diamant autour du cœur pour en parler sans larmes et sans soupirs. Le pauvre peuple travaille incessamment, ne pardonnant ni à son corps, ni quasi à son âme, c'est-à-dire à sa vie, pour nourrir l'universel royaume; il laboure la terre, l'améliore, la dépouille, il met à profit ce qu'elle rapporte ; il n'y a saison, mois ni semaine, jour ni heure qui ne requière un travail assidu ! En un mot, il se rend ministre et quasi médiateur de la vie que Dieu nous donne, et qui ne peut être maintenue que par les biens de la terre. Et de son travail, il ne lui reste que la sueur et la misère ; ce qui lui demeure de plus présent s'emploie à l'acquit des tailles, de la gabelle, des aides et des autres subventions. Et n'ayant plus rien, encore est-il forcé d'en trouver pour certaines personnes, lesquelles déchirent votre peuple par commissions, recherches et mauvaises inventions trop tolérées. C'est miracle qu'il puisse fournir à tant de demandes ; aussi s'en va-t-il accablé.

» Ce pauvre peuple, qui n'a pour tout partage que le labeur de la terre, le travail de ses bras et la sueur de son front, accablé de la taille, de l'impôt du sel, doublement retaillé par les recherches impitoyables et barbares de mille partisans, ensuite de trois années stériles, a été vu manger l'herbe au milieu des prés avec les brutes ; autres, plus impatiens, sont allés à milliers en pays étranger, détestant leur terre natale, ingrate de leur avoir dénié la nourriture, fuyant leurs compatriotes pour avoir impiteusement contribué à leur oppression, en tant qu'ils n'ont pu subvenir à leurs misères...

» Sire, ce ne sont point des insectes et des vermisseaux qui réclament votre justice et miséricorde ; c'est votre pauvre peuple, ce sont des créatures raisonnables, ce sont des enfants desquels vous êtes le père, le tuteur et le protecteur : prêtez-leur votre main favorable pour les relever de l'oppression sous le faix de laquelle ils ploient continuellement. Que diriez-vous, Sire, si vous aviez vu dans vos pays de Guyenne et d'Auvergne les hommes paître l'herbe à la manière des bêtes !...

» Sans le labeur du pauvre peuple, que valent à l'Église les dîmes, les grandes possessions ? à la noblesse, leurs belles terres, leurs grands fiefs ? au tiers état, leurs maisons, leurs rentes et leurs héritages ?..... » (États généraux de France, XVII, 86-93.)

Le cahier général du tiers, présenté au roi à la séance de clôture (2 av. 1615), exprime le vœu que la taille seigneuriale soit réduite aux quatre cas, pour le mariage des filles de gentilshommes, la chevalerie du Saint-Esprit, la captivité pour le service du roi, et le voyage d'outre-mer.

Il résulte encore des doléances du tiers, que les seigneurs avaient coutume de faire *travailler* leurs sujets par des gens de guerre, ou par des compagnies de bohémiens, qui avaient remplacé les *manducatores et vastatores* d'autrefois; qu'ils étaient toujours dans l'usage de marier à leur gré les filles de leurs tenanciers, et qu'ils se faisaient cautionner par eux, rejetant ainsi sur leurs paysans jusqu'au fardeau de leurs dettes et de leurs débauches (294).

Ils prenaient de vive force les communs des villages, puis les vendaient, les engageaient ou les donnaient à cens aux habitants dépouillés (287).

Le tiers élevait ses réclamations contre les corvées indues, les péages, pressoirs et fours banaux, il demandait que les seigneurs qui tyrannisaient leurs vassaux fussent sévèrement réprimés, et que les aides et tailles qu'ils réclamaient fussent réglées par les officiers du roi, partout où elles n'étaient pas déterminées (1).

« Que les seigneurs, ecclésiastiques ou séculiers, ajoute-t-il, soient tenus, dans le temps qui sera fixé par le roi, d'affranchir leurs mainmortables, moyennant récompense estimée par les juges (3) ». De son côté, la noblesse demanda que la bourgeoisie des villes ne pût imposer aucuns deniers dans les provinces sans l'aveu de la noblesse et du clergé,

---

(1) C'est sans doute à cause de ces envahissements à main armée que le commentateur écrit, sous l'article 446 de la *Coutume du Maine* : « En matière civile, il faut rabattre des prescriptions les temps des troubles, lors des guerres civiles. »

à cause de la misère du peuple des champs, qui est la ruine des deux premiers ordres.

Ainsi, les cités rejetaient le fardeau sur le plat pays, mais les seigneurs et le clergé, auxquels les villes avaient échappé depuis longtemps, défendaient, par égoïsme il est vrai, les campagnes contre les cités.

Le tiers manifesta encore le désir de voir rédiger toutes les usances et coutumes des pays, afin de poser des limites à l'arbitraire (351).

« Que tous ceux qui mettent gens de guerre en campagne sans commission expresse de Votre Majesté bien et duement enregistrée aux greffes des sénéchaussées et bailliages, soient tenus pour criminels de lèse-majesté ; permis au peuple de courir dessus par assemblées à son de tocsin et autrement (287). »

Remarquons en passant ce fait grave qui se reproduit invariablement à chaque scène de la Jacquerie. Toujours quelque temps avant l'explosion du désespoir populaire, on excite les paysans, ou les appelle aux armes en leur désignant du doigt leurs ennemis (1).

Le lendemain de la remise des cahiers, le tiers voulut se réunir encore. Il trouva les portes fermées, la salle démeublée, et défense de le laisser s'assembler. On comprend sa fureur et son humiliation, dont Florimond Rapine, l'un de ses députés, nous a laissé ce tableau.

« Quoi ! disions-nous, quelle honte, quelle confusion à toute la France, de voir ceux qui la représentent en si peu d'estime et si ravilis, qu'on ignore où sont Français, tant s'en faut qu'on les reconnaisse pour députés ! Sommes-nous autres que ceux qui entrèrent hier dans la salle de Bourbon ?... »

(1) Vers la même époque, un ordre de Duplessis-Mornay, gouverneur de Saumur, arme les populations et leur enjoint de « courir sus aux rebelles qui veulent prendre les tailles et deniers du roi. » (23 oct. 1615.)

Aux états généraux de 1789, les mêmes faits se reproduisirent, identiquement semblables : seulement une voix s'éleva, qui répondit à la question de Florimond Rapine : « Nous sommes aujourd'hui ce que nous étions hier : délibérons ! »

Du reste, les états généraux de 1614 restèrent sans nul effet : Jacques Bonhomme continua d'être pillé et assommé par les hommes d'armes, et violemment dépouillé par les seigneurs, ainsi que cela résulte de ce passage des registres manuscrits du Parlement :

« Le 16 septembre 1662, le procureur général a dit... que *plusieurs gentilshommes*, nommément dans le bailliage de Saint-Flour, avaient usurpé violemment les communs des villages dont ils étaient seigneurs, et avaient tellement intimidé les habitants qu'ils n'osaient s'en plaindre ; que *grand nombre de gentilshommes* avaient fait renouveler leurs terriers, et avaient, par menaces et autres mauvaises voies, violenté les habitants des communes où ils avaient des cens et rentes, à passer des déclarations de bien plus grands droits et redevances que celles qu'ils étaient obligés de payer, qui sont des violences tout à fait préjudiciables à l'ordre public (1). »

Les seigneurs n'eurent donc rien de plus pressé que de recommencer leurs intrigues, et avec la guerre civile revinrent les misères des champs : « Les laboureurs ne vivaient qu'en tremblant dans leurs chaumières... Dans le courant du mois d'avril 1617, les plaines de Braines et de Bazoches furent couvertes de partis, qui ravageaient les campagnes et pillaient les fermes. Les habitants des villages situés dans ces plaines étaient convenus entre eux d'un expédient fort simple pour prévenir les surprises des partisans. Le mont Notre-Dame commande par sa position une immense étendue de pays où ces plaines sont comprises. On avait dressé sur les toits de la haute et magnifique église du lieu une guérite, d'où l'on

---

(1) Cité dans **Dulaure**, *Environs de Paris.*

apercevait tout ce qui se passait au loin, les marches et les mouvements des armées, des détachements des partis. On faisait un guet continuel dans cette guérite. Celui qui était chargé de cette fonction avait plusieurs signaux de convention pour marquer aux habitants des campagnes la nature du danger dont ils étaient menacés. Il y avait dans le clocher de chaque village un guet particulier, qui recevait ces signaux, et qui les annonçait par le tocsin aux gens distribués dans les campagnes, et qui vaquaient à leurs travaux. » (D. Carlier, *Valois*, 111, 28, 38.)

C'est-à-dire que le besoin de soustraire au moins leurs vies aux violences de l'armée avait inspiré aux paysans l'idée première du télégraphe, qui sera peut-être, par ses résultats, que nul ne peut prévoir encore, la plus grande découverte des temps modernes.

La cour manquait d'argent pour entretenir les troupes : on augmenta plusieurs impôts, « pour le soulagement du peuple ». Ce but n'ayant pas été atteint, on proposa quelques réformes, auxquelles les gens de finances s'opposèrent d'autorité, « comme leur portant préjudice (1). » Cela suffit pour arrêter l'enregistrement des édits royaux, et tout fut abandonné.

Les grands s'emparèrent du prétexte de la religion pour rallumer la guerre civile prête à s'éteindre, et en 1620, le prince de Condé donna le signal de cette lutte criminelle qui, recommencée trois fois, ne se termina qu'après avoir promené pendant neuf années le meurtre et l'incendie sur la plupart des provinces du royaume. Ce fut d'abord, dans l'Alsace, le comte de Mansfeld, qui mérita le surnom d'Attila de la chrétienté, « et qui, selon l'expression d'un auteur contemporain (Caraffa), faisant la guerre plutôt en brigand qu'en soldat, porta dans la province le fer et le feu. De sorte

---

(1) Bailly, *Hist. financière de la France*, I, 345.

qu'en vingt-six lieues de pays, il n'y eut ni bourg ni village qui ne fût ou brûlé ou accablé par des exactions qui le réduisirent à la dernière misère. Presque tous furent désertés par les habitants. » (Laguille, *Alsace*, 11, 85.)

La guerre civile n'était pas moins terrible dans le centre et dans le midi de la France, où les calvinistes, sous les ordres de Rohan et de Soubise, occupaient les principales villes, levaient les deniers royaux, contraignaient les receveurs et collecteurs de tailles à verser entre leurs mains tout l'or de leurs caisses, et forçaient les paysans des environs à travailler aux fortifications des places, à charroyer tous les bois, foins, pailles, vivres et approvisionnements nécessaires, les emprisonnant et faisant saisir et vendre leurs biens en cas de refus (1).

Tout le midi fut bientôt en feu : le Béarn se souleva, et, secondés par trois mille hommes qui descendent des Cévennes, les rebelles occupent Montauban, Castres, le comté de Foix, toute la haute Guyenne, Toulouse et le bas Languedoc, le Rouergue, l'Albigeois et l'Agénois, La Rochelle et le pays d'Aunis, « faisant un tel dégât, à la campagne, qu'ils ne laissèrent pas maisons de seigneurs ni de gentilshommes, terres ni métairies, villages ni fermes, qu'ils n'aient mis à feu et à sang, brûlé les églises, crucifié les prêtres, violé les femmes et les filles jusqu'à l'âge de dix ans,... forcé les monastères de religieux et religieuses, et commis des actes pires que les Turcs et les infidèles, et tels que l'on ne les pourrait décrire ni raconter qu'avec horreur. » (*Hist. de la rébellion*, 86, 117, 134, 637, 753...)

On doit croire que les catholiques tenaient à honneur de rendre crimes pour crimes, et cinquante mille hommes de troupes royales, divisés en quatre corps d'armée, furent envoyés contre les huguenots avec ordre de *faire le dégât* autour de Montauban, Castres, Nîmes et Uzès.

(1) *Hist. gén. de la rébellion en France*, 117.

Le roi, contraint de se retirer, laissa le duc de Vendôme devant Montauban pour contenir les protestants, ce qui n'empêcha pas les habitants de piller et de saccager la campagne dans de fréquentes sorties, et d'enlever les blés, les vins et les bestiaux : « Le gouverneur, ravi de ces petits succès qui ramenaient l'abondance dans la ville, ne cessait d'encourager les partis et les animait souvent par sa présence. » Par malheur, l'armée royale avait empêché, l'année précédente, le laboureur de se livrer à son aise aux travaux de la terre : il n'y eut donc pas longtemps à piller. Comme les habitants de Montauban tenaient à faire des sorties triomphantes et victorieuses et que la grandeur d'une victoire se mesure à la richesse du butin ou au nombre des cadavres, ne pouvant plus voler le campagnard, ils l'égorgèrent, « et bientôt la plupart des bourgs virent couler le sang de leurs habitants, et joindre l'incendie à l'enlèvement de leurs biens. »

Le maréchal de Thémines remplace Vendôme, et brûle d'inaugurer son commandement par quelque action d'éclat : « Ayant eu l'ordre de faire le dégât dans la contrée, il sortit de Villemur le premier de septembre avec trois ou quatre mille hommes d'infanterie et quelque cavalerie, et parut sur les coteaux du Fau, incendiant les métairies et détruisant les vignes et les arbres ; tandis que la cavalerie descendit dans le vallon et jusqu'aux prairies qui bordent le Tescou, d'où elle amena quelques bestiaux. » Dans les environs de Castres, « il ne laissa ni maison, ni arbre sur pied, ni souche de vigne, ni épi de blé. Les hommes non plus ne furent pas à l'abri de la fureur du soldat. Rohan et lui semblèrent se disputer à qui serait le plus inhumain. » De leur côté, Montbrun, qui commandait dans la ville pour le duc de Rohan, et d'Épernon, à la tête des troupes royales, saccageaient à l'envi les environs de Montauban.

« Ce n'était pas un seul détachement qui allait en course. Plusieurs sortaient souvent ensemble de la ville, et se portaient en différents endroits, ayant fréquemment à leur tête le ministre Béraud, qui avait des allumettes à son chapeau, et exhortait les soldats au meurtre et à l'incendie. Le 22 juillet (1628), Saint-Michel envoya Marmonié et Rouffice du côté de Montrieux où ils battirent la campagne de Montastruc. Pendant que Labastide, Sigoniac, Lhoste, Escorbiac, Violettes, Feutrié, Planard et Bernadou furent mettre le feu à Saint-Maurice, où toute la moisson qui se trouva dans les aires fut la proie des flammes, d'autres se répandirent jusque dans le bas Languedoc. Nohic, Orgueil et le Terme éprouvèrent leur fureur. Toutes les maisons de la campagne, jusqu'à Fronton, furent détruites (1). »

CHAPITRE III.

Tentatives de Richelieu. — Assemblée des notables. — Guerres civiles. — Ravages effroyables. — Révolte des nu-pieds.

« Les grands, ou ne doivent être touchés, ou touchés qu'ils sont, doivent être éteints. »
G. COQUILLE, *Hist. du Nivernais.*

Les états généraux de 1614-1615, s'ils ne furent rien qu'une de ces *belles tapisseries* dont parle Pasquier, produisirent du moins sur la scène un personnage qui devait peser d'un grand poids dans le plateau de la cause populaire. Non pas que je prétende mettre au rang de ceux auxquels les classes les plus nombreuses doivent le tribut de leur reconnaissance, l'homme qui, dans son Testament Politique, demande « jusqu'à quel point on doit permettre que le peuple soit à son aise. » Mais Richelieu haïssait puissamment la féodalité ; appuyé sur son fidèle Laffemas, ce *vir bonus, strangulandi peritus,* comme le définissait le jurisconsulte Despeisses (2), il la frappa,

(1) Cathala-Coture, *Hist. du Quercy,* II (passim).
(2) Par les jours de grand soleil, il s'écriait, au dire de Bois-Robert : — « Ah ! qu'il ferait beau pendre aujourd'hui ! »

sans relâche ni pitié, et comme il fallait la frapper, à la tête, et c'est par là qu'il fut indirectement l'un des bienfaiteurs du peuple.

Arrivé au pouvoir, il convoqua une assemblée des notables, le 2 décembre 1626, et l'invita à chercher les moyens de régler les tailles de telle sorte « que les pauvres, qui en portent la plus grande charge, fussent soulagés. » Chevalier, premier président à la Cour des aides, proposa de les rendre réelles sur tous les biens, comme elles l'étaient en Provence et en Languedoc. Mais c'est en vain qu'il démontra que, par cette réforme, le laboureur eût été véritablement soulagé, que ce nombre d'élus et d'officiers qui vivaient à ses dépens devenait inutile, et qu'enfin le roi serait ponctuellement payé. L'assemblée en masse se révolta contre le danger de pareilles innovations, bien que cette question n'en fût plus une, en effet, et qu'elle eût été bien des fois déjà agitée au sein des assemblées publiques et dans les écrits des légistes. L'égoïsme, en compagnie de l'ineptie humaine, imposeront toujours de longues quarantaines aux vérités les plus incontestables, aux progrès les plus élémentaires, et nul ne peut calculer ce qu'il faut de temps à la raison pour avoir raison, surtout lorsque l'on songe que c'est toujours à ceux qui vivent de certains abus qu'est confiée la mission de les réformer. Aussi est-il toujours bon de semer ces nouveautés hardies ; le terrain se prépare, elles germent et racinent en silence, et portent à leur heure leur moisson généreuse.

Richelieu proposa encore d'établir une sorte de *maximum* sur le blé, afin que les marchands n'abusassent pas des nécessités du *pauvre peuple*. Il fit ordonner également que « toutes les fortifications faites depuis trente ans aux châteaux et maisons des particuliers, sans permission expresse du roi, fussent démolies de fond en comble, avec défense de se fortifier de nouveau. »

Durant le siége de la Rochelle, le grand ministre, témoin

des souffrances du peuple et des excès d'une soldatesque pour laquelle tout est pays de conquête, défendit aux soldats, sous peine de mort, de prendre les bœufs des laboureurs et de porter le trouble dans leurs travaux. Une commission spéciale recevait les plaintes des paysans et y faisait droit.

Malgré ces actes de haute sagesse, Gaston et les ennemis de Richelieu, c'est-à-dire presque toute la noblesse, agitaient la France et excitaient des soulèvements contre les *oppresseurs du peuple*. Les troubles et les guerres civiles, le pillage et l'incendie amenèrent à leur suite leur cortége naturel, la famine et la peste, « qui enlevèrent un grand nombre de gens du commun et dépeuplèrent les campagnes. » (Dom Carlier, 111, 38.)

Si ces fléaux ne sévissaient pas également par toute la France, il y avait, en revanche, des contrées soumises à des fortunes bien autrement cruelles encore. En 1629, Charles IV, duc de Lorraine, avait donné asile à la duchesse de Chevreuse, ennemie du cardinal. Quelques années plus tard, Gaston s'étant retiré également à la cour de Lorraine, décida le duc Charles à prendre les armes en sa faveur. Richelieu signe alors un traité d'alliance avec Gustave-Adolphe, et les Suédois se partagent avec les troupes françaises le soin de ravager cette province, qui servit de théâtre à des excès sans exemple peut-être dans le passé. On peut dire, en effet, même après tout ce que nous avons raconté, que les souffrances du peuple des campagnes dépassèrent véritablement alors toutes les limites du possible. Au rapport d'un contemporain (1), 150,000 soldats, Français, Suédois, Allemands, Croates, Hongrois tombèrent sur les Flandres, sans compter toute une nuée de femmes, de valets, de vivandières, de bandits, qui portèrent à 4 ou 500,000 individus cette horde effroyable, écume des armées et de l'humanité. Retranchés derrière les forteresses, ils mirent le pays à sac, le ruinèrent d'abord, le dépeuplèrent

---

(1) Le P. Abram, jésuite.

ensuite, et souvent, après avoir violé les femmes (1), ils les égorgeaient sur les cadavres de leurs pères et de leurs époux, et les éventraient tous pour chercher dans leurs entrailles fumantes l'or qu'ils les accusaient d'avoir avalé. Bientôt ceux qui avaient survécu délaissèrent toute culture, et s'enfuirent au fond des forêts, où ils se virent réduits à une existence d'anthropophages. Il n'y avait absolument rien sur le pays qui pût servir à la nourriture de l'homme, les troupes du roi aussi bien que les garnisons et les habitants des villes ne subsistaient que de blés qu'on y faisait passer de la Champagne sous de fortes escortes. Quant aux paysans, après avoir dévoré les charognes demi-pourries des animaux abandonnés et morts faute de soins, et avant d'en venir à déterrer les cadavres fraîchement confiés à la terre, comme ils le firent bientôt, on les vit « aller à l'affût pour y prendre et tuer les passants, comme on prend les lièvres, et pour s'en nourrir. »

On appelait ces déplorables victimes des intrigues des grands et des hauts faits des héros des batailles, — on appelait ces cannibales involontaires, schnapans ou loups des bois. Un paysan, dans un village auprès de Nancy, tua sa sœur pour un pain de munition, des femmes mangèrent leurs maris morts de faim, et les mères se disaient entre elles, en dévorant de compagnie leurs enfants : « Tu mangeras aujourd'hui ta part du mien, et demain je mangerai ma part du tien. » Aux portes de Metz, on trouva dans une chaudière trois têtes d'enfants qu'on y avait fait cuire.

La peste survint, et commença à Pâques 1630 pour ne disparaître qu'au printemps de 1637 ; puis les loups se mirent de la partie, si bien qu'il périt « plus de six cent mille Lor-

---

(1) Les couvents n'étaient point épargnés. Toutes les religieuses de Saint-Nicolas, auprès de Nancy, furent violées. Elles appelaient cela *souffrir le martyre*. Elles racontaient à un évêque qu'elles l'avaient souffert, l'une deux, l'autre trois, une autre jusqu'à huit fois. — « Huit fois le martyre ! s'écria monseigneur. Ah ! ma sœur, que vous avez de mérite ! » — **Tallemant des Réaux**, VIII, 78.

rains, par la famine, la peste, l'épée, la disette, le froid, et les dents des bêtes farouches. » Des villages perdirent jusqu'à leur dernier homme, d'autres conservèrent à peine le centième de leurs habitants, et l'on vit des prêtres contraints de s'atteler à la charrue avec leurs paroissiens pour avoir de quoi se nourrir.

De pareilles souffrances étaient trop grandes pour qu'une pacification pût les faire cesser tout d'un coup : ces malheureux, rendus à la sauvagerie par l'inhumanité des soldats de tous les partis, continuèrent pendant plus de trente ans à répandre la terreur dans la contrée, et ce ne fut qu'en les exterminant jusqu'au dernier que l'on parvint à en finir avec eux (1).

Partout où se portait le théâtre de la guerre, les mêmes scènes se reproduisaient invariablement ; amis et ennemis volaient et assassinaient Jacques Bonhomme, tous laissaient après eux la ruine, le désert, la famine et la peste. La bataille d'Avein (1635) avait écrasé les forces de l'Espagne, et l'on ne doutait plus de la conquête des Pays-Bas. Les affaires de Flandre étaient sans ressources, les peuples échus en partage à la Hollande redoutaient le changement de religion. « Ceux qui tombaient dans la part des Français appréhendaient tellement la tyrannie du gouvernement auquel ils voyaient les peuples de France abandonnés par le payement des tailles et autres sortes d'impositions, qui s'augmentent selon le caprice et la fantaisie de ceux qui gouvernent sans borne ni mesure, qu'ils résolurent de courir toutes sortes de dangers plutôt que de se soumettre à une si dure servitude ; et quoique les Français leur promissent la continuation de leurs priviléges, dont ils sont fort jaloux, ils ne s'y voulaient pas fier, grâce à la réputation qu'ils ont parmi les nations étrangères,

---

(1) **Boulainvilliers**, *État de la France*, I. 176 ; — **D. Calmet**, *Hist. de Lorraine*, VI, 150, 210 (passim).

de manquer aisément de parole à ceux qu'ils ont assujettis, ce dont ils citaient beaucoup d'exemples (1). »

La Picardie était la proie de l'armée espagnole (1636); mais celle-ci, du moins, en la ravageant, exerçait son droit de conquête, et vivait en ennemi sur le territoire ennemi. Paris, effrayé et croyant déjà voir l'étranger dans ses murs, contraignit les paysans des campagnes avoisinantes à venir travailler, par corvées, aux fortifications de la ville et de Saint-Denis, et aux forts que l'on élevait dans ce danger extrême (*id.*, 127). Le roi marcha au secours de la province envahie.

« Il vit, dans les campagnes, des avoines toutes fauchées, quoiqu'elles fussent encore toutes vertes, et plusieurs paysans assemblés autour de ce dégât, mais qui, au lieu de se plaindre de ses chevau-légers, qui venaient de faire ce bel exploit, se prosternaient devant lui et le bénissaient. — « Je suis bien fâché, leur dit-il, du dommage qu'on vous a fait là. — Cela n'est rien, sire, lui dirent-ils, tout est à vous; pourvu que vous vous portiez bien, c'est assez. — Voilà un bon peuple! » — dit-il à ceux qui l'accompagnaient. Mais il ne leur fit rien donner, ni ne songea à les faire soulager des tailles (2). »

Voilà quels étaient les sentiments de ces campagnards, tandis qu'on les ruinait; était-il donc bien difficile, avec de tels hommes, d'éviter les insurrections, si fréquentes à cette époque?

Il y avait une province qui, tour à tour bourguignonne, française, autrichienne et espagnole, puis, en dernière analyse, à peu près républicaine, vivait, pauvre d'argent, mais très fertile et très peuplée, à l'abri de priviléges qui avaient fait substituer à son nom de comté de Bourgogne celui de Franche-Comté. Déjà envahie et ravagée en 1632 par suite des brigues de Gaston d'Orléans, elle le fut encore en 1636,

---

(1) *Mém. du marquis de Montglat*, collect. Petitot, 2ᵉ série, **XLIX, 81**.
(2) *Historiettes de* **Tallemant des Réaux, III, 72**.

et pour trois années non interrompues, attaquée par Condé, défendue par le duc de Lorraine, pillée et saccagée par tous les deux. « Les habitants des villages furent presque tous impitoyablement massacrés, les femmes tuées, les filles violées (1). » — « Tous les villages étaient brûlés, et la campagne resta tellement déshabitée, qu'elle ressemblait plutôt à un désert qu'à un pays qui eût jamais été peuplé (2). »

« On ne peut, dit l'un des historiens de cette province, exprimer les maux que le comté de Bourgogne souffrit pendant trois ans, que sa défense fut confiée à des troupes étrangères. Elles s'y firent craindre et haïr par leurs concussions, beaucoup plus que leurs ennemis... La peste, qui commença en 1636 à Dôle, s'étendit sur tout le pays, et se fit sentir, du moins en quelques endroits, pendant plus de dix ans. La famine suivit l'abandon des terres, et ces deux fléaux enlevèrent à la province la plus grande partie de ses habitants. A peine s'est-elle remise depuis un siècle, et l'on trouve encore partout, dans les villes et dans les villages, moins de maisons et d'habitants qu'il n'y en avait avant 1636, quoique beaucoup d'étrangers s'y soient venus établir. » (Dunod, *Bourgogne*, 573.)

Cependant, comprenant que le paysan, c'est la vie du royaume, Richelieu faisait des efforts persévérants pour secourir et protéger les campagnes. Une ordonnance de 1633 prescrit qu'à l'avenir les gens de guerre en marche logeront dans les villes, faubourgs et gros bourgs, et non dans les campagnes, et qu'ils ne prendront plus rien sans le payer au prix du dernier marché.

Il n'épargna pas les exemples rigoureux, car la tête d'un seigneur pesait peu dans sa balance implacable, et les détails du procès du maréchal de Marillac donnent la mesure du mépris de la noblesse et des gens de guerre pour les villa-

(1) D. Plancher, *Hist. de Bourgogne*, IV, 650.
(2) Rougebief, *Hist. de la Franche-Comté*. 522; — Montglat, 123.

geois. Il avait rançonné sans pitié les campagnes, et ses odieuses concussions avaient ruiné la Champagne et le pays des Trois-Évêchés. Condamné à mort pour crime de péculat, il s'écria avec indignation : « Péculat! Un homme de qualité comme moi condamné pour péculat! Il ne s'agit dans mon procès que de foin et de paille! Il n'y a pas de quoi fouetter un laquais! »

Ces nobles seigneurs ne daignaient pas comprendre que ces misérables questions de foin et de paille sont des questions de vie ou de mort pour l'agriculture. Ils craignaient le châtiment, sans conscience du crime, prêts à recommencer partout où ils espéraient le faire impunément (D. Carlier, 1638).

Dans tout le royaume, les abus les plus criants avaient lieu dans la perception des finances. Pour tenter de préserver les campagnes des pilleries des soldats, on avait invité les provinces à payer la nourriture des troupes cantonnées sur leurs territoires. Elles payèrent, mais l'argent fut gaspillé, et les troupes continuèrent à désoler le plat pays. Le paysan paya donc deux fois. Richelieu, furieux, ne put que tenter de remédier, pour l'avenir, à de pareils désordres.

Il renouvela ses tentatives pour rendre partout la taille réelle et égale, mais les clameurs des privilégiés le forcèrent de reculer. Ici c'étaient les nobles et le clergé, là les bourgeois des villes franches. Il fit défendre aux sergents chargés du recouvrement de l'impôt de faire leurs exécutions sur le pain, le lit, les bêtes et ustensiles de labour, et d'enlever les portes et fenêtres de ces misérables, dont le seul crime était leur pauvreté, et que l'on condamnait, par ce pillage de leur pauvre logis, à souffrir, souvent jusqu'à la mort, le froid, la faim et les maladies qu'ils engendrent.

Mais nous savons trop ce que valaient ces ordonnances. La justice, l'armée, les fermiers et les commis des finances avaient trop d'intérêt à la persistance des abus pour prêter la main à l'exécution de ces édits, qui les eussent ruinés. Et puis, la guerre civile et la guerre contre l'Espagne épuisaient l'État, il fallait de l'argent, et ce n'était jamais que dans la poche des paysans qu'on le cherchait. Les édits bursaux se succédaient, les mesures fiscales écrasaient le peuple, dont les plaintes se changèrent bientôt en cris de colère et de désespoir. De violentes émeutes éclatèrent à l'occasion de l'impôt sur les boissons, et se propagèrent rapidement dans le Périgord et dans tout le pays entre la Garonne et la Charente. Les vignerons de la haute Saintonge, de la Guyenne, de l'Angoumois et du Poitou s'armèrent de toutes parts, excités par les Espagnols, qui rassemblèrent des forces dans la Biscaye et la Navarre pour franchir les Pyrénées à la faveur de ce mouvement populaire. L'insurrection, passant des campagnes dans les villes, avait déjà pris un grand développement, lorsque Richelieu lança contre ces nouveaux croquants des troupes commandées par le duc de Lavalette. Cette armée, réunie à la noblesse du pays, attaqua les insurgés sur tous les points, et ces malheureux, abandonnés par les Espagnols, qui ne tentèrent point de les soutenir, furent massacrés et dispersés après une résistance désespérée (1) (1636, 1637). « Les chefs furent pendus, et cette engeance tout à fait exterminée. » (Montglat, 170.)

L'année suivante (1638), les états de Normandie présentèrent au roi le tableau non moins sombre de leur pays ; ils dépeignirent les campagnes désolées par les soldats et les agents du fisc, les prisons regorgeant des victimes de l'impitoyable gabelle, les villages déserts, les paysans fuyant dans les forêts, se faisant brigands, et aggravant la situation de ceux qui luttaient encore. En vain l'un d'eux s'acquittait et espérait de vivre à l'abri de toute inquiétude, il fallait qu'il payât encore pour son voisin, ruiné ou en fuite. Le pays me-

---

(1) Massiou, *Hist. de Saintonge et d'Aunis.*

naçait d'être converti en désert, et la cour des aides de Rouen se vit forcée de rendre un arrêt (4 juin 1639) par lequel elle défendit d'exercer des poursuites à raison de cette solidarité; mais un arrêt du conseil le cassa à son tour.

N'espérant plus que dans leur désespoir, et se sentant appuyés par la bourgeoisie des villes, ainsi que par les cours souveraines, les abaniers se soulevèrent en masse, et un placard affiché en tous lieux appela le peuple aux armes « pour la défense et la franchise de la patrie oppressée des partisans et gabeleurs. » Afin de laisser à leur insurrection son caractère de protestation contre une tyrannie qui les réduisait à la dernière extrémité en leur enlevant jusqu'à leurs chaussures, ils donnèrent au chef qu'ils se choisirent le nom de Jean-va-nu-pieds, et marchèrent à sa suite sur Rouen, dont ils n'eurent pas de peine à s'emparer, toute la population, et jusqu'aux autorités, étant plus ou moins ouvertement pour eux.

On disait que le spectacle de ses souffrances faisait ressouvenir la Normandie qu'elle avait eu jadis ses princes indépendants, qu'elle était voisine de l'Angleterre, dont le joug eût pu lui être moins pesant, et qu'enfin elle avait peut-être quelque inclination à avoir un duc comme autrefois (1).

L'implacable Richelieu jura d'être sans pitié pour la province rebelle. Il brisa tout d'abord le parlement de Rouen, la cour des aides, le maire avec les échevins, et le lieutenant-général, qui avaient trop ouvertement reconnu la légitimité de la résistance agressive des paysans, et remplaça ces autorités locales par une commission présidée par le chancelier Séguier, et composée de juges des cours de Paris. Puis il fit marcher contre la Normandie Gassion, depuis maréchal de France, à la tête de quatre mille hommes, et un grand nombre de gentilshommes, « la fleur de la noblesse », pour châtier

---

(1) *Historiettes* de Tallemant des Réaux, II, 242.

les insurgés. Après être entré sans résistance à Caen, dont il désarma les habitants, Gassion marcha sur Avranches, où les paysans s'étaient retirés, bien décidés à lui opposer une résistance désespérée.

Ils s'étaient retranchés à l'entrée d'un faubourg, où, quoiqu'ils n'eussent pour toute défense qu'une faible barricade, et qu'ils fussent battus de la ville, ils arrêtèrent pendant près de cinq heures les troupes aguerries envoyées pour les réduire. Il y eut parmi eux un homme qui renouvela les exploits du Grand Ferré. De temps en temps, lorsque les assaillants les serraient de trop près, s'élançant comme un lion de sa tanière, il franchissait d'un bond la barricade, tombait comme la foudre sur les premiers rangs des soldats, frappés de stupeur, et, après les avoir fait reculer, il sautait de nouveau par-dessus la barricade, et se perdait au milieu des siens, dont les cris d'enthousiasme applaudissaient à son triomphe. Une fois, il aperçut à la tête de l'ennemi un chef qu'à son brillant costume il jugea devoir être Gassion ; il se précipite pour la quatrième fois, tombe sur lui, le tue, et disparaît. C'était le marquis de Courtaumer qu'il avait frappé.

Enfin, après cinq heures d'une lutte de géants, tous étaient morts, tous étaient tombés à leur poste, sans avoir reculé d'une semelle ; tués, mais non pas vaincus. Quand ils ne furent plus que dix de vivants, on put les entourer, les accabler sous le nombre, et les prendre. On ne voulait pas les fusiller, c'est la mort du brave ; il fallait les pendre comme des manants qu'ils étaient. Mais pour une telle besogne, il ne se trouva pas de bourreau. On avait hâte d'en finir, cependant, et, puisqu'il ne restait que cela, de punir cette armée d'insurgés dans la personne des dix survivants ; de plus, il était urgent de ne pas laisser aux soldats, encore ivres de la lutte, le temps de voir ce qu'il y avait de sublime dans le courage de ces hommes, et ce qu'il y avait de hideux dans cette lâche vengeance. On transigea, et l'on offrit sa grâce à celui des dix qui pendrait les neuf autres. L'un d'eux céda, après de longues hésitations. Il était cousin-germain de l'une des victimes : « Hé! cousin! ne me pends pas! (1) » dit celui-ci quand ce fut son tour. Il le brancha cependant comme les autres.

Le malheureux apprit bientôt qu'il avait racheté sa vie à un trop haut prix. Poursuivi par les malédictions de tous, il quitta le pays, mais s'il échappa aux anathèmes des hommes, il ne put se soustraire aux reproches de sa conscience. Il cacha sa tête maudite sous le capuchon d'un moine, et mourut ermite.

Un autre avait survécu aussi, et comme par miracle, à ce grand désastre : c'est le héros des paysans, celui qui enjambait les barricades, celui qui avait abattu à ses pieds le marquis de Courtaumer. Gassion le fit chercher partout, répandant hautement dans la contrée le bruit qu'il lui ferait grâce et lui donnerait place dans les rangs de ses soldats. Mais cet homme n'osa pas s'y fier, voyant la terreur que les vainqueurs faisaient peser sur la contrée. Il lui était facile de tromper toutes les investigations dans un pays dont chaque habitant lui était un complice. Il s'enfuit jusqu'en Bretagne, où un jour, à quelques mois de là, dans un cabaret et poussé par les mauvais conseils de l'ivresse, il se vanta d'avoir tué Courtaumer. On l'arrêta et on l'envoya au terrible chancelier, qui le fit rouer vif à Caen. Pour Gassion, c'était un héros, et pour Séguier, un assassin ; tout, dans les jugements des hommes, dépend du point de vue (2).

(1) Ce mot resta en proverbe dans le pays.
(2) Tallemant des Réaux, II, 200; V, 172, 173; IX, 72. — *Mém. de Monglat*, 161, 265.

CHAPITRE IV.

Minorité de Louis XIV. — **La France est au pillage.** — Les maltôtiers, les gouverneurs, les intendants. — Ravages de l'armée. — Les campagnes sous la Fronde.

> « Le pouvoir de tout faire n'en donne pas le droit. »
> BODIN.

Jusqu'au xviie siècle, chaque province, chaque ville a eu son histoire, chaque village sa chronique, ses révolutions, ses petites guerres et ses grands hommes. Mais Henri IV anéantit la puissance, alors sans contrôle, des gouverneurs de province; Richelieu abat à ses pieds la féodalité à coups de hache, et Louis XIV l'avilit et l'annihile en réduisant les plus grands seigneurs au rang de la domesticité. Louis, dans son enfance, a entendu le lion populaire rugir jusque dans les cours de ses palais, il a vu les grands tenir la royauté en échec; aussi, dès qu'il le peut, poursuivant l'œuvre de centralisation commencée par son aïeul et continuée par Richelieu, il absorbe tout, enlève aux provinces leur initiative, confisque l'indépendance des communes, déserte Paris et ses foules immenses, qui saluent sans se courber, comme si elles traitaient de puissance à puissance, et c'est avec raison qu'il dit dans son orgueil : « L'État, c'est moi! »

Eh bien donc! Sire, nous qui avons besoin de le voir de près, cet État que l'on a caché à nos yeux sous le velours et les diamants de votre costume de parade, nous porterons la main sur votre pourpre souveraine pour en écarter les plis, car notre regard indiscret veut s'assurer si cette France si vantée du xviie siècle, ce n'est pas un supplicié dont vos historiens ont dissimulé les membres endoloris sous un manteau de fête, et dont vos poëtes ont étouffé les cris d'agonie sous les chants harmonieux de leurs lyres complaisantes.

> « L'univers, sous ton règne, a-t-il des malheureux? »

s'écriait Boileau dans son enthousiasme. Boileau était historiographe du roi : nous pourrons juger tout à l'heure si les grands poëtes font les grands historiens.

Louis XIII légua à Louis XIV, ou plutôt Richelieu légua à Mazarin de grands embarras financiers. Les querelles des princes et des grands déchirèrent la France pendant la minorité du jeune roi, comme elles l'avaient fait sous celle du fils de Henri IV, seulement, comme la main du ministre était moins ferme, les excès furent plus grands et plus prolongés. Les campagnes protestèrent par d'impuissantes révoltes. Sept ou huit mille paysans se soulevèrent dans le Rouergue (1643), s'emparèrent de Villefranche, sous la conduite d'un chirurgien de cette ville, nommé Petit, l'abandonnèrent après l'avoir pillée, et lorsqu'ils y voulurent rentrer, ils furent défaits par les troupes royales et les gentilshommes de la province, revenus de leur première stupeur. On pendit les chefs, et, profitant de la terreur inspirée par cette répression sévère, on augmenta les tailles de cinq à six millions, sous la dénomination de subsistances des gens de guerre (1644) : « Cet impôt, déjà si à charge aux campagnes par son inégalité, fut livré aux partisans, afin d'obtenir d'eux quelques avantages (1). » La fiscalité s'épanouit à l'aise : le Languedoc fut contraint par les armes d'acquitter le don gratuit réclamé par la cour, et les seigneurs firent, de leur côté, une dernière tentative pour rentrer en possession de ceux de leurs droits qui étaient tombés en désuétude faute d'objet, tels que ceux de guet et garde, etc. (2).

Au milieu de la misère générale, on avait trouvé moyen de porter la taille à plus du triple de ce qu'elle était sous Henri IV, et en même temps que l'impôt croissait avec une rapidité jusqu'alors sans exemple, le nombre de ceux qui

---

(1) Bailly, *Hist. financière de la France*, I, 381.

(2) « Le sieur de Chevrières, baron de Serne, a le droit de guet dans son château de Serne, comme je l'ai vu par la reconnaissance qui lui fut faite par ses sujets, en novembre 1646. » — D'Espeisses, *Traité des droits seigneuriaux*.

s'exemptaient de ce fardeau grandissait parallèlement ; au point que l'on vit, sous la Fronde, le parlement consentir à une nouvelle augmentation de cinq à six millions, à condition qu'elle ne porterait pas sur les officiers de justice, les magistrats, les notaires, procureurs, avocats ou membres des universités. Les bestiaux, les instruments du laboureur n'étaient plus protégés par les prohibitions portées dans les édits paternels de Henri IV : on compta à la fois 23,000 prisonniers pour les tailles, dont 5,000 périrent de misère ; encore tant d'exactions ne profitaient-elles qu'aux gens de finance, car il fut prouvé « qu'un écu qui en venait au roi, en coûtait plus de dix au peuple. » Voyant que leurs biens ne leur rapportaient pas de quoi acquitter l'impôt, les pauvres abaniers au désespoir déshéritaient leurs enfants pour faire donation de ce qui leur restait à quelque couvent qui se chargeait de leur entretien jusqu'à leur mort. Souvent on continuait à exiger d'eux le paiement de la taille, au lieu que le couvent restait exempt, « lui, ses gens, ses convers, oblats, donnés et leurs serviteurs (1). »

La France retomba plus que jamais au pillage pendant tout le cours de ce règne interminable. On sait quelles richesses scandaleuses Mazarin laissa après lui. Semblable à ces seigneurs du xiie siècle qui détruisaient les villages pour les remplacer par des forêts peuplées de sangliers et de cerfs, le fastueux Fouquet en fit disparaître trois pour arrondir sa terre de Vaux et la rendre digne de cette royale demeure où six cents personnes étaient chaque jour défrayées de toute dépense (2). On avait entendu le surintendant Emery, l'homme

---

(1) Forbonnais, I, 240. — Bailly, I, 365, 386 (passim). — Dareste de la Chavanne, *Hist. de l'administration*, I, 373 ; II, 84. — Lemaistre, *Plaidoyers*, XXXV.

(2) Pierre Clément, *Vie et administration de Colbert*, I. — *Historiettes* de Tallemant des Réaux, III, 9. — « Fouquet, ses commis, ses maîtresses tiraient des fermiers des sommes que ceux-ci faisaient payer au peuple. Il touchait une pension de 120,000 livres sur la ferme des gabelles, une autre de 140,000

le plus corrompu du siècle au dire du célèbre coadjuteur, qui s'y connaissait, avancer en plein conseil que la bonne foi n'était que pour les bourgeois, et que les maîtres des requêtes qui l'alléguaient pour excuse dans les affaires publiques, méritaient d'être punis (1). Aussi les provinces agonisaient-elles, livrées pieds et poings liés à la rapacité des intendants (2), et lorsqu'une voix s'élevait pour protester contre leur tyrannie intolérable, le chancelier lui-même insistait sur la nécessité de les conserver où ils étaient, et sur les inconvénients qu'il y aurait à faire le procès à ceux qui malversaient ouvertement, « parce qu'il serait impossible que les partisans ne se trouvassent pas engagés dans les procédures, ce qui serait ruiner les affaires du roi, en obligeant à des banqueroutes ceux qui les soutenaient par leurs avances et leur crédit. » (Retz, I, 134, 150.)

Les maltôtiers trouvaient donc aide et protection auprès des gouverneurs des provinces, dont la facile complicité tolérait tout, disposés qu'ils étaient à partager avec eux les deniers du peuple (3). L'un d'eux, le duc d'Epernon, gouverneur très peu parlementaire, avait à gage une troupe de bravi qui imposaient silence aux mécontents en les assommant sur place

sur les aides, une troisième de 40,000 sur les fermiers de Bordeaux, qui devaient en outre payer 125,000 livres de rentes à madame du Plessis-Bellière, 10,000 livres de rentes à M. Créquy, gendre de cette dame, 10,000 livres de rentes à madame de Charost, fille de Fouquet, etc... » — Chéruel, *Histoire de l'administration monarchique en France*, II, 72.

(1) *Mém. du cardinal de Retz*, I, 134.

(2) Voici comment Boulainvilliers juge l'institution des intendants : « Le peuple imagina que l'intendant serait un protecteur pour lui contre l'autorité de la noblesse, qui ne laissait pas de l'incommoder encore... Il n'a appris que longtemps après, par une expérience bien douloureuse, que ces nouveaux magistrats devaient être les instruments immédiats de sa misère ; que la vie, les biens, les familles, tout serait à leur disposition ; maîtres des enfants jusqu'à les enrôler par force ; maîtres des biens jusqu'à ôter la subsistance ; maîtres de la vie jusqu'à la prison, le gibet et la roue. »

(3) En 1649, le parlement de Paris arrête : Que de très humbles remontrances seraient faites à Sa Majesté sur les troubles des provinces, et sur les actes

(Tallemant, III, 101 ; VII, 181). En vain les provinces s'agitaient, et chargeaient des députés d'aller faire entendre à Paris leurs doléances ; en vain le parlement de Paris s'émouvait et rendait des arrêts : l'anarchie était en tous lieux ; impuissante ou complice, l'autorité royale ne voulait ou ne pouvait rien, et partout les mêmes excès persistaient et suivaient leur cours (1).

Pour la levée des tailles, on tenait des garnisaires à la disposition des traitants qui les lançaient sur les villages, les logeaient chez les plus riches habitants jusqu'à ce que, les ayant fait contribuer pour les plus pauvres, ruinés, en fuite, ou morts de misère, ils eussent fait peser sur tous le niveau terrible d'une détresse absolue. Tout en travaillant pour les partisans, ils faisaient leurs propres affaires, et s'ils persécutaient et violaient pour le compte des maltôtiers, ils volaient pour le leur propre (2). L'extorsion devint si déhontée, que l'on vit parfois des seigneurs, ruinés par contre-coup, se mettre à la tête de leurs paysans, et soulever des jacqueries partielles contre l'autorité légitime qui les réduisait à la besace (Tallemant, VIII, 167, 168).

Les édits bursaux se succédaient, et lorsque l'on était dé-

tyranniques imputés aux gouverneurs de Provence et de Guyenne... Il était de notoriété publique, à Paris, que le comte d'Alais et le duc d'Épernon levaient arbitrairement, en Provence et en Guyenne, des hommes et de l'argent... Le président Novion dit à la reine : — « En Provence, plus de 500,000 écus d'exactions et de levées ont été levés depuis la paix publiée. En Guyenne, on pille, on viole, on brûle ; les biens, même les plus sacrés, ne sont pas exempts de la main profane du soldat, dont l'insolence et la rage peuvent à peine satisfaire à la rage de celui qui les conduit. » — Saint-Aulaire, *Hist. de la Fronde*, II, 66.

(1) En 1650, Bordeaux dépêche à Paris un député que le parlement entend : «Le duc d'Épernon, dit-il, a recommencé des persécutions nouvelles sur de vieilles ruines. Les soldats démolissent et brûlent nos maisons, tuent les femmes et les enfants, profanent et pillent les églises. » — Saint-Aulaire, II, 215.

(2) « Des Marais, dans le parti des tailles de Beauce, vola si bien, en commandant les fusiliers de Launay, qu'il se mit bientôt à son aise. » — Tallemant, X, 126.

cidé à employer de pareils moyens pour faire rentrer les impôts, on ne pouvait pas être bien sévère sur la légalité de leur assiette. La Bretagne apprit à ses dépens qu'il fallait faire la part du feu dans ce grand désastre, et sacrifier sa bourse pour sauver sa vie. Le parlement de Rennes prétendait maintenir le droit qu'il avait de vérifier ce que l'on voulait lever sur les fouages, en outre du don gratuit. Mais cette vérification eût mis trop d'iniquités en lumière ; on était pressé d'argent, et les partisans ne voulaient point laisser descendre la question sur ce terrain glissant. Le maréchal de la Meilleraye commandait à Nantes. C'était *un diable d'homme*, au dire de Tallemant des Réaux, pire encore, s'il est possible, que le duc d'Epernon, faisant, comme lui, assommer les récalcitrants ; il en avait même fait jeter par la fenêtre (III, 52). Ce digne gouverneur prit sur lui de tourner la difficulté : il demanda à la cour de nouvelles troupes qu'on lui accorda avec empressement, sachant bien quel usage il en saurait faire. En effet, il fit rentrer l'argent, « et eut tous les rieurs de son côté » (V, 35).

Le parlement de Bretagne trouva la chose moins plaisante, et demanda à celui de Paris union contre les violences intolérables du gouverneur de la province. Le parlement de Paris tonna et rendit des arrêts, foudres impuissants, dont l'autorité militaire ne sentit jamais les coups (Retz, II, 65). Il y avait bien l'autorité religieuse ; mais, presque partout l'Église était complice des bourreaux du peuple, et l'abbé de Beauveau, évêque de Nantes, portait l'oubli de ses engagements jusqu'à rouer de coups ses créanciers, lorsqu'ils lui demandaient de l'argent. Le terrible maréchal était la seule personne qu'il craignît (Tallemant, II, 128).

D'autres provinces nous présenteraient un spectacle semblable, car partout, gouverneurs et intendants, tous *grands voleurs*, tyrannisaient et dépouillaient les pays livrés à leur avarice (1). Un détail assez précieux, c'est qu'en outre de ces charges énormes, qui pesaient presque exclusivement sur le plat pays, les villes se retranchant derrière leurs priviléges pour payer séparément et à part (2), les provinces étaient tenues d'offrir à leurs nouveaux gouverneurs des dons gratuits d'un chiffre souvent fort élevé : la Bretagne, en pareille circonstance, donnait cent mille francs (Dangeau, III, 397). Quant aux intendants, il s'en trouva un, — celui du Languedoc, — qui voulut mettre à la charge de la province jusqu'aux frais funéraires qu'il fit pour sa femme, qu'il venait de perdre. On députa vers lui un émissaire, chargé de lui représenter que l'on ne manquerait pas de faire tirer cela à conséquence pour l'avenir : « Certes, ajouta-t-il, si c'était vous, monsieur l'intendant, la province le ferait avec bien du plaisir... mais pour madame !... »

Foucault, intendant de la Marche, arrondissait ses domaines aux dépens de ses voisins, ainsi que cela se faisait alors fort souvent, comme le duc de Chevreuse, qui, à l'instar du duc d'Angoulême et de tant d'autres, enfermait dans les murs de son magnifique parc de Dampierre *les terres du tiers et du quart*. Il est vrai que ce n'étaient pas de trop bonnes terres, assure Tallemant des Réaux, en manière de circonstance atténuante. Il est vrai encore qu'il promettait en dédommagement à ceux qu'il dépouillait, de leur donner une clef de son parc, ce qui leur ferait incontestablement une ravissante promenade. Seulement, il ne tenait jamais sa promesse (Tallemant, II, 49).

Ce Foucault avait adopté une façon tout économique de solder les gages de ses gens, et qui lui permettait d'avoir un riche et nombreux entourage. Il forçait, à l'ancienne mode, les cultivateurs aisés à donner en mariage leurs filles à ses

(1) Tallemant, III, 237 ; IV, 53 ; IX, 94.
(2) *Mémoires de Dangeau*, II, 147, 162, 164, 165, 176...

serviteurs, qui n'en demandaient pas davantage. Du reste, « grand voleur, grand emprunteur à ne jamais rendre, et grand distributeur de coups de bâton. » (Id., VII, 155.)

Les paysans, lorsque l'intensité de leur désespoir les poussait à se venger de leurs bourreaux, déployaient parfois des sentiments chevaleresques que l'on n'était point en droit d'attendre de cette race opprimée et maudite. Coustenau, gouverneur ou tyran de Mantes, après avoir violé la femme d'un croquant, l'avait fait fustiger par ses donneurs d'étrivières habituels, pour la châtier d'avoir repoussé ses hommages. L'époux outragé jure de venger sa honte. Un soir, Coustenau jouait dans une chambre avec deux de ses amis. Le paysan approche une longue échelle, et, une arquebuse à la main, il monte jusqu'à la fenêtre d'un second étage, qui lui permet de voir à sa portée le misérable qu'il veut frapper. Mais ils sont trois assis autour d'une table étroite, et il pourrait blesser un des partners de Coustenau. Il attend : la situation était terrible, cependant, car l'échelle pouvait trahir sa présence ; on pouvait venir, sans qu'il lui fût possible de songer même à se sauver. Il attend, cependant, impassible et stoïque, lent et attendant son heure comme la justice de Dieu. Enfin Coustenau se lève et va s'accouder à la cheminée, sur le foyer de laquelle se dessine sa silhouette. Il tire alors, et Coustenau tombe mortellement frappé (1).

Mais toutes ces scènes ne sont que *verdures et pastorales*, pour parler comme le cardinal de Retz, auprès de celles qui nous attendent, si des mal-ôtiers, des gouverneurs et des intendants, nous passons aux hauts faits des défenseurs de la patrie.

Chefs et soldats vivaient de la guerre, c'est-à-dire de pilleries et de brigandages, et tous labouraient et cultivaient les champs de bataille, comme le paysan fait un beau champ de

(1) Tallemant, VI, 17. Voyez encore, pour intendants ou gouverneurs bandits, I, 55 ; II, 250 ; III, 41, etc.

blé, ainsi que l'enseignait le maréchal de Biron, qui disait à son fils, lorsque celui-ci lui proposait un moyen de détruire d'un seul coup l'armée ennemie : « A quoi serons-nous bons, quand il n'y aura plus de guerre? (1) »

Ce furent d'abord les dernières convulsions de la lutte prolongée contre l'Allemagne. L'archiduc Léopold-Guillaume, campé entre les villes de Braine et de Fismes, avait son quartier général à Bazoches (1650), d'où il envoyait des troupes ravager la Champagne et l'Ile-de-France : « Il n'y a point d'éloquence qui puisse exprimer le désordre de notre campagne, dit l'historien de Soissons, et la consternation des paysans, qui l'abandonnèrent et se retirèrent dans les villes. La perte d'une partie de la moisson, la ruine des bourgs et des villages, la pauvreté du peuple, et les maladies dangereuses qui emportèrent plusieurs personnes, sont des misères qui, étant jointes ensemble, ne se peuvent comprendre que par ceux qui les ont vues, ou plutôt qui les ont souffertes. » (Dormay, 560.)

Le Valois tout entier n'était pas moins maltraité par les troupes de l'archiduc : « Le soldat commit dans le canton tous les excès qu'on doit attendre d'un ennemi. La plupart des familles, dépouillées de leurs biens, pensèrent à mettre leurs vies en sûreté en prenant la fuite. Plusieurs se retirèrent dans les forêts voisines, et vécurent de racines, en attendant que l'archiduc eût levé son camp. Le spectacle était touchant et tout à fait digne de pitié, de voir ces familles abandonner leurs demeures à la merci du soldat; des pères et des mères chargés de leurs enfants, des vieillards décrépits porter dans des déserts un reste de vie qu'ils voulaient encore sauver. » (D. Carlier, *Valois*, III, 77.)

Que faisaient, pendant ce temps, les troupes françaises chargées de défendre le sol sacré de la patrie et de punir

(1) Brantôme, *Discours sur le maréchal de Biron*, IV, 31.

l'invasion ? S'il faut en croire un écrivain contemporain, ces troupes, commandées par le maréchal d'Hocquincourt, vieilles bandes recrutées pour la plupart en Allemagne, et toutes pleines encore des traditions de la guerre de Trente ans, commirent sur le plat pays plus d'excès que les ennemis eux-mêmes : « Or, durant ce temps que les ennemis pillaient et ravageaient le pays, les gens du roi de France ne furent pas plus pitoyables ni favorables aux pauvres gens que les ennemis : car après que, comme fuyards et couards, ils se furent mis à l'abri des murailles et des fossés de Soissons, pour l'assurance de leurs vies, ils firent mille voleries et pilleries, extorsions et ravagements, ne laissant, à trois ou quatre lieues, aucune grange qu'ils n'aient aucunement battue et pillée, et ruinant et volant tout, tellement que je n'ai jamais vu de plus soigneux, diligents, valeureux, courageux et hardis voleurs que ceux-là, mais aussi de plus peureux et couards, poltrons et coyons qu'ils étaient à soutenir et revenger leur patrie, et s'opposer aux bravades des ennemis (1). »

Tous ces princes qui entouraient le trône et lui donnaient son lustre, tous ces seigneurs ne connaissaient que la guerre, ils n'étaient quelque chose que par elle, c'était elle qui leur donnait gloire, honneur et profit ; aussi leur fallait-il de toute nécessité guerroyer et batailler ; et, dès qu'ils ne pouvaient plus le faire contre l'étranger, ils le faisaient entre eux. Aussitôt donc la paix signée avec l'Autriche, ils se divisèrent pour ou contre Mazarin, pour ou contre la cour, et les querelles de la Fronde ramenèrent sur le pays les angoisses de la guerre civile : si bien que la paix elle-même avait pour résultat d'empirer la situation des campagnes. « Il n'est,

---

(1) Cité par dom Carlier. — Nous pourrions promener le lecteur dans toutes les provinces de France, et lui montrer presque partout un spectacle analogue. Ainsi, dans le Midi : « La captivité des princes alluma la guerre civile dans les provinces méridionales, et surtout à Bordeaux, où l'armée de la régente et de son Mazarin causa des maux infinis. » — Dulaure, *Hist. de Paris*, 380.

disait de son temps Froissart, si felle guerre que de voisins et d'amis. » Une guerre d'invasion déroule ses péripéties sur quelques points donnés du territoire, et peut laisser les autres à peu près tranquilles. Une guerre civile, dont le foyer est dans l'âme de chaque ambitieux, n'a ni bornes ni limites, chacun prend fait et cause pour l'un des partis hostiles, le secret de la querelle gît mystérieusement caché au fond des conseils de quelques chefs, et, comme nul ne pourrait dire au juste pourquoi elle a commencé, il n'y a non plus aucune raison pour qu'elle se termine.

Je ne raconterai point les luttes du Parlement, la souplesse et l'intrigue de Mazarin, les adroites menées du coadjuteur, les incertitudes des princes de Condé, de Conti et de Longueville, les fluctuations du duc d'Orléans, les brigues des ducs de Beaufort et de Bouillon. Mais, si rien de tout cela n'a été oublié par les historiens généraux, il reste à glaner après eux ces petits faits qu'ils dédaignent, bien que cependant ils donnent aux événements toute leur portée et qu'ils montrent de la France autre chose que ce que l'on peut en apercevoir des fenêtres de Versailles, de Saint-Germain ou de Rambouillet.

Les édits bursaux se succédaient, lorsque le Parlement rendit ses fameux arrêts d'union pour résister aux volontés spoliatrices du ministre favori, et bientôt, donnant le signal de la lutte, Condé opposa l'écharpe isabelle à l'écharpe blanche des partisans de la reine et de Mazarin. Toujours sous le joug de la féodalité, anéantie seulement vis-à-vis de la royauté, les campagnes obéissaient encore sans hésitation aux ordres absolus de leurs seigneurs, qui, désireux de couvrir leurs brigandages du prétexte de la guerre civile, sans argent, parce que le plat pays était ruiné dès longtemps, sans crédit, parce qu'ils payaient leurs créanciers à coups d'étrivières, soulevaient leurs paysans au son du tocsin, et les laissaient vivre de pillage. Dès que la fortune se déclarait contre eux, ce ramassis de pillards se débandait, les chefs se renfermaient dans leurs donjons, ou fuyaient en Espagne, et l'expédition s'évanouissait, n'ayant laissé derrière elle que des ruines (1). Ils avaient pour lieutenants quelques-uns de ces gentilshommes bandits, si communs alors, « de ces filous de qualité, auxquels le vol et l'assassinat étaient aussi familiers que le boire et le manger (2). » Ils pillaient de compte à demi les caisses publiques que Jacques Bonhomme remplissait à nouveau, picoraient par les campagnes, faisaient dévorer les blés sur pied par leurs chevaux, sauf à répondre, comme Tavannes à Condé, « que la cavalerie ne pouvait pas vivre sans fourrages, et que, pour avoir des fourrages, le plus court était de couper des blés (3) » ; ou bien à s'en consoler philosophiquement comme Bussy-Rabutin qui, pour toute excuse, écrivait au secrétaire d'État Letellier, lorsque celui-ci lui rapportait les plaintes furieuses du peuple contre lui : « Je ne m'en étonne pas, et je sais qu'il n'est pas possible d'avoir leur argent et leur amitié tout ensemble (II, 42). »

La cour, du reste, se montrait peu sévère, et « consentait qu'en la servant chacun fît ses affaires (II, 132). » Chefs et soldats entendaient à demi-mot, et laissaient partout derrière eux, comme au temps de Froissart, *le plat pays tout rifflé* (4). Si l'on demandait quelques renforts de troupes, on avait bien soin de dire qu'on les diviserait en plusieurs corps afin qu'ils pussent vivre plus commodément, et qu'on leur ménageait un quartier « qui ne s'était point encore senti de la guerre et qui avait conservé toute la graisse du pays (I, 412). »

Bussy-Rabutin avait une maîtresse dans les environs : « Je lui rendais, dit-il, des services qui valaient bien les soins ordinaires des amants : *car dans la ruine générale des peu-*

---

(1) Saint-Aulaire, II, 167, 168, 173, 180.
(2) Bussy-Rabutin, I, 36, 44 ; II, 47.
(3) Saint-Aulaire, II, 226.
(4) Bussy, I, 82, 166, 351, 358, 359, 395 ; II, 46, 48, 67, 120, 192, etc.

ples, ou par les troupes, ou par les subsistances, je conservai ses terres comme les miennes propres (II, 10). »

Durant la captivité de son époux, la princesse de Condé suivait l'armée au milieu de la foule dorée des courtisans qui s'étaient attachés à sa cause, et il fallait que les paysans des environs vinssent danser chaque soir devant elle pour distraire ses ennuis, tandis qu'ils songeaient, la mort dans l'âme, à leurs femmes et à leurs filles que l'on outrageait, à leurs chevaux que l'on enlevait, à leurs chaumières que l'on dépouillait pour satisfaire aux besoins de cette cour improvisée (1).

A la suite d'un succès des troupes royalistes qui s'avancent en vue du château de Turenne après avoir occupé Brives-la-Gaillarde, le tocsin bondit dans les quatre cents villages de la vicomté, et, en moins de quatre heures de temps, quinze mille paysans sont rassemblés sous les murs de la petite ville. Le duc de Bouillon fait jeter des masses de fascines devant les portes, menace d'y faire mettre le feu, et jure de livrer la ville incendiée au pillage, si elle ne se rend sur l'heure. On avait vu si souvent dans cette guerre impie, Condé lui-même, comme du reste les chefs royalistes, livrer à ses soldats les villes ou les bourgs pris d'assaut, et faire pendre par centaines les malheureux coupables seulement d'avoir obéi aux ordres de leurs maîtres (2), que les bourgeois effrayés capitulèrent, après que les officiers royalistes eurent obtenu de sortir librement avec leurs armes et leur chevaux. Quant aux soldats, véritables condottieri indifférents à toutes les causes et n'ayant qu'un but, le pillage, ils prirent parti pour la plupart dans l'armée des ducs (Saint-Aulaire, II, 181).

Le parlement ajoutait encore au désordre, commandant aujourd'hui aux troupes de marcher, et demain défendant de

---

(1) Saint-Aulaire, II, 183; — Bussy, I, 395. — La Thaumassière, *Hist. du Berry*, 237.

(2) Bussy, I, 279, 412; Tallemant, II, 124.

pourvoir à leur subsistance ; tantôt éclatant contre ceux qui proposaient de licencier les gens de guerre, et tantôt, soulevant de nouvelles jacqueries, ordonnant aux communautés de sonner le tocsin et de courir sus, soit à ceux qui faisaient des assemblées sans ordres de lui, soit même aux généraux du roi (1). On le vit aussi, par un arrêt du 2 janvier 1652, désigner deux conseillers pour aller armer les campagnes. Mais Jacques Bonhomme, le pauvre calomnié, qui ne fit jamais, en se défendant, que céder à des ordres légaux de révolte, et qui ne répondit pas toujours à ces appels, Jacques Bonhomme, qui ne voyait que des adversaires dans les deux camps et des protecteurs nulle part, massacra l'un des émissaires et laissa l'autre tomber entre les mains de l'ennemi.

Et cependant le roi lui-même tentait de soulever le peuple, et, par ses édits du 17 octobre 1651 et du 12 janvier 1652, lançait la noblesse et les communautés, le ban et l'arrière-ban, à la poursuite de ces pillards éternels qui ramenaient les campagnes de France aux jours maudits des grandes compagnies (Bussy, I, 332, 350).

Après que Condé fut sorti de prison, il se jeta dans le parti de la guerre civile, la tête pleine des projets les plus criminels, enivré des espérances les plus coupables. Il parcourut les provinces, répandant la terreur sur son passage, levant hommes, tailles et gabelles, faisant des armements de terre et de mer, moissonnant ses lauriers à la lueur des villages français incendiés, tandis que Gourville, le poignard à la main, volait pour lui les percepteurs des deniers royaux (2).

Mécontent de l'appui de l'Espagne, le héros appela à son aide Charles IV de Lorraine, prince bizarre, qui semble un bandit du xive siècle attardé au xviie, au milieu duquel, du reste, il ne se trouve pas trop dépaysé. Toujours disposé à guerroyer, il se faisait chèrement payer à chaque entrée en

(1) Retz, I, 420 ; II, 250 ; III, 50, 51, 56, 57, 70.
(2) Saint-Aulaire, III, 14, 35, 74, 75, 101 ; — Bussy, I, 332, 358.

campagne. tant pour lui que pour ses troupes. C'était lui, bien entendu, qui touchait pour celles-ci, et, comme il gardait le tout religieusement, elles n'avaient pour subsister que ce qu'elles pillaient sur *le bonhomme*. Un jour qu'il avait un évêque pour adversaire, il prend pour casque une marmite, arme sa main d'une broche, et s'avance ainsi sur la campagne, prétendant que ce sont les armes qu'il faut pour combattre les troupes de l'Église. Une autre fois il exige, avant de consentir à marcher, que la fille d'un bourguemestre qu'il aimait et qui lui résistait, vînt l'en prier. Il fallut céder, et la jeune fille fut sacrifiée au salut commun. Souvent encore il disait aux envoyés qu'il ne pouvait rien décider avant d'avoir rassemblé son conseil. Il faisait monter son cuisinier, lui exposait l'affaire et lui demandait son avis.

« Monseigneur, disait le drôle, il faut de l'argent ! »

Charles accourut donc pour une somme d'argent que lui paya Condé, et repartit pour une plus forte que lui donna le cardinal. Ainsi l'argent sortait de France par toutes les portes et pour des causes indignes. Toutefois ce prince habile ne s'éloignait un instant que pour pouvoir se vendre de nouveau, et nous le retrouvons bientôt traversant la Champagne à petites journées, enrichissant son armée de pillages, et se joignant enfin aux princes dont les troupes, privées de solde, vivaient à discrétion sur le plat pays (Retz, III, 200, 283).

Chose étrange ! les trois armées qui alors dévoraient la France avaient à leur tête trois chefs renommés et puissants, Condé, Turenne et Charles IV ; et de ces trois guerriers, le moins illustre était le seul qui pût établir parmi ses bandes quelque discipline, ou plutôt le seul qui fût obéi. Il achetait cette obéissance en les laissant voler à discrétion, et en ne leur demandant que du courage. Tandis que Turenne et Condé, commandant des troupes françaises contre la France, ne pouvaient rien exiger, rien obtenir de soldats qui, à la plus légère punition, répondaient aux exigences de leurs chefs en allant sur l'heure offrir leur bras au parti opposé, plus heureux, Charles IV pouvait compter sur ses hommes ; seulement personne ne pouvait jamais compter sur Charles IV.

Le mariage du prince de Condé lui avait donné un beau-père digne de lui : c'était le maréchal de Brézé, grand tyran, d'après Tallemant des Réaux, « qui avait cent gardes, montés comme des Saint-George, et qui rançonnait fermiers et marchands. » Il était surtout impitoyable pour les braconniers, et eût laissé dévorer tous les champs de la province, plutôt que de souffrir que l'on tuât un lièvre sur ses terres. Ce glorieux maréchal avait un maître, cependant, car il faut toujours que l'on en ait un. Le maître du maréchal de Brézé, c'était sa servante, la Dervois, dont il avait fait assassiner le mari, las de partager avec lui les faveurs de la dame. Forte de l'autorité du maréchal, gouverneur de l'Anjou, elle répandait la terreur dans le pays, pressurait la contrée, et, de son château de Milly, non loin de Saumur, elle envoyait des garnisaires chez tous ceux qu'elle voulait amener à composition, et jusque dans la ville d'Angers même, lorsque quelqu'un s'y permettait d'opposer quelque résistance à ses volontés. Gardienne fidèle des plaisirs cynégétiques du maréchal, elle fit une fois lier au pied d'un chêne un prêtre, pendant toute une journée, après lui avoir fait attacher au cou le lièvre qu'il avait tué.

On vit souvent, en effet, dans ce glorieux, mais terrible XVIIe siècle, des femmes même se rendre la terreur de la contrée (Tallemant, V, 230 ; VI, 21, etc.), et la Calprenède prétendait que la sienne avait fait sur ses terres plus de ravages que n'en eût su faire un régiment de Croates (VIII, 206). Il est vrai que la Calprenède était Gascon.

On en vit d'autres, par contre, rappeler par leur héroïsme les plus beaux jours de la chevalerie errante ; témoin cette dame de Saint-Balmont, reflet poétique des Clorinde et des

Bradamante, qui, se jetant bravement au milieu de cette mêlée générale, sut faire respecter ses terres et protéger les paysans de ses domaines. Toujours l'épée au côté et le pistolet à l'arçon de sa selle, elle courait le pays, habillée à la guerrière, les cheveux taillés comme un homme, chapeau avec des plumes bleues, justaucorps, cravate, manchettes, souliers, haut de chausses d'homme, et, par-dessus ce haut de chausses, une jupe, qu'elle quittait pour mettre des bottes, lorsqu'elle montait à cheval. On compte qu'elle avait tué, ou pris de sa main, plus de quatre cents bandits. Une fois, voyant trois cavaliers qui dételaient les chevaux d'une de ses charrues, elle se précipita sur eux l'épée à la main, et les arrêta jusqu'à ce que ses gens fussent arrivés. Dans une autre circonstance, à l'assaut d'un château, dangereux repaire, elle montait à l'escalade sans s'apercevoir que les siens ne la suivaient pas. Elle s'élance, le pistolet au poing, pénètre avec furie dans une chambre où se trouvaient dix-sept hommes, qui, frappés de terreur, et la croyant sans doute suivie, se laissèrent désarmer par elle (1).

Mais, à côté de cet héroïsme exceptionnel, combien ne vit-on pas de seigneurs préférer, dans cette grande curée de Jacques Bonhomme aux abois, mordre leur coup de dent pour emporter quelque morceau à dévorer dans leur bauge! Lorsque les chevaux des hommes d'armes étaient seulement blessés, ou incapables de servir, ceux-ci se contentaient de faire un libre échange, en troquant leurs bêtes fourbues contre les robustes animaux qu'ils arrachaient à la charrue, ou qu'ils entraînaient loin de l'écurie de la ferme. Les seigneurs revendiquèrent ces bêtes fourbues comme épaves, et s'en emparèrent. Ici, cependant. la prétention était tellement exorbitante, et le vol si déhonté, que, par exception, la justice fut

---

(1) Tallemant, **VIII** 218. Cette femme extraordinaire, belle, pieuse et honnête, faisait facilement des vers faibles, et a laissé deux tragédies.

pour les plus faibles, et maintint les laboureurs dans la possession des chevaux ainsi échangés (1).

Mais retournons auprès du maréchal de Brézé et de Condé, et, par les plus grands, jugeons les moindres.

Le terrible gouverneur de l'Anjou marche sur Angers, et, pour punir cette ville de la part qu'elle avait prise dans les troubles de la Fronde, lève sur le pays des contributions exorbitantes, et fait séjourner pendant six semaines les soldats dans les campagnes voisines, où ils démolissent les maisons pour se chauffer avec les poutres et les solives (2). Pillée ainsi en 1649 par son gouverneur, cette malheureuse province le fut encore en 1652, mais cette fois à cause de son successeur, de M. de Rohan, qui s'était tourné du parti du prince de Condé. Après s'être réuni au maréchal de la Meilleraye, dont nous connaissons les façons d'agir, le maréchal d'Hocquincourt, s'étant transporté en Anjou, en assiége la capitale à la tête de ces mêmes troupes que nous avons vues à l'œuvre derrière les murailles de Soissons, et qui, toujours dignes de leur réputation de bandits et de pillards, ruinent les campagnes dans un rayon de cinq à six lieues autour de la ville (3).

Tout cela se passait presque sous les yeux de la cour, qui résidait alors à Saumur, d'où Corbinelli, l'ami de madame de Sévigné, écrivait à Bussy-Rabutin : « On meurt de faim, ici ; on n'a pas un sou ; et depuis la reine jusqu'aux moindres gens, on ne fait qu'emprunter ; voyez par là si vos

(1) De la Lande, commentateur de la *Coutume d'Orléans*, cite plusieurs sentences de cette nature, entre autres une du 27 juin 1654 contre l'abbé de Saint-Benoist.

(2) Ménage, dans la Vie de son père.

(3) «L'issue du siége fut que la campagne, à cinq ou six lieues à la ronde, étant ruinée, toutes sortes de cruautés et saletés furent exercées par les soldats, dont beaucoup étaient hérétiques, Polonais et Allemands, les églises et monastères qui étaient hors de la ville, pillés ; enfin la ville fut rendue au maréchal d'Hocquincourt, le 28 février... » — *Hist. du prieuré de l'Évière, en Anjou.*

appointements sont prêts (10 février 1652). » Corbinelli appelait cela emprunter !

Notons encore que quelques jours auparavant (24 janvier), le parlement de Paris avait ordonné des informations contre le désordre des troupes du maréchal d'Hocquincourt. Le jeune roi quitte Saumur et se rend à Blois : le maréchal l'y accompagne avec son armée, « qui faisait *des désordres incroyables*, faute de paiement. » (Retz, II, 69.)

Les troupes du prince de Condé lui-même se livraient sous ses yeux aux mêmes excès, portant le pillage, la ruine, la honte et la mort partout où elles passaient. L'histoire nous les montre d'abord dans le diocèse de Meaux, « où elles firent des ravages que la guerre même n'a jamais autorisés (Duplessis, 457). » On suit le héros à la trace sanglante qu'il laisse derrière lui sur la terre de France, et nous le retrouvons bientôt campé près de Béthisy, dans le Valois.

« On voit encore sur les lieux des traces de son camp, dit dom Carlier. Les registres des églises et communautés sont semés de traits de barbarie qui font horreur. Les soldats ne s'en tenaient pas au pillage : ils exerçaient avec une sorte de raffinement des cruautés qu'on se permet rarement dans les expéditions militaires, où l'animosité et la fureur portent aux plus grands excès. Après le passage de ces troupes, le pays était rempli d'objets plus hideux les uns que les autres. A peine parcourait-on quelque partie du chemin sans rencontrer des gens mutilés, des membres épars, des femmes coupées par quartiers après avoir été violées, des hommes expirant sous des ruines, d'autres qui conservaient encore un reste de vie dans un corps déchiré ou ensanglanté, d'autres enfin percés de broches et de pieux aiguisés. J'ai vu, dans un écrit du temps, le trait d'un laboureur qui, ayant refusé à des soldats une somme d'argent qu'il n'avait pas, fut attaché par les pieds au plus fougueux de ses chevaux, qu'ils mirent en plaine en le chargeant de coups. Les membres du laboureur furent disloqués et mis en pièces : on les retrouva épars, et les pieds encore attachés à la queue du cheval, à l'endroit où cet animal s'arrêta. » (III, 85.)

Mais Condé, après tout, était un révolté et un fauteur de guerre civile, et sans doute Turenne, qui marche contre lui, Turenne, ce héros si pur et si poétique, va nous montrer la contre-partie de ces scènes effroyables.

« Cette armée, dit D. Carlier, de laquelle le pays attendait sa délivrance, commit de grands ravages dans le canton. »

Et maintenant, pieux prélats, derniers héritiers des Pères d'une religion d'amour et de paix, Bossuet, Féchier, Mascaron, Bourdaloue, arrondissez vos périodes sonores et préparez vos magnifiques oraisons funèbres ! créez et rassemblez aux côtés de Dieu des légions de *fulminants* (1), pour savoir où placer dans le ciel ces terribles batailleurs ! La voilà cette gloire militaire dont les hommes sont si fiers et dont l'humanité rougit ; les voilà ces héros des batailles, les seuls, ô honte et ingratitude ! dont le peuple sache les noms et conserve la mémoire ! Pour nous, historien des victimes des conquérants et de ceux que l'on appelle les défenseurs de la patrie, si grand que soit Condé, nous dirons de lui, avec Dulaure : « Ne déguisons rien, jugeons les hommes par leurs actions, et ne voyons dans un tel capitaine qu'un brigand de plus (2) ! »

Un jour, à Seneff, le lendemain d'une de ses plus sanglantes victoires, Condé parcourait le champ de bataille, escorté de la foule dorée de ses lieutenants. C'était une belle et glorieuse journée, un noble et enivrant spectacle : vingt-cinq mille créatures humaines jonchaient la plaine ; aussi vit-on les deux partis faire chanter à l'envi des *Te Deum* d'actions de grâces, comme si les hommes espéraient entraîner Dieu de complicité dans toutes leurs sanglantes folies :

(1) Mascaron, *Oraison funèbre de Turenne.*
(2) *Environs de Paris*, 218.

« Baste ! s'écria le héros, une nuit de Paris réparera tout cela ! »

C'est que Condé n'était pas seulement un grand capitaine, mais un homme de beaucoup d'esprit.

Et cependant non, Monseigneur, une nuit de Paris ne réparait pas cela, car chacun de ces hommes de vingt-cinq ans que vous aviez fait tuer était un capital lentement et péniblement accumulé, et qu'un poupon vagissant dans son berceau ne remplacerait pas ; car des champs ravagés, des habitations pillées, des établissements industriels détruits, des capitaux consommés, en ravissant les moyens de subsistances, font mourir encore bien du monde en dehors des champs de batailles, victimes indirectes de ces jeux sauvages et sanglants.

Et puis, en dehors de ces considérations, dignes de frapper l'homme politique, il y en avait d'autres qui eussent pu toucher le simple mortel et lui arrêter sur les lèvres cette parole cynique. C'est que ces flots de sang répandus, c'est que tant de familles frappées au cœur, tant de larmes et tant de cris de désespoir sont des choses qu'une nuit de Paris ne répare pas, et qu'il n'y a pas dans tout cela le plus petit mot pour rire.

« Cependant l'armée du prince de Condé occupait les environs de Paris, et l'armée royale, commandée par le vicomte de Turenne, la harcelait de son mieux. Les siéges, les combats, les retraites répandaient la désolation dans les campagnes : tout était ravagé par des guerriers qui ne songeaient qu'au succès du parti qu'ils avaient embrassé, et ne voyaient qu'avec dédain les malheurs affreux qu'ils causaient. Le pillage, les meurtres, les incendies, sur un rayon de trente lieues au midi de Paris, de quinze à vingt sur les autres aspects de cette ville, avaient fait déserter toutes les habitations champêtres. On voyait une infinité de malheureuses familles abandonner leurs foyers, et venir avec leurs bestiaux, leurs vivres, échappés à la voracité des soldats, chercher un asile à Paris. Arrivées aux portes de cette ville, elles y trouvaient un obstacle. Les commis de barrière exigeaient un droit d'entrée ; il y eut à ce sujet des émeutes aux portes Saint-Honoré et Saint-Antoine ; et, le 26 avril 1652, le parlement ordonna que les commis ne percevraient aucun droit sur les bestiaux et denrées amenés dans Paris pour la consommation de ceux qui s'y réfugiaient. Que de maux pour des motifs méprisables (1) ! »

Le parlement s'émut de nouveau, et dépêcha à la cour des députés pour faire des remontrances sur les désordres des gens de guerre et obtenir leur éloignement à dix lieues de Paris. Sans doute, cela n'était qu'écarter le mal loin des regards de ceux qui pouvaient y apporter quelque remède, en le répandant dans un rayon plus étendu. Mais, comme le roi répondait invariablement qu'il ferait retirer ses troupes dès que Condé aurait emmené les siennes, et que Condé faisait exactement la même réponse, la situation restait la même, et on laissait le procureur du roi s'évertuer à dépeindre « les campagnes ruinées pour plusieurs années, les gens de guerre, tant Français qu'étrangers, ne se contentant pas des vivres, mais encore pillant les meubles et ustensiles, prenant les bestiaux, dégradant et démolissant les maisons pour en avoir les matériaux, dans la facilité qu'ils rencontraient du débit de tous leurs pillages (2). »

« La misère du peuple était épouvantable, dit Laporte, et dans tous les lieux où la cour passait, les pauvres paysans s'y jetaient, pensant y être en sûreté, parce que l'armée désolait la campagne : ils y amenaient leurs bestiaux, qui mouraient de faim aussitôt, n'osant sortir pour les mener paître ; quand les bestiaux étaient morts, ils mouraient eux-mêmes incon-

---

(1) Dulaure, *Hist. de Paris*, 382.
(2) Registres du parlement, 30 avril, 7 mai, 7 juin, 11 octobre 1652. — *Mémoires de Retz*, II, 130, 164, 184, 185, 187, 188, 206, 227, 255, 291...

tinent après, car ils n'avaient plus rien que les charités de la cour, qui étaient fort médiocres, chacun se considérant le premier. Ils n'avaient de couvert contre les grandes chaleurs du jour et les fraîcheurs de la nuit que le dessous des auvents, des charrettes et des chariots qui étaient dans les rues. Quand les mères étaient mortes, les enfants mouraient bientôt après, et j'ai vu sur un pont de Melun, où nous vînmes quelque temps après, trois enfants sur leur mère morte, l'un desquels la tetait encore... »

« Les soldats, les officiers, les colonels des régiments, les généraux s'adonnaient sans frein et sans honte au vol et au brigandage. Pendant que le prince de Condé était à Paris et son armée dans les environs de cette ville, six cavaliers du régiment de son nom volèrent pour cent mille écus de marchandises que des bourgeois de Paris avaient fait venir à grands frais. Ces bourgeois étant parvenus à se saisir de quatre de ces voleurs, les remirent entre les mains du comte de Tavanes, qui commandait l'armée de Condé ; ce comte, à la prière d'un mestre de camp, fit sauver les voleurs. On peut conjecturer que le mestre de camp et ce comte avaient eu part au vol...

» Veut-on un exemple du pillage des chefs militaires, lorsqu'ils passaient avec de la troupe d'un pays à l'autre? Le comte de Chavagnac va nous l'offrir. Ce comte, persuadé que les bassesses, les vols et les brigandages ne pouvaient ternir l'honneur des gentilshommes, se vante de très bonne foi, dans ses Mémoires, de ses vices, de ses bassesses et de sa conduite criminelle. Il apprend au public qu'il a fait le rôle d'espion à Paris, qu'il quitta et reprit tour à tour le parti de Mazarin, celui de la Fronde et celui du prince de Condé; puis il raconte qu'étant en Auvergne, le duc de Candaule, gouverneur de ce pays, lui fit obtenir de la cour un brevet de maréchal de camp, avec charge de ramener la cavalerie de Catalogne, qui, ayant abandonné cette province espagnole contre les ordres du roi, s'était cantonnée dans le pays de Foix. Chavagnac manquait d'argent pour faire son équipage; le duc, afin de lui faciliter le moyen de s'en procurer, lui donna une compagnie de ses gens d'armes. Il voyagea avec elle jusqu'à Moissac. Pendant ce trajet d'environ cinquante lieues, il commit tant de violences sur les chemins, qu'il y gagna environ 34,000 livres. *La route*, dit-il, *me valut mille louis d'or.*

» Le même, ayant rempli sa mission dans le pays de Foix, se rendit avec sa cavalerie dans l'Agenois. Il dit : *J'eus de ma route douze cents pistoles, sans compter six beaux chevaux que j'achetai.*

» C'est-à-dire qu'à force d'extorsions, Chavagnac et sa troupe vécurent le long de la route aux dépens des habitants des campagnes, et qu'ils leur enlevèrent une fois mille louis d'or, une autre fois douze cents pistoles. Un chef de voleurs ferait-il mieux ? (1) »

Jetons les yeux, dans l'œuvre de Callot, sur la série de dessins qui porte ce titre : *Les misères et malheurs de la guerre.* L'album se compose de dix-huit feuilles, qui, les deux premières et la dernière exceptées, constituent une macédoine de brigandages, de meurtres et de crimes de toutes sortes. Callot a voulu faire des soldats ; son burin, malgré lui, a dessiné des bandits. Arrêtons nos regards sur une de ces feuilles, sur la cinquième. Le merveilleux artiste a rassemblé dans quelques centimètres carrés toute la verve, toute la fougue d'inspiration qui eût suffi à remplir une toile historique.

Tandis que gît çà et là le tribut de la basse-cour et de l'écurie, que quelques-uns brisent et vident prestement armoires et buffets, un soldat égorge un homme renversé, pendant qu'un autre va frapper une femme qu'il retient par

---

(1) Dulaure, *Hist. de Paris*, 143 : — Chavagnac, *Mémoires*, 159.

les cheveux, et qui fuit, entraînant un enfant par la main. Trois autres lèvent le fer sur un homme agenouillé, lorsqu'une femme âgée, sa mère, sans doute, se précipite, une bourse à la main. Au fond, d'autres boivent autour de tonneaux effondrés, et d'où le vin coule à flots. Deux autres braves luttent sur un lit contre une femme en désordre, et une porte ouverte à droite nous laisse deviner encore une profanation semblable. Cinq autres soldats ont allumé un brasier dans la vaste cheminée ; ils maintiennent sur les charbons ardents les pieds d'un malheureux paysan, qui ne se laisse pas voler assez vite, et un autre, suspendu par les pieds au milieu d'un nuage de fumée, complète cette scène d'horreur.

Quelque chose cependant manquait à la gloire du soldat, quelque chose, surtout, à la sécurité de sa conscience : c'était que l'on fît en sa faveur l'apologie du meurtre, et que l'on vantât les sentiments généreux qui le poussaient à commettre tant de crimes. Cette satisfaction ne lui fut pas refusée : il l'obtint des ministres de ce Dieu de paix qui disait à Pierre que celui qui frappait avec l'épée périrait par l'épée. Ouvrez la *Somme des péchés*, du père Bauny, et, au chapitre XIII, vous lirez ces lignes :

« Quelqu'un prie un soldat de battre son voisin, ou de brûler la grange d'un homme qui l'a offensé : on demande si, au défaut du soldat, l'autre qui l'a prié de faire tous ces outrages, doit réparer du sien le mal qui en sera issu. Mon sentiment est que non. Car à restitution nul n'est tenu, s'il n'a violé la justice. La viole-t-on quand on prie autrui d'une faveur?... Quelqu'un demande qu'on lui en fasse ; il demeure toujours libre de l'octroyer ou de la nier. De quelque côté qu'il incline, c'est sa volonté qui l'y porte ; rien ne l'y oblige, que *la bonté*, que *la douceur*, et la facilité de son esprit. Si donc ce soldat ne répare le mal qu'il aura fait, il n'y faudra astreindre celui à la prière duquel il aura offensé l'innocent. »

Donc, au milieu du xvııe siècle, comme au milieu du xıve, le campagnard voyait ligués contre lui les maltôtiers, les seigneurs, l'Église et l'armée. Le parlement l'appelait à la révolte, comme autrefois les états généraux, et le jeune roi, comme autrefois le dauphin régent qui fut Charles V. Que devait-il faire, sinon saisir, pour se défendre, l'arme que l'autorité royale lui mettait en main?

En 1658, des soulèvements répétés se manifestèrent dans la Normandie, puis dans la Sologne, où ils eurent plus de gravité, et les Sabotiers, — c'est le nom qu'on leur donna, — coururent sus aux percepteurs des tailles. Défaits à la fin, la corde fit justice de leurs impuissantes révoltes, et leurs oppresseurs n'en devinrent que plus cruels.

Cette recrudescence de tyrannie amena, deux ou trois années plus tard, une nouvelle tentative dans le Boulonnais. Mais Louis, qui alors n'avait plus besoin du peuple, et qui voulait qu'il pliât, souffrît et mourût sans se plaindre, fit marcher contre ces insurgés dix compagnies de gardes françaises, cinq de Suisses, et vingt-trois de cavalerie (Bussy, III, 120). Il ne s'agit plus, on le voit, des quarante chevaliers du comte Phœbus massacrant dix mille jacques sur la place du marché de Meaux ; ce n'est plus de la fantaisie, c'est de la réalité la plus poignante. A la tête de pareilles forces, Montpesat n'eut pas grand'peine à venir à bout des révoltés, qui, d'ailleurs, suivant l'ordinaire, s'étaient spontanément séparés à sa seule approche. Ce qui n'empêcha pas qu'on en pendit un bon nombre, pour l'exemple.

Et, en effet, des survivants on obtenait tout ce qu'on voulait.

Comme si ce n'était pas un désastre public de voir les classes stériles accaparer toutes les richesses, tandis que le paysan, le producteur par excellence, lui par qui la société vit, est réduit à l'impuissance par le manque de capitaux, les campagnes se virent contraintes à se livrer à la merci des agioteurs. L'excès du mal prenant les proportions d'un danger social, la cour ouvrit les yeux, et une ordonnance de juin 1659 permit aux communautés et villages de campagne de se remettre en possession des usages, biens et bois par eux aliénés pendant la guerre, à la charge de rembourser en dix ans aux acquéreurs le prix réellement payé de la vente. Les termes mêmes de l'ordonnance prouvent que les villages étaient contraints, le pistolet sur la gorge, de les vendre à des personnes puissantes, seigneurs, juges, magistrats et bourgeois des villes, sans permission du roi ni décrets de justice, à des prix très modiques, « et bien souvent, des dits prix, n'a été touché aucune chose, bien qu'il soit écrit autrement, par la violence des acquéreurs, qui ont forcé les habitants de signer. »

CHAPITRE V.

La féodalité au xviie siècle. — **Les grands jours d'Auvergne.** — Tyrannie des seigneurs.

> « Les pauvres habitants des campagnes, sans défense, livrés à l'exécrable tyrannie de leurs seigneurs, dont la férocité dans les campagnes égalait la lâcheté à la cour, étaient impunément outragés, pillés, battus, mutilés, égorgés, et réduits à la plus abjecte soumission (1654). »
> DULAURE, *Hist. de Paris*, 444.

A cette époque de notre histoire où la royauté était si puissante, la plupart des vieux abus de la féodalité pesaient encore sur les campagnes, et il n'était si chétif hobereau qui, sur ses terres, ne réclamât de vive force ses droits seigneuriaux. C'était le temps où un prélat, du haut de la chaire évangélique, apostrophait ainsi son auditoire populaire, refusant d'y trouver des frères : « Canaille chrétienne !... » (Sévigné, VII, 436); le temps où la maréchale de la Meilleraye disait qu'avec les gens de qualité, Dieu y regardait bien à deux fois avant de les damner. C'étaient toujours les genpilhommes de Rabelais, qui, n'étant retenus par aucune considération divine ni humaine, s'en donnaient à cœur joie, et dévoraient le vilain jusqu'à la moelle. Les plus hauts dignitaires de l'Église donnaient au besoin l'exemple, témoin les archevêques de Reims et de Lyon, qui faisaient tout trembler sous eux, sans en excepter les intendants et l'autorité militaire (Tallemant, III, 183, 194. — Dangeau, III, 178). Qu'est-ce que les manants pouvaient attendre de ces nobles gentilshommes, lorsqu'on voit Bassompierre tenir le poignard sur la gorge d'un père, tandis que, sous les yeux de cet infortuné, un de ses amis viole sa fille ; Hocquincourt offrir d'assassiner Condé dans les rues de Paris, et la Rochefoucauld, le moraliste, tenter d'étouffer le coadjuteur entre deux portes!

Il y en eut un qui fut roué vif en Grève : le curé, le recommandant au prône, dit aux paysans de prier Dieu pour l'âme de leur seigneur, mort des suites de ses blessures (Tallemant, IV, 101). Un autre, M. de Vaubecourt, quand il tenait entre ses mains des prisonniers, les faisait égorger par son fils, enfant de dix ans, pour l'accoutumer de bonne heure au sang et au carnage. Un autre encore, des environs de Saumur, lorsqu'il était en grande colère contre un paysan, lui disait : « Je ne veux pas te battre, je ne te battrais pas assez : mais je te veux faire battre par mon fils! » (Id., II, 33.)

Aussi, quels hommes devenaient ces enfants (1)! L'un d'eux, à trente ans, avait tué soixante-douze individus en duel. Un jour, dans son château, il poursuivait, pour la violer, la fille d'un de ses tenanciers : elle se précipite par la fenêtre

---

(1) « Des bandits, que nous ferions chasser de nos antichambres, jouissaient d'honorables familiarités. Les Pomenars, les Charnacé, les Falari, poursuivis pour des crimes ignominieux, tels que le vol et la fausse monnaie, étaient, à la faveur d'un nom connu et d'un cynisme amusant, admis et fêtés dans les compagnies les plus hautes et les plus précieuses. » — Lemontey, sur l'*Établissement monarchique de Louis XIV*, 438.

et se tue. Mais trouvant le cadavre chaud encore, il consomme sur elle son crime épouvantable. (Tallemant, X, 13.)

En vain les états généraux de 1614 avaient demandé à plusieurs reprises que, de trois ans en trois ans, des grands jours fussent tenus dans les différentes provinces du royaume, par les juges des divers parlements, « pour réprimer un monde de forfaits exécrables qui s'y font et commettent sans aucune punition ni vengeance, à cause de la grandeur et qualité des coupables, qui, avec toute impunité, vexent, battent, outragent, tuent et font mille extorsions au pauvre peuple (1). » Ce ne fut qu'en 1634 que la cour consentit à faire tenir à Poitiers des grands jours qui eurent à punir les crimes de la noblesse dans le Poitou, la Touraine, l'Anjou, le Maine, l'Angoumois et l'Aunis, ce qui fournit à l'avocat général Talon, l'occasion de reprendre, mais sur des proportions plus modestes, la proposition des états généraux, et de réclamer la tenue des grands jours tous les huit ou dix ans, « parce que cette appréhension est capable de retenir la noblesse et les officiers en leur devoir (2). » Il ne fut pas déféré davantage au vœu de Talon, et ce ne fut que plus de trente années plus tard que cette juridiction exceptionnelle se rouvrit en Auvergne, dont les grands jours furent les derniers qui furent tenus (1665).

Ce tribunal redouté avait sous sa juridiction la haute et la basse Auvergne, le Bourbonnais, le Nivernais, le Forez, le Beaujolais, le Lyonnais, le pays de Combrailles, la haute et la basse Marche, et le Berry. A la seule annonce de l'ouverture des grands jours, la noblesse, se rendant justice par avance, gagna prudemment le large et déserta ces provinces. Ce fut comme une effarouchée de pies-grièches, lorsque s'abat, au milieu de ces petits tyrans des buissons, un faucon au vol

---

(1) *Etats généraux*, XVII, 307 ; XVIII, 41.
(2) Hesnault, *Abrégé chronologique*, II, 626.

puissant et à la serre redoutable. Plus de quatre mois suffirent à peine à expédier près de treize mille affaires qui furent soumises aux juges ; et, dans une seule audience, celle du 30 janvier, il fut prononcé cinquante-trois condamnations à mort par contumace (1).

On est effrayé du nombre prodigieux et de la gravité des violences et des crimes qui furent dévoilés par l'instruction. « Les assassinats, les meurtres, les enlèvements et les oppressions étaient les matières communes des jugements, et il y avait un si grand nombre de criminels, qu'on en fit un jour effigier près de trente à la fois. » (Fléchier, 285.)

Ici c'était le noble marquis de Canillac, de l'illustre famille des Montboissier, qui, à elle seule, fournit cinq accusés, tous coupables et tous condamnés. Ce seigneur, outre la taille du roi, levait sur ses terres celle de Monsieur, celle de Madame, celle de tous les enfants de la maison, et faisait tous les ans ce que les autres ne faisaient qu'une fois en leur vie. Comme jadis le célèbre comte de Foix, Gaston Phœbus, le héros de la place du marché de Meaux, qui appelait indifféremment tous ses serviteurs du sobriquet de Mau-me-sert (2), Canillac avait douze affidés, ses douze apôtres, comme il les appelait, douze bandits dont il était le chef, et qu'il avait baptisés Sans-Fiance, Brise-Tout, etc., toujours prêts à exécuter tout ce qu'enfantait sa criminelle imagination. Beaucoup de seigneurs avaient ainsi leurs pillards et leurs assassins à gages (3). Comme celui-là était parent de M. de Novion, qui présidait les grands jours, il en fut quitte pour une légère amende.

Là c'était le baron de Sénégas, qui levait ses tailles à main armée, les exigeait à discrétion, usurpait les dîmes, et avait été jusqu'à démolir une chapelle, pour en employer les matériaux

---

(1) Fléchier, *Mémoires sur les grands jours d'Auvergne*, 294.
(2) Voyez l'admirable description que fait Froissart de la cour du comte de Foix.
(3) Tallemant, III, 41 ; IX, 61.

à fortifier une de ses maisons. Il avait rançonné ses sujets, en avait assassiné plusieurs : il avait enfermé un de ses justiciables dans une sorte d'armoire humide, où il ne pouvait se tenir ni assis, ni debout. Lorsqu'on le retira de cet abîme de souffrance, au bout de plusieurs mois, il était demi-mort; son visage n'avait plus rien d'humain ; ses vêtements en lambeaux étaient couverts d'une mousse qu'avaient engendrée l'humidité et la corruption. (Fléchier, 233.)

Puis vinrent les hauts faits de la Motte-Tingry : « Le titre de noble, qui a été depuis longtemps un titre d'impunité pour les criminels, sembla lui donner le droit de faire quelques violences, *comme les autres*. » (Id., 235.) Un paysan, de qui il prétendait exiger des corvées indues, eut l'audace de vouloir lui résister. L'ayant trouvé endormi sous un arbre, il lui tira un coup de pistolet qui ne fit que le blesser, et acheva de le tuer à coups d'épée.

Un notaire ayant eu l'outrecuidance de résister à M. de Veyrac, et de verbaliser contre lui, ce hobereau indigné rassemble *quelques traîneurs d'épée des villages voisins*, et vient lui faire subir un véritable siége. Mais le notaire est homme de cœur, il résiste avec courage, se barricade, et jure qu'il jettera mort sur la place le premier qui violera son domicile. On parlemente alors, on entre en pourparler; le notaire se rend à condition qu'il aura la vie sauve, se fiant à cette parole de gentilhomme si vantée, et qui valait mieux que tous les écrits passés entre vilains. Mais à peine Veyrac le tient-il en sa puissance, qu'il le tue d'un coup de pistolet et met sa maison au pillage. (Id. 221.)

En dépit des dénégations intéressées des admirateurs du bon vieux temps, l'infâme droit de markette était encore, au dire de Fléchier, *assez commun en Auvergne*, il y a deux cents ans à peine. Lorsque la mariée était jeune et belle, le seigneur ne renonçait à l'exercice de son droit en nature que moyennant une redevance plus forte que celle dont il se contentait d'habitude, « et il en coûtait bien souvent la moitié de la dot de la mariée. » (Id., 173.)

La même coutume existait dans le Béarn (1). Un époux ne pouvait connaître sa femme avant de l'avoir offerte pour la première nuit au châtelain, qui en usait avec elle à sa discrétion. Le premier enfant né du mariage était libre de droit, parce qu'il pouvait arriver qu'il fût le résultat des plaisirs du seigneur (2).

Le clergé eut sa part dans ces condamnations, mais peut-être bien que les plus fortes peines ne tombèrent pas toujours sur les plus coupables. Les curés assistaient, comme aux plus beaux jours de la féodalité, à tous les repas de noces et de funérailles, et il en était qui ne rougissaient pas de refaire de la maison de Dieu une caverne et d'y établir des boutiques pour vendre et trafiquer (Fléchier, 109, 225).

On jugea aussi « un bon curé de village qui avait dit fort sérieusement à ses paroissiens que la France était mal gouvernée ; que c'était un royaume tyrannique, qu'il avait lu de si belles choses dans un vieux livre qui parlait de la république romaine, qu'il trouvait à propos de vivre sans dépendance

---

(1) Dans un dénombrement du seigneur de Lobier (Béarn), on lit : « Quant auguns de tals maisons se mariden, dabant (avant) que conexer lors molhers, sont tengutz de las presentar per la prumere noeyt audit senhor de Lobier per en far à son pleaser, o autrement lon valhar cert tribut. »

(2) « ..... Per so qui poeyre star engendrat de las obres deudit senhor et de sons pleasers. » — *Fors de Béarn*, publiés par MM. Mazure et Hatoulet, Pau, 1842, p. 172.

Au XVIII° siècle, ce droit odieux servit de sujet à trois pièces de théâtre : *Le droit du seigneur*, en cinq actes et en vers, par Voltaire (1762) ; *Le droit du seigneur*, opéra-comique en trois actes, par Desfontaines (1784) ; et enfin *Le mariage de Figaro*, de Beaumarchais.

« C'est, dit la Correspondance de Grimm et de Diderot, ce droit atroce et ridicule, connu encore sous le nom de cuissage, monument honteux de nos lois féodales, que l'on a réduit, dans les provinces où il s'est encore conservé, à un usage de forme, qui n'a lieu qu'en présence de deux magistrats, et qui devient, par là même, comme tant d'autres également absurdes, un simple signe de vassalité. »

et sans souffrir aucune imposition de tailles ; que le peuple n'avait jamais été si tourmenté, et plusieurs autres choses de fort grande édification, qui lui semblaient, aussi bien qu'à ses auditeurs grossiers, plus agréables que l'Évangile. Ce petit peuple trouva le prône fort bien raisonné ce jour-là... » (Id., 215.)

Ce sont là de ces crimes de circonstance qui sont vice ou vertu suivant leur date ou le degré du méridien. Le bon curé, comme l'appelle ironiquement Fléchier, fut condamné au bannissement, et put choisir pour terre d'exil des pays qui eussent puni d'une semblable peine l'apologie du gouvernement monarchique.

Le peuple, toujours crédule dans ses espérances, fit frapper une médaille dont l'exergue témoigne de l'étendue des abus auxquels les grands jours devaient porter remède : *Provinciæ ab injuriis potentiorum vindicatæ.* Mais tout n'est que flux et reflux en ce bas monde. A peine les débats étaient-ils clos et les juges éloignés, que les seigneurs s'abattirent de nouveau sur les campagnes, les contumaces s'inquiétèrent peu de leur déshonneur en effigie et de leur trépas fictif, et c'est en se livrant avec plus d'insolence que jamais aux mêmes exactions, qu'ils surent prouver qu'ils étaient bien vivants et toujours là.

Aussi voyons-nous le tiers état d'Auvergne adresser au roi, dès 1667, c'est-à-dire l'année même qui suivit les grands jours, une requête pressante contre la tyrannie de la noblesse de la province, le priant « d'obvier à l'oppression que souffrent les plus faibles par la violence des plus forts, lesquels, sous prétexte de rentes qui leur sont dues, exigent de leurs redevables tout ce que bon leur semble, refusant de prendre grains et autres denrées en espèce, et les taxant en argent à beaucoup plus qu'elles ne se vendent au marché..., et prétendent que lesdites rentes en directe seigneurie emportent les droits de corvées et manœuvres qu'ils exigent sans aucun titre, en argent et en espèces, et ce, avec telle rigueur, que la plupart des bœufs et autres bestes de service, qui y sont employés périssent dans ce travail, auquel ils contraignent les laboureurs sans aucun merci, ce qui fait que les terres en friche et les propriétaires d'icelles demeurent dans l'impuissance de payer les deniers royaux qui leur sont imposés (1). »

L'Auvergne cependant avait déjà eu ses grands jours en 1482, sous Louis XI ; en 1520, sous François Ier ; en 1581, sous Henri III. Ce n'eût donc point été de trop qu'ils fussent tenus de trois en trois années, et nous pourrions citer bon nombre de châtelains qui restèrent jusqu'au xviiie siècle, et presque toujours impunément (2), la terreur de leurs tenanciers et de leur voisinage. Cela se conçoit sans peine, si l'on se rappelle que le grand roi donnait l'exemple, se mettait au-dessus de toutes les lois, ne reconnaissait pas même à ses sujets le droit de propriété, et, dans ses actes, restait en toute circonstance fidèle à ses principes. Quand la force est le droit, l'injustice est la règle. C'est ainsi que par un édit du 31 octobre 1660 (3), il interdisait de bâtir dans Paris ni à dix lieues à la ronde, et cela sous peine de galères, afin qu'il pût avoir à meilleur marché les matériaux nécessaires à l'achèvement du Louvre, et que les ouvriers, privés d'ouvrage, se montrassent moins exigeants pour leurs salaires. C'est ainsi encore que, pour permettre à son valet de chambre Cavoye de rendre les jardins et le parc de Luciennes *tout à fait aimables* (4), il achetait d'autorité toutes les terres situées entre la maison de Cavoye et la rivière, donnant ainsi une leçon à ces manants qui prétendaient être les maîtres de ces héritages achetés au prix de tant de

---

(1) Recueil manuscrit de la bibliothèque de Clermont, coté *Crems* et *Busséol*.

(2) « Gaspard, marquis d'Espinchal, obtint, en 1678, des lettres de rémission pour différents homicides, en considération des services de ses ancêtres. » — Chabrol, *Comment. de la coutume d'Auvergne.*

(3) Inséré au tome II, p. 719, du *Bulletin archéologique du comité historique des arts et monuments.*

(4) *Mémoires de Dangeau.*

sueurs et de tant de misères, et dont l'opiniâtreté se piquait de contre-barrer les désirs des nobles gentilshommes « à la convenance et quelquefois à la nécessité desquels ils sont (1). »

Chacun, au-dessous du roi et à son exemple, dépouillait les manants, employant la ruse ou la force, selon la mesure de sa puissance, ou selon l'importance de ceux auxquels il s'adressait. Le grand Condé lui-même n'avait pas été exempt de tout reproche à cet égard; mais ses exactions passent inaperçues entre celles de son père et celles de son fils (2), si bien que ce superbe Chantilly,

> Longtemps de race en race à grands frais embelli.

fut agrandi surtout par le vol et la spoliation.

Personne ne savait pressurer ses tenanciers comme le père du héros. On l'admirait, à la cour, on enviait son avarice impitoyable : « Voilà, disait-on lorsqu'il passait, un homme qui nous apprend à bien vivre ! » Telle était cependant la misère des campagnes, en butte aux pilleries de l'armée et des gentilshommes inférieurs, que l'on vit des paysans acheter à beaux deniers comptants l'honneur de devenir ses tenanciers. Un jour, les habitants de je ne sais quel village vinrent le supplier de souffrir qu'ils s'avouassent de lui, afin d'être exemptés de loger les gens de guerre. « Mais, leur demanda-t-il, que me donnerez-vous pour cela ? — Monseigneur, dirent-ils, nous vous ferons un présent. » Il leur marchanda si bien sa protection, que l'offre de ce *don gratuit*, prix d'une injustice, dégénéra en une belle et bonne redevance annuelle et à échéances bien déterminées, et il les prévint au départ qu'il la leur demanderait plutôt la veille que le lendemain. (Tallemant, III, 179.)

(1) Saint-Simon, *Mémoires*, III, 235. — Le noble duc regrettait sans doute le temps où le seigneur pouvait échanger les terres qui lui étaient « aisées et nécessaires, pour étangs, moulins et autre hébergement. » — Pocquet de Livonnière, sur *Anjou*, I, 67.

(2) **Mort en 1709.**

Son petit-fils, le fils du héros, à force de s'arrondir en enfermant dans les murs de son parc les héritages de ses voisins, vint se heurter contre un secrétaire du roi, nommé Rose, qui, riche et fort de la protection de son maître, repoussait également les offres et les menaces du prince, lorsque après lui avoir fait essuyer mille taquineries, il fit jeter une nuit trois ou quatre cents renards dans son parc. Le parc était bien clos ; les renards durent s'arranger pour y vivre de leur mieux, et, en quelques jours, faisans et lapins, perdrix et lièvres, tout eut disparu. Le tour, qui eût paru charmant si quelque croquant en eût été la victime, eut moins de succès auprès du favori du roi, et Condé fut contraint de faire détruire les renards à ses frais.

« L'étendue, ajoute Saint-Simon, qu'il sut donner à Chantilly et à ses autres terres par de semblables voies, est incroyable, aux dépens de gens qui n'avaient ni l'audace de Rose, ni sa familiarité avec le roi ; et la tyrannie qu'il y exerçait était affreuse. »

Un jour, en plaisantant, il vida le contenu de sa tabatière dans le verre du poëte Santeul, qui en mourut le lendemain.

Au commencement du siècle suivant, deux frères de Guiscard, homme très bien en cour, Labourlie et son frère l'abbé, vivaient dans leurs terres *en brigands*. Labourlie ayant été volé, fit donner, de son autorité privée, *une très rude question* à un de ses valets qu'il soupçonnait. « Cette affaire éclata et en renouvela d'autres fort vilaines qui s'étaient assoupies. » (Saint-Simon, IV, 230 ; VII, 236.)

Le maréchal de Joyeuse mourut en 1710, à plus de quatre-vingts ans : « C'était une manière de sacre et de brigand, qui pillait tant qu'il pouvait, pour le manger avec magnificence. » Telle est l'oraison funèbre que lui accorde Saint-Simon. (XVI, 6.)

« Le marquis d'Ambre, dit-il ailleurs, mourut en même temps, à quatre-vingt-deux ans (en 1724). Il avait de grandes terres où il fit le petit tyran, *comme autrefois*, s'y fit des affaires désagréables, et eut force dégoûts dans sa charge de lieutenant-général de Guyenne. » (Id., XXXIV, 242.)

C'étaient tous, on le voit, des vieillards qui avaient conservé les habitudes du bon vieux temps, du temps de Louis XIV.

Gérard, baron de Charnacé, avait été l'un des plus habiles et des plus heureux diplomates mis en œuvre par Richelieu (1). Son fils, qui était un bandit, pensa que, son père ayant bien servi le roi, il pouvait, lui, se récompenser en se faisant marquis. Il fut donc marquis de Charnacé. Il vivait dans ses terres de Fresne, en Anjou, en véritable despote, et faisait tout trembler devant lui. « La tradition conserve encore le souvenir de quelques traits de la vie de ce petit tyran, dont plusieurs prouvent le peu de cas qu'il faisait de la vie de ceux qu'on appelait alors des vilains (2). » Entre autres travers, il avait celui de faire de la fausse monnaie, ce qui, du reste, mérite à peine d'être relevé, à force d'être commun parmi les gentilshommes (3). Il faut dire que le roi lui-même donnait un peu l'exemple. Gendre d'un faux monnayeur par madame de Maintenon, née dans les prisons de Niort où son père était détenu pour un crime de cette nature, — et aussi pour avoir assassiné sa femme, — Louis le fut surtout par lui-même, usant et abusant de la banqueroute et du faux monnayage, et inventant chaque jour de nouveaux moyens pour ruiner ses sujets, déjà ruinés par l'impôt. (Dangeau, II (passim). — Sévigné, VIII, 133.)

Donc Charnacé avait épousé mademoiselle de Bouillé, un

---

(1) « Cet homme est admirable, disait le roi Gustave-Adolphe ; je le trouve toujours de même goût et de même humeur que moi ; et jamais je ne le prends en défaut. » — Bayle, art. CHARNACÉ. — Ménage, III, 328.

(2) J.-F. Bodin, *Recherches sur l'Anjou*, II, 369.

(3) Tallemant, I, 220 ; VI, 150, 200 ; VIII, 38, 40 ; IX, 57, 61, 173... — Retz, I, 72, etc.

peu trop tard, paraît-il, car ils avaient mis *un enfant sous le poêle*. Il y avait, d'ailleurs, plusieurs motifs pour que la fiancée ne prît pas l'appellation de demoiselle, car elle avait épousé antérieurement Pomenars, puis avait fait casser son mariage.

On connaît le charmant et spirituel Pomenars, l'un des hommes à la mode du xviie siècle, l'ami de madame de Sévigné, *le pauvre Pomenars*, comme elle l'appelle (V, 175), absolument comme Froissart s'apitoyait jadis sur les *povres brigands* de son temps. Chacun en voulait à sa tête : le comte de Créance, à cause d'un enlèvement qui avait jeté la honte et le désespoir dans sa famille ; le roi, à cause de la fausse monnaie, si bien que Pomenars portait la barbe longue et refusait de prendre soin d'une tête qui, en dernière analyse, ne lui resterait peut-être pas. Mis hors de cause pour l'affaire de l'enlèvement, la spirituelle marquise lui conseilla de se raser au moins d'un côté, et, lorsqu'il eut été également acquitté pour la fausse monnaie, il paya les épices de son arrêt en fausses espèces. « Me voilà tranquille désormais, s'écria-t-il, je ne pourrai jamais être pendu, puisque je ne l'ai pas été de cette fois. »

« C'est un plaisir, écrivait madame de Sévigné à sa fille, lors de l'affaire de la Voisin, d'entendre Pomenars parler sur tous ces poisons. On est tenté de lui dire : « Est-il possible » que ce seul crime vous soit inconnu ? » Il vous fait dix mille compliments, lui dit-elle une autre fois, en parlant de ce bandit de bonne compagnie. »

La belle-mère de Charnacé et de Pomenars avait épousé le duc du Lude, grand-maître de l'artillerie. C'était une virago qui faisait trembler la province, ne quittait point ses terres, ne se plaisait qu'à la chasse et avec ses chevaux. Ne pouvant les avoir auprès d'elle dans les salons de son château, elle avait fait son boudoir de leur écurie, qu'elle ne quittait pas, et dans laquelle elle faisait sa toilette. Sévère jusqu'à la

72 TYRANNIE DES SEIGNEURS.

férocité sur la moralité des autres, elle fit une fois mutiler en sa présence un ecclésiastique qui avait abusé d'une de ses suivantes, le fit guérir, et le renvoya après lui avoir remis, soigneusement renfermé dans une boîte, ce qu'elle lui avait fait enlever (Dangeau, I, 171; II, 192; IV, 243). Comme Condé et les autres, son gendre, le marquis de Charnacé, ne se faisait pas faute d'enfermer dans son parc les terres de ses voisins, et parfois avec tant d'esprit, et en faisant à ceux-ci de si plaisants tours, que le roi lui-même en riait, et aussi la justice, qui se trouvait désarmée (Saint-Simon, III, 235). Au nombre de ses voisins se trouvait un homme nommé Pioger, moitié paysan, moitié propriétaire, grand chasseur, et dont la renommée pour dresser les chiens était parvenue jusqu'à Louis XIV. Chaque année, il allait conduire un chien couchant à Versailles, et un jour que le roi, après avoir essayé le dernier avec lui, le comblait d'éloges et vantait son talent sans égal : « Je suis aise, sire, dit Pioger, qu'il convienne à Votre Majesté, car c'est le dernier qu'elle recevra de moi. — Et pourquoi donc cela? demande le roi surpris. — J'en dresserai toujours, sire : seulement je ne pourrai pas longtemps les amener à Versailles. Monseigneur de Charnacé ne le trouve pas bon, et quoique je mette sur le collier de mes chiens : *J'appartiens au roi*, monseigneur de Charnacé tire dessus. Je continuerai donc d'en dresser pour Votre Majesté, et alors, comme M. le marquis s'est déjà fait la main en s'exerçant au tir sur un couvreur qui réparait la toiture du château, un de ces matins, au lieu de tirer sur vos chiens, il tirera sur moi. »

Cela donna à réfléchir au roi, qui se décida enfin à faire arrêter le marquis.

CHAPITRE VI.

Colbert. — Détresse des campagnes. — Famine. — Misère effroyable. — Extorsions fiscales. — La comédie des états.

> « Jamais, il est triste de le dire, la condition des habitants des campagnes n'a été aussi misérable que sous le règne de Louis XIV, même pendant l'administration de Colbert, c'est-à-dire dans la plus belle période de ce règne et au commencement de ces grandes et fatales guerres qui en assombrirent la meilleure partie. »
>
> Pierre Clément, *Vie de Colbert*, 278.

Les troubles de la Fronde avaient porté un coup fatal aux réformes agricoles de Sully. L'administration des finances était redevenue plus que jamais la proie de l'ignorance et de la cupidité, et Colbert trouva le trésor vide, deux années de revenus consommées d'avance, le peuple accablé d'impôts, les domaines aliénés, les exemptions, les charges, les priviléges multipliés sans mesure, les recettes sans règle, les dépenses sans frein, partout la fraude, la malversation, le désordre.

Depuis que les seigneurs et l'armée pillaient peut-être un peu moins, les agents du fisc semblaient avoir pris à tâche de les remplacer, la main royale couvrait tout, mais on ne la sentait guère que par la griffe du fisc. La royauté tenait Jacques Bonhomme cloué sur son rocher de douleur, livrant ses entrailles au fisc, vautour implacable qui seulement se multipliait et pullulait comme la vermine autour du corps affaibli par la misère et la maladie. Il était à la fois dévoré par les loups et rongé par les poux ! On avait poussé si loin l'abus de la vente et de la ferme des offices financiers, qu'un seul titulaire ne suffit bientôt plus, et il y eut pour chaque place jusqu'à quatre agents, *inutiles et supernuméraires* (1), désignés ainsi : l'ordinaire, l'alternatif, le triennal et le quatriennal.

1. Déclaration du 30 mai 1664.

A peine arrivé au pouvoir, Colbert commença par instituer une chambre de justice (1661) pour poursuivre les gens de finance. Mais comment faire pénétrer la lumière dans les profondeurs de ce chaos, comment se diriger dans les ténèbres des souterrains creusés par ces maltôtiers que le surintendant d'Effiat comparait à la seiche, qui sait l'art de troubler l'eau pour tromper les yeux du pêcheur qui l'épie? L'argent du prince est sujet à la pince, disaient-ils, et à l'abri derrière cet aphorisme, pour verser trente-cinq millions dans les caisses de l'État, ils levaient quatre-vingt-dix millions de tailles sur le peuple (1).

En 1664, il fit annuler les lettres de noblesse accordées depuis vingt ans, en énonçant que ces priviléges étaient accordés « au préjudice de plusieurs paroisses, incapables depuis lors de payer leur taille, à cause du grand nombre d'exempts qui recueillaient les principaux fruits de la terre, sans contribuer aux impositions dont ils durent porter la meilleure partie au soulagement des pauvres. » Les usurpateurs de titres nobiliaires furent poursuivis, et en Provence seulement, douze cent cinquante-sept bourgeois perdirent ainsi leurs priviléges de noblesse usurpée.

La royauté eût pu porter à l'actif de ses revenus le trafic des anoblissements, auquel il n'y aurait rien à reprendre si elle l'eût exercé avec probité, et si, en vendant un titre, impôt volontaire assis sur l'orgueil et la folie des parvenus, elle n'eût vendu en même temps des priviléges dont le contre-coup accablait le peuple. Mais il arrivait qu'après avoir vendu l'anoblissement, elle annulait par un édit postérieur tous ceux qu'elle avait accordés depuis un certain temps, fixé d'ordinaire à trente années, ce qui n'avait d'autre but que de forcer ces bourgeois-gentilshommes à payer une seconde et une troisième fois, pour ne pas perdre l'argent du premier achat.

(1) P. Clément, *Vie et administration de Colbert*, 97.

L'improbité de Louis XIV, qui ouvrit souvent devant elle des horizons nouveaux, n'avait ici rien d'original, et il ne faisait que suivre les errements de ses prédécesseurs, de Louis XIII, et de Henri IV lui-même. (P. Clément, 158.)

Ce premier pas fait, Colbert voulut frapper sur les maires, échevins et autres officiers municipaux, et sur toute cette portion vaniteuse de la bourgeoisie qui avait acheté de petites sinécures pour s'exempter de la taille. Mais cette fois, ceux qui profitaient de l'abus étaient si nombreux, ils s'agitèrent tant, que l'on dut se contenter d'un moyen terme, et il fut concédé, en 1667, qu'ils pourraient faire valoir par intermédiaire jusqu'à deux charrues, sans que leurs gens fussent sujets à la taille.

Dans cette même année 1667, il publia un règlement général qui devait avoir pour effet de faire ressentir à tout le royaume les bienfaits de l'ordonnance de 1659 : « Pour dépouiller les communautés, y est-il dit, on s'est servi de dettes simulées, et l'on a abusé des formes de la justice. Aussi ces communes, qui avaient été concédées pour demeurer inséparablement attachées aux habitants des lieux, afin de donner moyen aux habitants de nourrir les bestiaux et de fertiliser leurs terres par les engrais, en ayant été aliénées, les habitants privés des moyens de faire subsister leurs familles, ont été forcés d'abandonner leurs maisons, et, par cet abandonnement, les bestiaux ont péri, les terres sont demeurées incultes, les manufactures et le commerce ont souffert. »

Il poursuivit impitoyablement ces incroyables iniquités qui s'étaient glissées sur la répartition et l'assiette des tailles, aussi bien que sur leur perception même (1) ; seulement, tout

---

(1) « Les officiers de l'élection qui veulent s'attribuer la connaissance des désordres et des abus qui se commettent en la levée des droits du roi, abandonnent tout à fait les persécutés et le pauvre peuple par des intérêts infâmes, et ajoutent toute créance aux procès-verbaux qu'on leur porte, et, en cette dernière affaire, ils ont été si peu prudents, qu'ils ont décrété prise de corps

en rendant hommage au génie libéral du grand ministre, il ne faut pas perdre de vue qu'en fait, presque toutes ces réformes étaient, dès l'origine, frappées d'impuissance, par suite du nombre et de l'autorité des personnages intéressés au désordre, et c'est dans toute la naïveté de son cœur, que madame de Sévigné écrivait ces lignes : « Madame de Rohan et madame de Coëtquen ont été fort soulagées. Madame la princesse de Tarente espère que Monsieur et Madame la feront soulager aussi ; *c'est une grande justice*, puisqu'elle n'a au monde que cette terre, et qu'il est fâcheux, en sa présence, de voir ruiner ses habitants (1). »

contre le nommé Grimault, qui a été fort excédé en sa personne, qui a vu une de ses filles tuée en sa présence, sa femme une autre de ses filles et sa servante blessées de coups d'épée et de bâton, et ils envoyèrent mettre leur décret à exécution dans le temps qu'on enterrait cette pauvre créature. En vérité, monseigneur, la juridiction criminelle n'est pas trop bien placée en sûreté entre leurs mains. Les sergents en général, et particulièrement ceux qui sont préposés au recouvrement des tailles, sont des animaux si terribles, que pour en exterminer une grande partie, vous ne pourriez jamais rien faire de plus digne de vous. » — Lettre du lieutenant criminel d'Orléans à Colbert, citée par Chéruel, *Hist. de l'administration en France*, II, 137.

De leur côté, les magistrats municipaux abusaient de leur autorité pour accabler le peuple d'impôts, dans le but odieux de se décharger eux-mêmes : « Ce qui est pratiqué, écrivait l'intendant de Dijon à Colbert, en toutes les communautés de Bourgogne, à la foule du menu peuple, et à l'avantage des magistrats et principaux habitants de chaque communauté, en sorte que, quand ils ont été obligés de payer 10,000 francs, les maires et échevins n'ont point fait de difficulté d'en imposer pour 20,000, et quelquefois davantage ; et voici quel était l'intérêt des magistrats et principaux habitants, qui est à l'égard des premiers, qu'outre ce qu'ils pouvaient s'approprier de ces sommes, ils en employaient une bonne partie en dépenses inutiles, comme voyages, festins, présents, et autres de cette nature ; et l'avantage que les plus puissants de la ville en recevaient, outre qu'ils étaient tour à tour dans les magistratures, c'est que, même quand ils n'y étaient pas, ils ne payaient rien, ou fort peu de ces impositions. » — *Correspondance administrative sous le règne de Louis XIV*, publiée par M. Depping, I, 667.

(1) Sévigné, III, 302. — Foucault, intendant de Poitiers, écrivait à son père, le 3 novembre 1685 : « J'ai diminué la paroisse de M. Pussort (oncle de Colbert), qui est la plus soulagée de toutes. Ses métayers ne paient presque point de taille... » Joseph Foucault répond à son fils : « Il est bon que M. Pussort

L'abus grandit donc, au lieu de disparaître, et Vauban constate qu'au commencement du siècle suivant, il y avait des fermes de quatre à cinq cents francs de revenus qui payaient cent francs ou plus, tandis que d'autres, de trois ou quatre mille francs, mais appartenant à quelque personnage influent, n'en payaient que trente ou quarante. Suivant lui encore, la multitude des petites taxes vexatoires engendrées par les *affaires extraordinaires*, était cent fois pire que toutes les crues de l'impôt (1).

Colbert promit des primes et des gratifications aux receveurs qui sauraient faire rentrer les tailles dans les délais, sans poursuites ni contraintes ; il renouvela l'ordonnance, toujours mise en oubli, de ne saisir ni les instruments ni les bestiaux de labour pour défaut de paiement de l'impôt. Afin d'encourager les propriétaires à donner du bétail à cheptel, il défendit de saisir, pour le même motif, plus d'un cinquième des bestiaux placés à cheptel, et pour fait de solidarité entre les chepteliers et leurs coparoissiens. Le droit de pied fourché sur le bétail fut aboli à vingt lieues autour de Paris, et une ordonnance de 1667 exigea qu'en cas de saisie, on laissât au paysan une vache, trois brebis ou deux chèvres.

Il était cependant une espèce d'imposition, plus funeste encore que la taille arbitraire elle-même, plus odieuse au peuple, plus féconde en calamités et en vexations sans nombre. Je veux parler de la gabelle. Deux commis de la ferme ayant été massacrés dans une violente sédition qui s'éleva dans deux villages de la Marche, Colbert put se convaincre, par le résultat de l'enquête ordonnée à cette occa-

---

soit informé du bon office, mais il faut que ce soit par un autre que par vous, et que son fermier lui en donne avis. Il a son frère, M. Hersan, qui est trésorier de France au bureau de Poitiers ; il faudrait voir si vous ne pourriez rien pour lui : cela plairait fort à son maître. Il faut tâcher de conserver son amitié par toutes les voies. »

(1) Vauban, *Dîme royale*, 51, 55.

sion, que les violences et les extorsions dont ils étaient victimes avaient poussé les pauvres ahaniers à ces excès coupables (Bailly, I, 438). Rien ne peut peindre la terreur profonde que le nom seul de la gabelle répandait dans les campagnes. C'était pour eux un être réel, un vampire insatiable; ils lui avaient donné un corps, comme à ces fantastiques visions qui peuplent les ténèbres pour l'enfant ignorant et peureux. Un jour, dans ce grand siècle de Corneille, de Molière, de Pascal et de la Fontaine, le bruit se répandit, dans un village de la Bretagne, qu'il y avait au presbytère un monstre inconnu, indéfinissable, toujours en mouvement, quoique immobile en apparence, et qui se tenait dans une sorte de guérite fixée à la muraille, où il agitait de droite à gauche une longue queue; respirant avec un bruit sec et mécanique, faisant entendre parfois, et jusque dans la nuit, une voix qui rappelait le chant monotone du coucou printanier; et ensuite, sonnant comme la clochette de la messe, avec régularité, mais sans uniformité. Les uns l'avaient vu, d'autres entendu seulement, d'autres enfin l'avaient vu et entendu, de leurs yeux et de leurs oreilles. On s'interroge, on s'inquiète, on se rassemble, tous les *bonnets bleus* s'échauffent, chacun saute sur son bâton, et tous marchent en rangs pressés contre le presbytère. Le curé s'avance pour savoir la cause de cette nouvelle jacquerie.

« Monsieur le curé, dit l'un d'eux, c'est la gabelle qui est chez vous, nous le savons bien, et nous voulons la tuer. »

Le curé comprend que ce n'est pas le moment des longues démonstrations scientifiques :

« Eh! non, mes enfants, vous vous trompez : ce n'est pas la gabelle, c'est le jubilé! »

A ce mot, l'émeute se découvre le front et se précipite à genoux.

Or, la gabelle qu'ils avaient voulu assommer, le jubilé devant lequel maintenant ils récitaient leur chapelet, c'était une pendule que le curé avait fait venir de la ville (Sévigné, III, 57). On ne connaissait point cela dans le pays. Quel besoin le paysan avait-il, en effet, de connaître la marche du temps, qui pour lui ne marchait pas, et qui semblait dormir immobile, sans faire descendre jusqu'à lui un seul de ces progrès dont il semait les germes dans les cités?

On sait quelle influence exercent les routes et les divers moyens de viabilité sur la richesse et la prospérité des campagnes. Le fumier des villes était perdu pour les champs : la police municipale, par mesure sanitaire, le faisait jeter dans les rivières qui les traversaient. On entretenait à peine, pour le passage des troupes et les voyages des seigneurs, les grandes routes qui relient les uns aux autres les grands centres de population, mais les bourgs manquaient de chemins pour l'enlèvement des denrées, qui, ne pouvant être tirées hors du pays, pourrissaient sans valeur entre les mains des campagnards.

Sans doute, on était loin déjà de ce temps où saint Mayeul, invité par Bouchard, comte de Paris sous le roi Robert, à venir de son abbaye de Cluny à Saint-Maur, près Vincennes, pour y verser un essaim de religieux de son ordre, trouvait inconvenant que l'on prétendît l'embarquer dans un voyage aussi difficile, et qu'on lui demandât de venir en des terres étrangères et inconnues (1). Mais pour mener à bien une traversée de Paris en Bretagne, il fallait à madame de Sévigné deux calèches, sept chevaux de carrosse, un cheval de bât pour porter son lit, trois ou quatre hommes à cheval, et nous commençons à sourire de la voir s'extasier sur *la diligence et la fidélité* de la poste, lorsqu'il lui arrivait de ne mettre que neuf jours à lui apporter des nouvelles de sa fille : c'est autant de jours qu'il faut, dès à présent, pour la

---

(1) *Etats généraux*, V, 3. — Une charte de 1080 appelle la Pouille : *terras incognitas Apuliæ*. — Guérard, *Cartul. de Saint-Père de Chartres*, 222.

même distance, d'heures au chemin de fer, et de minutes au télégraphe électrique.

« Que de cahots! s'écriait-elle, et quelle cruauté qu'au mois de juin, les chemins de Bourgogne soient impraticables! » — « Si vos chemins, écrivait-elle ailleurs, sont aussi gâtés que dans celui-ci, je plains M. de La Garde ; tout commerce est quasi rompu dans cette province. » (IV, 294 ; VIII, 212.)

Le grand ministre résolut de porter remède à ce funeste état de choses. Il est vrai de dire que le fardeau de la construction et de l'entretien des routes retombait encore sur les épaules du paysan, et que tous ces travaux se faisaient au moyen de corvées nouvelles, ajoutées à toutes celles qu'il devait déjà. On rencontrait de grandes troupes de cent ou deux cents villageois, portant ou voiturant les matériaux, suivis des huissiers en robe (1), qui les requéraient au nom des seigneurs, s'il s'agissait d'un chemin de châtellenie, au nom d'un maire, si c'était un chemin d'une ville à l'autre, au nom du roi, si c'était une route royale, et d'une extrémité du royaume à l'autre.

S'il faut en croire la spirituelle marquise, l'ingénieur de ces travaux était le premier venu, et son cocher remplissait parfois cet office (2).

Dans certaines provinces, en Bretagne, par exemple, les chemins étaient communément exécutés par des salariés, dont, à la vérité, le campagnard payait les salaires, puisque l'argent en était pris sur la consommation du vin, sur les gabelles, sur les tailles : l'entretien s'en faisait le plus souvent avec le produit des barrages et travers. Deux poteaux étaient traversés par une barre qui se baissait devant les chevaux ou voitures qui refusaient d'acquitter le droit : on leur barrait le chemin. Lorsque les fermiers de ces perceptions, appelés

---

(1) Registres du parlement, 26 octobre 1662.

(2) « Il y a tous les jours cent ou deux cents hommes, et le sénéchal à leur tête, soutenu de l'avis de nos cochers. » (V, 234.)

maîtres de chaussées, ne se chargeaient pas des réparations des chemins, l'entretien en était pris sur l'impôt, ou bien il se faisait au moyen de corvées, comme leur construction (Ordonnance du 18 juillet 1576).

Voulant faire prévaloir le système des salaires sur celui des corvées, Colbert avait assis un nouvel impôt, dont les rentrées devaient, dans sa pensée, suffire aux nécessités des travaux publics, auxquels il avait su imprimer une si vigoureuse impulsion. Mais dans un édifice mal construit de la base au faîte, la pierre même que l'on glisse pour le réparer surcharge encore les fondements et hâte sa ruine; Saint-Simon, dont le génie implacable contraste avec la basse flagornerie de ses contemporains, et qui s'est attaché à Louis XIV comme Tacite aux successeurs d'Auguste, Saint-Simon va nous apprendre quel fut le résultat de cette tentative.

« Les financiers se sont approprié avec une entière franchise, sans la faire changer de nom, l'imposition qui se fait tous les ans dans chaque généralité pour les grands chemins. La plupart des ponts étaient rompus par tout le royaume, et les grands chemins étaient devenus impraticables. Le commerce, qui en souffre infiniment, donna l'éveil. Lescalopier, intendant de Champagne, imagina de les faire accommoder par corvées, sans même donner du pain. On l'a imité partout, et il a été fait conseiller d'État. Le monopole des employés à ces ouvrages les a enrichis; le peuple en est mort de faim et de misère à tas, et à la fin, la chose n'a plus été soutenable et a été abandonnée, et les chemins aussi. Mais l'imposition pour les faire et les entretenir n'en a pas moins subsisté pendant ces corvées et depuis, et n'a pas moins été touchée comme une branche des revenus du roi. » (XII, 262.)

Le génie hardi et bienfaisant de Colbert vint plus utilement au secours des campagnes, en obligeant, par l'ordonnance de 1671, les provinces à éteindre les dettes des communautés rurales. Les villes aidèrent les villages à se libérer, et la bourgeoisie rendit au peuple une partie de ce qu'elle lui avait pris. Jamais pareille hardiesse n'avait été tentée. Pour la Bourgogne seule, il ne s'agissait pas d'une somme moindre de 2,800,000 livres. Puis, pour éviter que la misère ne mît à l'avenir les villages à la merci des cités, il restreignit et rendit presque impossible aux communautés le droit d'aliéner leurs possessions.

Par malheur, les campagnes purent rarement profiter des bénéfices de ces sages ordonnances, notamment pour le rachat des immeubles aliénés (1), et le bon vouloir du tout-puissant ministre était, dans l'application, annihilé par mille impossibilités sans cesse renaissantes.

Et cependant, comment se fait-il que sous Colbert la France ait eu si grand'faim (2), maladie qui, remarquons-le dès à présent, va passer désormais à l'état chronique, pour peser sur les campagnes jusqu'aux derniers jours de la monarchie? C'est que Dieu, qui n'a pas fait l'homme pour l'isolement, mais pour la société, qui n'a pas fait les nationalités pour l'antagonisme et la guerre, mais pour l'harmonie, a voulu que nul ne fût complet et qu'aucune nation ne pût se suffire à elle seule, rapprochant au contraire les peuples et les liant en faisceau par leurs besoins, en dépit de leur maîtres qui les divisent au profit de leur ambition. Colbert, ministre absolu d'un souverain absolu, voulut que la France pût se suffire à elle-même et que, tributaire de l'étranger pour son industrie, elle s'affranchît du joug de sa dépendance, dût-elle pour

---

(1) « Les intérêts des communes ne furent pas ménagés... En payant au trésor des taxes modiques, les détenteurs des biens communaux qui avaient été usurpés ou concédés à vil prix, et dont le rachat n'était point encore consommé, obtinrent d'être confirmés dans leur possession. » — Bailly, I, 466.

(2) On connaît ce *rébus*, si populaire au siècle dernier :

VENANCE	FRANCE	FER	COLBERT
G	DE LA	K	LA FRANCE

J'ai souvenance de la souffrance qu'a souffert la France sous Colbert.

cela renoncer à lui vendre ses blés et ses vins, sa véritable richesse. Il fut donc incomplet comme Sully, mais dans un sens opposé à Sully. L'ami de Henri IV sacrifia tout à l'agriculture et ne comprit pas l'industrie : « La France, disait-il, n'est pas propre à de telles babioles, et cette vie sédentaire des manufactures ne peut faire de bons soldats. » Colbert donna en toute occasion le pas à l'industrie sur l'agriculture, dont il comprima l'essor par des entraves de toutes sortes. Non content de prohiber l'exportation des grains à l'étranger, il en gêna encore, par d'absurdes restrictions, la circulation de province à province. Il voulut avant tout que le blé restât à bas prix pour favoriser ces manufactures, ces centres industriels et féconds qui, à sa voix, surgissaient sur tous les points du pays ; il y réussit ; seulement il arriva que les laboureurs, n'étant plus excités par l'espoir du gain et voyant le marché restreint, se découragèrent, ils commencèrent leur désastreuse et persévérante émigration vers les villes, si pleines de séductions, et qui les invitaient à délaisser l'atelier agricole, devenu plus que jamais une impasse, en leur offrant dans les cités des travaux moins pénibles et plus lucratifs. Le plat pays fut déserté, l'agriculture dépérit abandonnée, les campagnes demeurèrent incultes, et la stérilité et la disette furent le résultat de cette faute immense.

Il faut le dire, tout conviait Colbert à entrer dans cette voie funeste. Découragé par l'excès des tailles, tourmenté par les frais de contrainte, d'exécution, d'emprisonnement, ruiné par la vente de ses bestiaux, et par toutes les vexations qui naissent de la confusion et du désordre, l'habitant des campagnes avait négligé la culture des terres (1). La récolte de 1661 fut donc insuffisante, et le peuple, avec sa courte vue, son défaut de mémoire et son inintelligence habituelle, sensible aux dangers du jour, mais sans prévoyance pour les difficultés

(1) Bailly, *Hist. financière*, I, 409.

du lendemain, oublia tout d'un coup qu'il s'était parfaitement trouvé, pendant nombre d'années, de la libre circulation de grains introduite par Sully, et il se prit à rejeter sur cette liberté les causes de la disette. Le parlement céda aux clameurs populaires, et rendit, trois semaines avant l'entrée de Colbert au pouvoir, un premier arrêt (19 août 1661) qui défendit aux marchands de contracter société pour pratiquer le commerce des grains et en faire des amas. Le tort de Colbert fut de se lancer à outrance dans cette route qu'il trouvait ouverte devant lui.

Les effets ne se firent pas attendre, et bientôt une famine terrible fit mourir par milliers les paysans dans les campagnes abandonnées. Ils affluèrent dans les villes, encombrant les hôpitaux, et à Paris, l'hôpital général les reçut dans ses succursales, mais seulement pour jusqu'au temps de la moisson. Il faut lire dans les écrivains du temps le récit de ces misères étranges, car tout ce qu'on ajouterait à de pareils tableaux ne ferait que les affaiblir. Laissons-les donc parler un moment (1).

« ... Les pauvres hommes des champs semblent des carcasses déterrées ; la pasture des loups est aujourd'hui la nourriture des chrestiens ; car, quand ils tiennent des chevaux, des asnes et d'autres bestes mortes et étouffées, ils se repaissent de cette chair corrompue qui les fait plutôt mourir que vivre.

» L'on a trouvé une femme morte de faim ayant son enfant à la mamelle, qui la tetoit encore après sa mort, et qui mourut aussi trois heures après... Un misérable homme à qui trois de ses enfants demandoient du pain les larmes aux yeux, les tua tous trois, et ensuite se tua luy-mesme... Un autre, à qui sa femme avoit pris un peu de pain qu'il se réservoit, luy donna six coups de hache, la tua à ses pieds, et s'enfuit... En-

---

(1) **Bibliothèque de l'Arsenal,** *Recueil de pièces,* n° 1675 *bis.*

fin, la misère et la disette se rendent si universelles, qu'on assure que dans les lieux circonvoisins la moitié des paysans est réduite à paistre l'herbe, et qu'il y a peu de chemins qui ne soient bordés de corps morts.

»... Il n'y a rien de plus véritable que dans le Blaisois, la Sologne, le Vendômois, le Perche, le pays Chartrain, le Maine, la Touraine, le Berry, partie de la Champagne et autres lieux où le blé et l'argent manquent, il y a plus de trente mille pauvres dans la dernière extrémité, et dont la plus grande part meurent de faim.

» En soixante-trois familles de la paroisse de Chambon, on n'a pas trouvé un morceau de pain; il y avoit seulement dans une un peu de paste de son que l'on mit cuire sous la cendre; et dans une autre, des morceaux de chair d'un cheval mort depuis trois semaines dont la senteur estoit espouvantable.

» Les pauvres sont sans lit, sans habits, sans linge, sans meubles, enfin dénués de tout; ils sont noirs comme des Mores, la plupart tout défigurés comme des squelettes, et les enfants sont enflés... Plusieurs femmes et enfants ont esté trouvés morts sur les chemins et dans les blés, la bouche pleine d'herbes.

» M. de Saint-Denis, qui est seigneur d'une des grandes paroisses du Blaisois, assure que plus de huit vingt de sa paroisse sont morts manque de nourriture, et qu'il en reste cinq à six cents dans le même danger. Ils sont, dit-il, réduits à pasturer l'herbe et les racines de nos prés, tout ainsi que les bestes; ils dévorent les charognes, et, si Dieu n'a pitié d'eux, ils se mangeront les uns les autres. Depuis bientôt cinq cents ans, il ne s'est pas vu une misère pareille à celle de ce pays. Il reste encore quatre mois à souffrir pour les pauvres gens.

» M. le prieur, curé de Saint-Solcine de Blois, écrit que l'on a trouvé à Chiverny, dans un lit, le mari, la femme et quelques enfants morts de faim. La plupart de ces pauvres gens n'ayant pas la force de se lever, ne se nourrissent plus que d'orties bouillies dans de l'eau, puisqu'ils ont mangé toutes les racines et qu'il n'en reste plus de mangeables... MM. les curés de Villebaron, de Chailly et de Marolles attestent qu'ils ont deux ou trois cents familles qui non-seulement sont contraintes à manger de l'herbe, mais d'autres choses qui font horreur.

» M. Rouillon, vicaire de Saint-Sauveur à Blois, atteste qu'il a vu des enfants manger des ordures; mais, ce qui est plus estrange, qu'il en a vu deux dans le cimetière sucer les os des trépassés, comme on les tirait d'une fosse pour y enterrer un corps. M. le curé écrit aussi qu'il a ouï dire la mesme chose à plusieurs de ses chapelains, témoins de ce spectacle inouï.

» M. Blanchet, sieur de Bonneval, prévôt de la maréchaussée de Blois et de Vendôme, atteste que les chemins ne sont plus libres en ces quartiers-là; qu'il s'y fait quantité de vols de nuit et de jour, non par des vagabonds, mais par quelques habitants des paroisses, qui avouent hautement leurs larcins, et disent qu'ils aiment mieux mourir à la potence que de faim en leurs maisons...

» Un curé du diocèse de Bourges escrit qu'en allant porter le saint viatique à un malade, il a trouvé cinq corps morts sur le chemin, et qu'on a trouvé dans le mesme canton une femme morte de faim, et son enfant âgé de sept ans auprès d'elle qui lui avait mangé une partie du bras... » (1).

Une autre pièce du même recueil, à la date du 8 mai 1664, nous montre, deux années plus tard, la même misère affreuse sévissant encore dans la Beauce et dans le Poitou.

Le roi, pendant ce temps, heureux aux pieds de La Vallière, prodiguait l'argent de la France en fêtes galantes, et commençait le long scandale de ses amours adultères.

(1) Pour la misère effroyable, en 1662, par toute la France, voyez *Correspondance administrative sous le règne de Louis XIV*, publiée par M. Depping, I, 654, 656, 657, 658.....

Puis bientôt le fléau de la guerre vint mettre le comble à la souffrance des campagnes. Dans la Lorraine, le duc Charles, le dernier seigneur féodal qui ait officiellement pesé sur la France, pressurait ses sujets par des impositions excessives et réitérées afin de résister à Louis XIV (1668) : « Ce qui jeta les peuples dans une si grande consternation, que plusieurs allèrent chercher du soulagement dans des pays étrangers. Ajoutez à cela les exactions et les pilleries des troupes, qui, bien loin d'être sévèrement réprimées par la justice, étaient regardées comme un jeu, et les plaignants traités avec raillerie. » (Dom Calmet, Lorraine, VI, 578.)

Flattant l'ambition orgueilleuse de son maître, Louvois substitua pour un temps son influence désastreuse à celle de Colbert, et lança Louis XIV dans cette période de guerres qui donna à la France tant de gloire éphémère et tant de misères d'une longue durée. En 1673, impôts, tailles, aides, gabelles, tout fut augmenté. On ajouta trente sols sur le minot de sel, et la taille de trente-cinq millions s'éleva rapidement jusqu'à quarante et un millions.

Les revenus de la France ne s'arrêtaient pas toujours aux mains des traitants, ils tombaient quelquefois jusqu'à celles des maîtresses du roi. L'impôt sur le tabac, qui n'était d'abord que de 500,000 livres, s'éleva bientôt à 1,600,000 : madame de Montespan s'en était fait donner le revenu, lorsque Colbert eut le courage de le lui retirer.

La France, toujours si riche pour payer la vaine et stérile gloire des armes, vit encore augmenter toutes ses charges en 1674. On mit un droit de marque sur la vaisselle du pauvre, on ajouta au sel, on inventa l'impôt du timbre, qui rendit toutes les transactions plus onéreuses, les procédures plus chères, et fit la justice de plus en plus inaccessible au peuple.

« On a fait, dit le maréchal de Noailles dans ses mémoires, ce qu'on appelle un *traité extraordinaire* sur l'idée d'un homme d'affaires, sur une idée qu'il propose, et dans laquelle, en supposant un prétexte frivole, on comprend deux ou trois mille familles à qui on enlèvera par force et par autorité une partie, non des revenus, mais du capital de leurs biens. On repasse ainsi et à différentes reprises les trois quarts des sujets du roi, en leur demandant tout à la fois des sommes considérables qui les ruinent sans ressource. »

Quand les droits les plus sacrés de la propriété étaient ainsi foulés aux pieds par la monarchie à l'égard des riches et des forts, quels excès ne devait-on pas se permettre à l'égard des petits et des faibles?

Louis, d'ailleurs, ne se fit jamais scrupule de pousser l'exaction jusqu'à la spoliation la plus absolue, nous l'avons dit déjà au sujet du commerce des anoblissements, nous pourrions le répéter à chaque page (1). Nous avons parlé du droit de francs-fiefs, qui avait pour but d'empêcher la propriété de tomber des mains nobles dans les mains roturières, droit désastreux pour le peuple, et dont la bourgeoisie s'était affranchie presque partout. Une charte de 1474 en exemptait les Angevins; Louis XIV n'en tint pas compte, et, par un arrêt du conseil d'État du 28 janvier 1674, les contraignit à payer le revenu de deux années de leurs fiefs et biens nobles, au moyen duquel paiement ils seraient exempts à toujours de toutes taxes de francs-fiefs, et de ban et arrière-ban. Ils payèrent, et, dès l'année suivante, Louis, oubliant son serment avec un sans-façon tout princier, convoqua le ban et l'arrière-ban d'Anjou, qu'il envoya, sous le marquis de Sablé, guerroyer en Lorraine, où, à peine arrivés, ils furent tous faits prisonniers d'un coup de filet (2).

(1) « Louis XIV écrasa les libertés publiques, viola les priviléges des provinces et des cités, posa sa volonté pour règle, enrichit ses courtisans de confiscations odieuses. Il ne lui vint pas même en pensée que la liberté, la propriété, la vie d'un de ses sujets ne fussent pas à lui. » — Chateaubriand, *Analyse raisonnée*, 400.

(2) Bodin, *Recherches sur l'Anjou*, II, 384.

Dès que la cour avait fixé la somme à payer, on confiait aux gouverneurs des provinces la mission de mettre le peuple sous le pressoir, suivant l'expression énergique et vraie de madame de Sévigné (IV, 260). Ils présentaient l'affaire aux états provinciaux, puis, une fois le chiffre accordé, on déchaînait sur le plat pays l'armée impitoyable des maltôtiers. L'opération n'était pas toujours sans périls pour les gouverneurs. M. de Chaulnes était tourmenté en Bretagne par une *colique pierreuse* (Id., III, 22), et la duchesse, son épouse, se faisait captive chez elle, poursuivie par la double crainte d'être mise en pièces par les Bretons révoltés, ou volée par les troupes qui venaient pour les châtier (Id., 56, 301). Le gouverneur du Poitou écrivait à Colbert « qu'il avait trouvé les esprits du menu peuple pleins de chaleur, et une grande pauvreté dans le pays (1), » et madame de Grignan n'osait s'éloigner de son époux dans ces conjonctures difficiles. (Sévigné, IV, 260.)

Il faut dire que le gendre de l'immortelle marquise de Sévigné éprouvait de bien grands soucis dans son gouvernement de Provence. Une première fois, en 1671, on avait demandé un don gratuit de 500,000 francs, que les états s'étaient prétendus dans l'impossibilité de payer, n'ayant jamais payé que 100,000 écus jusqu'alors (VIII, 115). Colbert écrivit au comte de Grignan une lettre très verte, dans laquelle il lui demanda de lui envoyer les noms de tous les députés des états. Il y avait ce passage dans la réponse du comte (22 décembre 1671) :

« Les menaces que je suis obligé de faire ne suffisent pas pour ramener les opiniâtres dans leur devoir, si elles ne sont suivies d'aucun effet. Je suis encore obligé de vous dire, monsieur, par l'engagement que j'ai à ne vous rien déguiser, qu'il y a beaucoup de députés qui n'ont résisté d'abord que dans la seule veüe des misères de cette province ; elles sont

---

(1) Lettres adressées à Colbert, mss., 29 mai 1675.

effectivement très grandes, mais quand les affaires du roy ne permettent pas d'y avoir égard, il est juste que Sa Majesté soit obéie. »

On transigea : on donna 450,000 livres, et l'on interna dix des députés *les plus malintentionnés* dans la Bretagne et la Normandie, à Grandville, Cherbourg, Saint-Malo, Morlaix et Cancarneau (1). La mesure réussit pleinement, puisqu'en dépit de sa misère excessive, nous voyons la Provence s'expédier désormais de la meilleure grâce du monde. « Je n'aurai jamais d'autre application, avait écrit M. de Grignan, en 1672, que celle de mettre cette province sur un bon pied, et je vois déjà des moyens sûrs pour la faire marcher aussi vite que les autres pays d'états. »

L'année suivante encore (1673), le duc de Chaulnes écrit à Colbert : « Nous avions résolu de chasser deux gentilshommes qui s'étaient distingués dans le corps de la noblesse par des discours trop pathétiques sur l'état de cette province. Je l'exécutai hier matin, et les ayant fait venir chez moi, je leur ordonnai de sortir de cette assemblée, et les fis sortir de cette ville dans mon carrosse, avec un officier suivi de six de mes gardes. Cette action a été soutenue de toute l'autorité que le roi m'a commise, et la journée d'hier se passa en trois députations pour le retour de ces gentilshommes. Nous nous servîmes de ces trois députations pour faire craindre aux états que, s'ils ne délibéraient promptement sur le don du roi, et sans aucune condition, nous nous en désisterions, parce que la gloire du roi souffrirait trop de mendier, ce semble, un don plus glorieux à faire qu'utile à recevoir ; et après nous être expliqués sur l'obéissance aveugle que l'on doit avoir à toutes les volontés de Sa Majesté, les états nous ont député ce matin, pour la supplier de vouloir accepter les 2,600,000 livres que nous avons eu ordre de demander. Cette délibération a

(1) *Correspondance administrative*, I, 399. — Arch. de la marine, registres des dépêches, etc., ann. 1671.

passé tout d'une voix et sans condition. » (*Correspondance administrative*, I, 537.)

On peut donc avancer qu'encore au xviie siècle, et malgré la triste comédie des états, le paysan français était bien et dûment, en fait, taillable à merci et à miséricorde, comme aux siècles précédents. Et comment en eût-il été autrement? Les députés aux états provinciaux étaient les ecclésiastiques, les nobles et les *grands bourgeois* des bonnes villes. Or les ecclésiastiques ne payaient pas, les nobles ne payaient pas, les bonnes villes ne payaient pas, du moins pour le don gratuit, et les magistrats qui, pour la meilleure part, formaient les représentants du tiers, étaient retranchés derrière leurs priviléges personnels. Les abaniers étant seuls à payer, et la liberté de ceux qui poussaient le désintéressement jusqu'à prendre leur défense étant menacée, il était facile de prévoir que le roi obtiendrait désormais ce qu'il lui plairait de demander. Cette fois encore, Jacques Bonhomme ne pouvait donc protester qu'en se révoltant : c'est ce qu'il fit, et nous dirons tout à l'heure jusqu'à quel excès de férocité sauvage la colère poussa le grand roi. En attendant, les états se montrent désormais faciles et coulants, le roi demande, ils accordent : c'est un double *crescendo* d'exigences d'un côté et de complaisances de l'autre, qui monte et grandit parallèlement, et ne s'arrête, de part et d'autre, qu'à la ruine complète et absolue du peuple des campagnes. Voyez :

En 1685, le prince de Condé préside les états de Bourgogne. Comme on l'attend à la cour, où son fils épouse mademoiselle de Nantes, il presse le dénoûment de la comédie, et dès le premier jour, les états accordent le don gratuit demandé, sans même discuter le chiffre. En 1686, les états du Languedoc accordent *tout d'une voix* 2,100,000 livres de don gratuit. Deux années plus tard, le chiffre monte à 2,400,000 livres, auxquelles il faut ajouter 150,000 livres pour travailler au canal des deux mers, et autant pour les forts que le roi fait construire dans la province. Total, 2,700,000 livres. L'année suivante, il monte encore, et atteint le chiffre rond de 3 millions. En 1697, le prince de Condé préside encore les états de Bourgogne, *qui accordent au roi, à leur ordinaire, tout ce que Sa Majesté demandait.* Dans la même année, ceux du Languedoc ajoutent aux 3 millions de don gratuit, 75,000 livres pour l'entretien du canal (1).

Comment, pour leur part, les gentilshommes eussent-ils chicané au roi l'argent des pauvres hommes du plat pays, quand ils songeaient à l'emploi de ces trésors, qui retombaient en pluie de faveurs et de gratifications sur les courtisans (2), quand ils le voyaient, au milieu de la misère affreuse qui étreignait le royaume, embellir leurs logements dans ses châteaux royaux (1696), *afin qu'ils y fussent encore plus à leur aise.* (Dangeau, IV, 3.)

« Et votre don de l'assemblée ? demande madame de Sévigné à sa fille. — Madame, il est accordé. — A combien ? — A huit cent mille francs. — Voilà qui est fort bien, notre pressoir est bon, il n'y a rien à craindre, il n'y a qu'à serrer, la corde est bonne ! » (IV, 271.)

Voici ce qu'écrivait à Colbert, à la date du 29 mai 1675, le duc de Lesdiguières, gouverneur du Dauphiné :

« Monsieur, je ne puis différer de vous faire savoir la misère où je vois réduite cette province ; le commerce y cesse absolument, et, de toutes parts, on me vient supplier de faire connaître au roy l'impossibilité où l'on est de payer les charges. Il est assuré, monsieur, et je vous parle pour en être bien informé, que la plus grande partie des habitants de la dite province n'ont vécu pendant l'hiver que de pain de glands

---

(1) Dangeau, I, 159, 298 ; II, 96, 239 ; IV, 135, 302.

(2) « Le roi fait des libéralités immenses ; en vérité, il ne faut point se désespérer ; quoiqu'on ne soit point son valet de chambre, il peut arriver qu'en faisant sa cour, on se trouvera sous ce qu'il jette. Ce qui est certain, c'est que, loin de lui, tous les services sont perdus... » — Madame de Sévigné, V, 177.

et de racines, et que présentement, on les voit manger l'herbe des prés et l'écorce des arbres. Je me sens obligé de vous dire les choses comme elles sont, pour y donner après cela l'ordre qu'il plaira à Sa Majesté..... »

CHAPITRE VII.

Soulèvement des campagnes. — Une vengeance.

> « Tous tumultes, désordres et mutations proviennent quelquefois de légitimes causes, et plus souvent d'avoir du mal que du désir d'en faire. »
> HENRI IV.

Dans le Languedoc, en Poitou, en Bretagne, en Guyenne, à Bordeaux, Toulouse, Limoges, Nevers, la misère était générale partout, et partout la faim armait les révoltés. Cette nouvelle jacquerie eut, en Bretagne, la brillante marquise de Sévigné, pour témoin et pour historien : nous laisserons donc ce charmant écrivain nous raconter la révolte de ces « bonnets bleus, qui avoient bon besoin d'être pendus pour leur apprendre à vivre (III, 40), » et les horreurs dont cette province devint le théâtre.

« On a révoqué tous les édits qui nous *étrangloient* dans notre province, écrit-elle à madame de Grignan. Mais savez-vous ce que nous donnons au roi pour témoigner notre reconnaissance ? 2,600,000 livres, et autant pour le don gratuit ; c'est justement 5,200,000 livres : que dites-vous de la petite somme ? Vous pouvez juger par là de la grâce qu'on nous a faite de nous ôter les édits. » (II, 370.)

Le grand roi fit en Bretagne ce qu'il avait fait en Anjou au sujet des francs-fiefs : il prit les 5,200,000 livres, et s'empressa, dès l'année suivante, de rétablir tous les impôts dont on venait d'acheter le retrait à un prix si élevé. La royauté tenait à les garder dans son arsenal, comme un couteau à mettre sur la gorge des états généraux, pour obtenir d'eux tout ce qu'elle voudrait (1). Cependant ici l'abus prenait des proportions telles, que bientôt, ne comprenant pas la raison d'état, la Bretagne exaspérée fut tout en feu (56, 63). Dès le mois de juin, Lavardin, lieutenant général de Bretagne, écrivait à Colbert :

« Les troupes seroient plus nécessaires dans la basse Bretagne qu'au Mans. C'est un pays rude et farouche, qui produit des habitants qui lui ressemblent. Ils entendent médiocrement le françois, et guère mieux la raison. A l'égard de ce pays-là, il est à souhaiter que l'autorité y soit soutenue par des forces considérables. »

Il espérait cependant que le temps suffirait à calmer cette effervescence, et il comptait, pour rétablir la tranquillité, sur l'approche de la récolte, qui occuperait les paysans, « en éloignant ces rustres des autres pensées où l'oisiveté et l'ivrognerie les jetoient », et sur la réunion des états, qui trouveraient peut-être un remède aux maux de la province, « dont la misère étoit plus grande qu'on ne croyoit, le commerce n'allant pas. »

Il se trompait dans ses prévisions, et ce fut la bourgeoisie qui, le 18 août 1675, donna à Rennes le signal de la révolte, signal qui ne fut que trop bien entendu des campagnes, où il réveilla de vieilles haines, et bientôt il les poussa à porter le fer et la flamme jusque chez les nobles, disant, au rapport du duc de Chaulnes lui-même, « que les exactions et mauvais traitements de leurs seigneurs, qui les faisoient travailler continuellement à leurs terres, n'ayant pour eux non plus de considération que pour leurs chevaux, tout cela, joint à l'établissement de la gabelle et à la publication de l'édit sur le

(1) « On ne croit pas que nous ayons d'états ; et si on les tient, ce sera encore pour racheter les édits que nous achetâmes il y a deux ans, et qu'on nous a tous redonnés ; et on y ajoutera peut-être encore de mettre à prix le retour du parlement à Rennes. » — III, 208.

tabac, dont il leur était impossible de se passer, avoit fait qu'ils n'avoient pu s'empêcher de secouer le joug. »

« On a fait une taxe de cent mille écus sur le bourgeois, écrit madame de Sévigné (1) ; et, si l'on ne trouve point cette somme dans vingt-quatre heures, elle sera doublée et exigible par les soldats. On a chassé et banni toute une grande rue de Rennes, et défendu de les recevoir sous peine de la vie ; de sorte qu'on voyait tous ces misérables, femmes accouchées, vieillards, enfants, errer en pleurs au sortir de cette ville, sans savoir où aller, sans avoir de nourriture ni de quoi se coucher. Avant-hier on roua un violon qui avait commencé la danse et la pillerie du papier timbré ; il a été écartelé après sa mort, et ses quatre quartiers exposés aux quatre coins de la ville, comme ceux de Josseran, à Aix. Il dit en mourant que c'étoient les fermiers du papier timbré qui lui avoient donné vingt-cinq écus pour commencer la sédition, et jamais on n'a pu en tirer autre chose. On a pris soixante bourgeois ; on commence demain à pendre. Cette province est un bel exemple pour les autres, et surtout de respecter les gouverneurs et gouvernantes, de ne point leur dire d'injures, et de ne point jeter de pierres dans leur jardin. »

Au milieu de toutes ces infamies rassemblées en si grand nombre dans si peu de lignes, il en est une cependant qui se détache en relief et fait saillie : ce sont les fermiers mêmes du papier timbré qui soudoient le peuple pour le pousser à venir les piller. Rien de naturel, rien de facile à comprendre comme cette apparente anomalie, qui cachait un coup des plus habiles : les receveurs avaient déclaré d'avance des sommes plus fortes que celles qu'ils avaient en caisse : celui de Nantes n'avait que 64,000 livres et en avait déclaré 250,000 (2), et ainsi des autres. Appelant le pillage sur leurs caisses, il devenait impossible de vérifier leurs comptes. Je

(1) III, *passim.*
(2) **Lettre de Lavardin, de juin 1675.**

suppose que le receveur de Nantes eût 300,000 livres à recevoir ; on ne pouvait en exiger de lui que 50,000, puisque, d'après ses dires, on lui en avait pillé 250,000. Mais comme en réalité il ne lui en avait été enlevé que 64,000, il lui en restait 236,000 : il demeurait donc entre ses mains, son versement fait, un bénéfice net de 186,000 livres.

« Nos pauvres Bretons, continue la marquise, s'attroupent quarante, cinquante par les champs, et dès qu'ils voient les soldats, ils se jettent à terre et disent : *Meâ culpâ!* C'est le seul mot de françois qu'ils sachent... On ne laisse pas de les pendre ; ils demandent à boire et qu'on les dépêche... Il y a cinq mille hommes à Rennes, dont plus de la moitié y passera l'hiver ; ce sera assez pour y faire des petits, comme dit le maréchal de Grammont. On croit qu'il y aura bien de la penderie... On a pris à l'aventure vingt-cinq ou trente hommes que l'on va pendre... Tous les villages contribuent pour nourrir les troupes, et l'on sauve son pain en sauvant ses denrées ; autrefois on les vendoit et l'on avoit de l'argent, mais ce n'est plus la mode ; tout cela est changé... Les rigueurs s'adoucissent ; à force d'avoir pendu, on ne pendra plus...

» Il faut regarder la volonté de Dieu bien fixement, pour envisager sans désespoir tout ce que je vois, dont assurément je ne vous entretiendrai pas... Il y auroit des histoires tragiques à vous conter d'ici à demain... Vous pouvez compter qu'il n'y a plus de Bretagne, et c'est dommage... »

Mais bientôt, pareille à ces nuages chargés de pluie, qui laissent cependant pénétrer les rayons du soleil, l'insouciante marquise rit dans ses larmes, et, par une transition piquante, revient à sa légèreté habituelle :

« Je fais une allée nouvelle qui m'occupe ; je paie mes ouvriers en blé, et ne trouve rien de solide que de s'amuser et de se détourner de la triste méditation de nos misères... Si vous m'envoyez le roman de votre premier président, je vous enverrai en récompense l'histoire lamentable avec la chanson du violon qui fut roué à Rennes... M. Boucherat but à votre santé...

» Vous parlez bien plaisamment de nos misères ; nous ne sommes plus si roués ; un en huit jours seulement, pour entretenir la justice. Il est vrai que la penderie me paraît maintenant un rafraichissement : j'ai une tout autre idée de la justice, depuis que je suis en ce pays ; vos galériens me semblent une société d'honnêtes gens qui se sont retirés du monde pour mener une vie douce. Nous vous en avons bien envoyé par centaines ; ceux qui sont demeurés sont plus malheureux que ceux-là. Je vous parlais des états dans la crainte qu'on ne les supprimât pour nous punir ; mais nous les avons encore, et vous voyez même que nous donnons trois millions comme si nous ne donnions rien du tout ; nous nous mettons au-dessus de la petite circonstance de ne les pouvoir payer ; nous la traitons de bagatelle. Vous me demandez si, tout de bon, nous sommes ruinés : oui et non. Si nous voulons ne point partir d'ici, nous y vivons pour rien, parce que rien ne se vend ; mais il est vrai que, pour de l'argent, il n'y en a plus dans la province.

» A peine ma lettre a-t-elle été partie, qu'il est arrivé à Vitré huit cents cavaliers dont la princesse est fort mécontente. Il est vrai qu'ils ne font que passer ; mais ils vivent, ma foi ! comme en pays de conquête, nonobstant notre bon mariage avec Charles VIII et Louis XII.

» Il est arrivé dix mille hommes dans la province, dont M. de Chaulnes a été aussi peu averti, et sur lesquels il a aussi peu de pouvoir que vous... Elle est toute pleine de gens de guerre... Il en passe beaucoup par la Guerche, qui est au marquis de Villeroi, et il s'en écarte qui vont chez les paysans, les volent et les dépouillent. C'est une étrange douleur en Bretagne, que d'éprouver cette sorte d'affliction, à quoi ils ne sont pas accoutumés. Notre gouverneur a une amnistie générale : il la donne d'une main, et de l'autre huit mille hommes, qu'il commande comme vous : ils ont leurs ordres... On gagnerait beaucoup, si c'étaient des cordeliers; ils s'amusent à voler. Ils mirent l'autre jour un petit enfant à la broche; mais d'autres désordres, point de nouvelles.

» Nous avons trouvé deux grands vilains pendus à des arbres sur le grand chemin ; nous n'avons pas compris pourquoi des pendus, car le bel air des chemins, il me semble que ce sont des roués : nous avons été occupés à deviner cette nouveauté... ils faisaient une fort vilaine mine, et j'ai juré que je vous le manderais... »

Certes, madame de Sévigné n'est point un témoin suspect, et l'on n'accusera pas de démagogisme cette précieuse marquise, qui accordait à peine aux femmes du peuple le droit d'être amantes, le droit d'être mères (1), et qui était tout émerveillée de trouver des âmes de paysans plus droites que des lignes, aimant la vertu comme naturellement les chevaux trottent (V, 422). Force nous est donc de reconnaître à ces faits, dignes des plus mauvais jours de la féodalité, que nous marchons bien lentement dans la route épineuse et escarpée du progrès, et que le paysan est encore, à peu de chose près, au même degré qu'au moyen âge, dépouillé contre toute justice par ses maîtres, insulté, pillé, volé, violé et égorgé par l'armée, aveugle et docile instrument aux ordres du pouvoir, et qui tourne contre la patrie cette arme que la mère commune met entre ses mains pour la défendre. Parfois, cependant, en dépit de cette abjection tant de fois séculaire à laquelle était condamné Jacques Bonhomme, l'injure venait se heurter à quelqu'une de ces natures d'élite que la

---

(1) « L'amour est quelquefois bien inutile de s'amuser à de si sottes gens; je voudrais qu'il ne fût que pour les gens choisis, aussi bien que tous ses effets, qui me paraissent trop communs et trop répandus. » — I, 225.

« La femme de Beaulieu n'est point encore accouchée; ces créatures-là ne comptent point juste. » — III, 215.

main libérale de Dieu prodigue à toutes les époques et dans toutes les classes ; et alors l'individu se redressait seul, au milieu de l'avilissement général, et son désespoir prenait des proportions sublimes.

Vers la fin de ce XVII° siècle, un sergent logeait chez un paysan provençal nommé Lèbre. Ce paysan était jeune, il était époux, et sa femme avait reçu de la nature un don souvent fatal dans son humble condition : elle était jolie. Le soldat, papillon nomade, se donne trop souvent pour mission de promener la séduction et la débauche par les pays qui le nourrissent. Fidèle à son rôle, le sergent n'est point insensible aux charmes de son hôtesse, mais le mari survient, qui prend mal la chose, et le repousse violemment. Un rude soufflet est le prix de son audace. Lèbre veut se venger et demande des armes ; mais un manant n'a pas d'honneur à venger, on le chasse de sa chaumière, et l'on rit de son impuissante colère.

Lèbre reconduit sa femme chez celui qui la lui avait donnée : « Père, lui dit-il, je vous ramène votre fille : un homme ne mérite pas d'avoir une femme, lorsqu'il ne peut pas la défendre. On l'a insultée, et je n'ai rien pu, rien, que me faire jeter hors de chez moi. Je n'ai donc plus de maison, je n'ai donc plus de femme. Reprenez-la jusqu'à ce que je vienne vous la redemander, et alors vous pourrez me la rendre, car je jure qu'alors elle sera vengée et que je saurai la défendre. »

Ni les larmes de sa femme, ni les prières du vieillard ne changent son inflexible résolution ; il s'éloigne, il disparaît du pays, et ils n'entendent plus parler, lui de son gendre, elle de son époux.

Surmontant la répugnance native du paysan pour le métier de soldat, Lèbre s'engage, parce que la servitude militaire peut seule l'affranchir de la servitude du sol, et l'élever au rang de celui qu'il veut frapper. Aucun obstacle ne l'arrête, il faut qu'il arrive, et il arrivera. Il ne sait rien, il apprendra tout. Bientôt, en effet, il obtient son premier grade; et, au bout de huit années, il est fait sergent. Mais ce n'est pas tout d'être sergent; il y en a beaucoup dans l'armée, il faut trouver celui auquel il a affaire, il faut que celui-là n'ait pas changé de grade, pour qu'il puisse croiser le fer avec lui. A cela, il est vrai, il y avait de grandes chances, car le grade de sergent était alors le bâton de maréchal des hommes du peuple, et le nombre était bien restreint de ceux qui échangeaient l'épaulette de laine contre l'épaulette d'officier.

Un jour, enfin, Lèbre rencontre à Strasbourg celui qu'il cherche. Il rassemble dans un repas de corps tous les sergents en garnison dans la ville, puis à la fin du dîner : « Camarades, dit-il, si l'un de vous avait reçu un soufflet, à votre avis, que devrait-il faire?... A vous, sergent, de dire votre opinion, ajoute-t-il en s'adressant à son ennemi. — D'abord, répond celui-ci, un soufflet ne se reçoit, ni surtout ne se garde : on commence par le rendre, puis, le lendemain, on se bat. — Très bien, reprend Lèbre... Vous souvient-il d'un paysan que vous avez frappé, il y a huit ans, parce qu'il voulait défendre sa femme contre vous? — Du paysan, non, répond le sergent, mais de la femme et du soufflet, parfaitement. — Si bien, continue Lèbre, qu'aujourd'hui il vous en redoit bien deux : un pour le capital, l'autre pour les intérêts. Eh bien! ajoute-t-il en marchant droit à lui, le paysan, c'est moi, les deux soufflets, les voilà! — et il le frappe sur les deux joues. — Seulement, comme il y a longtemps que j'attends, et que vous m'avez déjà refusé une fois, nous ne nous battrons pas demain, mais aujourd'hui, mais sur l'heure, et dans ce lieu même. Nous avons des témoins, braves et nombreux, n'est-ce pas? Et maintenant, faites-nous place, camarades, et ne nous dérangez pas; car vous comprenez bien que de cet homme ou de moi, il faut qu'avant un quart d'heure l'un des deux soit mort! »

Le combat ne fut pas long, et le sergent, frappé en pleine

poitrine, tomba pour ne plus se relever. Peu de semaines après, Lèbre, nommé sous-lieutenant, obtient un congé et se rend chez le père de celle qui avait été sa femme, et qu'il avait abandonnée. Il était bien changé ; il fallut qu'il se fît reconnaître, et ce fut alors une de ces joies et de ces ivresses qui s'augmentent de toute la grandeur des souffrances qui les ont précédées. Promu bientôt au grade de capitaine, et protégé par le maréchal de Belle-Isle, Lèbre obtint le commandement du fort de Montélimart, puis de Bayonne.

Voilà quels hommes pouvaient faire ces paysans, lorsque l'oppression n'avait pas su réussir à briser tous les ressorts de leur âme.

CHAPITRE VIII.

La guerre. — La misère grandit encore. — Persécutions religieuses.

> « Les roturiers, appelés *vilains*, étaient gens méprisables, surtout les habitants des champs. »
> GUYOT, *Traité des fiefs*, 1, 343.

Nous pouvons comprendre maintenant, d'après *le bel exemple* de la Bretagne, quelle tyrannie affreuse pesait sur les campagnes durant les plus glorieuses années du siècle de Louis XIV. Quel spectacle nous attend donc, grand Dieu lorsque nous arriverons à la période si longtemps désastreuse de ce règne?

Voilà ce que coûte aux peuples cette gloire militaire dont ils sont si jaloux. Suivant l'expression de Voltaire, on périssait de faim au bruit des *Te Deum*. Le commerce, l'activité, la vie avaient cessé; abondant dans une province, le blé, qui manquait dans une autre, pourrissait chez le paysan dont la masure effondrée ne pouvait pas même le mettre à l'abri; la mort était partout, et la terre, sans culture, tombait à vil prix entre des mains qui ne pouvaient plus, qui ne voulaient plus féconder son sein, les laboureurs s'étant aperçus que le fisc absorbait tout, et qu'il ne leur restait pas de quoi se nourrir. Bientôt il fallut des ordonnances royales pour les contraindre à ensemencer les champs (1). Les exigences du budget de la guerre augmentaient à mesure que diminuaient les ressources du pays, incapable désormais de suffire aux batailles, aux somptueux palais qui sourçaient de terre à la voix du roi-soleil, aux pensions des hommes de lettres et des savants, étrangers aussi bien que Français. C'était décidément trop de gloire, et la France en mourait. On en était revenu aux *manducatores et vastatores* d'autrefois, l'argent ne rentrait plus qu'à force de contraintes (2), et les garnisaires couvraient le pays, que l'on ruinait encore pour le punir d'être ruiné déjà. Chacun, dès qu'il possédait quelque chose, se hâtait de se soustraire à une condition maudite qui n'assurait pas même le pain de chaque jour en échange d'un travail acharné, et s'empressait d'acquérir une de ces charges inutiles qui exemptaient des tailles et des corvées (3), signe de déchéance et devenues infamantes (4). C'est qu'en effet la servitude de la taille avait succédé en quelque sorte à celle de corps, elle

(1) *Anciennes lois françaises*, XX, 201, 541... — Voyez, pour la misère des paysans, l'insolvabilité des fermiers, l'avilissement des propriétés, madame de Sévigné, IV, 388; V, 406; VI, 215, 311; VII, 419; VIII, 105, 156, 186, 221, 275...

(2) « M. de Chaulnes est occupé à recevoir toutes ces troupes qui viennent de tous côtés ; c'est une chose pitoyable que l'étonnement et la douleur des Bretons, qui n'en avaient point vu depuis les guerres du comte de Montfort et du comte de Blois ; ce sont des larmes et des désolations. » — Id., 9 mai 1689.
— « Ce n'est pas sans peine que l'on touche quelque argent en ce pays : les troupes ruinent tout. » — Id., 5 juin 1689.

(3) « Coigny était petit-fils d'un de ces petits juges de Basse-Normandie, qui s'appelait Guillot, et qui, fils d'un manant, avait pris une de ces petites charges pour se délivrer de la taille, après s'être fort enrichi. » — Saint-Simon, VII, 120.

(4) « Ce qui aussi poussait avec tant d'ardeur aux exemptions, c'est que certaines impositions, telles que la taille, la corvée, le logement des gens de guerre, etc., imprimaient une tache et une humiliation. » — Necker, *De l'administration des finances*, III, 153.

liait le paysan au sol ; il se retrouvait taillable de poursuite, comme il avait été serf de poursuite ; et le pauvre journalier qui ne possédait rien dans une paroisse où le travail manquait à ses bras, ne pouvait aller porter, au gré de son espérance, sa misère dans une autre qui lui semblait plus hospitalière, sans payer la taille en deux endroits pendant deux années, et pendant trois, s'il passait dans une autre élection (1).

La Franche-Comté n'était pas remise encore des désastres de 1632 et de 1636, lorsque Louis XIV l'envahit une première fois en 1667, une seconde en 1675, et l'annexa définitivement à la France. Arrachée à des maîtres dont elle sentait à peine le joug, privée des franchises à l'abri desquelles elle prospérait depuis si longtemps, dépeuplée et ruinée à ne pas s'en relever de plus d'un siècle (2), elle trouvait que c'était payer bien cher le stérile honneur de s'appeler française et d'appartenir à une puissante monarchie, et elle ne s'en consola que le jour où cette monarchie, en s'écroulant, lui rendit sa liberté perdue.

Préludant à la guerre effroyable qui, à peu d'années de là, devait faire du Palatinat une ruine fumante, Turenne, après avoir brûlé à l'électeur palatin deux villes et vingt-cinq villages, « brûla avec le même sang-froid les fours et une partie des campagnes de l'Alsace, pour empêcher les ennemis de subsister. Il permit ensuite à sa cavalerie de ravager la Lorraine. On y fit tant de désordres, que l'intendant, qui, de son côté, ravageait la Lorraine avec sa plume, lui écrivit et lui

---

(1) Forbonnais, *Rech. sur les finances*, ann. 1664.

(2) « En Franche-Comté, l'agriculture était plus avancée il y a deux ou trois siècles. Les malheureuses guerres dont nous avons été si souvent le théâtre, les guerres surtout du siècle dernier, ont détruit les anciens laboureurs, et nous ont amené une foule d'étrangers, qui ont substitué des méthodes plus faciles, mais vicieuses, à celles qui étaient en usage. J'ai eu lieu de me convaincre, en comparant les baux anciens et modernes, que le produit d'une quantité très considérable de nos territoires est fort inférieur aujourd'hui à ce qu'il fut autrefois. » — Perreciot, II, 493.

parla souvent pour arrêter ces excès. Il répondit froidement : « Je le ferai dire à l'ordre ». Il aimait mieux être appelé le père des soldats qui lui étaient confiés, que des peuples, qui, selon les lois de la guerre, sont toujours sacrifiés. « Tout le mal qu'il faisait paraissait nécessaire : sa gloire couvrait tout ! (1) »

Après la paix de Nimègue (1678), Colbert espéra reconquérir sa prépondérance et reprendre son œuvre interrompue. Mais Louis était lancé sur la route fatale, et lui-même touchait à la tombe. Un jour, accoudé à l'une des fenêtres de son château de Sceaux, il promenait ses regards rêveurs dans l'espace qui prolongeait devant lui ses riantes perspectives : « En contemplant ces campagnes fertiles qui sont devant mes yeux, dit-il à quelqu'un qui l'interrogeait sur la cause de sa mélancolie, je me rappelais celles que j'ai vues ailleurs. Quel riche pays que la France ! Si les ennemis du roi le laissaient jouir de la paix, on pourrait, en peu d'années, procurer à son peuple cette aisance que leur promettait le grand Henri, son aïeul ! Je voudrais que mes projets eussent une fin heureuse, que tout le monde y fût content, et que, sans emplois, sans dignités, éloigné de la cour et des affaires, l'herbe crût dans ma cour » (2).

Pendant les dernières années de sa vie, Colbert ne cessa point de supplier le roi de réduire ses dépenses : « Ce qu'il y a de plus important, lui dit-il, c'est la misère très grande des peuples ; toutes les lettres qui viennent des provinces en parlent, soit des intendants, des receveurs généraux, ou même des évêques. » — « Si Sa Majesté, écrit-il encore en 1683, se résolvait de diminuer ses dépenses, et qu'elle demandât sur quoi elle pourrait accorder du soulagement à ses peuples, mon sentiment serait : 1° de diminuer les tailles, et de les mettre en trois ou quatre années à vingt-cinq millions ; 2° de diminuer d'un écu le minot de sel ; 3° de rétablir, s'il est pos-

---

(1) Voltaire, *Hist. de Louis XIV*.
(2) D'Auvrigny, *Vie des hommes illustres de la France*.

sible, le tarif de 1667 ; 4° de diminuer les droits d'aides et de les rendre partout égaux et uniformes, en supprimant tous les priviléges des localités et des particuliers ; 5° de réduire peu à peu les officiers au nombre où ils étaient en 1600. »

Hélas ! Colbert mourut, et ses projets avec lui, et peu s'en fallut que la France ne le suivît au tombeau ; Louis va désormais l'y entrainer à grands pas (1).

Il avait conçu, dans son égoïsme, le projet de faire racheter par son peuple les péchés de sa jeunesse débauchée. Délivré du contrôle de Colbert, il résolut de se rendre agréable à Dieu en extirpant l'hérésie de son royaume et en poursuivant à outrance, sur terre et sur mer (2), ses sujets hérétiques. S'irritant à la pensée que, dans l'étendue de son empire, quelque chose, fût-ce la conscience humaine, pût se soustraire à son omnipotence et à sa domination, le tyran, sous l'inspiration de cette femme, dont le génie fatal plane encore aujourd'hui sur les derniers descendants du grand roi, lança, le 19 octobre 1685, l'ordonnance de révocation de l'édit de Nantes.

Il en est des grands événements de l'histoire comme de ces édifices élevés qu'on ne doit pas regarder de près, et dont

---

(1) La famine n'interrompait pas ses ravages. Un écrivain contemporain nous les signale en Anjou :

« Nous entrons dans des maisons qui ressemblent plutôt à des étables qu'à des demeures d'hommes... On trouve des mères sèches qui ont des enfants à la mamelle, et qui n'ont pas un double pour leur acheter du lait... Quelques habitants ne mangent que du pain de fougère, d'autres sont trois ou quatre jours sans en manger un morceau... » — Voir Godard-Faultrer, *L'Anjou et ses monuments*, II, 481.

(2) Saumur avait perdu, avec son Académie protestante, fermée le 8 janvier 1685, les deux tiers de ses habitants. Madame de Montespan, lors de sa disgrâce, y fit terminer, en 1695, le dôme de l'église de Notre-Dame-des-Ardiliers. Dans la frise de l'entablement qui est au-dessous des vitraux, on lit cette inscription en grandes lettres de bronze doré :

Ludovicus XIV, Dei gratiâ Franc. et Navar. rex toto regno hæresim destruxit, ejusque fautores terrâ mariqué profligavit.

il faut s'éloigner pour rencontrer leur véritable point de vue. La révocation de l'édit de Nantes fut, pour les contemporains, le plus grand acte et le plus mémorable que jamais roi ait accompli et puisse jamais accomplir (Sévigné, VIII, 378) ; la postérité n'y voit qu'un grand crime religieux et une grande faute politique, et le sentiment humain s'indigne et se révolte au souvenir des circonstances odieuses qui environnèrent ce grand crime et cette grande faute.

Quelques actes isolés d'intolérance et de persécution avaient déjà précédé la révocation de l'édit de Nantes. Au commencement de l'année 1685, Louis ayant envoyé une armée dans le Béarn pour menacer l'Espagne, l'incompressible habitude qu'avaient les soldats de vivre en bandits sur les lieux où ils séjournaient fit naître dans l'esprit de l'intendant Foucaut cette idée de détourner l'orage sur les calvinistes seuls, en utilisant cette soif de pillage, de viol et de massacre au profit de la religion du Christ. Bientôt les concessions de l'Espagne rendirent la présence de l'armée d'observation inutile, mais Louvois, entrant tout à fait dans les vues de l'intendant Foucaut, ordonna, par une lettre du 31 juillet, au marquis de Boufflers, d'employer ses troupes à *extirper* l'hérésie dans les généralités de Bordeaux et de Montauban (1). Le duc de Noailles, qui commandait dans le Languedoc, partagea avec lui la gloire de cette *mission*, le mot est juste, bien qu'étrange, et madame de Sévigné était dans le vrai lorsqu'elle écrivait à sa fille : « Les dragons ont été de très bons *missionnaires* jusqu'ici ; les prédicateurs qu'on envoie présentement rendront l'ouvrage parfait. » (VIII, 378.)

---

(1) « La Trousse fut nommé pour aller commander les troupes en Dauphiné, et tâcher de faire aussi bien dans ce pays-là que Boufflers a fait en Béarn, en Guyenne et en Saintonge. » — Dangeau, I, 181.

« M. de Chaulnes est reparti pour la Bretagne. Il espère pouvoir convertir les huguenots, qui y sont en fort petit nombre, sans qu'il soit besoin d'y envoyer de troupes. » — Id., 193.

Nationalité, religion, propriété, famille, tout ce qu'il y a de plus sacré parmi les hommes fut foulé aux pieds. La Saint-Barthélemy n'avait frappé que les villes, parce que, sous Charles IX, le protestantisme n'avait pas encore raciné dans les campagnes. A la fin du xviie siècle, — et nous en montrerons tout à l'heure la preuve à chacune des pages de l'*État de la France*, de Boulainvilliers, — les campagnes furent décimées, et souffrirent autant et plus que les cités.

Or voici comment se jouait cette comédie infâme.

Les soldats, logés à discrétion et avec toute licence chez les calvinistes, se livraient sur leurs victimes à toutes les excentricités d'une férocité en délire. Quelquefois ils bernaient ces malheureux jusqu'à ce qu'ils fussent sans connaissance, ou ils les entraînaient dans les tourbillons d'une ronde infernale qui ne s'arrêtait que lorsqu'ils tombaient épuisés. Ils se relayaient d'heure en heure pour écarter le sommeil de leurs paupières, ils les faisaient fumer de force, leur faisaient avaler du tabac en feuilles, les gorgeaient, un entonnoir entre les dents, de vin ou d'eau-de-vie, et c'est dans cet état que ceux-ci prononçaient leur acte de foi, et juraient leur adhésion aux croyances de Rome. Ils infligeaient à d'autres la torture par l'eau, dont ils leur ingurgitaient vingt ou trente verres : il se trouva quelquefois que cette eau était bouillante.

Les dragons se distinguèrent dans ces expéditions néfastes, auxquelles ils attachèrent leur nom. Ils employaient contre leurs victimes le feu, l'estrapade, la suspension par les parties les plus molles et les plus sensibles du corps, et, par toute la France, Paris excepté, ils battaient, brûlaient et martyrisaient avec cette haute science dont cinq siècles de pratique continue avaient accumulé le dépôt entre les mains de l'armée.

On pense bien que ces missionnaires bottés n'épargnèrent pas les femmes. L'occasion était trop belle, et l'on pouvait s'en fier à eux pour savoir en profiter. On liait les mères aux colonnes de leur lit, tandis que sous leurs yeux, leurs enfants se tordaient dans les convulsions de la faim : « Ceux-ci insultaient ouvertement à la pudicité du sexe et à l'honneur des maris, et ceux-là forçaient des citoyens à racheter leur subsistance et leur repos au prix de leur honte et de leur infamie (1). »

Les dégâts commis par les exécuteurs des *dragonnades* ne pouvaient se comparer qu'à leur cruauté envers les personnes. Ils logeaient leurs chevaux dans la meilleure chambre de la ferme, étendaient sous eux les meilleurs draps arrachés de l'armoire brisée, ou leur faisaient une litière des hardes du pauvre paysan et de sa femme. Dans toutes les provinces, ils démolirent les maisons des plus opiniâtres, et le pillage fut tel, que l'on vit sortir du seul village de Villiers-le-Bel, plus de deux cents charretées de bons meubles, sans compter ceux qu'on brûlait et qu'on brisait.

De véritables brigands se déguisaient en dragons et faisaient plus de mal que les dragons eux-mêmes, afin de justifier ce nom épouvantable.

Il faut l'avouer à la honte de l'Église et de la noblesse, intendants, gouverneurs, évêques, seigneurs résidents, tous furent de complicité, tous assumèrent sur eux une part de responsabilité dans l'exécution de cet horrible drame, et, s'ils ne partagèrent pas les excès des soldats, ils y applaudirent du moins (2).

Lorsqu'une contrée avait été suffisamment préparée par les excès des dragons, un évêque, un intendant, un subdélégué, un curé se présentait, faisait rassembler sur la place de l'endroit tous les calvinistes, ceux surtout que l'on espérait trouver

(1) Cathala Coture, *Hist. du Quercy*, III, 26.

(2) « N'est-ce pas une chose qui fait honte au nom chrétien, que pendant que votre soldatesque a été logée dans les maisons de ceux de la religion, les gouverneurs, les intendants et les évêques aient tenu table ouverte pour les officiers des troupes, où l'on rapportait, pour divertir la compagnie, tous les bons tours dont les soldats s'étaient avisés pour faire peur à leurs hôtes, pour leur escroquer de l'argent ? » Bayle. — Saint-Simon, XXIV, 182.

les plus dociles. Ceux-là renonçaient à leur religion au nom de tous les autres, et c'est ainsi que le grand roi goûtait la satisfaction de recevoir, chaque matin à son réveil, la nouvelle de conversions qui se montaient quotidiennement à une moyenne de deux cent cinquante à quatre cents (1).

Aussi fut-on sans pitié pour les endurcis : la confiscation, l'exil, tout fut bon contre eux, et un édit de janvier 1686 ordonna d'enlever à leurs parents calvinistes les enfants de cinq à seize ans, pour les confier à des catholiques désignés par le juge, lorsqu'ils n'avaient pas de parents catholiques (2).

Il y en avait de tellement opiniâtres, qu'ils n'abjuraient que des lèvres, ce dont on s'apercevait bien dès qu'ils tombaient malades, car ils refusaient de faire appeler les secours spirituels de l'Église. Mais il n'était pas facile de mettre en défaut la sollicitude de Louis, qui, poursuivant ses sujets égarés jusqu'au fond de leur tombeau, compléta son œuvre en publiant l'ordonnance suivante (24 mai 1686) :

« Ordonnons, voulons et nous plaît, que, si aucun de nos sujets de l'un ou de l'autre sexe qui auront fait abjuration, et qui, venant à tomber malades, refuseront de recevoir les sacrements de l'Église, leur procès leur sera fait et parfait, et, en cas qu'ils recouvrent la santé, les hommes condamnés aux galères avec confiscation de biens, et les femmes et filles à l'amende honorable avec confiscation, et à être enfermées. Et en cas qu'ils en décèdent, que le procès sera fait aux cadavres, et leurs biens confisqués.

» Car tel est notre plaisir. »

(1) Voyez, pour ces conversions miraculeuses, Dangeau, I, 173, 177, 182, 183, 184, 186, 187, 188, 201, 218, 222...

(2) « Sa Majesté veut, écrivait Louvois, que l'on fasse éprouver les dernières rigueurs à ceux qui ne voudront pas se faire de sa religion ; et ceux qui auront la sotte gloire de vouloir demeurer les derniers, doivent être poussés jusqu'à la dernière extrémité. »

CHAPITRE IX.

Abus, priviléges, malversations. — Révoltes des paysans. — Situation des campagnes. — La misère. — Famine.

> « La simple raison n'indique point que la plus grande part aux avantages de la société doive être accompagnée de la moindre part aux charges publiques. » NECKER, III, 152.

Ces mesures odieuses n'étaient pas de nature à ramener la prospérité dans le royaume épuisé. Tout ce qui possédait quelques ressources, tout ce qui n'était pas attaché au sol par le lien de la servitude ou de la misère, prit le large et se hâta de se soustraire par la fuite au joug de cette tyrannie implacable. Il fallut songer à combler le déficit creusé ainsi dans le budget; on altéra les monnaies, on poussa le marc d'argent qui était, au temps de Colbert, de vingt-six francs, jusqu'à quarante livres; on imagina ensuite, pour les vendre, mille charges inutiles et souvent ridicules jusqu'au grotesque, dont le roi se mit à faire le trafic (1) : « Toutes les fois que Votre Majesté crée un office, disait Pontchartrain au roi, Dieu crée un sot pour l'acheter ». Les plus sots n'étaient cependant pas les acheteurs, et il faut croire que ceux qui devenaient acquéreurs à titre onéreux de charges de conseillers du roi contrôleurs aux empilements de bois, de contrôleurs visiteurs de beurre frais, d'essayeurs de beurre salé, de contrôleurs de perruques, etc., ne se prenaient pas au sérieux et ne s'abusaient pas sur le caractère et l'importance de leur dignité. Ce qu'ils achetaient, c'était l'exemption de la taille et de tous ses accessoires, dont le fardeau retombait plus lourd sur les paysans, qui, par surcroît, payaient encore pour acquitter les traitements de cette nuée de salariés parasites (2).

---

(1) « Le roi a fait cette semaine pour cinq millions d'affaires extraordinaires, qui sont presque toutes des créations de charges. » — *Mémoires de Dangeau*, 11 juin 1691.

(2) Cliquot de Blervache cite un riche particulier du Poitou qui eût payé

Après les offices civils, on exploita les offices militaires, on en créa pour commander les gardes-côtes, « c'est-à-dire les paysans dont les paroisses bordent les côtes des deux mers qui baignent la France, et qui, sans autre enrôlement que le devoir et la nécessité de leur situation, sont obligés, en temps de guerre, de garder leurs côtes et de se porter partout où il est besoin. Cette érection fut assaisonnée, comme toutes les autres de ce genre de finances, de tous les appâts de droits et de prérogatives propres à tirer de l'argent des légers et inconsidérés Français. » (Saint-Simon, XVII, 209.)

La création des greffiers conservateurs des registres des baptêmes, mariages et sépultures, fit rétrograder la créature humaine jusqu'à l'état de nature, et amena des excès qui montrent à quel degré de barbarie la misère poussait les populations.

« Les pauvres et beaucoup d'autres petites gens baptisèrent eux-mêmes leurs enfants sans les porter à l'église, et se marièrent sous la cheminée, par le consentement réciproque devant témoins, lorsqu'ils ne trouvaient point de prêtre qui voulût les marier chez eux et sans formalité. Par là, plus d'extraits baptistaires, plus de certitude de baptême, par conséquent de naissance, plus d'état pour les enfants de ces sortes de mariages qui pût être assuré. On redoubla donc de rigueurs et de recherches contre des abus si préjudiciables, c'est-à-dire qu'on redoubla de soins, d'inquisition et de dureté pour faire payer l'impôt.

» Du cri public et des murmures, on passa à la sédition dans quelques lieux. On alla si loin à Cahors, qu'à peine deux bataillons qui y étaient purent empêcher les paysans armés de s'emparer de la ville, et qu'il y fallut envoyer des troupes destinées pour l'Espagne et retarder leur départ. Mais le

---

7 à 800 livres d'impôts annuels, et qui s'en était affranchi en achetant 3,000 livres la charge de *Musette de Poitou*. — *Mémoire sur les moyens d'améliorer la condition des laboureurs*, 1783.

temps pressait, et il en fallut venir à mander à Legendre, intendant de la province, de suspendre l'effet. On eut grand peine à dissiper le mouvement du Quercy et les paysans armés et attroupés, et à les faire retirer dans leurs villages. En Périgord, ils se soulevèrent tous, pillèrent les bureaux, se rendirent maîtres d'une petite ville et de quelques châteaux, et forcèrent quelques gentilshommes de se mettre à leur tête. Ils n'étaient point mêlés de nouveaux convertis. Ils déclaraient tout haut qu'ils paieraient la taille et la capitation, la dîme à leurs curés, les redevances à leurs seigneurs, mais qu'ils n'en pouvaient payer davantage, ni plus ouïr parler des autres impôts et vexations. A la fin, il fallut laisser tomber cet édit d'impôt sur les baptêmes et les mariages, au grand regret des traitants, qui, par la multitude, et bien autant par les vexations, les recherches inutiles et les friponneries, s'y enrichissaient cruellement. » (Saint-Simon, X, 24.)

Voilà comment l'orgueilleux duc de Saint-Simon juge l'une des dernières scènes de la jacquerie : comme tous les autres, il amnistie Jacques Bonhomme pour rejeter toute la responsabilité sur ses tyrans.

Donc, la créature dégradée et brisée ne levait plus vers le ciel ce visage sublime chanté par le poëte du paganisme, et la tyrannie du roi très chrétien faisait reculer l'humanité vers la sauvagerie. Doute-t-on encore, et veut-on de nouvelles preuves? Soit : en voici qui ne sont pas suspectes et qu'on ne récusera pas.

Voici d'abord l'intendant de la généralité de Bourges (1) :

« Il n'y a point de nation plus sauvage que ces peuples : on en trouve quelquefois des troupes à la campagne, assis en rond au milieu d'une terre labourée et toujours loin des chemins ; mais, si l'on en approche, cette bande se disperse aussitôt. »

---

(1) Boulainvilliers, *État de la France*, V, 33.

Si les Berrichons sont des sauvages, les Bretons sont des idiots.

« C'est une étrange chose que de voir mettre le chapeau à des gens qui n'ont jamais eu que des bonnets bleus sur la tête ; ils ne peuvent comprendre l'exercice, ni ce qu'on leur défend : quand ils avaient leurs mousquets sur l'épaule, et que M. de Chaulnes paraissait, s'ils voulaient le saluer, l'arme tombait d'un côté et le chapeau de l'autre ; on leur a dit qu'il ne fallait point saluer ; le moment d'après, quand ils étaient désarmés, s'ils voyaient passer M. de Chaulnes, ils enfonçaient leurs chapeaux avec leurs deux mains, et se gardaient bien de le saluer. On leur a dit que lorsqu'ils sont dans les rangs, ils ne doivent aller ni à droite ni à gauche ; ils se laissaient rouer, l'autre jour, par le carrosse de madame de Chaulnes, sans vouloir se retirer d'un seul pas, quoi qu'on pût leur dire. Enfin, ma fille, nos Bas-Bretons sont étranges, et je ne sais comment faisait Bertrand du Guesclin pour les avoir rendus, en son temps, les meilleurs soldats de France. » (Sévigné, VII, 269.)

Pour La Bruyère, les paysans ne sont pas même des sauvages ou des idiots, c'est quelque chose d'innommé qui tient beaucoup plus de la bête que de l'homme :

« On voit certains animaux farouches, des mâles et des femelles, répandus par la campagne, noirs, livides, et tout brûlés par le soleil, attachés à la terre, qu'ils fouillent avec une opiniâtreté invincible ; ils ont comme une voix articulée, et quand ils se lèvent sur leurs pieds, ils montrent une face humaine, et en effet ils sont des hommes ; ils se retirent la nuit dans des tanières, où ils vivent de pain noir, d'eau et de racines ; ils épargnent aux autres hommes la peine de semer, de labourer et de recueillir pour vivre, et méritent ainsi de ne pas manquer de ce pain qu'ils ont semé.

» Il faut des saisies de terres et des enlèvements de meubles, des prisons et des supplices, je l'avoue ; mais justice, lois et besoin à part, ce m'est une chose toujours nouvelle de contempler avec quelle férocité les hommes traitent d'autres hommes (1). »

« Que ceux, dit Boutaric (2), qui ont imaginé que pour rendre le paysan docile, il fallait l'écraser, doivent se féliciter de voir leurs idées si bien remplies ! Grâce à l'industrie de ceux à qui l'exécution de ce système a été confiée, les laboureurs désertent tous les jours nos hameaux, nos villages, ou y périssent prématurément, accablés sous le poids de la misère et du travail. Ceux qui survivent n'offrent que des visages hâves et languissants. »

Depuis l'année 1687, en dépit des besoins immenses et toujours grandissants du trésor, on avait cessé de donner à l'enchère les fermes des impôts, le roi s'étant aperçu que les fermiers généraux les prenaient à tout prix, bien décidés à arracher à Jacques Bonhomme jusqu'à sa dernière chemise (Dangeau, I, 342). Souvent encore les motifs les plus honteux étaient invoqués pour réduire à rien ceux des revenus de l'État dont, par exception, l'assiette était légitime. Le grand roi étant maître de tout, des biens, des consciences et des opinions, il violait le secret des lettres toutes les fois qu'il le jugeait nécessaire à ses intérêts, de telle sorte que, lorsqu'il avait enfin rencontré des fermiers des postes dociles autant qu'habiles dans l'art honteux de faire sauter les cachets, ils étaient bien assurés de conserver leur position et d'y faire des fortunes scandaleuses, aux dépens du roi aussi bien que du public (Saint-Simon, XXIV, 141). Il fallait de l'argent, néanmoins; aussi, pour en avoir, grâce à l'arbitraire de la perception, la tyrannie des employés subalternes prenait incessamment les proportions les plus monstrueuses. Le roi fut donc bientôt contraint de songer à envoyer des conseillers d'État, assistés de maîtres des requêtes, dans les diverses provinces, pour faire droit aux plaintes des communautés

---

(1) La Bruyère, *Caractères* : DE L'HOMME.
(2) *Questions sur les baux à ferme*, 616.

(Dangeau, I, 347). Il nomma des commissaires pour la recherche des trésoriers de l'extraordinaire des guerres (III, 402), et il en nomma pour poursuivre ceux qui avaient soin des étapes (id., 405), qui tous volaient, et forçaient les troupes non payées à voler. On vit même des soldats, au milieu de la disette, brûler un gros bourg qui contenait plus de cent cinquante maisons pleines de grains; le bourg appartenait à un des capitaines de ce régiment dont ils voulaient se venger (IV, 267). On visita les maisons des campagnards (id., id., 173, 215), on poursuivit les accapareurs, qui entretenaient la famine, même dans les années d'abondance (id., 173, 215, 267, 268, 303).

Que l'on n'accorde pas à ces mesures, bonnes en apparence, une portée qu'elles n'avaient pas. Un individu avait été condamné, pour l'affaire des fourrages, à 12,000 écus qu'il voulait payer. Le roi le donna au comte de Grammont, qui en sut obtenir 40 ou 50,000 livres (id, 232). Le paysan était dépouillé, c'était le courtisan qui touchait l'indemnité.

La défense de saisir les bestiaux et les instruments aratoires n'avait plus été renouvelée depuis Colbert, de sorte que le paysan était livré pieds et poings liés aux agents du fisc. On démolissait les chaumières pour vendre les ferrements. La récolte de 1692 manqua par la persistance des pluies, celle de l'année suivante ne fut pas meilleure; Louis, pour soutenir ses armées, se fit accapareur de grains et força les laboureurs à porter leurs denrées sur le marché, en en taxant le prix. Tous les impôts, toutes les charges s'aggravèrent; en mars 1693, il établit un droit de contrôle sur les actes notariés, avec obligation de les enregistrer dans la quinzaine. Sacrifiant aux nécessités du présent les intérêts les plus sacrés de l'avenir et les besoins les plus élémentaires de l'agriculture, il défendit de faire les baux pour plus de neuf années, c'est-à-dire qu'il défendit aux fermiers de s'attacher à la terre, et d'y faire l'avance des améliorations qu'elle appelle et dont elle est susceptible.

Le roi, les intendants, les soldats, les maltôtiers, chacun pillait; la France était devenue une caverne, et le paysan ne pouvait faire un pas sans être dévalisé (1). Trompé par tout le monde, il voyait un piége dans toute mesure nouvelle, fût-elle prise dans son intérêt. L'intendant d'une des provinces les plus pauvres du royaume, ayant le dessein d'y encourager l'éducation des abeilles, fit demander le nombre des ruches qui existaient dans chaque paroisse. Fermement persuadés qu'un intendant ne pouvait avoir que des intentions malfaisantes, les habitants se hâtèrent de détruire tous leurs essaims (2).

Toujours on néglige les campagnes pour soulager les villes, où la misère devient parfois menaçante. Les secours prodigués à Paris appelèrent dans cette vaste cité les populations des villages voisins. Alors, le 1er décembre 1693, un arrêt aussi rigoureux que la saison qui sévissait déjà, vint ordonner à tous les mendiants étrangers à Paris de sortir de la capitale sous huit jours, et cela sous les peines corporelles les plus sévères, et qui ne respectaient ni l'âge ni le sexe. Quelques-uns s'éloignent, mais la pitié recule devant l'exécution des moyens que dicte la politique, et grâce à la rigueur de l'hiver, la répression ne frappe qu'avec faiblesse. Le flot de la misère monte encore, et vient de nouveau battre les murs de la capitale effrayée. Les campagnes se dépeuplent, les travaux sont suspendus; c'est la misère, cette fois, qui va amener la famine. Le 16 mai 1694, le parlement de Paris ordonne aux

---

(1) « Les intendants, écrivait Fénelon, font, malgré eux, presque autant de ravages que les maraudeurs. Ils enlèvent jusqu'aux dépôts publics. Ils déplorent hautement la nécessité qui les y a réduits. Ils avouent qu'ils ne sauraient tenir les paroles qu'on leur fait donner. On ne peut plus faire le service qu'en escroquant de tous côtés. »

(2) Necker, *De l'administration des finances*, III, 232.

mendiants valides des champs de retourner chez eux sous trois jours, avec défense de s'assembler sous peine de la vie.

En 1695, sur la proposition de Basville, le terrible intendant du Languedoc, on établit la capitation, qui devait être essentiellement temporaire, mais que l'on sut, d'édits en édits, prolonger jusqu'en 1789. Cet impôt, personnel et par tête, devait être acquitté par chacun, sans aucune distinction de rang, de fonction, de caractère et de métier, comme si, de ce qu'un homme vit, il s'ensuivait qu'il a de quoi payer, tandis qu'au contraire il en est tant qui ont besoin de recevoir. C'était l'impôt de 1356, qui taxait les laboureurs, domestiques et manœuvres, au dixième de leurs gages ou de leur travail. « Un secours si aisé à imposer d'une manière arbitraire, à augmenter de même, et de perception si facile, était bien tentant pour un contrôleur général embarrassé de fournir à tout. Pontchartrain cependant y résista longtemps et de toutes ses forces. A la fin, à force de cris et de besoins, les brigues lui forcèrent la main. » (Saint-Simon, II, xxv.)

Le clergé, qui, aux états de 1614, avait refusé de payer les impôts, parce que c'eût été « diminuer l'honneur dû à Dieu », et qui avait obtenu de n'être *flétri* d'aucune imposition (1), le clergé se fit exempter, lorsqu'elle fut rétablie, en 1701, moyennant 150,000 francs pour la première année, et promesse de quatre millions pour les huit années suivantes. Puis d'autres exemptions gratuites furent accordées à la noblesse et à la magistrature, et tout le fardeau, comme toujours, retomba sur le peuple.

« Vos peuples meurent de faim, disait un écrit anonyme qui fut remis à Louis, et que l'on attribua avec raison à l'archevêque de Cambrai. La culture des terres est presque abandonnée ; les villes et les campagnes se dépeuplent ; tous les métiers languissent et ne nourrissent plus les ouvriers...

---

(1) *Etats généraux*, XVIII, 18.

Au lieu de tirer de l'argent de ce pauvre peuple, il faudrait lui faire l'aumône et le nourrir. La France entière n'est plus qu'un grand hôpital désolé et sans provisions. Les émotions populaires, qui étaient inconnues depuis longtemps, deviennent fréquentes... Vous êtes réduit à la déplorable extrémité, ou de laisser la sédition impunie, ou de faire massacrer les peuples que vous mettez au désespoir, et qui périssent tous les jours des maladies causées par la famine. Pendant qu'ils manquent de pain, vous manquez vous-même d'argent, et vous ne voulez pas voir l'extrémité où vous êtes réduit. »

Louis ne voulait pas voir, en effet, et, tandis que les dernières années du grand siècle s'écoulaient au milieu d'une misère que l'on croyait arrivée aux limites extrêmes du possible, et qui allait augmenter encore pendant quinze années, il frappait de disgrâce Racine, Fénelon, Vauban et Boisguillebert, qui appliquaient les forces de leur génie à chercher des remèdes et à tenter des routes nouvelles, et laissait mourir dans l'oubli Catinat et Vauban, les deux plus beaux caractères militaires de leur temps, pour livrer ses armées à Marchain, à Villeroi et à Lafeuillade. Il fallait au grand roi des courtisans et non des conseillers.

LIVRE CINQUIÈME.

XVIIIe SIÈCLE.

CHAPITRE PREMIER.

Mémoires des intendants. — État de la France.

> « La grande perte d'hommes est dans les campagnes, où la mauvaise nourriture, le défaut de secours et la misère les font périr, et causent peut-être les maladies épidémiques. »
> MELON, *Essai sur le commerce*, 817.

En 1698, le duc de Bourgogne, à l'instigation de Fénelon, demanda aux intendants des diverses provinces de France, des rapports qui, rédigés pendant le cours des deux années suivantes, devaient le mettre à même de connaître, au vrai, l'état du royaume sur lequel il semblait appelé à régner un jour. Les intendants ne peuvent être suspectés de partialité pour le peuple, ils ne sont pas portés à s'apitoyer outre mesure sur des souffrances dont ils sont en partie les auteurs, et ils écrivent pour la cour, qui n'aime pas les tableaux trop rembrunis. Rien de triste et de désolé, cependant, comme ces mémoires. Le comte de Boulainvilliers les a longuement analysés, en plusieurs in-folios ; il a dédié son volumineux travail au roi Louis XV, et, suivant lui, les misères signalées dans ces mémoires, loin de disparaître, se sont aggravées avec le temps. Il est facile, en lisant l'œuvre de Boulainvilliers, de se faire une idée rigoureusement exacte de l'affreuse situation des campagnes de France, alors que s'ouvrit le XVIIIe siècle.

L'Orléanais est une des provinces privilégiées : « Dans la campagne, le peuple est laborieux et ménager ; on remarque que dans la Beauce, quoique ce soit le meilleur pays du monde pour le rapport du froment, le paysan se contente de manger de l'orge avec du blé et du seigle, les plus riches se passant avec quelques salaisons qu'ils font après leurs moissons; les vignerons ne boivent que du vin et de l'eau mêlés, pour avoir les uns et les autres de quoi payer les subsides, payer leurs maîtres, et acheter ce qui est absolument nécessaire pour la subsistance de leurs familles (1). »

La Champagne est moins heureuse déjà, et voici ce qu'il dit de la généralité de Troyes : « Le peuple y est extrêmement laborieux, et si ménager, qu'il vit toute l'année de son blé noir, sans rien acheter du marché, se contentant d'y débiter ses denrées, pour payer les impositions... Les terres de l'élection sont très propres à la nourriture du bétail blanc, mais le pays en manque, la difficulté des temps ayant été cause que le paysan a vendu ce qu'il en avait. » (205.)

Peu s'en faut que l'intendant de l'Alsace n'avance que les paysans de sa contrée sont heureux de la tyrannie qui les opprime; on ne peut cependant lire sans une profonde tristesse les lignes suivantes :

« Il faut pourtant avouer que la contrainte de la guerre altère visiblement leur naturel; au reste, ils se paient de raison; ils ont besoin d'être conduits et guidés, et par-dessus tout ils ont une grande inclination à la joie; aussi dit-on que du temps de leur liberté, les moindres villages retentissaient, aux jours de fêtes, de danses et de violons. » (323.)

Le mémoire sur la généralité de Paris est un de ceux qui semblent le mieux indiquer les causes du mal : « L'auteur remarque en général que le nombre du peuple est fort diminué dans toute l'étendue du gouvernement; il dit que les élections de Mantes et d'Étampes le sont presque de la moitié, et les autres d'un tiers, et à tout le moins d'un quart. Les raisons qu'il en donne, par rapport à celle de Mantes,

---

(1) **Boulainvilliers**, *État de la France*, I, 132.

sont la cessation du commerce de vins, qui ont été de très mauvais débit dans les dernières années ; par rapport à celle d'Étampes, c'est l'établissement des canaux de Briare et d'Orléans, qui ont diminué le commerce des charrois ; et pour toutes les autres en général, il dit que les logements excessifs des gens de guerre, et leurs fréquents passages, la mortalité de 1692, la retraite de plusieurs huguenots, et celle des habitants de la Champagne, qui se jettent dans les villes franches, les levées des troupes et les milices forcées, et enfin les impositions extraordinaires, sont la véritable cause de la diminution des peuples. Il remarque encore fort judicieusement que la misère des paysans est telle, que les enfants deviennent maladifs, faibles et de courte vie, parce qu'ils manquent des commodités qui procurent une bonne génération ; il ne croit point de remède plus efficace que la relaxation de quelques impôts et l'encouragement que l'on pourrait donner à la jeunesse en l'exemptant des tailles jusqu'à vingt-cinq ans, lorsqu'elle serait mariée ; au lieu que, non mariée, il la faudrait obliger à la taille pour la moindre occupation. Il propose encore de fixer le temps des vœux de religion à vingt-cinq ans, comme on l'avait proposé pour la France au concile de Trente. »

Dans la généralité de Rouen, le paysan ne peut rien vendre, grâce à la misère générale et à l'impraticabilité des chemins :
« On pourrait sans doute les réparer, si l'abattement général n'était pas un obstacle à tout ce qui serait utile. » (II, 3.)

« Partout le commerce semble se perdre, tant par la guerre que par l'abattement des peuples, qui ne font aucune consommation, et par la non-valeur du blé, qui est telle, que le laboureur n'est pas remboursé de ses frais... Les herbages sont à la moitié de leur ancienne valeur par défaut de consommation... La campagne s'est efforcée de satisfaire avec empressement aux charges pressantes qui lui ont été imposées ; la capitation, l'ustensile, les milices, les eaux et fontaines, les eaux-de-vie, les diverses charges créées dans les paroisses et une infinité d'autres, qui ont réduit le peuple à un état de misère qui fait compassion, puisque de sept cent mille âmes, dont la généralité était composée, s'il en reste ce nombre, on peut assurer qu'il n'y en a pas cinquante mille qui mangent du pain à leur aise, et qui couchent autrement que sur la paille. » (13, 14.)

La généralité de Caen présente un spectacle peut-être plus sombre encore : « Cette élection a été autrefois remplie du double d'habitants qui s'y trouvent aujourd'hui. L'auteur attribue cette diminution à la misère des temps... Il ne dit point ce que les taillables paient au roi, que l'on peut juger néanmoins être bien considérable, par l'affreuse misère qu'il représente partout... Les hautes futaies y sont devenues rares, tant parce que les propriétaires en ont beaucoup vendu pour se soulager dans leurs méchantes affaires, que parce que la taxe du tiers et danger, dans laquelle on a compris jusqu'aux avenues des maisons, a fait croire qu'il était dangereux d'avoir des bois... L'auteur ne parle point des autres sortes d'impositions ordinaires ou extraordinaires qui ont réduit l'élection au plus triste état qui puisse être imaginé selon cette description. » (27-34.)

Dans la généralité d'Alençon, « pendant les dernières guerres, les ustensiles, fourrages et milice ont monté à près de douze sols par livre du corps de la taille. » (44.)

Boulainvilliers énumère une partie de ces charges inutiles et ridicules dont le roi faisait trafic, et se livre à cet égard à de judicieuses et piquantes réflexions : « L'édit des greffiers anciens et alternatifs, créés en 1690 et 1694, produisit 61,761 livres, outre les droits attribués à ces charges, payés par les taillables, montant à 42,608 livres. Cette imposition avait cela de singulier qu'on a obligé les taillables de payer des droits à ceux qui achetaient ces charges pour s'empêcher de payer la taille, c'est-à-dire aux riches qui accablaient les pauvres. L'édit des francs fiefs et terres hommagées ; celui des courtiers-jaugeurs de futailles, celui des officiers des arts et métiers, celui des capitaines, lieutenants, majors et colonels des villes et bourgs ; celui des mouleurs de bois, des contrôleurs de deniers communs, des receveurs de deniers patrimoniaux, des syndics de communauté, enfin les taxes des foires et marchés, des eaux et fontaines, des charges de l'arrière-ban, la taxe du sceau, le contrôle des actes de notaires et de dépens, les greffes des affirmations, tout cela a tiré une infinité d'argent de la généralité. »

« Il est certain que le nombre du peuple est considérablement diminué par la retraite des huguenots, la mortalité, la misère et les milices... Au reste, on est également touché de voir partout la moitié des maisons périr, faute de réparations et d'entretien ; les propriétaires n'y sont pas à couvert le plus souvent, et la pauvreté répand partout une tristesse et une férocité qui surprennent. »

L'auteur nous apprend qu'en Bretagne la possession est encore, dans certains cas, tout aussi précaire entre les mains des laboureurs que pendant l'époque de la féodalité, et que la nature des rentes des seigneurs affecte trois états différents. Il y a les rentes en fief, quand le vassal est propriétaire, à la charge de la levée du seigneur, et de payer annuellement les rentes convenues; il y a les rentes en domaines congéables, mode étrange qui éloigne du travailleur toute espérance de propriété; il y a enfin les rentes de fermage que les seigneurs ménagent comme ils le jugent à propos.

La généralité de la Rochelle a perdu un tiers de ses habitants depuis vingt années. L'auteur assigne pour cause à cette dépopulation, avec la retraite des huguenots : « La guerre, l'extrême pauvreté et misère des paysans, qui retranchent leur nourriture et leurs forces et les fait mourir avant l'âge, parce que la moindre maladie détruit aisément des corps consommés d'inanition et de souffrance. »

Au nombre des causes qui alimentent la misère et entretiennent le triste état des populations agricoles, l'auteur compte la démoralisation du clergé et des moines, qui sont « ignorants, intéressés, sordidement avares, chicaneurs et dépouillés de la charité essentielle à leur ministère, fainéants et déréglés... La quatrième cause, ajoute-t-il, est la mauvaise administration des justices des seigneurs, qui sont confiées, non comme ailleurs, à des gradués qui ont quelque connaissance des lois, mais à des malheureux praticiens qui pillent le pauvre peuple, et tirent de lui plus que les seigneurs et le roi même. La cinquième est l'usurpation faite par la noblesse sur les vassaux qui relèvent d'elle, en les assujettissant à des corvées qu'ils appellent *briam-corvées*, lesquelles sont contraires aux coutumes et aux lois, mais qui sont autorisées par la possession et le crédit de ceux qui en jouissent; il n'y a que l'autorité royale qui puisse délivrer ses sujets d'un joug si onéreux. Et sixièmement enfin, la chasse est si rigoureusement défendue, tant par les gouverneurs des places que par les seigneurs qui en ont le droit, qu'il semble qu'il y a de l'humanité de donner quelque tempérament à la sévérité des ordres, afin que le pauvre peuple puisse jouir de ses biens avec plus de repos et de tranquillité. » (118.)

« Toutefois, ajoute Boulainvilliers, pour dire mon avis, ces abus paraissent de nature à être longtemps tolérés, puisque les uns sont fondés sur les mœurs communes, et les autres sur l'usage et les lois reçues; d'ailleurs, la misère générale, qui est la base et le principe de tous les désordres, ne semble pas prête à finir, puisqu'elle n'a fait qu'augmenter depuis la date de ce mémoire par l'accroissement des charges et des impôts, et avec elle la dureté des particuliers, la chicane, les contestations, l'intérêt privé, l'infidélité, l'oppression des faibles, etc., sans parler du zèle barbare avec lequel on prétend planter la religion dans les cœurs en les réduisant au désespoir, comme si la persuasion pouvait jamais être l'effet de la contrainte. » (44.)

C'est, notons-le en passant, près d'un quart de siècle après la rédaction des mémoires des intendants, que Boulainvilliers lui-même, l'historien de la noblesse par excellence, confesse que, pour le paysan, le progrès marche comme nage l'écrevisse, — à reculons.

Ces implacables persécutions contre les huguenots, sur lesquelles il nous faudra revenir tout à l'heure, et qui se prolongèrent jusqu'au milieu du xviii° siècle, ramenaient les hommes à la sauvagerie, et les faux convertis, par horreur des sacrements, vivaient en concubinage, exemple que les catholiques suivaient en grand nombre. (118.)

Dans la généralité de Tours, « le peuple est fort diminué, et cette diminution est au moins du quart depuis trente ans. » (154.)

Dans celle de Bourges, « les esprits sont doux ; mais leur défaut général est la nonchalance plutôt que la paresse ; la cause en est la servitude dans laquelle languit le laboureur par un usage que l'on ne saurait regarder que comme très ancien et relatif, ou bien au génie des colonies qui ont été conduites en ce pays après l'extinction des premiers habitants, ou bien à la manière dont les peuples y ont été gouvernés pendant que les droits des seigneurs du pays ont subsisté dans leur étendue naturelle. (200.)

» L'imposition n'a pas été augmentée dans le Berry à l'occasion de la guerre précédente ; au contraire, elle y a été très considérablement diminuée dans les années de 1693 et 1694 ; mais les affaires extraordinaires auxquelles on a été obligé d'avoir recours ont été si fortes et si peu proportionnées aux forces de la province, que telles diligences que les traitants aient pu faire, quoiqu'ils aient mis en usage les contraintes les plus violentes, ils n'en ont pu tirer que les moindres parties et poursuivent encore le recouvrement du surplus. » (205.)

« Le sel, fixé en 1689, à 40 livres le minot, et porté successivement à 50 livres 15 sols 6 deniers, « est à présent à un prix si exorbitant que le peuple est obligé de s'en passer, au grand préjudice de sa santé. »

L'intendant de la généralité de Moulins fait une triste peinture des paysans de la Marche, « noirs, livides, et presque tous hideux. » La misère les contraint d'émigrer en Catalogne. « Ils y vivent de pain et d'eau, et retrouvent quand ils reviennent chez eux leurs châtaignes et leurs raves, dont ils se nourrissent aussi bien que leurs bestiaux. » (219.)

Dans l'Auvergne, dépeuplée d'un cinquième par la famine de 1694, « ils vivent sous la neige une grande partie de l'année, creusant des routes souterraines pour la communication de leurs bestiaux, et passant ordinairement la plus grande partie du temps dans les étables avec leurs bestiaux, à cause de la chaleur qu'ils y trouvent; il faut en ces endroits que les habitants fassent des provisions pour tout l'hiver, pendant lequel ils ne sortent point, sans quoi ils mourraient de faim dans un pays désert et peu cultivé comme l'est celui-là. »

C'est-à-dire que dans la Marche et l'Auvergne, le paysan partage avec les animaux la table et le lit.

La généralité de Riom ne récolte guère que de l'huile de noix. « Le paysan s'en sert pour servir de potage, et c'est presque la seule nourriture, ce qui est étonnant, vu que le pays est d'ailleurs si abondant ; mais les impositions dont les peuples sont chargés ne leur permettent pas de jouir des biens naturels de leur patrie. » (243.)

Le Dauphiné a perdu un sixième de sa population par la retraite des huguenots et la famine de 1693. « Ce sont les deux causes principales de cette diminution, sans exclusion toutefois de la milice, des engagements forcés et de la misère générale. » (400.)

Nous avons vu Bourdigné s'émerveiller au xviᵉ siècle de la grande richesse du clergé et des seigneurs, chacun de ces deux ordres étant si riche qu'il paraît posséder seul toute la province. Les choses sont encore dans cet état dans le Berry au commencement du xviiiᵉ. L'ordre de Citeaux possède une grande partie de la campagne, où chaque abbaye a ses métairies et ses colons ; quelques autres maisons religieuses y ont aussi les leurs (1), et le surplus appartient à des seigneurs ou à des particuliers habitant des villes... Les paysans n'ont presque aucune propriété, ni fonds ni meubles ; ils vivent ensemble jusqu'à vingt ou trente familles, plus ou moins, dans une même métairie, dont le fonds et les bestiaux appartiennent à un même propriétaire.

CHAPITRE II.

Les Cévennes. — Jean Cavalier. — Détresse générale. — Vauban. — La dîme royale.

> « C'est un fait qui ne peut être contesté, que plus de la moitié de la France est en friche ou mal cultivée, c'est-à-dire beaucoup moins qu'elle ne pourrait l'être,... ce qui est encore plus ruineux que si le terroir était entièrement abandonné, parce que le produit ne peut répondre aux frais de la culture. » BOISGUILLEBERT, *Détail de la France*.

Cependant les yeux de Louis restaient obstinément fermés à la lumière, et, en dépit des rapports des intendants, l'œuvre de dépopulation continuait avec les persécutions contre les huguenots. Dans le Languedoc surtout, il semblait que les temps des guerres des Albigeois fussent revenus, et que les lauriers de Simon de Montfort empêchassent le terrible intendant Basville de dormir, comme ceux de l'abbé de Citeaux

(1) On connaît ce proverbe :

En tout pays où le vent vente,
L'abbé de Cluny a rente.

troublaient le sommeil de l'abbé du Chayla, inspecteur des missions. Ce dernier avait transformé son château en un lieu de torture. Un jour, dans une seule expédition, au pont de Montvert, il s'était emparé de soixante protestants de tout âge et de tout sexe, qu'il enleva et traîna dans son antre pour les torturer à son aise, afin de rallumer dans ces âmes, envahies par les ténèbres de l'erreur, le flambeau éteint de la vérité. Parmi les captifs se trouvait la fiancée d'un jeune Cévenol qui, resté libre, jure de mourir ou de la tirer de ses mains redoutables. Rassemblant ses parents, ses amis et ceux de la jeune fille, il embrase aux feux de son amour toutes ces passions qui fermentent sourdement ; on s'excite, on s'arme, on s'élance, et le château de du Chayla est emporté d'assaut. Les captifs tombent dans les bras de leurs libérateurs et leur montrent leurs plaies récentes, leurs membres brisés par la torture et disloqués par la pression des poutres fendues dans lesquelles ils ont été attachés. Ces instruments de supplice s'appelaient les *ceps* de l'abbé du Chayla. Tous poussent un cri de fureur et de vengeance, et bientôt le bourreau de tant d'innocentes victimes est découvert, saisi et pendu.

Basville, effrayé, demanda du renfort et obtint vingt mille hommes. Un redoublement de rigueurs et de vexations a pour effet de faire soulever tout le pays, et bientôt tous les villages des régions cébéniques sont en armes pour la commune défense, guidés par quelques-uns d'entre eux, Roland, Catinat, Ravenel, et surtout par Jean Cavalier, jeune paysan qui, âgé de vingt ans à peine, sut résister victorieusement à des maréchaux de France, et, pendant plusieurs années, soutenir une guerre d'extermination avec une intrépidité et une supériorité de talents qui eussent honoré un vieux général. Ce fut, des deux côtés, une effroyable guerre, mais dans laquelle les paysans, armés d'ailleurs pour la défense de leur religion, de leurs familles et de leurs biens, ne firent que rendre une partie du mal qui leur était fait.

La commune de Mariége avait été contrainte de donner asile aux Camisards, vainqueurs des soldats du maréchal de Montrevel. Celui-ci se vengea de ses défaites réitérées sur ce village, qu'il fit incendier. Cavalier lui écrit alors qu'au premier village brûlé il en fera incendier deux, puis trois, et ainsi de suite, en augmentant toujours. Montrevel dédaigne de répondre, et Cavalier, joignant l'exécution à la menace, brûle deux villages catholiques. Il repose ensuite ses troupes dans le bourg de Vestris, auprès de Nimes, et à peine sont-elles éloignées, que Montrevel le fait encore détruire par le feu. Les Camisards en brûlent trois. Exaspéré, le maréchal redouble de fureur, et souvent les soldats, sans donner aux paysans le temps de fuir, les ensevelissaient sous les ruines de leurs chaumières embrasées.

A Montrevel succéda Villars (1704), puis Berwick, et quand la paix fut enfin rétablie dans le Languedoc, en 1711, ce ne fut guère que la paix des tombeaux, et les dragonnades restèrent en permanence dans le pays jusqu'au règne de Louis XVI. Roland fut tué; d'autres chefs se soumirent, à l'exemple de Cavalier, avec lequel il fallut traiter, et qui obtint le commandement d'une légion qui devait être composée de ses anciens compagnons d'armes. Louis voulut voir cet homme qui avait tenu en échec ses meilleures troupes; mais il laissa tomber sur lui un regard dédaigneux, haussa les épaules et passa outre. Abreuvé de dégoûts, Cavalier se réfugia en Suisse, puis en Savoie, puis enfin en Angleterre, où il parvint au grade de général-major et de gouverneur de l'île de Jersey. On peut assurer que ce hardi paysan n'eût point parcouru dans sa patrie une aussi brillante carrière.

Ainsi, la France aux abois râlait et agonisait sous la tyrannie du vieux roi, qui, chargé providentiellement de lasser la patience du peuple et de commencer à détruire le prestige qui environnait le trône, courbait les plus hautes têtes de la cour devant *une créole*, *publique*, *veuve à l'aumône d'un poëte cul-de-jatte* (Saint-Simon, XXI, 18). Toutefois, il fallait du temps avant que l'énergie revînt à cette nation dont la tyrannie avait brisé tous les ressorts, et épuisée d'hommes aussi bien que d'argent (1), elle était livrée par son abattement même à tous les caprices de l'arbitraire. « Une grêle d'impôts, dit un contemporain (2), déguisée sous une infinité de prétextes et de noms extraordinaires, tombait chaque jour sur le misérable peuple. J'étais témoin de ses gémissements et des fréquentes excursions que les archers et les sergents faisaient sur lui. Les procédures et les extorsions que ces oiseaux de rapine exerçaient, mirent en fuite plusieurs habitants insolvables dont les maisons restèrent désertes. Chacun craignait de passer pour opulent ; ceux qui l'étaient réellement mirent tout en œuvre pour éviter ce soupçon, en cachant sous terre leurs meilleurs effets, et en affectant de ne se servir que de vaisselle à la capucine ; mais ce qui mettait le comble à tous ces ravages, était les fréquentes levées de milices. Au seul bruit qui s'en répandait, la jeunesse, épouvantée, allait se cacher dans les réduits les plus écartés et parmi les plus épaisses forêts. J'ai vu avec horreur des jeunes gens qui s'étaient mutilés pour se rendre inhabiles au métier des armes ; quelques-uns, emmenés par force, se sont précipités dans les rivières. J'en ai vu d'autres se marier presque avant l'usage de la raison, expédient qui très souvent leur était inutile. Que l'on ne croie pas que ce soit une exagération. Conformément à la vérité la plus sévère, dont j'ai résolu

---

(1) « Les levées d'hommes étaient en raison des levées d'argent. 25,000 soldats furent pris outre-Loire en une seule année. Louis XIV essayait de fermer ces plaies par plusieurs hautes faveurs. *Une des plus efficaces*, et des mieux placées, fut celle qui comprit un grand seigneur breton, le marquis de Bruc de Montplaisir, dans les sept grand-croix de la création de cet ordre de Saint-Louis, qui devait enfanter des miracles de bravoure. » — Pitre-Chevalier, *La Bretagne ancienne et moderne*, 612.

(2) Valentin Duval, *Mém. manuscr.*, bibliothèque de l'Arsenal (H. F., in-4°, n° 886, fol. 20, 21).

de suivre les sentiers, je puis assurer que je n'en ai vu aucun qui ne se crût destiné à une mort certaine et inévitable, au moins si j'en peux juger par les lamentations vives et touchantes que je leur entendais faire.

» Ce qui m'a toujours révolté, c'est que la province était alors infestée par deux ou trois gentilshommes campagnards, qui avaient la lâcheté d'exercer cet infâme brigandage. Leurs satellites tenaient la plupart des villages bloqués, le commerce et les travaux de la campagne en étaient presque interrompus, et rien n'était plus commun que de voir des laboureurs déplorer l'enlèvement de leurs enfants ou de leurs domestiques, et être réduits à la dure nécessité de vaquer à des travaux que la vieillesse avait mis au-dessus de leurs forces. Il me semblait que rien n'était plus facile que de réprimer de pareilles invasions. « Que ne portez-vous vos plaintes au roi? leur disais-je; vous êtes ses sujets; il doit vous défendre et empêcher qu'on ne vous persécute : ou plutôt, en prévenant ses volontés, que ne marchez-vous en corps contre ces pirates pour les exterminer et les brûler dans leur retraite? » Mais la gent rustique, accoutumée à être harcelée, se contentait de déplorer son sort et d'admirer la vivacité de mon ressentiment, sans se mettre en peine de profiter de mes conseils. »

Cependant, il y avait alors en France un homme, trop grand pour son siècle, et dont le peuple vénérera le nom quand il aura laissé retomber dans l'oubli tous ces faux héros du passé, qui employait les loisirs que lui faisait l'ingratitude de son maître à chercher des remèdes aux misères publiques et à tenter de raffermir sur ses ancres la monarchie prête à sombrer au milieu d'un cataclysme universel. Chercher est la destinée et le bonheur, trouver est la bonne fortune des hommes de génie; mais il est un écueil contre lequel ils viennent se briser tous, il est un obstacle qu'il ne leur est point donné de franchir. L'écueil, c'est la routine; l'obstacle, c'est l'ineptie de cette tourbe immense qui crie invariablement : Impossible ! à tout progrès et à toute nouveauté ; c'est le lâche égoïsme de tous ces exploiteurs de vieux abus qui savent si bien l'art de faire massacrer Gracchus par le peuple lui-même, et crucifier Jésus par les mêmes mains égarées qui délivrent Barabas. L'obstacle, le duc de Saint-Simon le confessait, douze années plus tard, lorsqu'il s'écriait avec désespoir :

« Ceci m'arrache une vérité que j'ai reconnue pendant que j'ai été au conseil de régence, et que je n'aurais pu croire, si une triste expérience ne me l'avait apprise, c'est que *tout bien à faire est impossible!* Si peu de gens le veulent de bonne foi, tant d'autres ont un intérêt contraire à chaque sorte de bien qu'on peut se proposer ! » (XXIX, 198.)

On comprend que je veux parler de Vauban et de son fameux projet de dîme royale, prise proportionnellement sur tout ce qui porte revenu, fruits ou autres (1707).

Avec sa maladresse d'homme de génie, Vauban, au lieu de flatter les puissances du jour, les heurtait de front, faisait des souffrances du pays un tableau que signeraient les plus vigoureux critiques de nos jours, et posait en principe, et comme point de départ, deux aphorismes fort impertinents, et qui, à eux seuls, suffisaient pour faire rejeter bien loin l'œuvre et son auteur :

« 1° C'est une obligation naturelle aux sujets de toutes conditions de contribuer à proportion de leur revenu ou de leur industrie, sans qu'aucun d'eux s'en puisse raisonnablement dispenser.

» 2° Tout privilége qui tend à l'exemption de cette contribution, est injuste et abusif, et ne peut ni ne doit prévaloir au préjudice du public. » (P. 24.)

« Par toutes les recherches que j'ai pu faire depuis plusieurs années que je m'y applique, disait-il, j'ai fort bien remarqué que, dans ces derniers temps, la dixième partie du peuple est réduite à la mendicité et mendie effectivement ; que, des neuf autres parties, il y en a cinq qui ne sont pas en état de faire l'aumône à celle-là, parce qu'eux-mêmes sont réduits, à très peu de chose près, à cette malheureuse condition; que des quatre autres parties qui restent, les trois sont fort malaisées et embarrassées de dettes et de procès; et que, dans la dixième, où je mets tous les gens d'épée, de robe, ecclésiastiques et laïques, toute la noblesse haute, la noblesse distinguée et les gens en charges, militaires et civils, les bons marchands, les bourgeois rentés et les plus accommodés, on ne peut pas compter sur cent mille familles, et je ne croirais pas mentir quand je dirais qu'il n'y en a pas dix mille, petites ou grandes, qu'on puisse dire être fort à leur aise; et que, en ôtant les gens d'affaires, leurs alliés et adhérents couverts et découverts, et ceux que le roi soutient par ses bienfaits, quelques marchands, etc., je m'assure que le reste serait en petit nombre.

» Je me sens encore obligé d'honneur et de conscience de représenter à Sa Majesté qu'il m'a paru que, de tout temps, on n'avait pas eu assez d'égards en France pour le menu peuple, et qu'on en avait fait trop peu de cas. Aussi c'est la partie la plus ruinée et la plus misérable du royaume; c'est elle cependant qui est la plus considérable par son nombre, par les services réels et effectifs qu'elle rend, car c'est elle qui porte toutes les charges, qui a toujours le plus souffert et qui souffre encore le plus, et c'est sur elle aussi que tombe toute la diminution des hommes qui arrive dans le royaume.

» C'est encore la partie basse du peuple qui, par son travail et son commerce, et par ce qu'elle paye au roi, l'enrichit et tout son royaume; c'est elle qui fournit tous les soldats et matelots de ses armées de terre et de mer, et grand nombre d'officiers, tous les marchands et les petits officiers de judicature; c'est elle qui exerce et remplit tous les arts et métiers; c'est elle qui fait tout le commerce et les manufactures du royaume, qui fournit tous les laboureurs, vignerons et manœuvriers de campagne, qui garde et nourrit les bestiaux, qui sème les blés et les recueille, qui façonne les vignes et fait le vin ; et, pour achever de le dire en peu de mots, c'est elle qui fait tous les gros et menus ouvrages de la campagne et des villes.

» Voilà en quoi consiste cette partie du peuple si utile et si méprisée, qui a tant souffert et qui souffre tant à l'heure où j'écris ceci (18).

» Les biens de la campagne rendent le tiers moins de ce qu'ils rendaient il y a trente ou quarante ans, surtout dans les pays où les tailles sont personnelles (28). Elles sont devenues arbitraires de paroisse à paroisse et de particulier à particulier. Les puissants font dégrever leurs fermiers, leurs parents, leurs amis ; l'arbitraire se glisse jusqu'aux paysans entre eux, et le plus fort accable le plus faible. Ils ont renoncé à élever du bétail et à améliorer la terre, dans la juste crainte d'être accablés par la taille l'année suivante ; ils vivent misérables, vont presque nus, ne consomment rien, et laissent dépérir les terres.

» Les tailles sont exigées avec une extrême rigueur, et de si grands frais, qu'il est certain qu'ils vont au moins à un quart du montant de la taille. Il est assez ordinaire de pousser les exécutions jusqu'à dépendre les portes des maisons, après avoir vendu ce qui était dedans ; et l'on en a vu démolir pour en tirer les poutres, les solives et les planches qui ont été vendues cinq ou six fois moins qu'elles ne valaient, en déduction de la taille (29, 31).

» Les paysans arrachent les vignes et les pommiers, à cause des aides et des douanes provinciales (1). On a trouvé tant d'inventions pour surprendre les gens et confisquer les mar-

(1) Tous ces faits sont confirmés dans le *Détail de la France*, de Boisguilbert ; suivant lui, le vin qui, dans l'Anjou ou l'Orléanais, se vendait un sou, et même moins, c'est-à-dire à perte pour le vigneron, se vendait vingt et vingt-quatre dans la Picardie et la Normandie.

chandises, que le propriétaire et le paysan aiment mieux laisser périr leurs denrées chez eux que de les transporter avec tant de risques et si peu de profits (32).

» On ne saurait croire jusqu'où vont les *vexations inexprimables* des commis aux aides. Si un paysan, d'une barrique de vin, de cidre ou de poiré, en fait trois, en y ajoutant deux tiers d'eau, il court risque, non-seulement de tout perdre, mais encore de payer une grosse amende, trop heureux d'en être quitte pour payer l'eau qu'il boit (31, 62).

» Ne sont-ils qu'à demi-ruinés, leur aisance ne leur sert de rien, puisqu'ils sont contraints de feindre une pauvreté complète, de crainte de l'être bientôt tout à fait (63).

» Le sel est tellement hors de prix qu'ils ont renoncé à élever des porcs, ne pouvant conserver leur chair (101).

» Des agents employés à la levée des revenus, de cent, il n'y en a pas un qui soit honnête ; et hors le fer et le feu, il n'y a rien qu'on ne mette en usage pour réduire le peuple au pillage universel. Et tous les pays qui composent le royaume sont universellement ruinés (165). »

Après avoir dressé la longue liste, en dix-sept articles, de tous ceux qui jouissaient de l'exemption de la taille, du taillon, de l'ustensile, des logements des gens de guerre et autres charges, tant pour leurs personnes que pour leurs biens, *et qui la procuraient aux autres par leur autorité ou par leur faveur*, Vauban demandait ce que réclament et réclameront toujours tous les novateurs, — l'essai par la voie de l'expérience, et peu à peu (133).

Saint-Simon va nous raconter les traverses sans nombre qu'essuya l'œuvre, les déboires auxquels fut exposé l'auteur. C'est une triste histoire; c'est celle de tous les inventeurs, de tous les génies utiles et bienfaisants (X, 27-35).

« Patriote comme l'était Vauban, il avait toute sa vie été touché de la misère du peuple et de toutes les vexations qu'il souffrait. Les vingt dernières années de son existence, au moins, furent employées à prendre et à envoyer prendre secrètement partout où il ne pouvait aller, des informations exactes sur la valeur et le produit des terres, sur la sorte de commerce et d'industrie des provinces et des villes, sur la nature et l'imposition des levées, sur la manière de les percevoir. Convaincu que les terres étaient le seul bien solide, il se mit à travailler à un nouveau système.

» Il était bien avancé lorsqu'il parut divers petits livres du sieur de Bois-Guilbert, lieutenant au siége de Rouen... Bois-Guilbert vint trouver Pontchartrain, alors aux finances, lui demanda de l'écouter avec patience, l'avertissant que, d'abord, il l'allait prendre pour fou ; qu'ensuite il verrait qu'il méritait attention, et qu'à la fin il serait content de son système. Pontchartrain, qui était tout salpêtre, lui répondit brusquement qu'il s'en tenait au premier, et lui tourna le dos. De retour à Rouen, Bois-Guilbert, loin de se décourager, n'en travailla que plus infatigablement à son projet, et de ce travail naquit un livre savant et profond sur la matière, dont le système allait à une répartition exacte, à soulager le peuple de tous les frais qu'il supportait, et de beaucoup d'impôts qui faisaient entrer les levées directement dans la bourse du roi, et conséquemment ruineux à l'existence des traitants, à la puissance des intendants, au souverain domaine des ministres des finances.

» Bois-Guilbert voulait laisser quelques impôts sur le commerce étranger et sur les denrées, à la manière de Hollande, et s'attachait principalement à ôter les plus odieux, et surtout les frais immenses qui, sans entrer dans les coffres du roi, ruinaient les peuples à la discrétion des traitants et de leurs employés, qui s'y enrichissaient sans mesure, comme cela est encore aujourd'hui et n'a fait qu'augmenter, sans avoir jamais cessé depuis.

» Vauban, d'accord sur ces suppressions, passait jusqu'à celle des impôts mêmes. Il prétendait n'en laisser qu'un unique, et avec cette simplification remplir également leurs vues communes sans tomber en aucun inconvénient. Cet impôt unique était divisé en deux branches, auxquelles il donnait le nom de dîme royale, l'une sur les terres, pour un dixième de leur produit ; l'autre léger par estimation sur le commerce et l'industrie, qu'il estimait devoir être encouragés l'un et l'autre, bien loin d'être accablés. Il prescrivait des règles très simples, très sages et très faciles pour la levée et la perception de ces deux droits, suivant la valeur de chaque terre, et par rapport au nombre d'hommes sur lequel on peut compter avec le plus d'exactitude dans l'étendue du royaume. Il ajouta la comparaison de la répartition en usage avec celle qu'il proposait, les inconvénients de l'un et de l'autre, et réciproquement leurs avantages, et conclut par des preuves en faveur de la sienne, d'une netteté et d'une évidence à ne s'y pouvoir refuser.

» Mais ce livre avait un grand défaut. Il donnait, à la vérité, au roi plus qu'il ne tirait par les voies jusqu'alors pratiquées ; il sauvait aussi le peuple de ruines et de vexations, et les enrichissait en leur laissant tout ce qui n'entrait pas dans les coffres du roi, à peu de choses près, mais il ruinait une armée de financiers, de commis, d'employés de toute espèce ; il les réduisait à chercher à vivre à leurs dépens et non plus à ceux du public, et il sapait par les fondements ces fortunes immenses qu'on voit naître en si peu de temps. C'était déjà de quoi échouer.

» Mais le crime fut qu'avec cette nouvelle pratique tombait l'autorité du contrôleur général, sa faveur, sa fortune, sa toute-puissance, et par proportion, celle des intendants des finances, des intendants des provinces, de leurs secrétaires, de leurs commis, de leurs protégés, qui ne pouvaient plus faire valoir leur capacité et leur industrie, leurs lumières et leur crédit, et qui, de plus, tombaient du même coup dans l'impuissance de faire du bien et du mal à personne. La robe entière en rugit pour son intérêt. Elle est la modératrice des impôts par les places qui en regardent toutes les sortes d'administrations, et qui lui sont affectées privativement à tous autres....

» Ce ne fut donc pas merveille si le roi, prévenu et investi de la sorte, reçut très mal le maréchal de Vauban lorsqu'il lui présenta son livre. De ce moment, ses services, sa capacité militaire, unique en son genre, ses vertus, l'affection que le roi y avait mise, tout disparut à l'instant à ses yeux. Il ne vit plus en lui qu'un insensé pour l'amour du public, et qu'un criminel qui attentait à l'autorité de ses ministres, par conséquent à la sienne. Il s'en expliqua de la sorte sans ménagement.

» Les peuples, qui y gagnaient tout, ignorèrent qu'ils avaient touché à leur salut, et le malheureux maréchal ne put survivre aux bonnes grâces de son maître, pour qui il avait tout fait. Il mourut peu de mois après, ne voyant plus personne, consumé de douleur et d'une affliction que rien ne put adoucir, et à laquelle le roi fut insensible, jusqu'à ne pas faire semblant de s'apercevoir qu'il eût perdu un serviteur si utile et si illustre...

» Bois-Guilbert, que cet exemple aurait dû rendre sage, ne put se contenir. Il publia un livre fort court, dans lequel il étala avec tant de feu et d'évidence un si grand nombre d'abus sous lesquels il était impossible de ne succomber pas, qu'il acheva d'outrer les ministres...

» La vengeance ne tarda pas. Bois-Guilbert fut exilé au fond de l'Auvergne. Tout son petit bien consistait en sa charge ; cessant de la faire, il tarissait... Bois-Guilbert en fut peu ému, plus sensible, peut-être, à l'honneur de l'exil pour avoir travaillé sans crainte au bien et au bonheur public qu'à ce qu'il allait lui en coûter.

» Disons tout, et rendons justice à la droiture et aux bonnes intentions de Chamillart. Malgré sa colère, il voulait faire un essai de ces nouveaux moyens. Il choisit pour cela une élection près de Chartres, dans l'intendance d'Orléans. Bullion avait là une terre où sa femme fit soulager ses fermiers. Cela fit échouer toute l'opération, si entièrement dépendante d'une répartition également et exactement proportionnelle. Il en résulta de plus que ce que Chamillart avait fait à bon dessein se tourna en poison, et donna de nouvelles forces aux ennemis du système. Il fut donc abandonné, mais on n'oublia pas l'éveil qu'il donna de la dîme; et quelque temps après, au lieu de s'en contenter pour tout impôt suivant le système de Vauban, on l'imposa sur tous les biens de tout genre en sus de tous les autres impôts ; on l'a renouvelé en toute occasion de guerre. Voilà comment il faut se garder en France des plus justes et des plus utiles intentions, et comment on tarit toute source de tout bien. Qui aurait dit au maréchal de Vauban que tous ses travaux pour le soulagement de tout ce qui habite la France, auraient uniquement abouti à un nouvel impôt de surcroît, plus dur, plus permanent et plus cher que tous les autres!... »

CHAPITRE III.

La France est envahie. — Fénelon. — L'hiver de 1709. — Inondations. — Famine. — Extorsions fiscales. — Le prisonnier de la Bastille.

> « Si ceux qui passent leurs jours dans les travaux rustiques avaient le loisir de murmurer, ils s'élèveraient contre les exactions qui leur enlèvent une partie de leur substance. Ils détesteraient la nécessité de payer des taxes qu'ils ne se sont point imposés, et de porter le fardeau de l'État, sans participer aux avantages des autres citoyens. »
> VOLTAIRE, *Siècle de Louis XIV*. Finances.

A ces misères déjà si grandes, se joignit encore le fléau de l'invasion. La France, qui, depuis bien des années, portait la guerre sur le territoire de ses adversaires, nourrit à son tour les armées de l'ennemi, et tandis que Marlborough prenait ses quartiers d'hiver sur la frontière et levait une contribution de 3,500,000 livres, que l'Artois payait pour se racheter du pillage et de l'incendie, le prince Eugène envoyait sa cavalerie ravager la Champagne et ses environs (Saint-Simon, XII, 36 ; XIX, 87). Heureux encore que l'étranger voulût bien oublier ou pardonner cette guerre effroyable qu'en 1689, Louis XIV avait déchaînée sur le Palatinat, alors que le farouche Mélac, qui couchait avec deux grands loups, pour ajouter encore à la terreur qu'il inspirait, et qui disait qu'il n'y avait ni Dieu ni diable, parce qu'il avait tout fait pour entrer en rapport avec ce dernier, sans avoir pu y réussir; — alors, disons-nous, que Mélac employa deux longues années à tout brûler dans ces riches provinces.

Les troupes n'étaient plus payées depuis longtemps; les officiers, les soldats manquaient de tout ; ces derniers avaient à peine des souliers, et l'armée française, comme l'ennemi, ne vivait que de contrebande et de pillage (1). C'est alors qu'on vit l'une des plus illustres victimes de Louis, Fénelon, se venger comme se vengent les grandes âmes, en soulageant les misères immenses accumulées par l'inepte aveuglement du grand roi. Son diocèse était envahi par les camps des deux armées en présence : on ne voyait de tous côtés que des bandes de paysans fuyant, sans asile, avec leurs familles et leurs troupeaux, loin de leurs habitations dévastées, et la famine ne tarda pas à venir ajouter ses poignantes tortures à toutes les calamités de la guerre. Le soldat, qui l'avait causée, mourant de faim et n'ayant plus la force de combattre ni de défendre son camp, ne savait plus que piller pour prolonger ses jours. Comme ces pasteurs de la primitive Église, qui

(1) « Tels étaient le relâchement de la discipline et le désordre résultant de la pénurie, que les militaires se livraient à la contrebande du sel. Des cavaliers et des fantassins, par bandes de 2 ou 300 hommes, parcouraient le Boulonnais, la Picardie, la Normandie, l'Anjou, l'Orléanais, vendant publiquement le sel qu'ils avaient enlevé dans les greniers royaux. Un détachement de ces faux-sauniers eut la hardiesse de venir jusque dans le village de Meudon. » — Bailly, *Hist. financière*, II, 23.

déployaient jadis les trésors d'une inépuisable charité au milieu de la France envahie par les barbares, l'archevêque de Cambrai partagea aux malheureux dont il était entouré tout ce qu'il possédait, ouvrit aux populations affamées les magasins que sa prévoyance avait remplis de grains que les villages lui apportaient de tous côtés, les sachant plus en sûreté entre ses mains, convertit son palais en un hôpital, se prodigua en tous lieux, courant au milieu du tumulte faire bénir partout son intervention généreuse, et, grâce à l'autorité de sa réputation imposante, sut modérer l'impétuosité d'un ennemi vainqueur. Que d'autres racontent les beaux coups de sabre et les charges brillantes qui laissent après elles la plaine dévastée, riche d'une moisson de cadavres. Notre rôle modeste nous permet de réserver notre admiration pour cet homme de paix parcourant les bois, et, de cette même main qui écrivit *Télémaque*, ramenant au paysan, qui le bénit comme un sauveur, la vache que le soldat avait emmenée ou fait fuir à travers la campagne.

La disgrâce qui avait frappé l'ancien précepteur du duc de Bourgogne, en l'exilant dans son diocèse de Cambrai, lui avait permis de mûrir, dans le recueillement et la solitude, de rectifier même les vastes projets dont son génie avait semé les germes dans l'âme de son royal disciple. C'était toute une constitution nouvelle, qu'il avait su faire accepter au petit-fils de Louis XIV ; c'était toute une société renouvelée sur des bases élargies ; c'était, en un mot, une grande révolution pacifiquement accomplie, qui, en donnant par avance satisfaction aux besoins des peuples, assurait peut-être à la royauté rajeunie des siècles d'existence. On trouve, en effet, dans les mémoires qu'il lui faisait parvenir sur le gouvernement, « tout ce qui s'est accompli, tenté ou préparé depuis pour l'amélioration du sort des peuples :

» Le service militaire réduit à cinq ans de présence sous les drapeaux ; les pensions des invalides servies dans leurs familles pour être dépensées dans leurs villages, au lieu d'être dilapidées dans l'oisiveté et dans la débauche du palais des Invalides dans la capitale; jamais de guerre générale contre toute l'Europe; un système d'alliance variant avec les intérêts légitimes de la patrie; un état régulier et public des recettes et des dépenses de l'État; une assiette fixe et cadastrée des impôts; le vote et la répartition de ces subsides par les représentants des provinces; des assemblées provinciales; la suppression de la survivance et de l'hérédité des fonctions; les états généraux du royaume convertis en assemblées nationales; la noblesse dépouillée de tout privilége et de toute autorité féodale, réduite à une illustration consacrée par le titre de la famille; la justice gratuite et non héréditaire; la liberté réglée de commercer; l'encouragement aux manufactures; les monts-de-piété, les caisses d'épargne; le sol français ouvert de plein droit à tous les étrangers qui voudraient s'y naturaliser; les propriétés de l'Église imposées au profit de l'État; les évèques et les ministres du culte élus par leurs pairs ou par le peuple; la liberté des cultes; l'abstention du pouvoir civil dans la conscience du citoyen, etc. (1). »

Mais les temps n'étaient pas venus sans doute, et les caprices de la mort, qui frappa le petit-fils pour épargner l'aïeul, déjouèrent tous les projets de ce grand homme de bien.

A bout d'expédients, les gens du roi ne reculèrent devant aucun moyen pour se procurer de l'argent; on faillit à tous les engagements; on foula aux pieds tous les priviléges et toutes les franchises du peuple des campagnes. Il y avait dans l'Artois quatre paroisses nommées l'Alleu, qui refusèrent d'acquitter une contribution extraordinaire, et qui, ayant leurs lettres de franchises, ne purent comprendre que ce fût le roi qui exigeât indûment ces impôts. C'était, à leur avis, une contribution que l'ennemi voulait asseoir sur

---

(1) **Lamartine**, *Vie de Fénelon*.

eux, et ils étaient accoutumés de le recevoir avec du fer, et non de l'écarter avec de l'or. Deux cents villageois partent pour Versailles, refusant de croire à la déloyauté royale jusqu'à ce qu'ils l'eussent entendu *della bouque du Roué*. Mais ils sont arrêtés en route ; on les force à rétrograder, et l'on envoie des troupes vivre à discrétion dans ces villages rebelles (1).

Le peuple est retombé dans un abîme de misères aussi sombre qu'au XIVᵉ siècle, et, comme au XIVᵉ siècle, la nature elle-même entre en révolte et met le comble aux souffrances de l'humanité. Hivers rigoureux, sécheresses excessives, débordements de rivières, la France connut tous ces fléaux pendant les dernières années du règne du grand roi (2). Mais le plus terrible de tous fut l'hiver de 1709. Le froid sévit tout à coup, la veille du jour des Rois ; toutes les rivières, tous les fleuves, et, ce qui ne s'était jamais vu, la mer même, tout gela et fut pris en quatre jours de temps et pour deux mois. Mais ce qui perdit tout, c'est qu'il y eut vers la fin un complet dégel de sept ou huit jours ; la séve se mit en mouvement dans les plantes, sur la foi d'un printemps prématuré, et lorsque la gelée reparut avec toute son intensité, tout fut frappé et anéanti. La Provence perdit ses orangers et ses oliviers, la vigne disparut par toute la France, les jardins et les vergers se virent enlever tous les arbres fruitiers, et jusqu'aux noyers. Tous les grains périrent dans la terre, et l'on craignit que le peuple n'eût pas même la ressource de l'herbe pour se nourrir (3). Les mieux avisés s'empressèrent de mettre la charrue dans leurs champs de blé qui ne devaient rien rap-

---

(1) « On blâme et l'on plaint fort ici ces paysans, qui sont encore fiers de ce qu'ils n'ont jamais payé de contributions, et ont toujours défendu eux-mêmes leur pays, qui est capable d'arrêter une armée, bien qu'il n'y ait que quatre paroisses. » — *Lettres du jésuite Brunet*, 17 janvier 1707.

(2) Saint-Simon, XII, 161 ; XIII, 110 ; XVI, 134 ; XIX, 79...

(3) Monteil, *Traité de matériaux manuscrits*, I, 9.

porter, et d'y semer de l'orge ; mais la police, qui a la prétention de tout savoir, même l'agriculture, la police s'y opposa et augmenta ainsi le mal. Et cependant cette orge, semée en contrebande, sauva le pays, et servit à faire un pain grossier, qui prit le nom de *pain de disette*. D'autres réduisirent en farines et pétrirent la racine d'arum, le chiendent, le choux-navet, l'asphodèle (1). Le plus grand nombre, dans les campagnes, après que l'on eut vendu, pour payer l'impôt, le peu que l'on avait récolté, brouta l'herbe que les animaux, dévorés depuis longtemps, ne pouvaient plus leur disputer.

Rien ne peut donner une idée de l'aspect morne des campagnes, dont les habitants, demi-morts déjà de froid et de cette faim lente passée à l'état chronique depuis 1662, mais avec des intermittences aiguës, achevaient de mourir sur leurs champs dépouillés par un hiver implacable. Les tribunaux furent fermés, et la justice cessa de faire entendre sa voix partiale ; des régiments entiers désertaient pour aller vivre de pillage sur les bourgs et dans les campagnes. Les valets du château mendiaient par les rues de Versailles, et, au fond du palais du vieux roi, la veuve de Scarron se crut revenue aux jours de sa jeunesse précaire, et mangea, comme tout le monde, le pain de disette.

Écoutez tomber du haut de la chaire évangélique la voix lamentable de Massillon :

« Tandis que les villes et les campagnes sont frappées de calamités ; que les hommes, créés à l'image de Dieu et rachetés de tout son sang, broutent l'herbe comme des animaux, et dans leur nécessité extrême, vont chercher à travers les champs une nourriture que la terre n'a pas faite pour l'homme, et qui devient pour eux une nourriture de mort ; auriez-vous la force d'y être le seul heureux ? Tandis que la face de tout le royaume est changée, et que tout retentit de

---

(1) Legrand d'Aussy, *Vie privée des Français*, 142.

cris et de gémissements autour de votre demeure superbe, pourriez-vous conserver en dedans le même air de joie, de pompe, de sérénité, d'opulence? Où serait l'humanité, la raison, la religion ?... »

Hélas ! les temps n'étaient plus, de ces miracles de charité qu'accomplissaient les voix puissantes des Chrysostôme, des Basile et des Grégoire. L'esprit de Dieu n'était plus avec ces chrétiens dégénérés, et lorsque la parole non moins éloquente des Bourdaloue, des Fléchier, des Bossuet, des Fénelon et des Massillon, rappelait à ces brillants auditoires de la cour du grand roi que les riches ne sont que les économes de Dieu et les dispensateurs de ses trésors sur la terre, elle s'évanouissait sans écho, recueillie par des oreilles charmées, incomprise par des cœurs fermés à l'Évangile.

Après l'hiver, la famine ; après l'hiver et la famine, l'inondation, la mort toujours et partout. Les fleuves débordent, hommes et bestiaux sont noyés ; les maisons sont renversées, les récoltes pourrissent sur terre, les rivières, rompant leurs digues, ensablent les vallées, et, détruisant en un jour l'ouvrage des siècles, rendent à la stérilité les terres fertiles. Les campagnes tendent leurs bras vers Louis XIV ; mais, entouré de ministres incapables, de généraux indignes, de bâtards et de confesseurs, le vieux roi tremble à la fois pour sa vie et pour sa couronne, et ne songe plus qu'à sauver son âme au milieu du désastre général. Et lorsqu'il veut venir au secours de ses peuples, il semble que l'ineptie seule préside à ses conseils ; il aggrave le mal au lieu de le soulager, et comble la mesure.

La Loire a renversé ses levées ; villes et campagnes sont sous l'eau ; l'onde étouffe comme sous un linceul tous les bruits de la terre, et les cris des victimes interrompent seuls de temps à autre ce silence de mort qui rend si solennel et si terrible ce redoutable sinistre. Impuissant à secourir son troupeau en présence d'un tel désastre, l'évêque d'Angers s'adresse au roi et lui fait une peinture désastreuse des misères des campagnes (1). Le grand roi, sans s'épuiser en vains efforts sur des faits accomplis, remonte droit des effets à la cause. La cause, c'est la rupture des levées; il ordonne qu'elles soient réparées. En vain on lui dit que la vallée de la Loire est un Océan immense contre lequel il y a folie à vouloir lutter, et qu'on lui demande de l'argent, et non des ordonnances. Xercès.., non, Louis XIV luttera contre l'Océan et en triomphera. Il ordonne une *presse* de paysans, et, dans le

---

(1) 25 février 1711. Les ravages de la Loire recommencent plus fréquents que jamais. Voici une note assez curieuse publiée par l'*Annuaire du département de la Nièvre pour l'an IX*, p. 52, tirée d'un ancien registre de la Chambre des comptes de Nevers :

20 septembre 1586 : La rivière crut tellement qu'elle surpassa de 3 pieds et plus les crues de 1494, 1527 et 1537.

26 octobre 1608 : la Loire crut avec beaucoup de violence, et occasionna les mêmes ravages qu'en 1586. L'Allier était aussi haut que la Loire.

28 novembre 1628 : La Loire crut avec beaucoup de violence, emporta les arches des deux ponts de Nevers. On trouva sur le bord de la rivière, proche La Charité, un petit enfant dans son berceau. Cet enfant fut nommé Nicolas des Grandes-Eaux.

15 septembre 1657 : Quoique la rivière de Loire ne s'élevât qu'à 15 pouces au-dessous de 1628, elle fit néanmoins de grands ravages... Cette crue fut suivie d'une autre huit jours après, et de trois autres, non pas aussi grandes, mais qui ont fait beacoup de tort aux blés.

4 octobre 1707 : La Loire et l'Allier ont crû dans une seule nuit de 20 pieds. Cette crue a été aussi grande que celle de 1608 ; elle a causé des dommages considérables ; les digues d'Anjou ont rompu ; 50,000 personnes ont été noyées.

13 juin 1709 : A peu près même hauteur qu'en 1707.

Octobre 1710 : La rivière fut encore plus grosse que les deux années précédentes.

27 mai 1733 : La Loire fut de 8 pouces 9 lignes plus haute qu'en 1707. Les foins et les blés furent gâtés, quantité de bestiaux perdus, les levées au-dessus et au-dessous d'Orléans emportées en plusieurs endroits.

5 octobre 1744 : La Loire ne fut que de 6 pouces moins haute qu'en 1733.

13 octobre 1790 : La Loire fut estimée de 3 pieds plus haute qu'en 1733.

Il est à remarquer que la terrible inondation de 1711 n'est pas mentionnée dans cette note ; elle fut due, sans doute, aux affluents inférieurs de la Loire, et ne fit sentir ses désastres qu'au-dessous d'Orléans. On pense que la crue de juin 1856 n'a eu d'égale qu'en 1711.

val de Saint-Benoit-sur-Loire, dix mille campagnards, qui reçoivent pour tout salaire une ration d'une livre et demie de pain par jour, sont traînés sur les turcies et condamnés à ce travail insensé. Le fleuve détruit la nuit ce qu'ils ont fait le jour : il est dompté cependant à la fin ; les travaux sont terminés, le grand roi commande aux éléments. Vain triomphe ! Trois jours ne s'étaient pas écoulés que tous ces remparts de boue élevés au sein des eaux sont entraînés d'un seul coup. La fatigue et la faim avaient décimé les paysans. Louis fit grâce au reste, et voulut bien attendre jusqu'au printemps pour dompter le fleuve capricieux.

Tout n'est qu'heur et malheur en ce monde, et la misère de l'un fait la fortune des autres. Tandis que les familles des inondés, réfugiées sur le chaume tremblant de leurs cabanes, appelaient par leurs cris les moines de la riche abbaye de Saint-Benoît, ceux-ci envoyèrent à leur secours leurs procureurs fiscaux, montés sur des barques ; seulement, avant de les y recevoir, ils exigeaient d'eux des reconnaissances d'argent ou de redevances, abandonnant dans l'attente d'une mort lente et inévitable tous ceux qui ne purent se racheter. C'était une manière originale de demander la bourse ou la vie, et beaucoup qui avaient refusé le premier jour, acceptaient le lendemain. Une pauvre mère, qui ne possédait rien, leur tendit son enfant, qu'ils laissèrent tomber dans l'abîme.

Mais ce n'est rien encore que les exactions royales ; ce n'est rien que l'invasion du territoire et ces guerres interminables qui dépeuplèrent certaines provinces et les rejetèrent de deux siècles en arrière (1) ; ce n'est rien que l'inondation, le froid et la famine : un autre ennemi, bien plus implacable, vient s'abattre sur les campagnes et combler la mesure.

Les flottes de l'Angleterre tenaient la mer et enlevaient les grains que l'on attendait en vain du Levant. Alors les finan-

(1) Perreciot, II, 493.

ciers, exagérant encore le mal, si c'est possible, obtinrent un édit qui mit le commerce des blés entre leurs mains, firent des recherches, envoyèrent des émissaires par les provinces, et, sous prétexte de l'approvisionnement des troupes et de la marine, accaparèrent le peu de grains qui se trouvait en France pour le revendre ensuite au gré de leur avarice homicide.

Les intendants des provinces furent accusés d'avoir trempé dans cette œuvre criminelle, et d'avoir vendu le blé au profit du roi et au leur. Beaucoup volaient avec audace et impunité, et, par malheur, justifiaient par avance tous les soupçons qui pouvaient planer sur eux (1). Chargés par l'édit de création « de faire observer en chaque bureau les édits, ordonnances et règlements faits sur l'administration des finances (2), » c'était à eux qu'il eût fallu se plaindre des crimes qu'ils commettaient. L'impunité leur était donc acquise, et ils pêchaient largement dans cette eau trouble où se noyait la France. Le parlement de Paris, bien que depuis longtemps *réduit au silence et à l'esclavage* (Saint-Simon, XIX, 242), eut une velléité de réveil aux cris que la population affamée poussait de tous côtés, mais le roi lui interdit de s'occuper de cette affaire. Le parlement de Bourgogne s'émut également et reçut une verte réprimande.

« Sans porter, dit Saint-Simon, de jugement bien précis sur qui l'inventa et en profita, il se peut dire qu'il n'y a guère de siècle qui ait produit un ouvrage plus obscur, plus hardi, mieux tissé, d'une oppression plus constante, plus sûre, plus cruelle. Les sommes qu'il produisit sont innombrables, innombrable le peuple qui en mourut de faim réelle et à la lettre, et qui en périt après des maladies causées par l'extrémité de la misère, et innombrables les quantités de familles ruinées, et les cascades de maux de toute espèce qui en dérivèrent.

(1) **Saint-Simon, XXVIII, 209; XXIX, 239.**
(2) *Lois françaises*, XVI, 443.

» En même temps, les impôts haussés, multipliés, exigés avec la plus extrême rigueur, achevèrent de dévaster la France... Et quoique la plupart des bestiaux eussent péri faute de nourriture, on mit dessus un nouveau monopole. » (XII, p. 56-61.)

En vain on voulut imaginer un nouvel impôt, une taxe des pauvres, dont le résultat unique fut de tarir la source de la charité privée, et d'ajouter encore à la misère des contribuables sans remédier à celle des indigents : « Ces taxes en faveur des pauvres, ajoute Saint-Simon, le roi se les est appropriées, en sorte que les gens des finances les touchent publiquement jusque aujourd'hui, comme une branche des revenus du roi, et même avec la franchise de ne lui avoir pas fait changer de nom. » (Id., p. 262.)

« La capitation doublée et triplée à la volonté arbitraire des intendants des provinces, les marchandises et denrées de toute espèce imposées en droit au quadruple de leur valeur, taxes d'aisés et autres de toute nature et sur toutes sortes de choses, rien ne pouvait suffire, bien que le roi tirât le sang de tous ses sujets sans distinction, et en exprimât jusqu'au pus, ce qui enrichissait une armée infinie de traitants et d'employés à ces divers genres d'impôts, entre les mains de qui en demeurait la plus grande et la plus claire partie. » (XVI, 107.)

Faut-il, pour compléter le tableau, parler des impitoyables exécutions auxquelles servait de prétexte cette odieuse gabelle, dont le nom seul mettait le peuple en émoi ; de « l'énormité de quatre-vingt mille fripons de gabeleurs, qui ne vivaient et ne s'enrichissaient que de leurs rapines et des horreurs qui se pratiquaient là-dessus aux dépens du peuple. » (Saint-Simon, XIX, 197.) Ce qui semble incroyable dans la persistance de ces vexations auxquelles la perception de l'impôt sur le sel servait de prétexte, c'est qu'ici le remède était connu depuis longtemps, et que le tiers l'avait fait toucher au doigt aux états provinciaux d'Anjou, en 1560, en suppliant le roi de congédier tous les officiers et employés de la gabelle, et d'imposer directement sur le peuple autant qu'il retirait du profit des greniers. (Dom Roger, *Anjou*, 421.) Il était aussi évident que chose peut l'être sous le soleil, que le roi n'y perdait rien, et que le peuple y gagnait la somme des appointements de cette armée innombrable, augmentée de celle de toutes leurs pilleries. Mais il eût fallu déplacer des industries, briser des positions acquises, changer des institutions séculaires, il eût fallu révolutionner et bouleverser tout, et il était bien plus simple en effet de rester dans l'ornière où l'on était habitué de se cahoter, et, dans la crainte de révolutionner tout, d'attendre 1789.

Cela, dans tous les temps, s'appelle être conservateur.

Aussi, tous ces abus sanglants existaient-ils encore lors de la prise de la Bastille ; l'armée des quatre vingt mille gabeleurs avait grossi ses rangs de recrues nombreuses (1), et deux députés de l'Anjou, dont l'un était Volney, vinrent raconter à la tribune de l'Assemblée nationale que « des citoyens, des propriétaires, des corps de milice heureusement conduits par des bourgeois, par des gentilshommes, par des ecclésiastiques, » avaient incendié et démoli les barrières établies à Ingrandes, sur les confins de la Bretagne, parce que les habitants étaient justement exaspérés par des violences et des vexations continuelles, et notamment « par un meurtre affreux et récent commis par quelques employés des fermes. »

La France tout entière allait mourir de faim : la propriété se relâcha de ses rigueurs, le travail eut des priviléges inusités, et, pour arrêter dans leur fuite les paysans qui passaient en foule à l'étranger (2), il fut permis à tout laboureur de

---

(1) En 1784, le nombre des collecteurs de tous les impôts s'élevait à 250,000. Necker, *De l'administration des finances*, I, 194.

(2) 1715 : « Dans les campagnes, épuisées d'hommes et de bestiaux, on ren-

mettre en valeur à son profit entier et exclusif les terres laissées en jachère par suite de la mort, de la fuite ou de la ruine des anciens possesseurs (1).

Puis enfin, à bout d'expédients, on songea à la dîme royale de Vauban. On a vu qu'en 1707, à l'apparition du projet de l'illustre maréchal, la finance *avait frémi*, les ministres *avaient rugi*, et que le tout avait été rejeté *avec anathème*. Mais, comme on n'y songeait plus que par surcroît et qu'elle devenait un nouveau moyen de donner le coup de grâce au peuple et d'enrichir encore les financiers, la dîme royale, par un étrange retour, devint aussi simple, facile, applicable et excellente en tout point, qu'elle avait été, à trois ans de là, utopique et folle, impossible et criminelle. Cependant, comme c'était le dernier tour à donner au pressoir sous lequel expirait son peuple, Louis hésitait, et la cour remarqua qu'il fut triste durant huit ou dix jours. Puis tout à coup les nuages se dissipèrent, le visage solaire du roi reprit ses rayons, et la cour sourit, sans trop savoir encore pourquoi.

Or voici ce qui faisait que le front du royal veillard s'était subitement raséréné.

Il avait fait part de ses scrupules au funeste Père Letellier, son confesseur, et celui-ci, pour calmer sa conscience, lui apporta, à quelques jours de là, une consultation des plus habiles docteurs et des plus infaillibles de la Sorbonne, qui lui démontraient, à n'en pouvoir douter, qu'étant souverain absolu, ses sujets lui appartenaient corps et biens, et qu'en prenant leur argent, il ne prenait que ce qui lui appartenait. Convaincu alors que ce qu'il ne leur arrache pas, il le leur laisse par pure grâce, il fut décidé que Desmarets développerait au conseil des finances les avantages de l'imposition du

---

contrait fréquemment des métairies abandonnées et de vastes terrains sans culture; sur les frontières, les paysans, manquant même de paille pour se coucher, s'expatriaient. » — Bailly, II, 45.

1) **Ordonn.** du 11 juin 1709; janv. et oct. 1713; 16 janv. 1714; 6 déc. 1717...

dixième denier, sans en excepter personne. Cette dernière clause pouvait gâter toute l'affaire et refroidir le zèle de ces dignes conseillers; mais Desmarets eut soin d'insister sur ce que cet impôt serait modique, *en comparaison de ce que chacun avait sur le roi en rentes et en bienfaits, et en procurerait le paiement facile et régulier à l'avenir !!!*

Maintenant, accusera-t-on Saint-Simon d'exagérer ses expressions et de vouloir faire du style, lorsqu'il appelle la chose *une sanglante affaire*, et le conseil des finances *un bureau d'anthropophages*?

Nous connaissons le projet et l'exposé des motifs. Voyons l'effet produit par tout cela.

« Le Languedoc entier, quoique sous le joug du comité Basville, offrit en corps d'abandonner au roi tous ses biens sans réserve, moyennant assurance d'en pouvoir conserver quitte et franche la dixième partie, et le demanda comme une grâce. La proposition non-seulement ne fut pas écoutée, mais réputée à injure et rudement tancée. Il ne fut donc que trop manifeste que la plupart payèrent le quint, le quart, le tiers de leurs biens par cette dîme seule, et que, par conséquent, ils furent réduits aux dernières extrémités. » (Saint-Simon, XVI, 116.)

Enfin le grand roi mourut (1er septembre 1715), et ce qui survivait encore en France, « ruiné, accablé, désespéré, rendit grâce à Dieu, avec un éclat scandaleux, d'une délivrance dont les plus ardents désirs ne doutaient plus. » (Id., XXV, 22.) On visita, on ouvrit les prisons, on voulut mettre, au moins dans l'avenir, un terme aux sanglantes iniquités si nombreuses durant ce trop long règne. On mit au jour de bien lamentables histoires : j'en raconterai une à titre de specimen.

On trouva dans un des cachots de la Bastille un prisonnier qui y était enfermé depuis trente-cinq ans. Il dit son nom, on lui demanda quel crime si grave il expiait par une si longue détention. Il assura qu'il l'ignorait absolument : on visita les registres, et l'on reconnut qu'il n'avait jamais été interrogé. C'était une détention préventive, et rien de plus, et les plus anciens habitants du donjon de messire Aubriot, prévôt du roi Charles V, n'avaient pas connaissance que rien eût jamais transpiré des motifs qui avaient amené son arrestation.

« Évidemment, lui dit-on, vous êtes victime d'une déplorable erreur. Nous ne saurions vous en témoigner trop de regrets, mais nous vous rendons votre liberté sur l'heure. »

« Ma liberté, reprit l'infortuné, eh! qu'en ferais-je? Je suis Italien, je voyageais en France, et le jour même que je débarquais à Paris, je fus arrêté et jeté à la Bastille, où j'ai vu se traîner et tomber jour à jour trente-cinq années, toute une longue existence d'homme. Je ne connais pas une seule personne dans ce royaume maudit, je ne sais pas le nom d'une seule rue de cette ville où je suis depuis si longtemps, je n'ai rien, pas un sou, et je ne sais ni ne puis travailler.

» L'Italie! Eh! qu'irais-je faire en Italie? J'y laissai jadis une femme et des enfants, et des parents qui ont pleuré ma mort, sans doute, car je n'ai pu écrire, et nul n'y a plus entendu parler de moi. Irais-je promener ma résurrection autour des tombes de ceux qui m'aimaient, irais-je porter le désordre parmi ceux qui ne m'ont point connu, et dont les pères se partagèrent mes biens? Irais-je voir si celle que je quittai belle, aimante et vertueuse, vieillit, pauvre veuve adultère, aux bras d'un autre auquel elle aura donné une famille? Qui peut savoir comment serait accueilli le mort qui sort de sa tombe au bout de trente-cinq années?... »

Il fallait bien, cependant, accorder quelque dédommagement à cette triste victime de l'arbitraire et du régime de l'autorité. Il obtint de finir ses jours à la Bastille, où on lui accorda la nourriture et le logement, avec toute la liberté qu'il y pourrait prendre. (Saint-Simon, XXV, 59.)

On a dit qu'il y avait quelqu'un qui avait plus d'esprit que

Voltaire, et que ce quelqu'un, c'était tout le monde. Il y a quelqu'un qui fut plus malheureux que cet homme, ce fut tout le monde, ce fut la France. Sa captivité, à lui, ne dura que trente-cinq années, celle de la France dura plus du double. Pendant soixante-douze années, le paysan français n'eut ni femme, ni enfants, ni pain, ni patrie, ni liberté. Demandez aux soldats de Turenne et de Condé, qui coupaient les femmes par quartiers après les avoir violées; demandez à ceux de Bretagne, qui mettaient les enfants à la broche; demandez aux dragons des Cevennes, demandez aux financiers; demandez-le surtout aux mémoires des intendants, qui ne furent jamais publiés, et qui devraient l'être, car il est bien temps, à la fin, que l'on montre au peuple son histoire, et c'est là qu'elle est, et non dans ces éphémérides de boucheries humaines et dans ces chroniques de cour qui ont jusqu'ici usurpé ce nom.

CHAPITRE IV.

La régence. — Inutiles efforts du régent. — La détresse augmente encore. — Louis XV. — Le pacte de famine. — Massillon.

> « Le peuple, esclave par sa nature, peu à peu affranchi, puis devenu en partie propriétaire par la bonté des seigneurs dont ils étaient serfs, formèrent la bourgeoisie et le peuple, et ceux qui eurent des fonds appelés rotures, parce qu'ils ne pouvaient posséder des fiefs, furent de là appelés roturiers. »
> SAINT-SIMON, XXI, 201.

Le cri de délivrance et de joie poussé par le peuple à la mort de Louis XIV s'éteignit dans un sanglot. Le grand roi léguait à son arrière-petit-fils une dette dont le capital dépassait trois milliards, succession fatale, que beaucoup conseillaient de n'accepter que sous bénéfice d'inventaire; mais la probité et le bon vouloir du régent reculèrent devant l'idée d'une banqueroute ouverte, au grand jour; il la repoussa pour n'y arriver que plus tard, et par des routes détournées. Il eut un instant la pensée de convoquer les états généraux, mais il en fut dissuadé, et leur ajournement n'est peut-être point à regretter. La bourgeoisie, au sortir d'une aussi longue et aussi complète oppression, n'était pas en mesure de parler un langage digne de la gravité des circonstances, et de faire entendre aux oreilles de la cour les paroles terribles qui devaient retentir en 1789.

Quelques sages mesures furent prises, quelques palliatifs furent essayés. Pour porter remède à la dépopulation toujours croissante des campagnes, le régent exempta de six années de tailles les soldats libérés qui mettraient en valeur les terres sans culture et les maisons abandonnées. Il installa une chambre de justice au couvent des Grands-Augustins, et y fit transporter tout le mobilier de la torture, bien convaincu qu'avec un traitant, on pouvait, en toute sûreté de conscience, agir comme avec un voleur. Elle tortura, pendit, exila, confisqua à tort et à travers, et fit rendre gorge à quelques-uns de ces maltôtiers qui s'étaient engraissés des maux du peuple sous le règne précédent. En abolissant toutes les lettres de noblesse accordées à la bourgeoisie depuis 1689, et en augmentant ainsi le nombre des contribuables, le régent diminua quelque peu le fardeau qui écrasait la classe agricole, et, remettant en vigueur une utile prescription, tombée en désuétude depuis Colbert, il ordonna aux intendants des provinces « de tenir la main à ce que les collecteurs, procédant par voie d'exécution contre les taillables, n'enlevassent point leurs chevaux et bœufs servant au labourage, ni leurs lits, habits, ustensiles et outils avec lesquels les ouvriers et artisans gagnent leur vie. »

Mais en dépit des espérances, des promesses et des palliatifs, la souffrance du peuple, loin de diminuer, augmentait encore ; la capitation et le dixième, établis pendant la guerre et pour cesser avec elle, pesaient toujours sur lui, bien qu'il fût réduit à l'impuissance de les acquitter, et, deux ans après la mort de Louis XIV, ils étaient exigés avec plus d'exactitude et plus de dureté que sous l'ancien gouvernement (Saint-Simon, XXVIII, 56, 76). Comptant sur la faiblesse, la légèreté et la facilité à pardonner du régent, quelques intendants, loin d'obéir à ses instructions, volaient avec plus d'impudeur que jamais, levaient des taxes sèches, les augmentaient arbitrairement si l'on tardait à les acquitter, multipliaient les frais, et faisaient jeter dans les cachots jusqu'aux maires et aux échevins des villes et des communautés récalcitrantes. En vain ceux-ci envoyaient les plus riches et les plus influents parmi leurs amis pour porter leurs plaintes devant le conseil de régence : ils venaient achever de se ruiner à Paris, sans pouvoir parvenir à forcer les portes des antichambres des ministres. (Id., 209.)

Cependant les parlements murmuraient, et une sourde agitation remuait les provinces : on résolut donc de tenter encore quelques essais. Mais les dispositions les meilleures, les plus sensées, les plus faciles, étaient paralysées par le mauvais vouloir des agents que l'on employait et par les obstacles que savait y apporter l'exécrable gent financière. On tenta tout d'abord d'établir la taille proportionnelle dans la généralité de Paris, et l'on échoua après y avoir dépensé en pure perte une somme de huit cent mille livres. En désespoir de cause, on eut recours une fois encore à la dîme royale de Vauban, que l'on avait rejetée avec tant de mépris, et à laquelle on revenait sans cesse. On chargea deux bons citoyens, deux hommes sincèrement dévoués aux intérêts du peuple, de la revoir et de l'appliquer en tout ou en partie ; ces deux hommes étaient l'abbé Bignon et Renaud, lieutenant-général des armées navales (1). Ce dernier poussa le désinté-

(1) Bernard Renaud d'Élisagaray (le Petit Renaud), fut, comme intelligence et comme probité, un des hommes éminents de son époque. C'est lui qui dota la marine de l'usage des mortiers à bombes. Il prit un jour un navire anglais

ressement jusqu'à en aller faire l'essai à ses dépens dans un certain nombre d'élections.

Pendant ce temps, un noble du Périgord, d'Allemans, depuis longtemps témoin oculaire des souffrances des campagnes et des inconvénients qu'entraînait la manière de lever les impôts, proposait de les remplacer également par une sorte de taille proportionnelle. Il apprit que Renaud et Silly, chacun dans quelques provinces, s'occupaient de l'application d'idées analogues. Il s'aboucha avec Renaud, et ils rédigèrent ensemble un mémoire qui fut très favorablement accueilli par le régent, qui, toutefois, avant de songer à en appliquer les conclusions, voulut attendre l'effet des expériences tentées par Renaud et Silly.

« Mais, ajoute Saint-Simon, tous ces essais furent funestes par la dépense qu'ils causèrent sans aucun succès. Soit que les projets fussent vicieux en eux-mêmes, soit qu'ils le devinssent par la manière de les exécuter, peut-être encore par les obstacles qu'y mit l'intérêt et la jalousie de la cruelle gent financière, toujours appuyée de magistrats des finances, il est certain que les bonnes intentions du régent, qui, en cela, ne cherchait que le soulagement du peuple, furent entièrement trompées, et il en fallut revenir à la manière ordinaire de lever les tailles. » (XXIX, 197.)

Quant au projet dû à la collaboration de Renaud et de d'Allemans, le temps manqua pour le mettre à exécution. « Renaud, malade de fatigue et du chagrin que lui causaient les obstacles qu'il rencontrait dans la généralité de La Rochelle, et la haine que sans savoir pourquoi, la nouveauté qu'il voulait introduire avait excitée contre lui, malgré la netteté de ses mains reconnues ; Renaud, dis-je, voulut se presser de

---

qui contenait pour quatre millions de diamants qu'il eût pu garder, et qu'il porta au roi. Il entretint, pendant leur captivité, le capitaine du navire, une dame de condition et sa femme de chambre, si bien que sa riche prise lui coûta 20,000 livres.

retourner à son travail ; mais, victime de son zèle, la mort vint le frapper à la fin de septembre 1719 : d'Allemans le suivit au tombeau peu de mois après, et il ne fut plus question de ces projets, qui avaient tout d'abord enlevé tous les suffrages. » (XXXIII, 95-99.)

Saint-Simon, membre du conseil de régence, proposait de supprimer complétement la gabelle pour rendre le sol libre et marchand. « Le roi, disait-il, y gagnait par la décharge des frais de cette odieuse ferme, outre ce que le peuple y gagnait par la liberté ; l'affranchissement des pillages sans nombre qu'il souffre de cette multitude nombreuse d'employés, qui mourraient de faim s'ils s'en tenaient à leurs gages. » C'est tout justement ce qu'avait déjà dit et parfaitement démontré le tiers état aux états provinciaux d'Anjou en 1560 ; mais, bien que le régent eût accueilli avec faveur tous ces projets de réforme, ils étaient bien autrement subversifs et impossibles encore aux yeux des magistrats des finances, qui réussirent à faire tout échouer, et c'est alors que s'échappa de l'âme honnête et droite de Saint-Simon, cet aveu désespéré de l'impuissance de l'homme de bien à réformer les vices qui font vivre tant de parasites intéressés à leur conservation (voir ci-dessus, page 132).

Tandis que la disgrâce, les persécutions, les dégoûts, la mort, étaient le sort inévitable réservé à tous les hommes sincèrement dévoués aux intérêts populaires, on accueillait avec enthousiasme un projet éclos dans la cervelle de Broglio, l'un des roués du régent, projet qui rappelait fort celui de ce Fâcheux, de Molière, qui proposait de mettre toutes les côtes de France *en fameux ports de mer*. Pour couper court aux friponneries insignes des étapiers et sous-étapiers chargés de pourvoir à l'entretien des troupes, et afin de soustraire les campagnes à leurs exactions en même temps qu'aux pilleries des soldats, Broglio ne vit rien de mieux que de couvrir la France de casernes, et de contraindre toutes les villes, tous les villages à bâtir, à leurs frais, des logements, des écuries et des magasins où les troupes de passage seraient reçues. On accueillit avec empressement cette idée; on fit de grandes dépenses; puis, l'instant de la réflexion arrivé, on reconnut que le moyen était extravagant, et le tout fut abandonné.

Le régent mourut, laissant l'État endetté de 680 millions de plus qu'à la mort de Louis XIV, et Louis XV, déclaré majeur dès l'année 1723, abandonna les affaires aux mains du duc de Bourbon, dirigé lui-même par madame de Prie et les frères Pâris Duverney, qui lancèrent, en 1725, l'impôt du cinquantième, combiné avec toutes les ressources du génie fiscal. Les revenus étaient taxés sans prélèvement des frais de culture et de toutes les autres charges. L'estimation en devait être faite de la manière la plus arbitraire. La terreur fut telle dans certaines provinces, qu'on craignit de payer, au lieu d'un cinquantième, un quart ou un tiers du revenu net, et les frères Pâris espéraient de cet impôt un bénéfice à peu près égal à celui que Desmarets avait tiré du dixième (1).

Puis vint le ministère de Fleury : son âge, son naturel, son caractère de prêtre, tout faisait de lui un ami de la paix. Il favorisa l'agriculture, laissant au temps le soin de cicatriser les plaies nombreuses du royaume, mais sans innovation généreuse, sans remèdes énergiques, traitant, dit Voltaire, l'État comme un corps puissant et robuste qui se rétablit de lui-même.

La France se fût endormie paisiblement, en effet, sous le gouvernement timide du vieux prêtre, si une entreprise sans exemple dans l'histoire, si une conspiration ourdie contre la vie du peuple, et à la tête de laquelle étaient le roi et ses ministres, les principaux membres de la noblesse, du clergé, de la magistrature et de la finance, n'eût fait peser sur le pays une disette de plus d'un demi-siècle.

(1) Lacretelle, *Hist. du XVIII siècle*, II, 39.

Dès l'année 1725, une nouvelle famine était venue fondre sur la France. Dans l'état de langueur où se trouvait fatalement l'agriculture, il suffisait du moindre dérangement dans les saisons pour amener la cherté des subsistances, et par suite la disette. Un été humide et froid, des pluies persistantes empêchèrent les récoltes de mûrir et le blé d'être rentré dans de bonnes conditions. Les craintes des populations augmentèrent le mal en exagérant le danger; les entraves apportées à la circulation des blés par le système prohibitif de Colbert, portèrent leurs fruits, et Saint-Simon, alors en Normandie, nous donne une idée de la misère des provinces dans une lettre au cardinal de Fleury, où il dit : « Les pauvres gens de Normandie mangent de l'herbe, et le royaume se tourne en un vaste hôpital de mourants et de désespérés. »

L'occasion était trop belle, et les financiers n'avaient garde de la laisser échapper. Seulement ils voulurent agir en grand, d'une façon digne d'eux, et en toute légalité. Il est toujours facile de colorer de prétextes honorables les plus coupables entreprises. Ce fut en 1729, le 12 juillet, que Louis XV, par un bail renouvelé de douze en douze années, jusqu'en 1789, sanctionna l'établissement d'une régie, dont le but ostensible était d'acheter des grains lorsqu'ils seraient abondants, de les conserver dans des greniers, et de les revendre dans les années mauvaises. Ces blés, achetés à vil prix, étaient exportés, mis en dépôt, notamment dans les îles de Jersey et de Guernesey, détruits quelquefois, afin d'entretenir la rareté sur le marché, de produire la cherté dans les années d'abondance, d'augmenter les anxiétés de la famine dans les années de disette, et de revendre alors, à des prix exorbitants, les blés conservés en magasin, et que l'on ne lançait que lentement et peu à peu dans le commerce. Le clergé et la noblesse trouvaient un double intérêt dans cette spoliation odieuse, qui a reçu le nom de pacte de famine; car ils percevaient leurs dîmes et redevances proportionnellement aux forces de la récolte, et alors que les denrées étaient au plus bas, pour en revendre ensuite les fruits à des prix exorbitants lorsque la famine avait amené la hausse en triplant ou quadruplant leur valeur.

Jamais le génie du mal n'inspira aux ennemis du peuple une entreprise conduite avec un art plus infernal. Forcé de vendre aux époques inflexibles auxquelles ses maîtres exigent le paiement de leurs redevances, le paysan ne peut traiter qu'au comptant. Il fallait donc des capitaux énormes : on les eut en intéressant au succès de cette œuvre ténébreuse tous les détenteurs de la fortune sociale. Les ministres, le roi lui-même, prirent part à l'entreprise. Louis XV lui fit une avance de 10 millions, car il avait une cassette particulière « avec laquelle il agiotait sur le prix des blés, se vantant à tout le monde du lucre infâme qu'il faisait sur ses sujets. » (Lavallée, *Histoire de France*, III, 504.)

En même temps, on interdisait aux écrivains, sous peine de mort, de parler de finances. Si le peuple, se soulevant contre les accapareurs, faisait la guerre au pain, comme on disait alors, la force publique envoyait aux galères ou tuait impitoyablement ceux auxquels la faim mettait les armes à la main. Il y avait bien les moyens de légalité, les doléances aux parlements, aux ministres, au roi ; mais les juges, les ministres et le roi étaient de la conspiration, et l'on étouffait derrière les murs sans écho de la Bastille la voix trop persistante de ceux qui voulaient mettre la vérité au grand jour,— témoin Le Prévost de Beaumont, qui paya ce crime de vingt-deux années de captivité, et ne fut rendu à la liberté que le 5 septembre 1789.

Le résultat dépassa les espérances des auteurs et des complices de ce pacte odieux. La famine ne quitta plus les campagnes, elle y passa à l'état chronique, mais avec des redoublements aigus, en 1740, 1741, 1742, 1745, 1767, 1768, 1775, 1776, 1784, et enfin en 1789, année sombre et fatale qui ouvrit l'ère des vengeances, et permit de solder quelques arriérés.

« Sire, disait en 1745 le duc d'Orléans, en montrant à Louis XV du pain de fougère, voilà de quoi vos sujets se nourrissent (1) ! »

Il est un témoin irrécusable, plus éloquent que Saint-Simon lui-même, et plus grand que le duc d'Orléans, qui vint déposer des souffrances affreuses des campagnes au milieu du XVIIIe siècle, et qui prit en main la cause de ceux que lui seul peut-être pouvait défendre, alors que la trahison était sur le trône, et que le roi lui-même conspirait contre la vie de ses sujets. Je veux parler de l'auteur du *Petit-Carême*, de l'évêque de Clermont, qui clôt la liste de ces rares pasteurs que l'on trouve toujours à la hauteur de la mission sublime qu'ils ont reçue de Jésus-Christ. Impuissant à secourir toutes les misères dont le spectacle déchirait ses regards, il osa parler quand l'intendant de la province gardait un coupable silence ; il déchira le voile et tenta de rallumer le sentiment de l'humanité éteint dans l'âme de Louis le Bien Aimé et de son entourage méprisable. Il écrivit, sans se décourager de leur inutilité, de longues et touchantes lettres au cardinal Fleury, lettres sublimes, au dire de ceux des contemporains auxquels il fut donné de les voir, chefs-d'œuvre d'éloquence et de pathétique, supérieures même aux plus touchants de ses sermons, et qui formeraient, dit-on, un volume considérable. Mais ni le grand nom de Massillon, ni sa haute dignité dans l'Église, ni la sainteté de la pensée qui l'inspirait, rien n'a pu les sauver de l'oubli. Elles parlaient du paysan, de cette race à jamais maudite, sur le front de laquelle chacun appuyait son pied pour la repousser au fond de l'abîme, et pour ce crime, elles devaient périr. Une seule, conservée chez le curé de Beauregard, village au milieu duquel le saint évêque allait réparer ses forces

---

(1) *Mém. de d'Argenson.*

défaillantes, une seule est échappée à l'oubli auquel elles ont été condamnées par l'indifférence éternellement regrettable des premiers éditeurs de Massillon. Cette lettre, adressée au cardinal Fleury en 1740, à l'époque la plus brillante du long règne du successeur du grand roi, montre quelle détresse affreuse pèse sur les peuples, tandis que le trône brille de ces fausses splendeurs qui séduisent les historiens.

« Monseigneur, je supplie très humblement votre Excellence de ne pas trouver mauvais que je sollicite une fois son cœur paternel pour les pauvres peuples de cette province. Je sens toute l'importunité de pareilles remontrances; mais, monseigneur, si les misères du troupeau ne viennent pas jusqu'à vous par la voix du pasteur, par où pourraient-elles jamais y arriver? Il y a longtemps que tous les États et toutes les compagnies de cette province me sollicitent de représenter à votre Excellence leur triste situation. Ce ne sont point des plaintes et des murmures de leur part: vous méritez trop de régner sur tous les cœurs; c'est uniquement leur confiance en votre amour pour les peuples qui emprunte ma voix. Ils vous regardent tous comme leur père et l'ange tutélaire de l'État, et sont trop persuadés que si, après avoir été informé de leurs besoins, vous ne les soulagez pas, c'est que le secours aurait peut-être des inconvénients plus dangereux que le besoin lui-même, et que le bien public, qui est le grand objet du génie sage et universel qui nous gouverne, rend certains maux particuliers inévitables.

» Il est d'abord de notoriété publique, monseigneur, que l'Auvergne, province sans commerce et presque sans débouchés, est pourtant, de toutes les provinces du royaume, la plus chargée, à proportion, de subsides (1). Le conseil ne l'ignore

(1) C'est là une de ces assertions qu'il ne faut pas prendre au pied de la lettre. Turgot disait exactement la même chose de la généralité du Limousin, limitrophe de l'Auvergne (Turgot, *OEuvres*, IV, 61, 242, 299). La misère, **comme la surcharge, était la même partout.**

pas; ils sont poussés à plus de 6 millions, que le roi ne retirerait pas de toutes les terres d'Auvergne, s'il en était l'unique possesseur. Aussi, monseigneur, les peuples de nos campagnes vivent dans une misère affreuse, sans lit, sans meubles; la plupart même, la moitié de l'année, manquent de pain d'orge ou d'avoine, qui fait leur unique nourriture, et qu'ils sont obligés de s'arracher de la bouche et de celle de leurs enfants pour payer leurs impositions.

» J'ai la douleur d'avoir chaque année, monseigneur, ce triste spectacle devant les yeux, dans mes visites. Non, monseigneur, c'est un fait certain que, dans tout le reste de la France, il n'y a pas de peuple plus pauvre et plus misérable que celui-ci; il l'est au point que les nègres de nos îles sont infiniment plus heureux; car, en travaillant, ils sont nourris et habillés, eux, leurs femmes et leurs enfants; au lieu que nos paysans, les plus laborieux du royaume, ne peuvent, avec le travail le plus opiniâtre, avoir du pain pour eux et pour leur famille, et payer leurs subsides. S'il s'est trouvé dans cette province des intendants qui aient pu parler un autre langage, ils ont sacrifié la vérité et leur conscience à une misérable fortune.

» Mais, monseigneur, à cette indigence générale et ordinaire de cette province se sont jointes, ces trois dernières années, des grêles et des stérilités qui ont achevé d'accabler les peuples. L'hiver dernier, surtout, a été si affreux, que si nous avons échappé à la famine et à une mortalité générale qui paraissait inévitable, nous n'en avons été redevables qu'à un excès et à un empressement de charité que des personnes de tous les états ont fait paraître pour prévenir tous les malheurs. Toutes les campagnes étaient désertes, et nos villes pouvaient suffire à peine à contenir la multitude innombrable de ces infortunés qui y venaient chercher du pain. La bourgeoisie, la robe et le clergé, tout est venu à notre secours; vous-même, monseigneur, avez déterminé la bonté du roi à nous avancer 60,000 livres. C'est uniquement à la faveur de ce secours que la moitié de nos terres, qui allaient toutes rester en friche par la rareté et la cherté excessive des grains, ont été ensemencées. Le prix des grains a diminué de plus de moitié ; mais le pauvre peuple, qui, pour ensemencer ses terres, a été obligé d'emprunter du roi et des particuliers, et d'acheter des grains d'un prix alors exorbitant, va être obligé, par la vilité des prix où ils sont maintenant, d'en vendre trois fois autant qu'il en a reçu, pour rembourser les avances qu'on lui a faites ; de sorte qu'il va retomber dans le même gouffre de misère, si Votre Éminence n'a pas la charité de faire accorder cette année quelque remise considérable sur les impositions que le conseil va régler incessamment.

» Au reste, monseigneur, je supplie instamment Votre Éminence de ne pas regarder ce que je prends la liberté de lui écrire comme un excès de zèle épiscopal. Outre tout ce que je vous dois déjà, je vous dois encore plus la vérité ; aussi, loin d'exagérer, je vous proteste, monseigneur, que j'ai ménagé les expressions, afin de ne pas affliger votre cœur. Je ne doute pas que notre intendant, quoiqu'il craigne beaucoup de déplaire, n'en dise encore plus que moi ; que Votre Éminence ait la bonté de s'en faire rendre compte. Je sens bien que dans une première place, on ne peut ni tout écouter, ni remédier à tout. Cette maxime pouvait être admise sous les ministères précédents : mais, sous le vôtre, tout est écouté. Les grandes affaires qui décident du sort de l'Europe ne vous font pas perdre de vue les plus petits détails. Rien ne vous échappe de cette immensité de soins, et rien presque ne paraît non-seulement vous accabler, mais même vous occuper. C'est dans cette confiance que j'ai hasardé cette lettre ; avec un vrai père on ose tout, et, quand on lui parle pour ses enfants, on peut bien l'importuner, mais on est bien sûr qu'on n'a pas le malheur de lui déplaire. »

Voilà quelle était la situation de la France au milieu du

xviiie siècle, et sous un roi qui allait bientôt jeter plus que jamais les trésors du pays aux mains de créatures indignes et de courtisans méprisables. Voici maintenant ce que fit la cour.

L'Auvergne payait six millions, somme, disait Massillon, que le roi ne retirerait pas de toutes les terres de la province, s'il en était l'unique possesseur. En 1789, l'Auvergne payait douze millions huit cent mille livres!... (1)

Au xviiie siècle, on cherche inutilement où saisir l'histoire de la France. Sévigné, Saint-Simon n'ont point d'héritiers à la cour de Louis XV, Velly n'a point fait oublier Mézeray, les historiens des provinces ont terminé leur œuvre, tous ces flambeaux se sont éteints tour à tour. L'action sommeille; la vie appartient tout entière à la pensée. Jacques Bonhomme, annihilé, vaincu, dompté, n'existe plus que par ses douleurs, il reste à l'écart, et ne reparaîtra sur le théâtre où se déroule le drame lamentable de l'humanité, qu'à cette même date de 1789, et pour y jouer un rôle sanglant, que l'état de barbarie et d'abjection où l'ont maintenu ses maîtres ne fait que trop prévoir et ne rendait que trop inévitable. Profitons de ce repos pour reprendre dans le passé l'historique de certaines institutions du moyen âge, dont nous n'aurions pu suivre et développer les phases sans enlever tout esprit de suite à ce travail, et qui, à elles seules, eurent une influence assez considérable sur l'existence des classes agricoles pour mériter d'être traitées à part et avec quelques développements.

(1) *Résumé de l'hist. d'Auvergne*, 319.

CHAPITRE V.

La justice.

> « Les archives des familles justicières contenaient le dépôt le plus riche de leurs titres à la haine des populations. » CHAMPIONNIÈRE, 509.

L'époque féodale était si merveilleusement organisée pour la plus grande oppression possible du peuple des campagnes, que jusqu'à la chute de la monarchie, la justice elle-même fut presque toujours, pour le paysan, une source nouvelle de calamités et de ruine.

Dans le principe, la justice avait été un droit personnel concédé aux barons ; mais, au dire de Loyseau (1), *ils l'annexèrent adroitement avec leur domaine et seigneurie*, et la firent héréditaire. Ils la devaient donc à l'usurpation seule (2), comme tout le reste. Puis, quand ils partagèrent leurs grands fiefs, soit entre leurs enfants, soit entre leurs arrière-vassaux, la justice se trouva divisée, subdivisée, morcellée à l'infini (3), le temple de Thémis devint le labyrinthe de Dédale, et Loyseau, qui appelle ces justices des *mangeries de village*, put écrire avec raison : « En France, la confusion des justices n'est guère moindre que celle des langues, lors de la tour de Babel. » Aussi Beaumanoir avoue-t-il qu'il ne croit pas qu'il y eût deux seigneuries gouvernées par la même loi (4), et il nous apprend (chap. VI) que, de son temps, il y avait deux manières de juger, l'une « suivant l'Establissement-le-Roi,

---

(1) *De l'abus des justices seigneuriales.*

(2) Le président Hénault et l'abbé Dubos constatent que les justices seigneuriales furent une usurpation du X° siècle. — Voy. aussi Pocquet de Livonnière, *Traité des fiefs*, liv. 1, chap. 1ᵉʳ, p. 3. — Fleury, *Hist. du droit français*, § XV. — Fr. Bourjon, *Le droit commun de la France*, 1, 211. — Du Moulin, sur art. 41 de *Cout. d'Anjou*, et 48 de *Cout. du Maine*. — Duplessis, *Des fiefs*, liv. VIII, chap. 1ᵉʳ, p. 64.

(3) Voy. le procès-verbal de la *Cout. du Poitou.*

(4) Prologue sur la *Cout. du Beauvoisis.*

l'autre suivant la pratique ancienne » ; le seigneur avait le droit de choisir suivant l'espèce et les moyens de la cause. Souvent même on faisait mieux que cela, et, à la fin du xiv° siècle, Bouteiller, dans sa *Somme rurale*, dit que les procureurs avaient deux cahiers contradictoires d'une même coutume, qu'ils produisaient selon qu'ils voulaient faire gagner l'une ou l'autre des parties.

Ne nous étonnons donc plus de trouver dans Beaumanoir cet arrêt souverain : « Justice si couste souvent moult à garder et à maintenir plus que elle ne vault (chap. xxvii). »

Elle agissait à l'égard des villageois avec un merveilleux sans-façon. Ainsi, tandis que le gentilhomme devait être ajourné à la quinzaine, le manant l'était sur l'heure et à l'improviste (1), et, sans se perdre dans les lenteurs d'une minutieuse instruction, il semblait plus facile d'avoir recours au jugement de Dieu, qui devait intervenir et faire un miracle pour éclairer ces juges ignorants. Il avait lieu de quatre manières différentes : par l'eau froide, le fer rouge, l'eau bouillante ou le duel. On jetait l'accusé dans une grande cuve pleine d'eau, après lui avoir lié la main droite au pied gauche et la main gauche au pied droit. S'il enfonçait, il était innocent, s'il surnageait, il était coupable. On ne conservait nul doute à cet égard, et un bénédictin du xvii° siècle avance, sur la foi de plusieurs inquisiteurs, que les sorciers, notamment, étaient fort légers, et pesaient à peine vingt ou trente livres. (Dom Roger, *Anjou*, 454.)

Il plongeait son bras dans l'eau bouillante, ou bien saisissait dans sa main un fer rougi au feu ; on enveloppait et scellait avec soin le bras ou la main, et il fallait qu'au bout de trois jours ils fussent complètement intacts, et sans aucune lésion apparente (2).

---

(1) Pierre de Fontaines, *Le conseil à un ami*, chap. iii.

(2) De là viennent ces façons de parler proverbiales : J'en mettrais ma

Quant au duel judiciaire, nous avons dit déjà que le noble sire descendait dans la carrière à cheval, armé de toutes pièces et cuirassé jusqu'au bout des ongles, tandis que le vilain s'y montrait à pied, un simple bâton à la main. Le chevalier combattait le casque en tête, tandis que le chef du manant restait découvert; le visage de celui-ci se trouvait exposé aux horions, ce qui fit regarder les coups sur la face comme particulièrement déshonorants. Le soufflet devint et resta une injure de vilain (1), sanglant outrage qui s'efface, cependant, si le lendemain l'offenseur y joint par surcroît un coup d'épée. Il en est de même de l'arme : un coup de bâton déshonore, un coup d'épée relève un homme aux yeux de tous.

Saint Louis voulut en vain proscrire le duel et introduire l'appel en faveur du manant contre son sire : le premier avait pour lui le droit, mais l'autre avait la force, ce qui vaut bien mieux, et les seigneurs empêchaient violemment leurs hommes d'y avoir recours. Aussi trouve-t-on souvent, dans le recueil des *Olim*, des arrêts portant condamnation contre des châtelains qui avaient usé de violence contre leurs sujets qui venaient se plaindre d'eux au parlement, ou qui s'y portaient appelants de leurs jugements. Le roi d'Angleterre, comme duc d'Aquitaine, faisait habituellement pendre les notaires qui avaient dressé les actes d'appel, et se livrait à des cruautés inouïes contre ceux qui les avaient interjetés. Un manifeste de Philippe le Bel, vers 1293, qui se trouve à la fin des *Olim*, dit qu'on ne se contentait pas de les enfermer dans d'étroites prisons et de mettre leurs maisons au pillage : on les dépouillait de leurs biens, on les bannissait du pays, on les mutilait, on les pendait pour la plupart. On en coupa même quelques-uns en quatre quartiers, que l'on jetait ensuite dans le fleuve.

Le clergé lui-même, qui avait oublié depuis longtemps que,

main au feu!... Que ce vin me serve de poison!... Que ce morceau de pain m'étrangle!...

(1) Dom Calmet, *Lorraine*, IV. — *Dissertation sur les duels*, p. xviij.

dans le principe, il n'avait connu que la jurisprudence romaine (1), le clergé, au moyen âge, ne pratiquait pas autrement la justice. Un évêque de Laon, par exemple, dépouillait de leurs biens ceux de ses vassaux qui interjetaient appel au parlement (1301). Un abbé de Tulle les emprisonnait et les mutilait, et parce qu'un homme, condamné par ses juges à perdre la main gauche, en avait appelé au parlement, il lui fit couper la main droite. (*États généraux*, V, 204.)

Les seigneurs avaient donc usurpé la justice et substitué les arrêts arbitraires de leur volonté aveugle au jugement par les pairs (2). « Presque tous les cas étaient réglés par les statuts des lieux, dit l'historien du Dauphiné. C'étaient autant de lois particulières que chaque seigneur imposait à ses habitants. Les seigneurs donnaient le nom spécieux de franchises à ces règlements, et sous prétexte de liberté et de priviléges, ils mettaient leurs sujets à contribution, et leur faisaient acheter chèrement l'impunité de leurs crimes. Dans les lettres accordées en 1224 aux habitants de Grenoble, par l'évêque et par le dauphin, co-seigneurs de la ville, les vols, les homicides, les simples blessures, en un mot, tous les différents cas sont exprimés, et le prix qu'il en coûtait pour se racheter. *Et si solvere non possunt, arbitrio curiæ puniantur*. Cet acte, de même que plusieurs autres qui nous sont restés, peut fournir des exemples des abus que les seigneurs faisaient de leurs justices, qu'ils exerçaient impitoyablement contre ceux qui, ne pouvant se racheter, demeuraient exposés à la rigueur de leurs lois.

(1) Terrasson, *Hist. de la jurisprudence romaine*. — Robertson, *Hist. de Charles-Quint*, Introd., II, 261.

(2) « Nullus in regno Francorum debet ex aliquo jure spoliari, nisi per judicium duodecim parium. » — Matth. Paris.

« Il n'y avait point de justice allodiale, c'est-à-dire que les possesseurs de franc-alleu restèrent justiciables des seigneurs. Cela seul fournissait à ceux-ci les moyens de forcer les propriétaires libres à s'avouer leurs hommes. » — Pocquet de Livonnière, *Traité des fiefs*, liv. VI, chap. II, p. 560.

» Les peines pécuniaires pour fautes commises ne pouvaient manquer d'être d'un grand rapport aux seigneurs dont les revenus augmentaient à mesure que les rechutes étaient fréquentes. Souvent même il suffisait d'avoir donné lieu au soupçon pour n'être pas jugé innocent. » (Valbonnais, I, 8, 72.)

Descendons le cours des siècles, arrivons jusqu'à la dernière moitié du xvııe, et nous verrons encore les seigneurs, dans les provinces éloignées, tirer le plus clair de leur revenu de la justice, faire emprisonner leurs hommes sous de futiles prétextes, afin de les contraindre à se racheter, renvoyer les criminels devant le notaire et non devant le juge, promettre sûreté en justice aux assassins, à la condition qu'ils leur feraient des obligations de certaines sommes, et faire, moyennant finance, brûler les informations instruites contre ceux qui avaient attenté à l'honneur de leurs sujettes (1).

La plus grande inégalité devant la loi régnait entre les serfs, les vilains et les nobles (2). Si l'un des premiers, accusé d'un crime passible d'une peine corporelle, ne se trouvait pas en position de donner caution de se présenter devant ses juges, on pouvait le chasser de sa maison et l'arrêter, saisir ses habits, la garniture de son lit, et jusqu'à ses instruments de labourage (3).

Le nombre des propriétaires ayant augmenté à partir du xıve siècle, par suite de la faculté concédée aux roturiers d'acquérir des arrière-fiefs, on dut comprendre que les sires ne pouvaient être à la fois juges et parties dans les débats, et ils furent contraints de commettre des baillis ou des sénéchaux, leurs procureurs fiscaux, devant lesquels il fallut qu'ils comparussent eux-mêmes. Le caractère de la législation chan-

---

(1) Fléchier, *Grands jours d'Auvergne*, 173, 289.

(2) « Si est à savoir qu'en demandant un court laye, n'est à recevoir homme de serve condition contre homme de franche condition, s'il n'était par aventure autorisé du prince. » — Bouteiller, *Somme rurale*, liv. I, tit. ıx.

3. Ordonn. d'aoust 1396; 10 nov. 1408, etc.

gea; elle était surtout personnelle, elle devint territoriale. Ce fut un incontestable progrès, que l'introduction d'une classe d'hommes voués à l'étude des lois et destinés à les faire respecter. Ils combattirent, au profit du droit écrit, la législation féodale qu'ils appelaient le droit haineux. Mais, en même temps, ils furent une nouvelle cause de misère, grâce à l'avarice et à la tyrannie des seigneurs, toujours habiles à regagner d'un côté le terrain qu'ils perdaient de l'autre. Ils nommaient et révoquaient à leur gré ces juges qui ne dépendaient que d'eux, et ces nominations étaient faites au rabais. Ils choisissaient, non celui qui présentait le plus de garanties, mais celui qui se contentait des appointements les plus modestes. Et puis on craignait, les seigneurs de faire les frais d'un procès criminel, les juges de se livrer à des procédures qui eussent pu ne pas leur être payées. Les châtelains devaient entretenir les prisons en bon état, fournir le pain et la paille aux prisonniers, et il arrivait que les grands criminels trouvaient moyen de s'échapper, grâce à la connivence des officiers ou au peu de solidité des prisons, tandis que les petits coupables mouraient de faim faute d'aliments. Aussi, au lieu de la prison, au lieu même des peines corporelles qui, du moins, ne ruinaient pas les familles, juges et gentilshommes préféraient-ils les amendes, dont ils tiraient profit. De là, cet adage : Il n'est pas fouetté qui veut, car qui peut payer en argent ne paie en son corps (1).

Après avoir fait expédier la justice au rabais, ils trouvèrent qu'il y avait encore mieux à faire; ils mirent à l'encan les offices de judicature et les vendirent au plus offrant et dernier enchérisseur à des juges mercenaires, dont l'unique soin était de se rembourser promptement, au moyen des amendes, du prix de leur achat (2).

(1) Loisel, *Instit. coutum.*, liv. VI, tit. II, § 16.
(2) La Thomassière, *Hist. du Berry*, liv. I, chap. XLVI, p. 33.
Si l'on ne savait combien il faut de temps aux vérités, même les plus simples

« Il faut que celui qui a acheté vende, — disait Alexandre Sévère (1). » La justice était donc leur commerce : ils la vendaient, la détaillaient, et en distribuaient à chacun pour son argent. *Point d'argent, point de Suisse!* dit Petit-Jean, qui savait, lui aussi, lever son impôt sur les solliciteurs de son maître. Le roi donnait à ses favoris, à des gens de guerre, à des courtisans, à des veneurs, trois ou quatre offices de conseillers que ceux-ci revendaient à leur profit (2). Les seigneurs imitaient cet exemple sur une petite échelle, et les États généraux se plaignaient en vain de l'incapacité et de la fourberie de ces juges pris dans l'écurie ou dans le chenil du châtelain. (IX, 348; X, 73.)

Qui pourrait donc s'étonner de trouver légistes et historiens unanimes à nous montrer le temple de Thémis converti en caverne de brigands et en lupanar, antre sombre dans les profondeurs duquel des juges indignes rivalisaient de crimes avec les seigneurs eux-mêmes (3)?

« Le bailli vendange, dit Olivier Maillard, le prévôt grappe, le procureur prend, le sergent happe, le seigneur n'a rien s'il ne leur échappe. » Olivier Maillard oublie de nous apprendre ce qui reste au paysan.

---

et les plus évidentes, pour triompher d'une erreur accréditée, on s'étonnerait de voir Montesquieu (*Esprit des lois*, liv. V, chap. xix) et Forbonnais (*Recherches sur les finances*, années 1614, 1615) défendre la vénalité des offices judiciaires.

(1) « Necesse est ut qui emit, vendat. » — Alex. Sev.

« Ceux qui achètent les offices, disait Louis XII, vendent chèrement, par le menu et le détail, ce qu'ils ont acheté en gros et à bon marché. » — *Confér. de Bornier*, I, 492.

(2) Souvent le roi (Henri II) donnait à un de ses courtisans, à un militaire qui l'avait bien servi, trois ou quatre charges de conseillers au parlement, que celui-ci vendait à son profit. De simples huissiers à verge osaient acheter ces charges. Tous les rapporteurs étaient souvent gagnés. C'était ainsi que l'insouciance et la prodigalité du monarque avilissaient les ordres les plus respectables. » — Lacretelle, *Hist. des guerres de religion*, I, 234.

(3) « Il y a des seigneurs qui vendent leurs offices. Qu'arrive-t-il alors ? La justice, souvent et trop souvent exercée par des ignorants ou des fripons,

« Il faut, dit Raulin, leur emplir les mains d'or ou d'argent, autrement il est inutile de retourner vers eux (1). »

Deficiente pecu, deficit omne, nia,

comme parle le juge de Pantagruel.

Le célèbre prédicateur Barletta comparait les gens de justice à un chat préposé à la garde d'un fromage, et qui en mange plus d'un seul coup de dent que ne l'eussent fait vingt rats ensemble (2).

Aussi les habitants du haut Limousin ajoutaient-ils à leurs prières : « Délivrez-nous de tout mal et de la justice ! »

Que de fois, en écoutant ces naïves chansons qui, jadis défrayaient pour leur part les veillées des champs, n'ai-je pas retrouvé dans ces refrains, si fortement empreints du vieil esprit gaulois, de vagues réminiscences de l'avocat Patelin ! La friponnerie d'un homme de loi a inspiré le premier chef-d'œuvre dramatique français, et un avocat a précédé sur notre scène les Frontins, les Scapins et les Mascarilles (3) !

Ces juges et officiers de justice, qui, grâce à leur ignorance,

---

dégénère en *brigandage*, ou dans une impunité affreuse. » — Renaudon, *Traité des droits seigneuriaux*, tit. des BAUX DES SEIGNEURS, chap. 1er.

« Les officiers de justice exerçaient dans les tribunaux le même genre de *brigandage* que les seigneurs français avaient commis par la force ouverte, pendant ces siècles de barbarie et de dissolution, où nos rois n'avaient qu'une ombre d'autorité. » — D. Carlier, *Hist. du Valois*, liv. VII, 560. — Voy. encore Legrand d'Aussy, *Voyage en Auvergne*, I, 457.

« Les officiers de justice faisaient mettre en prison, sous de faux prétextes, des femmes, même honnêtes, pour les faire servir à leurs plaisirs. » — Papon, *Hist. de Provence*, II, 181 ; — *Arch. de Grasse*.

(1) « Oportet implere manus eorum auro vel argento, alias non oportet reverti secundâ vice. »

(2) « Homines justitiæ sunt veluti catus quem præponunt ad guardam casei : plus nocet uno morsu quam mures in viginti. »

(3) L'une des dernières illustrations de l'ancien barreau, Bonnet, qui, dans l'affaire Kornman, sut se faire distinguer auprès de Beaumarchais et de Bergasse, disait qu'il était tel de ses confrères auquel il n'eût pas permis de décrotter ses souliers... s'il y avait eu des boucles d'argent.

prodiguaient les nullités dans tous les jugements qu'ils rendaient, ruinaient encore indirectement le peuple, en parvenant à se faire exempter de tout ou partie du fardeau des tailles, soit par leur autorité ou par celle de leurs maîtres, soit par la terreur qu'ils savaient inspirer aux asséeurs, répartiteurs et collecteurs d'impôts. (*États généraux*, X, 77; XVII, 35.)

Les châtelains, ayant reconnu combien la vente des fonctions judiciaires était lucrative pour eux, exploitèrent cette mine, et multiplièrent ces charges à l'infini (1).

« Il n'y a aujourd'hui, disait Loyseau, si petit gentilhomme qui ne prétende avoir en propriété la justice de son village ou hameau; tel même qui n'a ni village ni hameau, mais un moulin ou une basse-cour près de sa maison, veut avoir justice sur son meunier ou sur son fermier; tel encore qui n'a ni basse-cour ni moulin, mais le seul enclos de sa maison, veut avoir justice sur sa femme et sur son valet; tel finalement qui n'a point de maison, prétend avoir justice en l'air sur les oiseaux du ciel, disant en avoir eu autrefois. »

On comprend quelle devait être la misère de ces juges sans justiciables. Il fallait bien qu'ils vécussent, cependant, à leur point de vue, du moins; car sans doute les villageois n'en voyaient pas la nécessité. Et, comme ils ne vivaient que de procès, ils excellaient dans l'art de faire croître, engraisser et venir à maturité les *petits procillons*, et l'excellent Bridoye nous a appris, par la bouche de son divin interprète Rabelais, toutes les recettes mises alors en usage pour arriver à cet honnête résultat.

Le trop grand nombre de juges entraînait comme conséquence une multitude prodigieuse de sergents. On en comptait deux cents là où jadis vingt ou trente avaient suffi à la besogne (*États génér.*, X, 79), et beaucoup même, à la faveur

(1) Monteil estime qu'il n'y avait pas moins de **100,000 basses justices en France.**

du désordre, s'instituaient sans titre. Aussi voyons-nous les ordonnances des 24 aoust 1439, 27 juillet 1440, 4 février 1486, etc., remédier à leur nombre excessif, et « aux exactions, forfaicts, roberies, pilleries et autres maulx, dommages et inconvénients qu'ils occasionnent aux pauvres peuples (1). »

Nous avons vu que, dans le principe, les dons offerts aux juges, et compris sous le nom générique d'*épices*, étaient volontaires; on ne pouvait donner que des choses que l'on peut manger ou boire dans un seul jour, sans s'enivrer ou se donner d'indigestion (2). L'abus alla si loin dans la suite, que les épices dévorèrent le pain des plaideurs, et que les juges en vinrent jusqu'à écrire en marge de leurs registres : *Non deliberetur donec solvantur species* (3). « En France, au dire de Ragueau (4), l'achat des offices de judicature fait espicer les procès excessivement. » Celui qui était en position d'épicer davantage gagnait son procès; et l'on n'osait pas toujours porter obstacle à ces exactions honteuses des magistrats (5). Lisez les ordonnances civiles de l'évêché de Metz (1602) : « N'entendons, toutefois, par cette présente ordonnance, déroger aux droits des officiers de justice pour les dépens de bouche que les parties leur doivent, et qui leur sont ordonnés par les précédents règlements. »

C'est surtout pour rendre un arrêt contraire à l'équité que

---

(1) Voy. aussi *Etats du Languedoc*, 1456.

(2) « Exceptis esculento vel etiam poculento: et in tali quantitate ea recipient, quod infra unam diem possint absque devastatione illicita consumi. » — Ordonn. de 1302.

(3) Sauval, *Antiq. de Paris*, II, 463.

Le palais de justice ayant brûlé en 1618, on fit ce quatrain :

> Certes, ce fut un triste jeu,
> Quand à Paris, dame Justice,
> Pour avoir mangé trop d'épice,
> Se mit le palais tout en feu.

(4) *Indice des droits royaux et seigneuriaux*.

(5) Les épices étant devenues de droit, s'acquittèrent sans préjudice des dons

ces juges à l'encan exagéraient leurs exigences, et cela, non sans quelque ombre de raison. Devant à tous la justice, ils ne pouvaient, consciencieusement, la vendre : mais ils ne devaient l'injustice à personne, à moins d'être payés à cet effet. Les casuistes vinrent à leur aide, et décidèrent unanimement « qu'un juge était bien obligé de rendre ce qu'il avait reçu pour faire justice, si ce n'est qu'on le lui eût donné par libéralité ; mais qu'il n'était jamais obligé à rendre ce qu'il avait reçu d'un homme en faveur duquel il avait rendu un arrêt injuste (1). »

Pour se soustraire aux éventualités d'une situation toujours précaire, les juges affermaient les amendes et revenus de leur office à des prévôts fermiers (2), qui devenaient alors, pour le peuple des campagnes, une autre classe de maltôtiers, non moins rapaces et non moins impitoyables que ceux qui avaient mission de percevoir les deniers des tailles et gabelles (3), si bien que l'on peut dire que Jacques Bonhomme devint justiciable à merci et à miséricorde (4).

---

volontaires. Tallemant des Réaux raconte ce trait du lieutenant criminel Tardieu :

« Il dit à un rôtisseur qui avait un procès contre un autre rôtisseur : « Apporte-moi deux couples de poulets, cela rendra ton affaire bonne. » Ce fat l'oublia. Il dit à l'autre la même chose ; ce dernier les lui envoya, et un dindonneau. Le premier envoya ses poulets après coup ; il perdit, et pour raison, le bon juge lui dit : « La cause de votre partie était meilleure de la valeur d'un » dindon. »

« Il n'y a pas de plus grand voleur au monde, et il a mérité d'être pendu deux ou trois mille fois. » — V, 53.

(1) Molina, disp. 94 et 99 ; — Reginaldus, liv. X, n° 184, 185, 187 ; — Filliutius, tr. 31, n. 220, 298 ; — Escobar, tr. 3, ex. 1, n. 21, 23 ; — Lessius, lib. II, cap. XIV, d. 8, n. 52. — Pascal, *Lettres provinciales*.

(2) *États généraux*, X, 403. — Sous Louis IX, on affermait déjà les amendes, ainsi que le prouve une ordonnance de décembre 1254.

(3) « Il existait deux classes de justiciers publics ; ces deux classes répondent à deux moyens de pillage et à deux catégories de déprédateurs. » — Championnière, 205.

(4) Ordonn. d'octobre 1362 ; 20 juillet 1367, etc.

Les seigneurs ayant pu s'apercevoir que, grâce à tous ces trafics, la justice était devenue pour eux une propriété d'un excellent rendement, ces terribles jugeurs firent de leurs justiciables un objet de commerce et de transaction ; ils se les disputèrent l'épée à la main, ravageant les terres du couvent ou de la châtellenie voisine, jusqu'à ce qu'ils les eussent soumises à leur juridiction, ou qu'ils eussent succombé eux-mêmes dans la lutte (1). C'était alors leurs propres terres que le vainqueur mettait à sac, et ils subissaient la loi qu'ils avaient voulu donner.

Désireux avant tout de rentrer dans ses déboursés, le juge était incessamment à la piste de voleurs souvent imaginaires, faisant, dès qu'il croyait en flairer un, et sous le plus léger prétexte, pousser le *cry et haha* qui réunissait autour de lui tous ses justiciables, pour le suivre à la chasse du voleur (2). S'il était pris, c'était lui qui payait l'amende ; dans le cas contraire, comme il y avait toujours bien quelqu'un qui n'avait pas entendu le *cry* et qui ne s'était pas rendu à l'appel, l'amende tombait sur lui, et le juge était dans tous les cas payé de son zèle. On comprendra, d'ailleurs, que le paysan devait être à chaque instant soustrait à ses travaux sous une foule de prétextes, si l'on songe que tous les offices, sans exception, se donnaient à ferme, et que le but unique de ces fermiers était d'instrumenter à tort et à droit, envers et contre tous (3).

Après avoir affermé la justice et ses revenus, les gentils-

---

(1) Hennebert, *Artois*, III, 386. — Championnière, 476.

(2) *Ordonnances du Louvre*. Note de Secousse sur l'ordonnance confirmative d'octobre 1362.

(3) *États de Compiègne*. Ordonn. de 1358 :

« Comme nous avons entendu que le peuple a été et est moult grevé, tant parce que prévôtés, clergies, et autres offices, plusieurs au temps passé ont été baillés à ferme, et de ce moult de maux et d'inconvénients sont venus, comme aucun de ceux qui tiennent les dits offices ainsi à ferme *ne peuvent que rober et exiger induement*, etc. »

hommes, pour faire argent de tout, donnèrent à ferme et à bail la garde des prisons de leurs châteaux à des geôliers fieffés, qui n'eurent d'appointements que les droits abusifs, que les extorsions qu'ils tiraient des infortunés abandonnés à leur impitoyable rapacité (1). Si la place était importante, le concierge avait des guichetiers qu'il était censé salarier, mais qui se contentaient des fruits de leurs propres exactions. Il fallut payer pour voir changer la paille pourrie sur laquelle on couchait, payer pour n'être pas oublié dans la distribution des aliments, payer en entrant, payer pour sortir, payer toujours.

Voici ce que Necker dit, en 1784, des prisons de Paris; d'après ce qui se passait au centre de la capitale et sous les yeux du monarque, on peut juger de ce qui avait lieu au fond des cachots des manoirs seigneuriaux :

« Le concierge et le greffier n'ayant point d'appointements fixes, leurs émoluments étaient composés de droits, les uns tolérés, les autres abusifs, et qu'ils exigeaient des prisonniers, soit à l'entrée et à la sortie de la prison, soit pour le loyer des chambres, soit pour diverses fournitures; et cependant, jusqu'à ce que les prisonniers eussent acquitté ces dettes, leur captivité se prolongeait... Les prisonniers étaient couchés sur de la paille et des lambeaux de couvertures, et comme ces petites fournitures étaient entre les mains du concierge, et qu'il les avait prises à forfait, les fréquents renou-

---

(1) « Se trouve un aveu rendu au dit duc d'Alençon, le 12 mai 1467, par Jean Boudin, bannier fieffé, geôlier et portier du château de Bellesme, et sergent en la dite baronnie, avec le droit de bannerie de Saint-Germain de la Coudre, par lequel il recognoit tenir en foi et hommage la dite geôle et porte du château, *avec plusieurs droits d'entrée et issue des prisonniers*, visite d'iceux deux fois le jour, d'usage de bois mort en la forêt, de pain et de vin aux Rogations sur le prieur de Saint-Martin-des-Mercs, et de mesure de sel et de blé, de jauge, messerie, de dîner o le bailly et le vicomte toutes les fois que les assises et plaids se tiendront, auxquels il est tenu d'assister. » — Bry, *Hist. du Perche et duché d'Alençon*, 343.

vellements qu'exigent si essentiellement la propreté et la salubrité se trouvaient en opposition avec ses intérêts. Et ce que je ne dois point négliger de dire encore, les guichetiers étant aux gages de ce même concierge, l'épargne qu'il cherchait à faire sur cette dépense l'empêchait souvent de choisir des hommes convenables, et les prisonniers se trouvaient exposés à de mauvais traitements et à de petites vexations d'argent (1). »

Si quelque vilain obtenait, par exception, un jugement contre un gentilhomme, il se trouvait placé en présence de l'impossibilité de le faire exécuter, les seigneurs ayant adopté l'habitude de faire mettre en pièces les sergents qui s'aventuraient à venir le leur signifier (2). Je sais bien qu'un grand nombre d'édits, notamment celui de février 1580, ordonnent aux seigneurs ayant des maisons fortifiées hors de l'enceinte des villes, d'élire un domicile, pour y recevoir les assignations, dans la cité la plus voisine où siége une juridiction royale. Mais nous savons désormais ce que pèsent les ordonnances royales, et Dangeau, dans ses Mémoires, cite Maureval qui, le 11 février 1689, tua de deux coups de pistolet deux sergents qui venaient saisir les chevaux de son écurie. Le roi lui fit grâce.

Aux états généraux de Tours, sous Louis XI, les doléances du commun ne manquèrent pas de parler de « la cautelle et pillerie des avocats, qui est si grande en ce royaume, qu'il n'en est nulle part de semblable. « Il faut croire qu'on ne remédia pas à cet abus, puisque en 1498, Louis XII réduisit *en nombre compétent* les procureurs « qui rongeaient la substance du pauvre peuple » ; il défendit aux juges de prendre *dépens ni autres choses des parties*, hors les épices, qu'il

---

(1) Necker, *De l'administration des finances*, III, 203, 205.
(2) « Un sergent, il y a deux cents ans, ne regardait qu'avec frayeur les créneaux d'un donjon. S'il osait y entrer, on se faisait un jeu cruel de l'y faire mettre en pièces. » — Renaudon, *Des droits seigneuriaux*.

réduisit à un taux raisonnable. Aux états d'Anjou (1560), Grimaudet, l'avocat du roi, appela les juges les sangsues du peuple, les greffiers ses bouchers, et les sergents ses harpies et griffons. L'année suivante, en 1561, les états renouvelèrent leurs plaintes et demandèrent la réforme de la justice, qui ruine par ses lenteurs.

S'agissait-il d'impôts et de contraventions faites aux baux? Les fermiers-généraux choisissaient eux-mêmes les juges exceptionnels qui devaient en connaître, et qui n'étaient que leurs commis (1). Comme il en était exactement de même pour le paysan vis-à-vis de son seigneur (2), qui donnait pour consigne à ses baillis de rendre, non la meilleure justice, mais, avant tout, la plus économique (3), le plus sûr pour lui était de tout souffrir sans se plaindre.

Rien n'était plus facile que d'égarer Jacques Bonhomme

(1) *États généraux* de 1614.
(2) *États généraux* (de 1560), t. XII, p. 213.
(3) Le président de Champ-Rond, seigneur haut justicier, écrivait à son bailli :

« A Paris, le 22 septembre 1657.

» Sire Bonnart, comme je m'aperçois que la sentence de condamnation du criminel appelant sera confirmée par messieurs de la cour, et qu'il sera renvoyé exécuter sur le territoire de ma terre d'Olé, je vous fais ce mot pour vous avertir que j'ai vu un arbre vieux, sur le retour, près du cimetière de l'église, que je désire que vous fassiez émonder et abattre, pour en faire une potence pour l'exécution de ce criminel ; vous ferez serrer les émondures de l'arbre et les copeaux de la potence sous le hangar de ma basse-cour. Si mes officiers n'eussent condamné cependant qu'au fouet, la sentence aurait été infirmée, et il aurait été pendu en Grève en meilleure compagnie, et il m'en aurait coûté bien moins qu'il ne m'en coûtera. Il faut néanmoins ménager auprès de l'exécuteur de Chartres, que vous verrez de ma part, et vous ferez marché avec lui au plus juste prix que vous pourrez. Il me semble que j'ai vu chez vous, à mon avis, quelques cordes et une échelle qui peuvent lui servir. Si, par aventure, cet exécuteur voulait faire le renchéri, je lui ferai bien connaître qu'il est obligé de faire cette exécution gratis, puisqu'il reçoit dans Chartres et dans les marchés voisins un droit qui s'appelle droit de havage. Je vous laisse la conduite de cette affaire, et suis votre bon ami,

» Le président de Champ-Rond. »

Tallemant des Réaux, IX, 19 et 20.

dans les détours de l'inextricable labyrinthe formé par la multiplicité et par l'enchevêtrement de ces justices rivales. Presque dans chaque ville, on trouvait, sous le nom de juges ordinaires, le tribunal de police, la prévôté, la sénéchaussée, le présidial; et sous le nom de juges extraordinaires, le consulat, la monnaie, les traites, le grenier à sel, l'élection, la maîtrise des eaux et forêts.

Chacun de ces tribunaux ressortissait à une juridiction différente et souveraine : la prévôté, la police, la sénéchaussée, le présidial, relevaient du parlement; la monnaie de la cour des monnaies; les traites, l'élection et le grenier à sel, de la cour des aides; la maîtrise des eaux et forêts, de la table de marbre.

Venaient ensuite les juridictions seigneuriales, reconnues encore par l'ordonnance du 16 mai 1788. A la veille de la révolution, Louis XVI constatait, dans le désir d'y remédier, que des procès peu importants en matière civile avaient quelquefois six jugements à subir.

A côté de ces tribunaux laïques pouvaient se rencontrer plusieurs officialités : celle du chapitre, celle de l'évêque, dont les décisions étaient successivement déférées en appel à l'archevêque, au primat archevêque, et enfin au saint-siége. Ces juges avaient, comme les autres, leurs délégués, subdélégués, et autres commissaires, qui tous travaillaient surtout à empêcher les parties de s'accorder, *afin de ne pas manquer de pratiques* (1). La justice ecclésiastique était d'ailleurs, pour tout ce qui tenait directement ou indirectement au clergé, un moyen assuré de se ménager une impunité certaine; aussi Grimaudet appelait-il la cour de l'Église, la porte de derrière, la fausse porte, la poterne de la justice, moyen d'impunité pour tous les sacripants. (Dom Roger, *Anjou*, 420.)

(1) Fleury, *Hist. ecclésiastique*, 7ᵉ disc. : — *Concil. chart. gouth.*, chap. II, 12 (1231).

Il arrivait encore que des personnages puissants, des moutiers et des communautés religieuses prenaient une sorte d'abonnement avec certains tribunaux, et leur payaient une rente pour avoir toujours gain de cause devant eux (1).

La France se divisait en provinces, généralités, intendances, gouvernements, diocèses, et en bailliages et sénéchaussées, suivant qu'on la considérait au point de vue politique, financier, de l'ordre civil, militaire, ecclésiastique ou judiciaire. Il y avait la France des gabelles et la France rédimée, la France du concordat papal et celle des pays d'obédience ; celle des pays d'élection, payant les aides, et celle des pays d'état, payant le don gratuit. Il y avait la France du droit romain et la France du droit coutumier, et, comme la division diocésaine différait de la division provinciale, les justices laïques et canoniques s'entre-mêlaient, et multipliaient à l'infini les impossibilités d'arriver à un jugement définitif. Le chef-lieu d'une paroisse obéissait quelquefois à une loi différente de celle qui régissait les villages qui la composaient, loi qui n'était pas toujours la même pour le même village. La moitié d'un hameau se régissait par une jurisprudence, une autre suivait le droit romain pour les successions et les testaments, et les coutumes pour le reste. Une même maison reconnaissait deux ou trois législations diverses, tandis que les notaires, ne sachant jamais s'ils instrumentaient sur leurs ressorts, allaient faire signer leurs actes en pleine campagne, sur des terrains qu'ils étaient certains d'en faire partie. On y portait les moribonds pour y signer les testaments, au risque de les voir expirer dans le trajet (2).

« Vers l'orient, dit un historien de l'Anjou, du côté de

---

(1) « Le cardinal de Bouillon prétendait que le grand conseil tirait pension de l'ordre de Saint-Benoît dont toutes les causes lui étaient attribuées, et qu'aucune de leurs parties n'y pouvait avoir justice. » — Saint-Simon, XVI, 17.

(2) Chabrol, *Cout. d'Auvergne*, I, 9, 10. — Louandre, *Hist. d'Abbeville*, 444. — Legrand d'Aussy, *Voyage en Auvergne*, I, 90.

Montreuil-Bellay et Mirebeau, on voit plusieurs paroisses qui sont d'Anjou, et qui néanmoins reconnaissent l'évêque de Poitiers au spirituel. Du côté du midi, vers Vezins, Vihers et Passavant, sont aussi plusieurs belles et grandes paroisses d'Anjou, qui reconnaissent au spirituel l'évêque de Maillezais, qu'on dit à présent de la Rochelle. Du côté du couchant, toute la châtellenie de Champtoceaux est des enclaves du pays d'Anjou, quoique au spirituel elle soit sujette à l'évêque de Nantes ; c'est ce qui a donné lieu au vieux quolibet de ces quartiers-là : « Nous sommes au Dieu de Bretagne et au diable d'Anjou ! » D'autant que les habitants de ces marches, comme étant d'Anjou, paient l'impôt du sel, dont les Bretons et Poitevins sont exempts. Pareillement, vers Château-Gonthier et Laval, il y a encore plusieurs belles et grandes paroisses d'Anjou qui reconnaissent au spirituel l'évêque du Mans. Ainsi, quant au spirituel, il y a plusieurs évêques qui ont juridiction en Anjou, savoir, l'évêque d'Anjou, qui a presque tout le corps et le principal de la province, l'évêque de Poitiers, l'évêque de la Rochelle, et l'évêque du Mans ; et, outre tous ceux-là, l'évêque de Chartres, qui a le Vendômois, qui est une portion du partage de l'Anjou, et qui en relève entièrement, quant au temporel, hommage et juridiction. »

Ce n'est pas tout encore, et l'un des commentateurs de la coutume d'Anjou complète ce document, au point de vue du Vendômois, où, sans nul doute, les choses n'étaient pas plus embrouillées que partout ailleurs.

« Dans la ville et les faubourgs de Vendôme, il y a quatre paroisses : la paroisse de la Madeleine et la paroisse de Saint-Léobin sont toutes régies par la coutume d'Anjou ; il en est de même de la paroisse de Saint-Martin, à la réserve de quatre maisons, dont trois suivent la coutume de Chartres, et la quatrième, pour le tout ou partie, est soumise à la coutume de Blois. La paroisse de Bienheuré, située dans le faubourg de ce nom, est régie en partie par la coutume d'Anjou, et en partie par celle de Blois (1). »

C'est, on le voit, de l'anarchie élevée à la dixième puissance, et Charles Colbert avait bien raison, dans un rapport au roi sur l'Anjou (1664), de dénoncer « la quantité presque infinie de différentes justices et justiciers qui, par leurs conflits, leurs jalousies et leurs contradictions, déshonorent la dignité de leur ministère, et, par les vexations et chicanes qu'ils font aux parties, pour subsister, les dévorent et les consument. »

« Nous gémissons, sire, disent les officiers de la sénéchaussée et du présidial de cette province, dans un mémoire adressé au roi en 1763, nous gémissons de voir les parties se ruiner avant qu'elles puissent connaître leurs véritables juges. »

A l'imitation des grands jours, que les rois instituaient de temps en temps, mais toujours trop rarement, dans les provinces où l'oppression des grands devenait par trop flagrante, les seigneurs vicomtiers tenaient, une fois chaque année sur leurs terres, des franches vérités, pour connaître des délits ruraux commis sur leur territoire. Le seigneur suzerain, à son tour, venait tenir chez ses vassaux des vérités générales, pour la répression des crimes et délits qui ressortissaient à sa juridiction. N'allez pas croire que les pauvres ahaniers trouvassent dans ces institutions la moindre garantie contre les tyrannies multiples qui pesaient sur eux : cette belle apparence cachait une réalité terrible, et ces seigneurs hauts justiciers « torturaient, pressuraient leurs sujets par toutes sortes d'exactions. Ils convoquaient des plaids selon leur bon plaisir ; ils y venaient avec une suite nombreuse qu'il fallait héberger et nourrir, avec des chevaux, des chiens, des éperviers, auxquels il fallait aussi une provende. Ils forçaient

(1) Pocquet de Livonnière, sur *Cout. d'Anjou*, I, 1715.

les hommes libres, les serviteurs et les censitaires des abbayes à y assister, sous peine d'amendes exorbitantes, et à y rester pendant trois et quatre jours à leurs dépens (1). »

Les prévôts de justice des seigneurs supérieurs s'empressaient de marcher sur les traces de leurs maîtres, les corbeaux imitaient les aigles, et commettaient « très grands et très énormes abus, pilleries, vexations, concussions et rançonneries ès lieux champêtres (2). » Ils assignaient indûment à leur tribunal les justiciables des fiefs servants, ne fixaient point les jours de leurs audiences, qu'ils tenaient dans des lieux isolés, peu habités, ou même qui ne l'étaient pas du tout, de telle sorte qu'ils les condamnaient par défaut à des amendes qui faisaient passer dans leurs mains tout l'argent de la contrée. (Chabrol, I, 89, 162.)

Malheur à celui sur lequel venait à planer le soupçon d'un crime ou d'un délit, car la justice était, comme tout le reste, le droit du plus fort, et il pouvait subir autant de jugements qu'il y avait de seigneurs ou de juges intéressés à lui extorquer une amende (3).

Que pouvait faire le pauvre paysan perdu au milieu de ce dédale, étouffé sous cette longue série hiérarchique de juges à outrance, alors que les gages que leur payait l'État ou le seigneur, quand ils leur en payaient, ne représentaient pas même l'intérêt de l'office, et que la magistrature n'avait d'autre rémunération que l'impôt que, sous le nom d'épices, elle prélevait sur les plaideurs? Ce qu'il pouvait faire, Loyseau, le spirituel auteur des *Mangeries de villages*, va nous l'apprendre :

« Qui est le pauvre paysan qui, plaidant de ses brebis et de ses vaches, n'aime mieux les délaisser à celui qui les

---

(1) Chabrol, *Cout. d'Auvergne*, II, 708, 715.

(2) Lettres patentes d'Anne de France, duchesse d'Auvergne, en date du 3 septembre 1516, sur les plaintes des trois états.

(3) Bouthors, *Cout. loc. d'Amiens*, I, 24.

détient injustement, qu'être contraint de passer par cinq ou six justices avant qu'avoir arrest? Et s'il résout de plaider jusqu'au bout, y a-t-il brebis ni vache qui puisse tant vivre? Voire que le maître même mourra avant que son procès soit jugé en dernier ressort. »

« Il est notoire, dit-il encore, que c'est la ruine d'un village d'y avoir une justice... S'il y a un bon ménager dans la paroisse, les chicaneurs lui courent sus, et ne cessent qu'ils ne l'aient ruiné. Quand le temps de la récolte vient, toutes les terres sont saisies faute de foi, faute de cens, faute de paiement des rentes; de sorte qu'au lieu de cueillir la gerbe, il faut aller chicaner :

Jamque serit lites, qui fruges ante serebat (1).

Que si l'on dit en commun proverbe qu'il ne faut qu'un sergent pour ruiner un village, que serait-ce donc s'il y a un nombre complet d'officiers? »

Cédant aux doléances persévérantes des états généraux et provinciaux (2), les ordonnances royales et les arrêts des parlements ne firent jamais défaut pour porter remède à ces abus sans cesse renaissants (3). Mais nous sommes édifiés depuis longtemps sur leur complète inefficacité.

« Il y a, écrit Renaudon en 1765, peu de seigneurs qui obéissent à ces lois : les uns ne donnent point de gages à leurs officiers, les autres en donnent de si modiques, qu'ils ne sont point capables de remplir les vues de l'édit. Mais ce qu'il y a de pire, c'est que la plupart des seigneurs vendent aujourd'hui leurs offices... Il ne serait pas difficile de faire

---

(1) C'est le rustre qui sème et Thémis qui récolte.
(2) Les états de 1588 se plaignent de « la multitude effrénée de tant d'officiers inutiles, de la vénalité des offices de judicature, où la corruption est si grande... » Ceux de 1614 disent que « pour le regard de la vénalité des offices, il n'y avait un seul cahier qui n'en fût chargé, etc. »
(3) Arrêt du parlement de Dijon, du 24 mai 1565; — art. 55 de l'ordonn. d'Orléans; — art. 9 de l'édit de 1703 (ou 1708?)...

connaître combien la contravention à cette loi entraîne après elle d'abus et de vexations dans les campagnes. »

A côté des *juges guêtrés qui vident les causes à l'avantage de ceux qui paient l'écot*, veut-on savoir quels étaient, au bon vieux temps, comme on l'appelle, les notaires des campagnes (1)? C'est encore Loyseau qui va nous l'apprendre.

« Chaque gentilhomme veut avoir son notaire à sa porte, qui refera trois fois, s'il est besoin, son contrat de mariage, ou lui fera tant d'obligations antidatées, si les affaires se portent mal, ou s'il y a un coup à faire. Notaire qui, de longue main, se pourvoit de témoins aussi bons que lui, ou bien qui en sait choisir, après leur mort, de ceux qui ne savaient point signer. Et s'il a reçu quelques vrais contrats qui soient d'importance, il n'oserait faillir d'en mettre les minutes ès mains et à la merci de son gentilhomme, s'il les demande, qui par après les vend, et en compose ainsi qu'il lui plaît. Voilà comment la foi publique est observée au village! Concluons donc par le dire de cette ancienne comédie :

O sylvæ, ô solitudines! quis vos dixit liberas! (2) »

(1) Les états du Languedoc, en 1456, se plaignent qu'il y a au pays « nombre infini de notaires et sergents qui vivent tous sur le pauvre peuple, duquel ils tirent presque toute la substance du travail et labeur de leurs pauvres mains, et lèvent, les dits notaires, grands et excessifs émoluments, tels qu'il leur plaît, tant d'escriptures comme de contrats et autrement, et aussi exigent grands salaires, et trouvent diverses manières et pratiques de commissions à l'ombre desquelles font de grandes mangeries sur le pays ; et se trouvera telle moyenne ville en ce pays où il y a 70 ou 80 notaires royaux. »

(2) Solitudes des champs, qui peut vous dire libres !

CHAPITRE VI.

La chasse.

> « Les chasses ne sont tant exactement défendues aux autres nations qu'elles sont en France, les ordonnances de nos rois ayant quelquefois fait plus d'état de tuer une bête qu'un homme : l'homme a facilement grâce, et c'est crime irrémissible de chasser aux bêtes rousses. »
> SAUGRAIN, *Traité du droit de chasse*, 596.

Il y a deux choses dans la chasse : le droit de défendre, soit son terrain, soit le fruit de son travail, contre les ennemis ailés ou à quatre pieds qui le ravagent, et le droit de manger la chair de ces animaux créés par Dieu pour tous également, qui se nourrissent indifféremment aux dépens de tous, et vivants, n'appartiennent à personne. Le droit des gens et l'équité naturelle avaient enseigné à Rome qu'elle devait rester permise à tous sur toutes terres : en France elle fut interdite au paysan sur ses propres possessions (1).

On sait quelle était la passion des rois et des gentilshommes pour la chasse, et combien ils étaient jaloux de ce privilége. Le célèbre comte de Foix, Gaston-Phœbus, qui n'avait jamais moins de quinze à seize cents chiens, élevait, dans ses *Déduits de la chasse*, ce passe-temps cruel à la hauteur d'une science et d'un art, et Du Fouilloux dédiait son savant traité à Charles IX, père de la vénerie ; la science cynégétique était aussi le principal mérite de Louis XIII.

A peine établi en Angleterre, Guillaume le Conquérant s'empressa de détruire soixante paroisses (2) et d'en expulser les habitants pour planter, entre Salisbury et la mer, une forêt neuve, où lui et ses fils pussent satisfaire leur goût pour

---

(1) Un arrêt du parlement de Toulouse, en mars 1729, défend aux paysans de chasser en aucun temps et en aucune manière que ce puisse être.

(2) « Plus quam LX parrochias ultro devastavit, ruricolas ad alia loca transmigrare compulit, et sylvestres feras pro hominibus... ibidem constituit. » — *Ord. Vital. ecclesiast. hist.*, lib. X, apud script. rer. norman., 781.

ce plaisir barbare : « Il ordonna, dit une chronique contemporaine, que quiconque tuerait un cerf ou une biche eût les yeux crevés; la défense faite pour les cerfs s'étendit aux sangliers, et il fit les mêmes statuts pour que les lièvres fussent à l'abri de tout péril. Ce roi aimait les bêtes sauvages comme s'il eût été leur père (1). »

Fidèle observateur des traditions paternelles, son successeur, Guillaume le Roux, le berger des bêtes fauves, comme l'appelaient les Saxons, détruisit également dix-huit paroisses pour planter des forêts et étendre ses chasses (2), et le peuple crut voir la main de Dieu dans ces accidents répétés qui frappèrent, au milieu de leurs plaisirs, le Conquérant et ses deux fils sur le théâtre même de leurs criminelles dévastations.

Le vainqueur de Hastings n'avait fait que transporter en Angleterre les habitudes des rois de France, des vassaux de la couronne et des moindres gentilshomme (3). Tous dépossédaient les propriétaires, et, détruisant l'œuvre sainte des moutiers, chassaient les malheureux laboureurs pour les remplacer par des bêtes sauvages, qui portaient la terreur, la ruine et la mort dans ces mêmes lieux où le travail persévérant des moines avait semé la fécondité et la vie. Ici c'était Geoffroy Martel, qui, établi par son père, Foulques Nera, seigneur de Saumur, défendit de défricher, aux portes de

---

(1) « Amabat rex ferus feras ac si esset pater ferarum. » — Thomæ Rudborne, *Hist. major. Winton.* — *Anglia sacra*, I, 258.

« Item statuit de leporibus ut periculo immunes essent. » — *Chron. sax.*, édit. Gibson, 191.

(2) « Li rois chaçoit en une noeve foriest que il avoit fait faire de XVIII parroces ke il detruites en avoit. La fu li roi occis par mesaventure, d'une sajète dont Tyreus de Pois, ki o lui estoit, cuida ferir une bieste. Si failli a la bieste et si ferit le roi qui outre la bieste estoit... Et en cele foriest meismes s'i hurta ensi faitement Richard, ses frères, a l arbre que il en moru. Et de chou dist ou molt que Dex le fist pour chou que il avait les parroces ensi détruites et assorbées. » — Publications de la Société de l'histoire de France : *Hist. des ducs de Normandie et des rois d'Angleterre*, 67.

(3) Championnière, *De la propriété des eaux courantes.* 68.

cette ville, la forêt de Saint-Lambert des Levées, que les moines de Saint-Florent menaçaient de remplacer tout entière par de riches moissons et de gras pâturages (1); là c'était Burchard, comte de Vendôme, qui brûlait les maisons élevées par les *envahisseurs*, et s'appropriait, *comme de juste*, les récoltes qui avaient mûri sur les terres défrichées (2); c'était ailleurs Guy de Laval et André de Vitré, qui, séduits par les agréments des bois, le charme des sites et le voisinage de la rivière, évinçaient les possesseurs d'héritages et laissaient de tous côtés les bois croître à la place des cultures abandonnées (3).

Les petits tyrans sont pires que les grands, et si Guillaume le Conquérant faisait crever les yeux aux meurtriers de ses cerfs et de ses sangliers, près de deux siècles plus tard, en 1259, Enguerrand de Coucy faisait pendre trois jeunes gentilshommes venus de Flandre, pour avoir poursuivi avec arcs et sajettes des connins (4) jusque dans ses forêts.

Mais le roi d'alors était Louis IX, qui préférait la vie des hommes à celle des lièvres et des connins des bois, préférence hardie pour l'époque; car Louis ayant fait arrêter messire Enguerrand, et ayant porté atteinte à ses priviléges jusqu'à lui ôter toute justice sur les bois et sur les viviers, et tout

---

(1) Archives de la préfecture d'Angers, abbaye de Saint-Florent, orig. *Notitia de vicaria salmuriensi*.

(2) « Cum venisset ad forestam de Wastinio, videns eam pluribus in locis extirpatam et a multis invasoribus invasam, domos in ea constructas incendit et messes quas ibi seminaverant, ut justum erat, suos in usus colligi fecit. » — Charte de la Trinité de Vendôme, année 1032 environ.

(3) « Propter amœnitatem nemoris et pratorum et fluminis, quod secus eam diffluebat, consilii cujusdam forestarii, Hervei nomine, abstulerunt eam subdito viro, et, ejectis habitatoribus, in saltum et forestam mutaverunt. » — D. Morin, *Hist. de Bretagne*, I, preuv s, 495. — « La forêt nantaise, qui s'étendait de Nantes à Clisson, à Machecoul et à Princé, avait été établie sur les ruines de nombreux villages, pour que le duc de Retz pût aller en chassant de l'un de ses châteaux à l'autre. » — Travers, *Hist. de Nantes*, 216.

(4) *Cuniculi*, lapins.

droit de faire emprisonner et mettre à mort, il faut voir à quelle indignation se livra toute la noblesse! « Si j'avais été le roi, s'écria le noble sire Jean Thourot, j'aurais fait pendre tous les barons; car un premier pas fait, le second ne coûte plus rien.

» Comment, Jean, reprit le roi, vous dites que je devrais faire pendre mes barons! Certainement, je ne les ferai pas pendre, mais je les châtierai s'ils meffont. »

Malgré les efforts de saint Louis, la mort d'un lièvre resta, à la lettre, un cas pendable (1), le meurtre d'un pluvier fut imputé à crime capital, et puni des peines les plus rigoureuses (2), la mort fut prononcée contre ceux qui tendaient des rets pour prendre les pigeons (3); on attacha vifs sur des cerfs des malheureux coupables d'avoir tiré sur quelques-uns de ces animaux (4), et ce devint, entre seigneurs, une excuse banale, pour écarter le reproche d'avoir tué une pièce de gibier, de dire que c'était une erreur, et que l'on croyait tirer sur un serf (5).

Le droit *voluptueux* de la chasse, comme l'appelle Pallu, commentateur de la coutume de Touraine, s'exerçait de

(1) « Ceux qui dérobent des lapins ou autres grosses bêtes sauvages, s'ils sont pris de nuit, seront pendus; et si c'est de jour, ils seront punis d'une amende d'argent. » — Beaumanoir, *Cout. de Beauvoisis*, chap. xxx, 163.

(2) « Les grands seigneurs, dit La Bruyère-Champier (*De re cibaria*), prisent infiniment le pluvier, mais cependant c'est moins sa chair qu'ils recherchent que le plaisir que leur procure cette chasse. Aussi, dans leurs terres, est-ce un crime capital d'en tuer un, et ce crime, ils le punissent très rigoureusement.» — Legrand d'Aussy, *Vie privée des Français*, 27.

(3) « Un prévôt de Paris ne craignit pas de rendre une ordonnance par laquelle il prononça la peine capitale contre ceux qui tendaient des rets pour y prendre des pigeons. » — *Ordonnances du Louvre*, XVIII, préface, xxv. — Ordonn. du 29 août 1368, VI, 497.

(4) *Encyclopédie* de Diderot, art. Chasse.

(5) « Il y eut une époque, en Danemark, où l'on échappait au supplice, après avoir tué une pièce de gibier, en protestant qu'on voulait tuer un serf.

» Des mœurs aussi sauvages font frémir: malheureusement, elles ne sont pas propres aux seuls peuples du Nord; on les retrouve jusque dans nos con-

diverses manières, ainsi que le droit de pêche, régi par la même législation. Quant à leur établissement, il est inutile de dire que c'était un fait de violence pure et simple, environné parfois de circonstances honteuses (1). Le *jus chaciandi et piscandi* s'exerçait par les seigneurs sur leurs propres terres; le *jus garennæ* s'exerçait sur celles de leurs sujets, dans toute l'étendue de leurs justices ou de leurs fiefs, en évitant de le faire de mars à la récolte, pour les vignes, et dans les champs, depuis le moment où les blés sont en tuyau. « Hors ces cas, les sujets ne seraient pas recevables à se plaindre du préjudice qu'ils souffrent par la chasse des seigneurs (2). » Le roturier ne pouvait chasser sur ses propres terres, le noble sans terres le faisait sur les domaines du roturier. Souvent le châtelain venait établir violemment son droit de garenne jusque dans les vergers et les jardins, et même en dehors des limites de sa châtellenie, pour en vendre l'exemption : ce qui ne l'empêchait pas de le rétablir ensuite (3). La royauté laissait volontiers grandir cet abus ; d'abord parce que, le plus souvent, elle était impuissante à s'y opposer (4), ensuite parce que les états généraux

---

trées. Le livre rouge de la chambre des comptes de Paris, cité par D. Carpentier au mot VILLANI, porte : « Vous savez que la coutume de Hainault est que qui tue un vilain, puisque il est chevalier, ou fils de chevalier dessouls XXVI ans, il est quitte pour XXVI blancs : ce sont trente tournois. » — Perreciot, *De l'état des personnes et des terres*, III, 284.

(1) « Hæredes Johannis le Boteiller de Cana Pavila petunt piscariam de Bonchevilla sibi reddi, eo quod Nicholaus de Montignic, tempore quo erat baillivus in Normannia, dessaisivit seu spoliavit dictum Johannem a dicta piscaria, eo quod dictus Johannes noluit consentire quod dictus Nicholaus carnaliter cognosceret in adulterio, quamdam neptem uxoris ejusdem Johannis, quæ erat in domo dicti Johannis. » — *Olim*, I, 302, n° 1, ann. 1260.

(2) Pocquet de Livonnière, *Cout. d'Anjou*, I, 81, art. 37. — Pallu, sur *Touraine*, 52. — Championnière, 67. — Basset, I, liv. III, tit. 18, chap. I; II, liv. III, tit. 13, chap. I.

(3) *Olim*, I, 83.

(4) Pour le Vermandois seul, je trouve des ordonnances restrictives de 1350, 1352, 1353, 1354...

et provinciaux lui accordaient les subsides qu'elle demandait, à la condition qu'elle donnerait l'ordre de les restreindre. Elle le faisait en permettant à toutes personnes, excepté aux laboureurs et gens de petit état, d'y venir chasser, c'est-à-dire qu'elle ouvrait les terres des paysans à quiconque voulait les venir ravager (1). Quant à ceux-ci, il leur fallait payer les veneurs des nobles, « afin que les loups ne fissent dommage aux bonnes gens du pays et aux bourgeois qui avaient bestes à laine. » Malgré cela, les loups infestaient les villages et les villes elles-mêmes. (Louandre, *Abbeville*, 69.)

Nous avons eu lieu de remarquer déjà que c'était toujours *in articulo mortis* que rois et seigneurs, revenant sur leurs tyrannies passées, accordaient aux hommes du plat pays quelque faible et insuffisante réparation qui n'empêchait nullement leurs successeurs de continuer pour leur propre compte les mêmes exactions. C'est ainsi que Philippe le Bel et Charles le Bel léguèrent en mourant une certaine somme aux laboureurs voisins des forêts royales, « en dédommagement du tort que leur avaient causé les bêtes rousses et noires ». C'est ainsi encore qu'en 1341, Humbert, dauphin d'Auvergne, touché des misères que ses chasses avaient occasionnées aux serfs des abbayes, accorda, au lit de mort, en dédommagement aux moines, un quart des amendes qu'il touchait dans les lieux où étaient situés ces moutiers. Le

---

(1) Ordonnance de 1418, art. 242 : « Plusieurs seigneurs de nouvel et depuis quarante ans en çà, par la grant force et puissance, et par la foiblesse et povreté et simplesse de leurs sujets, ont fait nouvelles garennes et étendu les anciennes, en dépeuplant les pays voisins des hommes et habitants, et les peuplant de bêtes sauvages, par quoi les labourages et vignes des povres gens ont esté tellement ravagés et gâtés par icelles bêtes sauvages, que iceux povres gens n'ont pas de quoi vivre et leur a convenu laisser leur domicile. Par quoi donnons congé à toutes personnes de chasser ès nouvelles garennes et accroissements d'anciennes, pourvu qu'ils ne soient mie laboureurs ou gens de petit état qui s'y pourraient occuper en délaissant leur métier. » — *Ordonnances*, X, 133, 142.

vilain avait le pillage, son maître touchait l'indemnité. (Valbonnais, *Dauphiné*, I, 323.)

Sur la plainte des états généraux de Compiègne, en 1358, le dauphin rendit une ordonnance pour s'opposer à la multiplicité des garennes nouvelles et à l'extension des anciennes, « par quoi l'on ne peut labourer profitablement, mais demeurent les labourages à faire, et quand ils sont faits, ils sont perdus et gâtés. »

Ce qui n'empêche point l'ordonnance royale du 25 mai 1413 de reconnaître que l'extension toujours plus grande accordée aux garennes dépeuple les campagnes d'hommes et d'habitants, pour les peupler de bêtes sauvages, « par quoi les labourages et vignes des pauvres gens ont été tellement endommagés et gâtés par ces bêtes sauvages, que les pauvres gens n'ont eu de quoi vivre, et leur a convenu laisser leurs domiciles. »

L'abus prend des proportions telles que l'on ordonne de détruire toutes les garennes qui ont été établies depuis quarante ans, et de ramener les autres à leurs anciennes limites. On va même jusqu'à accorder aux paysans le droit de tuer les animaux qui venaient sur leurs terres : mais cette autorisation elle-même n'était rien qu'un leurre plein de périls, car, lorsqu'ils voulaient ensuite les vendre dans les villes, ils étaient « opprimés, mangés et travaillés par adjournement, compositions et autrement par gens et officiers des eaux et forêts. »

Il en était des ordonnances royales sur la chasse comme de toutes les autres, c'étaient lettres mortes, et, sous François I*er*, la Bruyère-Champier écrivait : « Il y a très peu de terres en France, il n'y a point de gentilhommière fieffée qui n'ait une garenne. C'est là un de ces revenus que les seigneurs se font aux dépens de leurs vassaux. Les jardins et les maisons de ceux-ci en sont dévorés, mais on n'y a nul égard. » (Legrand d'Aussy, 386.)

Sous l'empire de la féodalité, tout abus était en quelque sorte un mode composé, et, à côté de ses fruits directs, on pouvait compter ses fruits indirects, au moyen du rachat que les seigneurs vendaient de l'exaction à laquelle il donnait lieu. Charles de Valois, comte d'Anjou et du Maine, accorde aux bourgeois d'Angers d'aller à la chasse et de tuer toutes sortes de bêtes fauves, tant grosses que petites, et tous oiseaux, excepté le gerfaut et le faucon, à la charge, par ceux qui avaient des vignes, de lui payer une redevance annuelle de seize deniers, qui n'était que de douze pour ceux qui n'avaient que des prés hauts, non noyables. (Dom Roger, *Anjou*, 291.)

Il fut besoin que Philippe V confirmât cette concession, ce qu'il fit par une ordonnance de juin 1321. « Le pays, dit-il, est si endommagé et cheu en si grant détruite et pauvreté, que sont jà départis et issus gens sans nombre. » Fidèle à la tradition, invariable en pareil cas, il vendit de nouveau cette permission de chasser, déjà vendue une première fois par le seigneur direct, et exigea par an trente-deux deniers par arpent de vigne, et deux sols par arpent de terre et pré. (*Ordonnances*, XII, 451.)

Nous voyons, vers la même époque, en 1326, les habitants de Deuil s'engager avec Burchard de Montmorency, leur seigneur, à lui payer dix sols parisis par chaque arpent de terre ou vigne, afin d'obtenir qu'il détruisît sa garenne (Legrand d'Aussy, 386). Pour qui connaît les façons d'agir de la féodalité, il est hors de doute que son héritier, si ce n'est lui-même, rétablit la garenne et conserva la redevance.

Philippe V porta une ordonnance prohibitive de la chasse (1318), et Charles VI la défendit aussi à Tours, à l'exception des nobles et des bourgeois vivant de leurs possessions et rentes.

Il appartenait à Louis XI de renchérir sur la sévérité des rois ses prédécesseurs ; aussi Claude de Seissel disait-il que de son temps, il était plus rémissible de tuer un homme qu'un cerf ou un sanglier. « Et étaient les bêtes plus franches que les hommes », disent les états de 1483.

En 414, l'empereur Honorius avait permis de tuer les lions d'Afrique, ce qui avait été défendu jusque-là. « Il faut, disait le rescrit du prince, que l'intérêt de nos peuples soit préféré à nos plaisirs. »

François Ier, le roi très chrétien, retourna ces paroles si bien inspirées, et, par une ordonnance du 1er mars 1515, il défendit à tous ceux qui n'avaient pas droit de chasse, « de prendre les bêtes rousses et noires, en commettant larcin et en nous frustrant du déduit et passe-temps que prenons à la chasse... »

« ... Et tant nous qu'autres seigneurs et nobles de notre royaume, dit une autre ordonnance de 1533, à qui et non à autres appartient soy récréer à chasser pour éviter oisiveté... »

On reconnut aux nobles seuls le droit de posséder des chiens, sous peine d'amende arbitraire, et les manants furent contraints de déposer dans le château le plus voisin leurs arcs et arbalètes. Ceux qui chassèrent aux grosses bêtes furent punis d'une amende de 250 livres pour la première fois, et de la confiscation de leurs engins. S'ils n'avaient pas de quoi payer cette amende énorme, ils étaient battus de verges jusqu'à effusion de sang ; pour la seconde fois, ils étaient battus de verges autour des forêts et garennes, et bannis à quinze lieues, sous peine de la hart ; la troisième infraction entraînait la peine des galères par force, ou le bannissement du royaume. S'ils récidivaient, ils étaient punis du dernier supplice (1).

Henri II, en 1549, renouvela ces sévères prescriptions, toujours mises en oubli par « la dureté et obstination du menu peuple ».

(1) Isambert, *Recueil des anciennes lois françaises*, XII, 49, 74.

Aux états généraux de 1560, le commun, dans ses doléances, supplia le roi « de faire cesser les extorsions et violences que plusieurs veneurs, fauconniers, valets de chiens, archers de toiles, muletiers et autres de sa maison, et des princes et autres seigneurs de sa cour, font aux habitants des villages où ils logent à la suite du dit seigneur, contraignant les dits pauvres laboureurs et habitants, avec leurs familles, par le moyen desquels tous les autres états sont nourris et entretenus, de déloger de leurs maisons, et prennent à leur discrétion les provisions et meubles qu'ils y trouvent, comme s'ils leur appartenaient, et bien souvent transportent les dits meubles en la cour, où ils sont adirés et perdus, ou grandement endommagés, le tout sans en faire aucune raison en paiement aux dits pauvres laboureurs. » (*États généraux*, XI, 340.)

On poussait alors la sollicitude à l'égard des bêtes sauvages jusqu'à poursuivre en justice le paysan qui prétendait les écarter de sa terre. Charles IX, jaloux de témoigner sa sollicitude pour son peuple, permit à tous de chasser de leurs domaines les bêtes rousses et noires à jets de pierre, bâtons et cris, sans toutefois les offenser. (*Id.*, 454.)

Malheur aux champs qui se trouvaient sur le passage des chasseurs! Vignes et moissons, tout était impitoyablement foulé aux pieds et renversé par les piqueurs, les chiens, les chevaux, les carrosses (1); et si l'historien de Louis XVI, pour donner une marque de la modération de son héros, nous le montre arrêtant d'autorité son cocher, qui, enten-

---

(1) Art. 94 des doléances du commun aux états de 1560 :

« Que les gentilshommes et autres, encore que les terres soient ensemencées, les vignes et les grains prêts à cueillir, chassent ordinairement en tous temps, à pied et à cheval, avec nombre de gens, chiens et oiseaux qu'ils mènent avec eux, ne faisant difficulté de passer et repasser dedans les vignes et gaignages, ce qui fait un grand dégât et apporte grand dommage et ruine aux propriétaires, laboureurs et vignerons, sans que les dits propriétaires, laboureurs ou vignerons en osent faire poursuite. »

dant sonner la mort du cerf, se disposait à traverser un champ de blé pour couper au plus court, ce n'est qu'à la condition de nous laisser voir à côté de lui ses deux frères de Provence et d'Artois fidèles à des traditions toutes différentes (1).

De là ces dépenses ruineuses et inutiles, ces murailles qui entouraient chaque champ, et dont on retrouve aujourd'hui les ruines dans beaucoup de nos campagnes. Elles protégeaient les champs en temps ordinaire, mais sans préjudice des chasses du maître, qui conservait le droit d'en faire abattre une partie, dès qu'il lui plaisait de courre la plaine à la suite de ses chiens et de ses piqueurs (2). Encore n'était-il pas loisible à tous d'élever partout ces barrières protectrices, et l'ordonnance du 2 avril 1652 défendait à tous propriétaires, non-seulement de chasser sur leurs propres terres à six lieues autour du château du Louvre, mais encore de bâtir des maisons, ou de creuser autour de leurs héritages des fossés qui pussent empêcher le plaisir de la chasse à Sa Majesté; et tandis que l'abus tendait à diminuer à l'égard des chasses seigneuriales, il augmentait à l'égard des chasses royales, de telle sorte que, jusqu'à la fin du XVIIIe siècle, le gibier du roi dévastait une immense étendue autour de toutes les capitaineries (3).

Sous Henri III, en 1581, non-seulement il fut défendu de chasser sous peine de la hart, mais encore les louvetiers eurent le droit, en présentant la tête de la bête tuée par eux,

---

(1) De Falloux, *Hist. de Louis XVI*.

(2) Madame de Montespan avait acheté en Poitou la terre d'Oiron, beau château et beau parc : « Mais cette terre relevait de celle de Thouars avec une telle dépendance, que toutes les fois qu'il plaisait au seigneur de Thouars, il mandait à celui d'Oiron qu'il chasserait un tel jour dans son voisinage, et qu'il eût à abattre une certaine quantité de toises de murs de son parc, pour ne point trouver d'obstacle, au cas que la chasse s'adonnât à y entrer. » — Saint-Simon, IV, 222.

(3) Marquis de Turbilly, *Mémoire sur les défrichements*.

d'exiger par chaque feu deux deniers pour un loup et quatre pour une louve (1).

Henri IV lui-même, qui le croirait? reproduisit les peines rigoureuses édictées par François Ier, et signa l'arrêt de mort de paysans coupables d'avoir défendu leurs champs contre les dévastations des bêtes sauvages (2). Il alla jusqu'à leur interdire d'avoir des chiens à une lieue des forêts, à moins qu'ils ne les tinssent à l'attache, ou qu'ils n'eussent une jambe rompue (3); ils ne purent mener aucun mâtin dans les champs, et les bergers, sous peine du fouet, durent tenir perpétuellement leurs chiens en laisse, sauf le cas où la conduite ou la défense du troupeau autorisait à les lâcher.

Une effroyable amende de 20 livres frappait celui qui tirait sur les pigeons, qui, à cette époque, s'abattaient par milliers, dévorant tout, sur les champs ensemencés. Tenons compte du progrès, cependant, puisque nous avons vu que le meurtre d'un pigeon avait été crime capital.

Les chiens de la grande vénerie étaient nourris de pain de froment du temps de Henri IV, de Louis XIII et de Louis XIV (4). On sait que le grand roi aimait à donner lui-même à manger à ses chiens: en vain ses sujets moins heureux mangeaient, dans leurs bons jours, du pain d'orge et d'avoine, avec son, balle et tout, *bourre et balliers* (5), ses royales mains pouvaient-elles rompre autre chose que du pain

---

(1) Un arrêt du 17 avril 1564, rendu en faveur du louvetier de Sézanne et Chantemerle, contre les habitants de Villeprésent, l'autorise à lever sur les habitants un fouage dans un rayon de deux lieues.

(2) Sous Charlemagne, dans un âge de barbarie, le braconnage n'était puni que d'une amende. — Voy. les capitulaires de 802 et 803. En 1507, la coutume de Houdain (Amiénois) défend aux manants de chasser, sous peine d'avoir le poing coupé. — Bouthors, II, 313.

(3) On peut voir, dans le premier chapitre d'*Ivanhoé*, que jadis les serfs étaient obligés d'arracher les griffes de devant de leurs chiens, afin de les rendre impropres à poursuivre le gibier.

(4) La Briffardière, *Nouveau traité de vénerie*, 1742.

(5) Le Duchat, *Commentaire sur Rabelais*, liv. I, chap. xxv.

de froment pour les compagnons de ses plaisirs cynégétiques (1)?

Quand les bêtes sauvages étaient en trop grande quantité, et cela, au dire de Saugrain, arrivait souvent, « en telle sorte que les terres demeuraient incultes, ce qui obligeait les paysans de quitter les fermes, » la crainte de la famine faisait que l'on se décidait à sacrifier la vie de quelques-unes d'elles. Mais c'était là encore une source de corvées pour le paysan, qui, de trois mois en trois mois, pouvait être convoqué pour faire des battues générales dans les forêts. C'est surtout contre les loups que l'on se trouvait d'ordinaire contraint de diriger des expéditions considérables (2). Aussi la chasse du loup resta-t-elle déconsidérée; elle était ignoble, comme ceux qui la faisaient l'étaient eux-mêmes. En vain Henri IV, pour remédier à de pressants abus, transporta-t-il, en 1604, aux seigneurs hauts justiciers seuls le droit de rassembler les paysans pour les faire marcher contre ces redoutables ennemis des campagnes; les officiers de la louveterie se remirent bientôt en possession du droit d'ordonner les huées, au moins dans certaines provinces : « Ils en abusèrent même, soit en convoquant les paysans lorsque ceux-ci étaient occupés aux travaux de la terre, soit en condamnant à de fortes amendes ceux qui ne s'y trouvaient pas, soit enfin en exigeant des contributions exorbitantes quand ils avaient tué un loup (3). »

(1) En Espagne, les rois ni les seigneurs n'entretenaient point de meutes et ne pratiquaient pas la chasse à courre. Mais on faisait des battues aux grosses bêtes, en assemblant 1000 à 1500 paysans. Saint-Simon dit que les chasses de Philippe V étaient presque de tous les jours. — V, 165.

(2) 1712. « Il y eut en ce temps-ci un grand débordement de loups qui firent de grands ravages dans l'Orléanais ; l'équipage du roi pour le loup y fut envoyé, et les peuples furent autorisés à prendre les armes et à faire quantité de grandes battues. » — Id., XIX, 103.

(3) Legrand d'Aussy, 436, 437. — « Dans les pays de marais, les paysans faisaient, par corvées, de grandes chasses aux canards sauvages et aux oiseaux aquatiques. En juillet, quand ils ont des petits ou qu'ils muent et qu'ils volent mal, tous les censitaires, nus et sur une ligne, s'avançaient en frappant l'eau

Les officiers des chasses allèrent jusqu'à défendre d'arracher les chardons et les mauvaises herbes, de faucher toute terre non close avant la Saint-Jean, pour l'éclosion des couvées (1), de renfermer les héritages situés dans les plaines au milieu desquelles s'élevaient les demeures royales (2) ; on ordonna de ficher en terre des épines dans les champs ensemencés en blé, orge ou avoine, afin que l'on ne pût chasser aux filets. (Ordonn. d'avril 1671.)

Il y eut défense de couper et d'arracher les chaumes avant le 1er octobre (3). Ainsi c'était pour l'éclosion des perdrix et pour la chasse aux cailles que l'on sacrifiait les intérêts de l'agriculture, que l'on retardait les travaux, et que l'on compromettait la rentrée des fourrages et litières.

L'article 32 de l'ordonnance de 1669 laisse à l'arbitrage du juge, tant le crime était énorme, les peines encourues pour la chasse du cerf. Toutefois les peines afflictives ne pouvaient recevoir leur exécution « sinon sur les personnes *viles et abjectes*, et non autres. » Les deux articles suivants accordent aux dénonciateurs le tiers des amendes et confiscations prononcées (4).

La poudre, en mettant aux mains de tous une arme facile à

---

avec des bâtons, pour forcer le gibier à fuir dans des filets tendus de distance en distance. » — Louandre, *Abbeville*, 401.

(1) Ordonn. de 1669 sur le fait des eaux et forêts. — *Des chasses*, art. 23.

(2) « Sa Majesté a fait aussi inhibitions et défenses à tous les propriétaires et locataires des terres situées dans les dites plaines, de bâtir maisons ni faire fossés autour de leurs héritages, qui puissent empêcher le plaisir de la chasse à sa dite Majesté. » — Saugrin, 457.

(3) Art. 6 du règlement des chasses pour la capitainerie de Vincennes. 27 septembre 1672.

Pour la destruction des œufs de caille, il y avait une monstrueuse amende de 100 livres pour la première fois, du double pour la seconde, et du fouet et bannissement à six lieues de la forêt pendant cinq ans pour la troisième. — Ordonnance de 1669, tit. XXX, art. 8.

(4) Bien décidé à ne rien laisser voir des vexations sans nombre qui écrasèrent les paysans sous l'empire de l'absolutisme, l'auteur de l'*Histoire des classes agricoles*, qui estime que de tout temps la civilisation progressive qui

dissimuler, qui frappe de loin et sûrement, n'a pas peu contribué à rendre impossible la défense absolue de la chasse. Puis, quand vint l'heure de l'affranchissement, parce qu'on en avait fait une cause de ruine pour le pauvre, un prétexte de vexations cruelles et un monopole inique, le peuple, à qui

> luit sur nous s'est montrée suffisamment prodigue de ses rayons à leur égard (préface, ij), résume ainsi ses impressions au sujet du droit de chasse :
> « Les auteurs ont donné *peu de bonnes raisons* en faveur du droit de chasse. Il y en a deux, pourtant, qui méritent d'être citées. On a prétendu qu'en beaucoup de pays la production agricole n'était pas ou ne pouvait pas être suffisante à l'alimentation des habitants, et que la chasse était une ressource utile, peut-être même de première nécessité pour les mois d'hiver. On a pensé aussi que la chasse avait eu un but d'utilité publique pour débarrasser les campagnes, soit des animaux malfaisants, plus nombreux autrefois qu'aujourd'hui, soit même de ceux qui, sans offrir le même danger, gâtaient les récoltes (207). »

Ainsi, c'était pour débarrasser la campagne des animaux nuisibles, que l'on promulguait toutes ces lois sauvages contre la chasse, et qu'en cas de récidive, on pendait le manant qui écartait de son champ le cerf ou le sanglier autrement que par ses cris, *et sans les offenser!* C'était pour parer à l'insuffisance du rendement de la terre, ruinée et dépeuplée par le gibier, cent ordonnances en font foi, que l'on interdisait de tuer le renard qui emportait les poules et les oies, le loup qui égorgeait le mouton et souvent jusqu'à la génisse féconde, le sanglier qui égarait son groin dans les champs ensemencés, le cerf qui broutait les blés en compagnie des chevreuils, des lièvres et des connins ! C'est parce que l'on comptait sur les alouettes, sur les cailles et sur les perdrix pour approvisionner le marché, que l'on empêchait d'arracher les chardons et les épines des champs, de faucher les prés avant l'éclosion des couvées, de rentrer les chaumes avant le départ du mince volatile que l'Afrique nous expédie au printemps et que l'automne rappelle au pays natal! Que M. Dareste de la Chavanne, qui possède à un degré distingué l'économie politique, et qui, à ce titre, connaît la balance du commerce, la balance de l'offre et de la demande, la balance de l'équilibre de la production et de la consommation, et toutes les *balançoires* de cette science originale, nous dise donc combien, mettant un bœuf dans l'un des plateaux, il faut de cailles dans l'autre pour qu'il y ait balance.

Quant à la destruction des bêtes malfaisantes, elle ne fut jamais, pour un chasseur, le but de la chasse, et l'auteur de l'*École de la chasse*, le Verrier de la Conterie (1763), constate que les seigneurs refusaient de poursuivre les loups et les renards, qui détruisaient, selon lui, au moins un cinquième du bétail de la ferme, pour ne tuer que ce qui se met au crochet. (**38, 192, 218.**)

nous ne laissons, par malheur, que la force grossière qui détruit, au lieu d'allumer dans son âme l'intelligence qui vivifie et perfectionne, le peuple dirigea, sans cesse ni pitié, vers les hôtes des forêts et des airs l'instrument terrible de destruction, tuant du même coup la chasse et le gibier, et faisant disparaître en même temps que les bêtes nuisibles et dangereuses bien de belles et utiles espèces que l'homme eût pu rallier à lui, et qui lui eussent rendu d'éminents services. La chasse, aujourd'hui, n'existe plus, et autant elle était jadis un poétique délassement, alors que les dames, montées sur de belles haquenées, portaient sur leur poing mignonnement engantée l'émerillon au vol rapide et sûr, autant notre siècle prosaïque et mesquin a fait du noble déduit d'autrefois un plaisir insipide et brutal, et tel, qu'il faut être bien oisif et bien ennuyé pour y trouver des charmes. L'arme à feu effraie les femmes et les enfants, et leur a fait déserter un passe-temps auquel leur présence ajoutait son plus grand attrait, en même temps que l'explosion de la poudre, en portant au loin la terreur et l'épouvante dans le cœur du gibier, l'a fait fuir hors de la portée de l'homme. Mais nous nous consolons en rêvant avec Toussenel, le spirituel auteur de l'*Esprit des bêtes*, la restauration de la chasse à l'oiseau dans l'avenir, qui sera respectée par tous, parce que tous y prendront leur part de plaisir et de profit.

CHAPITRE VII.

Les philosophes. — Le servage au XVIIIe siècle. — Les légistes.

> « Tout se fait ici aux dépens des cultivateurs, et l'on dirait que ceux qui nous gouvernent ont pris à tâche de les écraser comme la classe d'hommes la plus pernicieuse pour l'État. »
> GRIMM et DIDEROT, *Correspondance*, II, 97.

La pensée vit de liberté. Surexcitée aux époques de lutte, elle travaille davantage, et l'esprit humain avance avec elle, tandis qu'ils s'endorment inactifs et stationnaires sous le régime atrophiant du despotisme. Il n'y avait point de place pour la liberté pendant l'administration ferme et sévère de Richelieu et de Louis XIV, aussi les grands écrivains qui firent la gloire du XVIIe siècle sont-ils admirables au point de vue de la forme bien plutôt qu'au point de vue de la pensée. C'est à cela encore qu'il faut s'en prendre, sans nul doute, si les Dumoulin, les d'Argentré, les Pithou, les Charondas le Caron, les Coquille, les Loyseau, les Bodin, les Pasquier, et tant d'autres jurisconsultes du XVIe siècle n'eurent point de successeurs dans l'âge suivant. Il en fut tout autrement au XVIIIe siècle ; la royauté, amoindrie durant les vingt dernières années du grand roi, s'avilit et se vautra dans la fange sous Louis XV, pour s'éteindre entre les mains honnêtes, mais faibles, de Louis XVI ; la pensée trôna et régna à sa place. L'homme se demanda d'où il venait, ce qu'il était, où il allait ; et lorsque tant de choses étaient mises en doute, le peuple se prit à douter des droits de ses maîtres. Il trouvait ses titres d'affranchissement dans l'Évangile, il voulut qu'on lui présentât ceux qui avaient aboli ceux-là. Boulainvilliers, Dubos, Montesquieu, Mably, mademoiselle de Lézardière, et vingt autres, agitaient ces questions, et élevaient des systèmes souvent contradictoires, et du choc même de ces luttes jaillissait pour le peuple des vérités utiles. Ce fut véritablement le siècle des utopistes : les uns, — la noblesse et le clergé, — regrettant le passé et leurs priviléges expirants ; les autres, au premier rang desquels on pourrait peut-être placer Voltaire et Montesquieu, répudiant le passé, satisfaits des conquêtes que le présent faisait entrevoir, voulant tout au plus quelque chose de semblable au gouvernement de l'Angleterre, et peu préoccupés de l'avenir ; les autres enfin, à la tête desquels il faut nommer Rousseau, enveloppant dans la même haine le présent et le passé, sondant d'une main inexpérimentée les mystères de l'avenir, et parfois même, séduits à leur insu par les illusions d'un mirage trompeur, voyant, comme Mably, le passé à la place de l'avenir, et rêvant quelque chose comme le communisme de Sparte mitigé par le communisme de l'Église de Jérusalem et des premiers jours de la religion sainte de Jésus-Christ.

Quand finira cette lutte, et qui aura raison, de ceux qui regrettent le passé, de ceux qui veulent immobiliser le présent, ou de ceux qui ont foi dans l'avenir?...

Quoi qu'il en soit, nous allons voir, pendant le xviii° siècle, les colonnes restées debout de l'édifice du moyen âge rudement secouées par les esprits intelligents de cette époque féconde, et la critique s'élever à des proportions révolutionnaires.

Les derniers vestiges du servage ne disparurent qu'avec la monarchie (1), et bien des provinces en conservèrent des

(1) 1768. « Il y a encore des servitudes corporelles en France, et cela est surprenant. En effet, l'abbé Suger, régent du royaume, affranchit en 1141 tous les gens de mainmorte du royaume ; et deux chartes, l'une de Humbert, dauphin du Viennois, l'autre de Thibault, comte de Blois, portent le même affranchissement. Deux édits, l'un de Louis X, publié en 1315, l'autre de Henri II, de l'an 1553, ont confirmé l'affranchissement de tous les mainmortables, et proscrit à jamais la servitude corporelle. » — Denisart, *Dict. de jurisprudence*, art. MAINMORTE.

1771. « La mainmorte ne fut abolie dans la Lorraine qu'en 1771, moyennant un prix annuel de rachat. » — Dareste de la Chavanne, 81.

1777. « Il reste encore en quelques lieux des traces profondes de l'ancienne servitude. C'est de là, par exemple, qu'on voit dans presque tout le parlement

traces profondes jusqu'en 1789, en dépit des affranchissements généraux et particls qui nous font assister à un spectacle en tout point semblable à celui que nous a présenté le passé ; car on continue à vendre la liberté, tandis qu'on devrait la rendre, et l'on trouve encore des communautés qui, n'y croyant pas ou la trouvant trop chère pour ce qu'elle valait alors, refusent de l'acheter (1).

Il en fut de même de l'aubaine, droit impolitique et sauvage, qui semblait dicté dans l'intérêt seul des gouvernements ennemis, toujours disposés à s'enrichir des essaims que jetaient chez eux les persécutions religieuses et mille autres circonstances, tandis qu'au dire de Necker, de riches étrangers qui se fussent fixés en France n'osaient y acheter une simple maison de campagne qu'ils n'eussent pu laisser à leurs enfants. L'aubaine avait encore le défaut d'être improductive, et tous ses fruits étaient presque entièrement absorbés par des frais de formalités et des attributions qui appartenaient aux officiers de justice (2). On se demanderait

de Besançon, les colons tellement attachés à la glèbe, qu'ils ne peuvent la quitter sans l'aveu de leurs seigneurs, et que le seigneur hérite d'eux, et quelquefois au préjudice des héritiers du sang. » — *Ordonnances du Louvre*, XII, préface.

1786. « Hélas ! il est encore des serfs dans quantité de nos provinces ! » — Perreciot, I, 24.

1789. « Lorsque les rois de la troisième race montèrent sur le trône, il y avait en France un si grand nombre de serfs de tout genre et de toute espèce, que, nonobstant ce qu'ont fait ces princes pour les affranchir, il en reste encore dans plusieurs provinces. » — *États généraux*, I, 106 ; voyez aussi VII, 133.

1789. « La Franche-Comté n'était certainement pas la seule province où il y eût encore des serfs en 1789. » — Monteil, *Traité de matériaux manuscrits*, I, 241.

(1) Dans son *Traité de matériaux manuscrits*, Monteil nous présente un *Mémoire sur l'affranchissement de vingt-trois communautés de serfs appartenant à l'abbaye de Luxeuil*, manuscrit original de 1777, et, à côté, un autre de la même année, où les serfs refusent de s'affranchir au prix d'une modique somme. I, 241.

(2) *De l'administration des finances*, III, 310, 311, 313.

pourquoi donc elle ne disparaissait pas, si l'on ne savait que les abus, par leur ténacité, semblent, dans tous les temps, se donner le mot pour rendre les révolutions inévitables et en précipiter le cours.

Les hommes qui ont dépensé toute leur existence dans l'étude sérieuse et approfondie d'une science, ne peuvent se résigner à proclamer que cette science pèche par ses fondements. Les légistes avaient été, au III° siècle, les plus implacables adversaires des chrétiens, et s'étaient convertis les derniers à la religion sainte qui venait renverser leurs vieilles lois, leurs vieilles religions et leur vieille société. De même au XVIII° siècle, pendant que les publicistes et les philosophes étaient depuis longtemps unanimes à battre en brèche le servage et l'odieuse corvée, ces institutions oppressives trouvaient encore parmi les jurisconsultes d'ardents apologistes, témoin le président Bouhier, le célèbre commentateur de la coutume de Bourgogne, qui se fait l'avocat des banalités, de la mainmorte, de la taille haut et bas, et de cette odieuse solidarité contre laquelle tous se déchaînent. Il blâme les seigneurs d'avoir affranchi leurs serfs, et défend pied à pied le terrain que les philosophes ont gagné sur la féodalité, déjà jugée et condamnée (1).

« On ne saurait sans injustice, dit-il, au sujet de la corvée, lui donner le nom odieux d'usurpation et d'extorsion... C'est, à l'égard des affranchis, le prix de leur liberté, et conséquemment d'une faveur dont l'avantage est inestimable, et dont ils ne doivent jamais perdre le souvenir. »

« Le bien public, dit-il ailleurs, s'accorde en cela avec celui des seigneurs ; car, suivant la remarque judicieuse de Godefroy, *reipublicæ interest ut censiti terræ inhærent*. Tout le monde sait que le fondement principal du revenu d'un État dépend des produits des terres. Il faut donc avoir attention

---

(1) Bouhier, II, 284, 286, 329, 349, 422, 437...

qu'elles soient bien cultivées ; et l'expérience nous apprend qu'elles le sont avec plus de soin dans les lieux de mainmorte que dans les autres, où le plus souvent elles tombent en friche, faute de cultivateurs. Uniquement occupés d'agriculture, on ne les voit point se fatiguer en procès, ou aspirer à des professions qui les détournent du métier de leurs pères. Ils ne songent qu'à faire fructifier la terre et à multiplier le nombre des citoyens, qui fait en même temps la force et la richesse de l'État ; ainsi, loin de les plaindre, il faudrait s'écrier avec le poëte :

> O fortunatos nimium, sua si bona nôrint,
> Agricolas !... »

C'est à peine si, par grâce et à titre de concession, on permet aux gens de mainmorte et aux roturiers d'acquérir les domaines démembrés des nobles et de devenir propriétaires : « Ils ne les possèdent aujourd'hui, écrit Pocquet de Livonnière en 1725, que par tolérance et à certaines charges... Il a été nécessaire, pour le bien du commun et de la société civile, de permettre aux roturiers de posséder des fiefs (1). »

Cependant les penseurs et les philosophes poursuivaient leur œuvre et se montraient les ardents avocats du dogme de

---

(1) Constatons que les titres et reconnaissances, à chaque renouvellement, perdaient beaucoup de leur dureté primitive. Voici un titre renouvelé à Bressuire, en Poitou, en 1787 :

« Je vous dois, mon dit seigneur, le devoir ci-après expliqué, qui est qu'à la première couche que la dame de *** fera d'un enfant vivant, soit mâle ou femelle, moi avenant, et l'aîné des enfants mâles qui naîtront de moi en légitime mariage, et leurs descendants mâles premiers nés, à perpétuité, sommes tenus d'aller, le lendemain des couches de la dite dame, au-devant de la porte d'entrée de sa chambre, et là crier à haute voix : Vive madame et le nouveau-né !... A l'honneur duquel je serai tenu de boire, tout d'une haleine, une bouteille de vin que vous serez tenu de me faire donner, avec un morceau de pain blanc pesant une livre, et une perdrix bien poivrée et salée : et si ladite dame n'accouchait que d'une fille, vous ne me ferez donner qu'une bouteille d'eau, une livre de pain noir et un morceau de fromage. » — *France pittoresque*, III, Département des Deux-Sèvres.

la liberté. L'*Encyclopédie* s'élève avec énergie contre le servage, et signale ses abus persévérants. « Est-il rien de plus effrayant, par exemple, dit-elle, que le droit de suite pendant dix ans sur les taillables qui transportent leur domicile dans une ville franche, où ils paient les capitations, les entrées, les octrois et autres droits presque équivalents à la taille! Un malheureux journalier qui ne possède aucun fonds dans une paroisse, qui manque de travail, ne peut aller dans une autre où il trouve de quoi subsister, sans payer la taille en deux endroits pendant deux ans, et pendant trois, s'il passe dans une troisième élection... »

C'est à ce développement de l'esprit philosophique, c'est surtout à un livre, l'*Ami des hommes* (1755), que l'on doit l'engouement subit pour l'agriculture, qui fit abaisser enfin les regards vers cette race avilie et méprisée, qui cultivait si misérablement la nourricière commune. Bientôt des sociétés d'agriculture s'organisèrent par toute la France, celle de Bretagne, en 1756, grâce à l'impulsion donnée par Turgot et de Gournay, alors à Rennes; celle de Paris en 1764, divisée en quatre bureaux : Paris, Meaux, Beauvais et Sens; celle de Tours, dans la même année, en trois bureaux : Tours, Angers, le Mans...

Par une réaction inévitable, on mit des paysans partout, au théâtre, dans la littérature, dans les arts : à l'Opéra, le *Devin du village*, d'un coup de sa baguette magique, fit disparaître dans les derniers dessous les éternels Grecs et les Romains non moins vivaces. La peinture ne peignit plus que des bergers, Florian écrivit des bergeries, et Versailles eut son hameau de marbres et de glaces où la cour vint oublier ses splendeurs et son royal ennui. Et comme tout ce beau monde champêtre était propret et coquet, habillé de soie et de velours, enrubané de la tête aux pieds! Et les jolis moutons! et les amours de chiens! Comme tout cela, bêtes et gens, chantait et bêlait en mesure, dansait et sautillait en cadence au milieu d'une prairie émaillée de fleurs, sur une fougère naine ou sous une fougère gigantesque, variétés inconnues de nos jours, passées à l'état de mythe avec leurs congénères antédiluviennes, dont les vastes gisements enrichissent aujourd'hui nos bassins houillers! Pouvait-on, au milieu de cette joie et de ces fêtes, croire aux méchants rapports de ce fou atrabilaire de Rousseau, qui disait que les paysans de France étaient nus et mouraient de faim (1), qu'ils empruntaient leur pain aux seigneurs qui voulaient bien leur faire l'avance de la vie, et que, tandis que les duchesses se déguisaient en bergères, les bergères se travestissaient en bêtes de somme, et tiraient la charrue pour labourer la terre (2)?

Dans la Franche-Comté, qui s'appelait franche, comme les Furies s'appelaient Euménides, et où le servage avec toute sa révoltante iniquité se conserva en fait et en droit jusqu'en 1789, les habitants essayèrent de porter leurs doléances jusqu'aux pieds du trône (1770) :

« Lorsqu'un serf du chapitre (de Saint-Claude) passe pour être malade à l'extrémité, l'agent ou le fermier du chapitre commence par mettre à la porte de la cabane la veuve et les enfants (3), et par s'emparer de tous les meubles. Le chapitre, en qualité d'héritier, est tenu de payer le chirurgien et l'apothicaire. Un chirurgien de Morez, nommé Nicod, demanda au mois d'avril son paiement à l'agent du chapitre : l'agent ré-

---

(1) Rousseau raconte ainsi la visite qu'il fit dans une ferme du Dauphiné :
« Ce ne fut qu'après s'être bien assuré que son visiteur n'était point entré chez lui pour le vendre, et avoir jugé de la vérité de son histoire par celle de son appétit, qu'il lui avoua la nécessité où il était de cacher son vin à cause des aides, son pain à cause de la taille, parce qu'il serait un homme perdu si l'on pouvait se douter qu'il ne mourait pas de faim.»

(2) Arthur Young, *Voyage en France*.

(3) Quatorze années plus tard, Chabrol nous montre le servage existant encore dans le pays de Combraille, et les chanoines réguliers d'Évaux réclamant les enfants nés d'un père libre, mais d'une mère serve. — *Cout. d'Auvergne*, III, 495.

pondit ces propres mots : « Loin de vous payer, le chapitre devrait vous punir : vous avez guéri l'année dernière deux serfs, dont la mort eût valu mille écus à mes maîtres ! »

» Nous ne voulons point fatiguer Votre Majesté par le récit avéré de cent désastres qui font frémir la nature, d'enfants à la mamelle abandonnés et trouvés morts sous le scellé de leur père ; de filles chassées de la maison paternelle où elles avaient été mariées, et mortes dans les environs au milieu des neiges ; d'enfants estropiés de coups par les agens du chapitre, de peur qu'ils n'aillent demander justice... »

Voltaire prit en main la défense des serfs de Saint-Claude, mais inutilement (1). Le puissant écrivain n'en continua pas moins de prêter à l'indignation de tous la voix de son ironie impitoyable :

« On dit communément qu'il n'y a plus d'esclaves en France, que c'est le pays des Francs, qu'esclave et franc sont contradictoires ; qu'on y est si franc, que plusieurs financiers y sont morts en dernier lieu avec trente millions de francs acquis aux dépens des derniers Francs, s'il y en a. Heureuse la nation française d'être si franche !

» Cependant comment accorder tant de liberté avec tant d'espèces de servitudes, comme par exemple celle de la mainmorte ?... Mais le plus curieux et le plus consolant de toute cette jurisprudence, c'est que les moines sont seigneurs de la moitié des terres mainmortables.

» Quand nous avons fait quelques remontrances modestes sur cette étrange tyrannie de gens qui ont juré à Dieu d'être pauvres et humbles, on nous a répondu : « Il y a six cents ans qu'ils jouissent de ce droit, comment les en dépouiller ? » Nous avons répliqué humblement : Il y a trente ou quarante mille ans, plus ou moins, que les fouines sont en possession

(1) Ils lui firent dire que, s'il leur faisait rendre leur liberté, ils ôteraient le saint de sa niche, et le mettraient à sa place. « Rien ne presse, répondit-il, je me trouve bien niché où je suis. »

de manger nos poules, mais on nous accorde la permission de les détruire quand nous les rencontrons. » (*Dictionnaire philosophique.*)

C'était en tous lieux l'Église qui reculait la dernière devant l'affranchissement; mais le terrible champion du progrès était partout sur la brèche, vengeant l'humanité et fustigeant de son fouet vengeur le tyrannique égoïsme des moines :

« Au milieu des rochers et des abîmes qui bordent le pays de Gex, dit-il ailleurs (1), au revers du mont Jura, au bord d'un torrent nommé la Valserine, se trouve le village de Chezery, qui appartenait à la Savoie, et qui est réputé français depuis l'échange fait avec le roi de Sardaigne en 1760. Les Bernardins sont seigneurs de ce terrain, et voici les droits que s'arrogent ces seigneurs par excès d'humilité et de désintéressement.

» Tous les habitants sont esclaves de l'abbaye, et esclaves de corps et de biens. Si j'achetais une toise de terrain dans la censive de monseigneur l'abbé, je deviendrais serf de monseigneur, et tout mon bien lui appartiendrait sans difficulté, fût-il situé à Pondichéry. Le couvent commence, à ma mort, par mettre le scellé sur tous mes effets, prend pour lui les meilleures vaches, et chasse mes parents de la maison.

» Les habitants de ce pays les plus favorisés sèment un peu d'orge et d'avoine, dont ils se nourrissent; ils paient la dîme sur le pied de la sixième gerbe à monseigneur l'abbé, et l'on a excommunié ceux qui ont eu l'insolence de prétendre qu'ils ne devaient que la dixième gerbe.

» En 1762, le 20 de janvier, le feu roi de Sardaigne abolit dans tous ses États cet esclavage chrétien. Il permit à tous ces malheureux d'acheter leur liberté de leurs seigneurs, et prêta même de l'argent à tous les colons qui n'en avaient pas pour se rédimer.

---

(1) *Correspondance*, 23 février 1776.

» Ainsi, il est arrivé que ces cultivateurs auraient été libres s'ils étaient restés Savoyards jusqu'en 1762, et qu'ils ne sont aujourd'hui esclaves de moines que parce qu'ils sont Français. »

Pendant que le servage, battu en brèche de toutes parts, perdait incessamment du terrain, quelques légistes, entraînés par le courant des idées, complétaient l'œuvre de démolition en mettant en doute la légitimité des droits seigneuriaux. Les banalités et corvées ne s'établissent que sur un titre valable, et la prescription est frappée d'impuissance à leur égard : « La raison, dit le commentateur (1), est que souvent les seigneurs contraignent par force et violence leurs sujets à des charges, sujétions et servitudes, en sorte qu'ils sont souvent obligés de quitter leur pays et d'abandonner leurs biens, ce qui est contre l'intérêt du roi et de l'État, car, étant ainsi opprimés par les seigneurs, ils ne peuvent point payer la taille et les droits auxquels ils sont obligés envers le roi. »

On va plus loin, on discute la validité et l'âge de ces titres, et jusqu'à leur date : « Cette condition, au dire de Basnage, avait été mise pour le temps où la coutume fut réformée, lequel ayant été précédé de troubles et de guerres civiles, pendant lesquels il avait été facile aux seigneurs de faire passer tels actes qu'ils avaient voulu à leurs habitants, on avait demandé que le titre fût de vingt-cinq ans avant la réformation, afin qu'il se trouvât d'un temps moins suspect. » (*Coutume de Normandie.*)

« Les seigneurs s'attribuaient autrefois les communaux,

---

(1) De Ferrière, sur *Cout. de Paris*. — « La raison qui rend les corvées imprescriptibles, dit le commentateur de la coutume d'Orléans, est fondée sur ce qu'il y a présomption qu'elles ont été extorquées par force et contrainte. »

« On ne peut nier, dit Valin (*Cout. de la Rochelle*), que ce droit et tous les autres qui tiennent de la servitude ne dérivent en général d'une source impure. Il n'est si petit seigneur haut justicier qui ne prétende jouir du droit de corvée.... On ne saurait donc être trop en garde contre un droit si onéreux, qui, malgré les titres que l'on produit ordinairement et la plus longue possession, ne doit être regardé que comme une exaction illicite. »

dit un autre commentateur de la Coutume de Normandie (Le Terrien), et les appliquaient à leur profit : cette usurpation leur fut défendue par l'ordonnance du mois d'avril 1667. »

Nous avons vu que les seigneurs recevaient un droit de pacage pour permettre à leurs tenanciers de conduire leurs troupeaux sur les terrains vagues et les chemins : « Mais, dit Valin, dans quelles seigneuries de la province trouve-t-on des communaux pour le pâturage ? Elles sont en bien petit nombre, et cependant combien n'y en a-t-il point où le droit de pacage est prétendu par les seigneurs ? » (La Rochelle.)

En 1777, Fourré, commentateur de la Coutume de Blois, s'exprime ainsi au sujet des droits seigneuriaux : « Pour charger une communauté de ces droits odieux, il faut un titre constitutif qui ait une cause légitime, ou, à défaut, des aveux très anciens, qui expriment très clairement le droit, qui soient antérieurs aux troubles de 1555, tous uniformes et sans contradiction ; et, en outre, une possession bien connue et bien prouvée. »

Il n'y a, dans cette phrase, pas un mot, pas une syllabe qui ne soit une sanglante accusation de tyrannie et d'injustice à l'adresse des seigneurs. Le paysan ne veut plus payer qu'à bonne enseigne : il paiera ce qu'il doit, mais rien de plus.

Heureux encore si l'on eût agi de même à son égard ! Quand les vilains ne furent plus taillables à miséricorde, les seigneurs se réservèrent le droit de prendre leurs denrées à crédit, *et à tels termes qu'ils jugeraient à propos de stipuler*. La coutume d'Aix, l'une des plus complaisantes à cet égard, donnait au seigneur la faculté de faire estimer ces denrées par deux hommes choisis par lui-même : « Je connais, ajoute Renaudon, beaucoup de seigneurs qui, sans titre, ont étendu le terme de crédit jusqu'à ne jamais payer. »

« C'est ici le comble de la servitude, dit-il ailleurs. Le pauvre serf, après avoir travaillé toute sa vie pour son seigneur, après avoir été tyrannisé par les fermiers du seigneur en mille différentes façons, meurt enfin, et, après sa mort, le seigneur exerce sur ses biens le même pouvoir qu'il exerçait sur sa personne, il s'empare de tous ses biens ; et comme le serf ne peut avoir d'autre règle de ses actions que la volonté de son seigneur, qui est de tout prendre, le serf ne peut préjudicier à cette volonté par aucun testament, aucune donation entre-vifs (1). »

CHAPITRE VIII.

Louis XVI. — Turgot. — Affranchissement général des serfs. — Le paysan plus asservi que jamais. — Convocation des états généraux. — Les cahiers des bailliages.

> « L'habitude, la nature du gouvernement, la distance immense qui existe entre le peuple et les autres classes de la société, tout aide à détourner les yeux de la manière leste avec laquelle on peut manier l'autorité envers tous les gens perdus dans la foule. »
> NECKER, III, 168.

Si Louis IX eut la gloire immense et sans seconde de distancer son siècle et de mettre l'autorité royale aux ordres de son intelligence pour le traîner en avant à sa suite, Louis XVI peut revendiquer celle, qui n'est guère moins unique dans l'histoire des souverains, d'avoir voulu marcher dans le sens de son époque, franchement, sans regrets et sans arrière-pensée. A son avénement au trône, il parut s'être donné pour mission de faire arriver dans le domaine des faits une révolution déjà accomplie dans les idées, et dont la droiture de son âme lui faisait sentir l'urgence et la légitimité. Et penser que pour accomplir cette œuvre sublime, qui eût fait resplendir le nom de Louis XVI bien au-dessus des noms de Charlemagne et de saint Louis, de Henri IV et de Louis XIV, la Providence avait placé à côté de lui, et sous sa main, un homme plus grand

(1) Voy. aussi Boutaric, *Traité des droits seigneuriaux*, 421.

que Sully et que Colbert, doué, au dire de son collègue Malhesherbes, du cœur de L'Hospital et de la tête de Bacon! C'est peut-être parce qu'elle lui avait préparé ce rôle grandiose et qu'elle lui avait fait la partie bien belle et la tâche facile en lui donnant Turgot, qu'elle le punit plus sévèrement d'avoir failli à sa mission, et que, de même qu'il lui avait fallu le sang du Christ pour racheter devant sa justice les crimes des hommes, elle voulut le sang de Louis XVI pour racheter les crimes de la monarchie et de la féodalité.

Turgot résumait en lui Sully et Colbert : il comprenait l'agriculture comme le premier, l'industrie comme le second ; il avait vu de près le peuple des campagnes et ses misères ; il avait signalé le mal alors qu'il était intendant à Limoges, et il arrivait au pouvoir avec la volonté ferme de remédier à tous les abus, de donner satisfaction à tous les besoins. Économiste et philosophe, tout ce que le xviii° siècle avait mis en lumière et découvert, Turgot le savait; tout ce qu'il réclamait en fait de réformes, Turgot le voulait; tout ce qu'il avait rêvé de juste, d'humain, de fraternel, Turgot le pensait, le souhaitait, l'aimait. Il ne lui manqua que d'être soutenu par une volonté ferme, comme Sully l'avait été par Henri IV, et Colbert par Louis XIV, contre cette tourbe impie, plus inintelligente encore que perverse, qui tient son arsenal de calomnies toujours prêt contre ces hommes prédestinés qui tentent de faire droites et unies les routes de l'avenir devant les pas de l'humanité qui marche.

Turgot voulait, entre autres choses, l'abolition des corvées pour tout le royaume, la suppression des abus les plus tyranniques de la féodalité, corvées, garennes, gabelles, etc.; la conversion des deux vingtièmes de la taille en un impôt territorial sur la noblesse et le clergé, l'égale répartition de l'impôt assurée par le cadastre, la liberté de conscience, le rappel des protestants, la suppression de la plupart des monastères, le rachat des rentes féodales combiné avec le respect des droits de propriété, la libre défense des accusés, un seul code civil pour tout le royaume (1), l'unité des poids et mesures, la suppression des maîtrises et jurandes, des administrations provinciales pour défendre les intérêts municipaux, l'amélioration du sort des curés et des vicaires, la pensée aussi libre que l'industrie, un nouveau système d'instruction publique, l'autorité civile indépendante de l'autorité administrative.....

C'est-à-dire que Louis eût fait la révolution au lieu d'être emporté par elle, qu'il eût fondé pacifiquement la liberté de son royaume, et qu'il eût été Washington tout en restant Louis XVI.

Le fardeau de la corvée royale s'était aggravé dans des proportions considérables à mesure que la situation nouvelle faite aux seigneurs par la monarchie absolue avait amoindri celui de la corvée seigneuriale à partir du xvii° siècle (2) :

« Je n'oublierai jamais, dit Voyer d'Argenson, l'horreur des calamités que l'on souffrit en France, lorsque la reine Marie Leczinska y arriva. Une pluie continuelle avait ruiné la récolte, et la famine était encore accrue par la mauvaise administration du gouvernement.

» En ce moment il s'agissait des moissons et des récoltes de toutes sortes qu'on n'avait pas encore ramassées à cause des pluies continuelles. Le pauvre laboureur guettait un mo-

(1) Que penser de la raison humaine, lorsque l'on songe que Montesquieu lui-même regardait ce projet comme impossible et dangereux ! — *Esprit des lois*, XVIII, 27.

(2) Pour être amoindri, il n'en était pas moins très pesant encore, et ruineux pour les censitaires :

« Le roi, dit Dangeau (nov. 1698), a donné au duc de La Meilleraye les droits de corvées sur les terres de Belford, de Tane, et plusieurs autres que le duc de Mazarin, son père, lui a données en Alsace ; mais il ne jouissait point de ce droit-là. L'intendant de la province d'Alsace exigeait ce droit-là au profit du roi pendant la guerre ; Sa Majesté, qui vient d'en être informée par M. de Barbezieux, a fait rendre ce droit à M. de La Meilleraye, qui prétend que cela augmentera ces terres de 25,000 francs de rentes. » — *Mém.*, IV, 293.

ment de sécheresse pour les recueillir. Cependant il était occupé d'une autre manière. On avait fait marcher les paysans pour raccommoder les chemins où la reine devait passer, et ils n'en étaient que pires, au point que Sa Majesté faillit plusieurs fois se noyer. On retirait son carrosse d'un bourbier à force de bras, comme on pouvait. Dans plusieurs gîtes, elle et sa suite nageaient dans l'eau qui se répandait partout, et cela malgré les soins infinis qu'y avait donnés un ministère tyrannique.

» Les chevaux et les équipages étaient sur les dents. On avait commandé les chevaux des paysans à dix lieues à la ronde pour tirer les bagages. Les seigneurs et les dames de la suite, voyant leurs chevaux harassés, prenaient goût à se servir des misérables bêtes du pays. On les payait mal, et on ne les nourrissait pas du tout. Quand les chevaux commandés n'arrivaient pas, on faisait doubler la traite aux chevaux du pays dont on était saisi. J'allai me promener un soir, après dîner, sur la place de Sézanne. Il y eut un moment sans pluie. Je parlai à de pauvres paysans : leurs chevaux tout attelés passaient la nuit en plein air.

» Plusieurs me dirent que leurs bêtes n'avaient rien mangé depuis trois jours. On en attelait dix là où on en avait commandé quatre. Jugez combien il en périt! Notre subdélégué commanda dix-neuf cents chevaux, au lieu de quinze cents qu'on lui demandait, par la sage précaution d'un officier qui craint que le service ne manque sous son commandement. »

Une telle incurie présidait à l'aménagement des travaux destinés à la confection des routes, que souvent les corvoyeurs perdaient une partie de leur temps à faire trois ou quatre lieues pour se rendre sur l'atelier, où l'on exigeait de leurs bœufs des transports de quinze à dix-huit lieues par jour, si bien qu'au soir ils périssaient par les chemins avant d'avoir pu regagner l'étable où le repos les attendait (1). Il fallait de temps en temps des ouvrages d'art qui eussent nécessité l'intervention d'ingénieurs dirigeant des ouvriers salariés ; ils faisaient défaut, l'ouvrage était interrompu, ou mal fait, tout était perdu, et c'était l'ouvrage de Pénélope : la nuit détruisait le travail de la journée. (Turgot, VIII, 284.)

Les paysans devaient non-seulement faire et entretenir les routes, mais encore transporter les troupes, leur matériel et leurs bagages (2), source inépuisable d'abus poussés jusqu'à la violence. Le soldat impatient aiguillonnait à coups d'épée les flancs du bœuf au pas lent et mesuré, et si le paysan osait se plaindre, il recevait des coups pour toute satisfaction (3). Il fallait également voiturer par corvées toutes les fournitures de la marine. Les entrepreneurs adjudicataires de ces fournitures contraignaient les paysans à voiturer les bois qu'elle emploie jusqu'aux ports de construction, et, sous ce prétexte, ils faisaient conduire ainsi les bois même de chauffage (Turgot, t. I, 101) ; et tandis que les financiers levaient impitoyablement cette taille de surcroît au moyen de laquelle les villageois pouvaient croire avoir payé le rachat de la corvée (4), les mandataires royaux employaient contre les travailleurs réfractaires, comme aux plus beaux jours de la féodalité, la contrainte par corps, les amendes, la saisie mobilière et les mangeurs. Ils exigeaient d'eux des tâches souvent inexécu-

---

(1) *OEuvres de Turgot*, V, 377 ; VIII, 275.

« L'horreur des corvées consiste à faire venir de trois ou quatre lieues de pauvres familles, sans leur donner ni nourriture ni salaire, et à leur faire perdre plusieurs journées entières, qu'ils emploieraient utilement à cultiver leurs terres. » — Voltaire, *Correspondance*, 20 mars 1776.

(2) « Les chemins sont encore si mauvais que les armées ne sauraient encore marcher avec toute l'artillerie et l'attirail que l'on mène ; *il y a six mille chariots de paysans commandés.* » — *Mém. de Dangeau*, III, 175.

(3) Id., *ib.*, 180 ; — Turgot, V, 367, 381.

(4) Voy. ci-dessus, p. 81.

tables dans les délais qu'ils leur accordaient, si bien que leurs femmes étaient dans la nécessité de prendre part à des labeurs parfois mortels (1).

Il existait encore un autre abus qui se rattachait assez directement aux exactions sans nombre qu'enfantait la corvée. On avait attribué à la compagnie des salpêtriers le droit de fouiller, pour obtenir le salpêtre, les écuries, les granges, les bergeries, et jusqu'aux salles basses et aux caves des gens de la campagne. Les communes où il leur convenait de venir s'abattre étaient tenues de leur fournir des voitures, le logement gratis, et le bois à vil prix, de telle sorte qu'il en coûtait de faux frais, par an, 69,000 francs aux seuls villages de la Franche-Comté. Suivant leur patiente habitude de faire la part du feu, les ahaniers transigeaient, si bien que les salpêtriers promenaient par les bourgs du royaume leur inutile attirail, levant un impôt que les villages s'empressaient d'acquitter, et ne faisant pas de salpêtre (2).

En même temps qu'il fatiguait la cour de ses mémoires, et forcé de reconnaître qu'elle ne voulait rien faire et qu'elle ne ferait rien, Turgot entreprit de réaliser une partie de ses projets de réforme dans son intendance de Limoges, en supprimant les corvées pour la confection des routes. Le tumulte fut extrême, il eut tout le monde contre lui ; les paysans, pour lesquels il travaillait, aussi bien que les autres, contre lesquels il ne travaillait pas. Le clergé, la noblesse, les corps privilégiés profitaient des routes, utiles principalement aux gros propriétaires et aux décimateurs, et qu'exécutait pour

---

(1) « Je sais que la loi n'ordonne pas aux femmes d'aller à la corvée, mais je sais aussi qu'on oblige quelquefois les paysans de construire, dans quinze jours, un chemin qu'ils ne peuvent construire que dans un mois, et alors les femmes travaillent avec eux. Je sais encore qu'on commande souvent des corvées dans un temps près de celui des moissons, ou d'autres récoltes. » — Saint-Lambert, *Les Saisons*, note du chant II.

(2) Turgot, IV, 225. — C'est au grand chimiste Lavoisier que revient l'honneur d'avoir mis un terme à cette criante tyrannie des salpêtriers.

eux tous Jacques Bonhomme, qui ne s'en servait guère. Ceux-ci, seuls éclairés, étaient à même de discuter et de motiver les périls ou les avantages de l'entreprise ; ils étaient juges et partie et faisaient l'opinion. Ne comprenant pas quel lien étroit de solidarité unissait leurs intérêts à ceux du peuple, et sentant instinctivement poindre dans l'avenir, à travers ces modestes projets de réforme, un ordre de choses qui ferait entre tous les hommes un partage moins inégal des charges et des bénéfices sociaux, ils n'eurent pas de peine à persuader aux pauvres laboureurs, grâce aux antécédents bien connus des intendants, que lorsqu'il exigeait d'eux des fonds pour faire exécuter ces travaux par des salariés, Turgot voulait garder pour lui l'argent, tout en maintenant la corvée. Cela avait été pratiqué déjà sous le grand roi, il n'y avait rien d'invraisemblable à ce que cela fût renouvelé sous son indigne successeur.

Dans leur horreur du progrès, les exploiteurs consentiraient à voir leurs maisons démolies par les exploités, s'il ne fallait que cela pour lapider les réformateurs. Mais, chez Turgot, le courage était à la hauteur de l'intelligence : il tint bon, et l'opération, commencée en 1762, fut terminée en 1764. L'imposition, depuis lors, varia, pour la province, de 40,000 à 100,000 écus. Avec cette somme, relativement minime, on fit la route de Paris à Toulouse par Limoges, celle de Paris à Bordeaux par Angoulême, ouvertes depuis quatre-vingts ans par le procédé de la corvée, et tout aussi peu avancées que le premier jour.

L'entretien n'était pas moins simple et économique que la confection elle-même. L'entrepreneur était tenu de garnir les bords des routes de petits tas de cailloutage. Pour quinze sols par jour, un homme entretenait une longueur de trois lieues. On avait élevé sa maison au milieu du parcours, de sorte qu'il n'y avait pour lui aucune perte de temps. Il comblait l'ornière à mesure qu'elle commençait à s'ouvrir. S'il en existait, il perdait huit jours de traitement, quinze jours en cas de récidive, et sa place à la troisième négligence. Mais il était sans exemple que cela fût arrivé, et par toute la province, les routes étaient comme des allées de jardin. (I, 85.)

Ainsi l'intendant de Limoges avait, à très peu de chose près, inventé et mis en pratique le système moderne pour la confection et l'entretien des routes.

Turgot était du petit nombre de ces hommes qui, arrivés au pouvoir, se souviennent des enseignements, des promesses et des engagements des jours heureux de la jeunesse, et font, dès qu'ils le peuvent, passer dans le domaine des faits les généreuses aspirations d'autrefois. Devenu ministre, et encouragé par le succès obtenu, il voulut faire jouir tout le royaume du bienfait dont il avait doté le Limousin, et dicta une ordonnance (1776) qui supprimait le travail gratuit et la corvée, sauf pour les cas de guerre et la défense du pays.

Mais cette fois ce ne fut plus une province, ce fut la France tout entière que Turgot eut contre lui. Le peuple refusa de payer. La noblesse, furieuse, objecta au faible Louis XVI que « la suppression de la corvée tendait évidemment à l'anéantissement des franchises primitives des nobles et des ecclésiastiques, à la confusion des états et à l'interversion des principes constitutifs de la monarchie. » Le parlement de Paris déclara « que le peuple de France était taillable et corvéable à volonté; que c'était une partie de la constitution que le roi était dans l'impuissance de changer (IV, 363). » On alla jusqu'à vouloir lui persuader que le peuple se révolterait si l'on supprimait la corvée (1). Enfin, on lança contre Turgot le grand cri, l'*ultima ratio*, ce cri suprême qui sauve les capitoles à l'heure de l'escalade : on l'accusa de pousser à la haine contre la noblesse et de porter atteinte aux bases

---

(1) Voltaire, *Correspondance*, 23 mars 1776.

sociales ; on l'accusa de détruire la propriété, et tout fut dit (IV, 229, 253, 279).

Il était dans la destinée fatale de Louis XVI de céder toujours le lendemain aux mauvaises influences, comme il avait cédé la veille aux généreuses inspirations : M. de Cluny remplaça Turgot; en août de la même année, le roi revint sur son ordonnance, et les routes continuèrent à être faites par corvées dans presque toute la France (1).

« Ah ! s'écriait Necker en 1784, que cette mendicité pourrait souvent servir de reproche à l'autorité qui la poursuit. » — « Je demande l'aumône aujourd'hui, dirait un malheureux; *mais depuis cinq jours j'ai travaillé, sans rétribution, à réparer les chemins ;* mais un collecteur a fait vendre le peu que j'avais pour être payé de la taille; un autre me poursuit pour mon devoir de gabelle; incertain sur mes droits, je me suis encore épuisé par une affaire litigieuse, et je viens de me présenter à la porte d'un riche propriétaire pour demander du travail : on m'a répondu qu'il n'avait pas besoin de mes services. » (III, 163.)

Battue en brèche par les économistes et les philosophes, jugée et condamnée par tous les plus grands ministres du XVIIIe siècle, qu'attendait donc la corvée pour disparaître ? Hélas ! elle attendait ce qu'attendent tous les abus qui se succèdent à leur tour. Elle attendait la révolution.

La corvée personnelle fut donc abolie dans la nuit du 4 août; la corvée réelle ne le fut que le 17 juillet 1793.

La haine des privilégiés ne se trompait pas d'objet, lorsqu'elle poursuivait de ses calomnies cet infatigable intendant de Limoges, qui semblait avoir juré de porter remède à tous les vices sociaux qui entraînaient vers l'abîme la monarchie absolue. Après la corvée, vint la taille. Il montra les asséeurs opérant au point de vue de la facilité des recouvrements et

(1) Necker, *De l'administration des finances* (1784), I, 238, 245, 268, 270, 272, 279, 284, 292.

contraignant les agriculteurs à feindre une détresse absolue, jusqu'à se laisser accabler de frais avant de payer, afin de n'être pas ruinés (Turgot, IV, 126) : situation fatale à l'État comme aux particuliers, et qui rendait tout essor impossible à l'industrie non moins qu'à l'agriculture (1) ; les collecteurs, dans l'impuissance de se faire payer de la noblesse, ni des gens en place, ni même quelquefois de leurs métayers (Id., p. 159) ; l'odieuse solidarité entretenant la misère dans les campagnes, et laissant le tenancier à la merci du seigneur ou de tout autre, investi de quelque autorité. Si les collecteurs dissipaient l'impôt recueilli, les quatre plus riches de la commune en avaient toute la responsabilité. Le seigneur, dont le revenu était le plus souvent en rentes, ou même en grains, choses faciles à dissimuler, échappait à l'impôt, sans que le paysan, qui payait pour lui, osât le dénoncer, la loi de solidarité le mettant à sa merci (I, 128, 129 ; IV, 138).

Indépendamment des impositions spéciales au tiers état, quelques-unes, les vingtièmes, la capitation, etc., étaient censées peser proportionnellement sur tous. Mais il en était de celles-là comme de tout le reste. La proportion des vingtièmes, — on en payait deux, — avec le revenu des terres, n'était que nominale : celles du paysan étaient taxées à la rigueur, tandis qu'aucun des domaines des nobles, des magistrats, ni des riches bourgeois ne l'était à son véritable taux. Quant à ceux du clergé, c'était mieux : ils ne l'étaient pas du tout. Ainsi les pauvres, d'ailleurs exclusivement soumis à la taille, étaient surchargés même pour l'imposition dont le titre et les édits qui l'établissaient supposaient le devoir de

(1) Les paysans cachaient leur industrie, qui manquait de débouchés. En 1788, Legrand d'Aussy en visita qui ne pouvaient vendre leurs dentelles ; il leur proposa de leur trouver des correspondants ; ils le supplièrent de n'en point parler : « Notre pays est déjà écrasé d'impôts, lui dirent-ils ; si vous annoncez qu'on y fait de la dentelle, l'administration va nous croire une mine d'or : on doublera notre fardeau, et nous sommes perdus. » — *Voyage en Auvergne*, I, 417.

la rendre proportionnelle. C'était visiblement le contraire de toute justice, de toute saine politique et de l'intérêt du roi ; mais c'était ce que les parlements soutenaient avec le plus d'opiniâtreté (I, 193 ; IV, 89).

Quant à la capitation, les privilégiés ne la payaient pas, ou n'en payaient presque rien, et ne s'acquittaient qu'après de longues années de retard : pour le campagnard, elle était presque égale au principal de la taille (VIII, 130, 196, 198). Le gentilhomme était exempt d'impositions, et l'on exécutait la marmite du paysan. De leur côté, les propriétaires non nobles laissaient peser sur le fermier « toute la charge que celui-ci pouvait absolument supporter sans tomber dans le désespoir et l'impuissance de travailler. »

Les terres étaient très fréquemment accensées par les seigneurs, moyennant des rentes en grains. Lorsque la récolte faisait défaut, ce qui était très fréquent, grâce aux manœuvres du pacte de famine, les seigneurs en exigeaient le paiement en argent, d'après le prix qu'avait momentanément au marché la quantité de grains qui leur était due. C'était légal, mais non juste. En 1769, il y avait eu une disette plus cruelle encore que celles de 1709 et de 1739, de telle sorte qu'en 1770, le prix était quadruple du prix habituel et moyen (VI, p. 60) : la famine enrichissait les seigneurs, aussi savaient-ils l'art de l'entretenir.

Le roi, à lui seul, tirait du pays la moitié des revenus. L'autre moitié passait dans la dîme, les aides, la gabelle, le coût des actes, les octrois, les péages, les douanes, les droits seigneuriaux, et Turgot avait démontré vingt fois que le paysan ne tirait rien du sol ni de sa culture, que l'intérêt de ses avances d'exploitation en bestiaux, instruments, semences et nourriture, si bien que les petits cultivateurs n'avaient pas, toutes charges payées, plus de vingt-cinq à trente livres par an à dépenser par personne, non pas en argent, mais en comptant tout ce qu'ils consommaient en nature ; aussi, fuyant la misère, les paysans émigraient-ils sans cesse de province en province (IV, 250, 260, 274, 304; VI, 144).

La milice contribuait encore d'une manière très puissante à dépeupler les campagnes, en entretenant chez les campagnards cet esprit de migrations incessantes. Le paysan avait eu tant à souffrir du soldat, qu'il éprouvait pour le métier de celui-ci un sentiment de répulsion insurmontable. Aussi la milice était-elle une cause continuelle de désordres et le signal d'une véritable guerre civile entre les habitants des campagnes, les uns fuyant au fond des forêts, les autres leur y donnant la chasse pour éviter d'être contraints de partir à leur place. Les meurtres étaient fréquents, les procédures criminelles se succédaient, et la culture cessait dans les campagnes abandonnées. Dès qu'il s'agissait de rassembler les bataillons, les syndics des paroisses se voyaient dans la nécessité de traîner les miliciens escortés par la maréchaussée et quelquefois garrottés comme des bandits pour le bagne (VI, 424). — C'est ainsi que l'on marchait à la gloire ! — D'autres s'enfuyaient dans les villes, espérant s'y soustraire plus facilement aux recherches de leurs chefs (1). Mais là un autre danger les attendait. Sans parler des ruses des raccoleurs, il y avait dans les grandes villes, à Paris surtout, des soldats, des gardes du corps même, qui ramassaient par force les gens qu'ils renfermaient dans des maisons appelées fours, pour les vendre ensuite aux officiers chargés de faire des recrues (Dangeau, III, p. 327). Puis, une fois déshabitués de la vie des champs, assouplis par la discipline, et promptement démoralisés par le contact des bandits qui, sous la monarchie, formaient l'armée (2), ces mêmes miliciens réfractaires devenaient, entre

---

(1) Quesnay, *Encyclopédie*, art. FERMIERS.
(2) Mirabeau écrit à la cour le 20 juin 1790 : « L'armée donne des instruments de brigandage à quiconque voudrait faire le métier de voleur en grand. Mandrin peut aujourd'hui devenir roi d'une et même de plusieurs provinces. » — *Correspondance entre Mirabeau et le comte de la Marck*, II, 38, 89.

les mains de leurs maîtres, de dociles instruments d'oppression (1), et retardaient l'avènement de la liberté.

Le champ des réformes était vaste, on le voit, et Turgot avait mesuré de l'œil la profondeur de l'abîme creusé sous les pas de la monarchie absolue, abîme sans fond, qui s'élargissait chaque jour depuis la fin du xviie siècle, depuis cette époque sombre que Boulainvilliers a dévoilée à nos regards.

Voici comment parle le conseil royal dans un arrêt rendu contre un fermier général, le 13 juillet de l'année qui ouvre le xviiie siècle.

« Il y a beaucoup de gens en Bourgogne qui ne consomment aucuns sels... La pauvreté où ils sont actuellement de n'avoir pas de quoi acheter, non pas du blé, ni de l'orge, mais de l'avoine pour vivre, les oblige de se nourrir d'herbes et même de périr de faim (2). »

En 1707, Boisguilbert en arrive à regretter l'année 1698 elle-même :

« Alors il y avait encore de l'huile dans la lampe. Aujourd'hui tout a pris fin faute de matière... Le procès va rouler maintenant entre ceux qui paient, et ceux qui n'ont de fonction que de recevoir. »

Nous avons entendu le cri de détresse jeté par Massillon au milieu de ce siècle. Turgot nous apprend qu'en 1762, le Limousin et l'Angoumois ont beaucoup perdu de leurs richesses (IV, 52) ; et, quelques années plus tard, l'historien de la

---

(1) « Le moyen âge, qui n'eut point d'armées permanentes, était dans l'état le plus favorable à la liberté, et, par le défaut de lumière, ce fut un temps de servitude : quand les lumières s'étendirent, les soldats arrivèrent. » — Chateaubriand, *Analyse raisonnée de l'hist. de France*, 180.

(2) Cité par Rougebief, *La Franche-Comté ancienne et moderne*, 586.
Si l'on n'avait pas fait passer au paysan *le goût du pain*, on l'avait du moins déshabitué du blé, et, l'habitude de la misère et la routine aidant, on vit une émeute à Tulle parce qu'il n'y avait pas de seigle au marché, abondamment pourvu de blé pas plus cher que le seigle ne l'eût été. — Turgot, IV, 127.

Rochelle constate la dépopulation de la province (Arcère, p. 483) :

« La nécessité physique trop souvent manque au colon ; *il meurt de faim en nous faisant vivre.* Des hommes accablés de peines, desséchés par la misère, ne sauraient se survivre à eux-mêmes par une nombreuse postérité ; ils ne donnent que peu de citoyens à l'État. Mais quel est le principe de leur misère ? l'impuissance de subsister de leurs travaux. Partout où les hommes pourront vivre, ils naîtront ; partout où leur vie ne sera qu'une longue et pénible souffrance, on les verra disparaître ; moins les champs rapporteront, moins il y aura de laboureurs. »

Un mémoire, écrit en 1768, avance que, depuis le commencement du siècle, la population du Ponthieu a diminué d'un tiers (1), et voici ce qu'écrit Legrand d'Aussy en 1788 (I, 82) :

« De toutes parts on aperçoit des maisons en ruines ou abandonnées. J'ai vu des villages où ces masures en décombres faisaient plus d'un tiers du lieu. Le même fardeau d'impositions subsistait néanmoins toujours. »

« Lisez les voyageurs étrangers des deux derniers siècles, vous les voyez stupéfaits, en traversant nos campagnes, de leur misérable apparence, de la tristesse, du désert, de l'horreur de pauvreté, des sombres chaumières nues et vides, du maigre peuple en haillons. Ils apprennent là ce que l'homme peut endurer sans mourir, ce que personne, ni Anglais, ni Hollandais, ni Allemand, n'aurait supporté (2). »

Turgot n'avait garde de laisser agioter dans l'ombre cette coalition monstrueuse du pacte de famine, dont les bénéfices étaient fondés sur les misères publiques. Convaincu qu'en tout la liberté est le plus grand des biens, et qu'elle porte avec elle le remède à tous les maux, il opposa la liberté du

(1) Cité par Louandre, *Hist. d'Abbeville*, 446.
(2) Michelet, *Hist. de la révolution*, I, introd., lxix.

commerce des grains à l'odieux monopole; elle devait avoir pour résultat d'accroître les revenus du propriétaire et d'augmenter les ressources du cultivateur sans faire hausser le prix moyen du blé, en sorte qu'il lui était légitime de croire qu'il aurait pour lui les propriétaires, les cultivateurs et les conservateurs, c'est-à-dire tout le monde, excepté les complices du pacte de famine.

A peine l'édit fut-il rendu (1776), qu'une tempête effroyable éclata sur la tête de l'imprudent ministre. La reine, la famille royale, le clergé, le parlement, ses collègues mêmes, tout cria, vociféra, s'ameuta et fut contre lui. On commença, c'est l'usage, par lancer la terrible accusation d'attentat à la propriété contre celui qui voulait la rendre morale et légitime en la faisant moins oppressive; puis on organisa une famine factice dont on rejeta les causes sur les *innovations roturières de ce charlatan d'administration*. Tandis que des troupes de bandits soudoyés parcouraient les provinces (1), brûlaient les moulins, les granges pleines de gerbes, les fermes entières (2), pillaient les marchés, arrêtaient les voitures et les bateaux chargés de grains qu'ils jetaient à la rivière, répandaient partout la terreur, entraînant et poussant au crime la populace des campagnes, toujours facile à tromper; d'autres pénétrèrent à Versailles, hurlant sous les balcons du pauvre roi, qui prit pour des hommes brisés par la faim des misérables titubant sous les excès de l'ivresse.

Il fallut une armée tout entière pour calmer cette effervescence : elle aggrava le mal en rendant réelle une disette qui n'était que de commande, et la guerre des farines, —

---

(1) Les pillards n'étaient point des gens affamés, et ne désiraient point le paraître. On donnait au vulgaire douze francs, aux chefs un louis. On avait fabriqué de faux arrêts du conseil pour autoriser le pillage. Le but était d'affamer Paris, et c'est en chantant qu'ils faisaient leurs courses. — Turgot, IV, 185.

(2) Id., VII, 284.

c'est ainsi qu'on l'appela, — décida le faible Louis XVI à rapporter l'édit sur la liberté du commerce des grains, et à renvoyer son ministre.

Après avoir sacrifié au démon des vengeances populaires deux pauvres diables qui furent pendus en grand appareil à un gibet de quarante pieds de haut, les coryphantes du pacte de famine continuaient leurs coupables manœuvres jusque sous les yeux de Necker, qui fut contraint de suivre le système établi, en confessant son impuissance à le renverser, pendant que le peuple, ne sachant à qui s'en prendre, et poussé aux dernières extrémités de la misère, sentait grandir dans son âme une haine implacable contre le gouvernement, les nobles et les riches, haine qui va se traduire tout à l'heure en horribles vengeances qui sauront choisir pour premières victimes les derniers complices du pacte de famine.

Cependant Louis, qui avait inauguré son règne en faisant remise au peuple du don de joyeux avénement, et qui avait aboli la torture (1), dont Thémis, la déesse aveugle, ne pouvait pas plus se passer alors que du duel judiciaire au moyen âge et de la guillotine aujourd'hui, Louis fit plus, et par son édit du 8 août 1779 il abolit les droits de poursuite et de servage dans les domaines royaux. C'était donner un corps aux généreuses aspirations de Turgot, et il semblait, sous l'inspiration de Necker, vouloir reprendre et mener à bien l'œuvre trop tôt abandonnée (2).

« Constamment occupés de tout ce qui peut intéresser le bonheur de nos peuples, disait-il dans le préambule de cet édit mémorable, et mettant notre principale gloire à com-

(1) Louis XVI, par un édit du 24 août, abolit la question préparatoire seulement. La question préalable ne fut effacée de nos codes que le 9 octobre 1789. Le but de la première était d'obtenir l'aveu des crimes, et celui de la seconde d'arracher le nom des complices.

(2) Il avait cependant laissé la gloire de l'initiative à Charles-Emmanuel, roi de Sardaigne, qui avait aboli la servitude personnelle en 1762, et la servitude réelle en 1771.

mander une nation libre et généreuse, nous n'avons pu voir sans peine les restes de servitude qui subsistent dans plusieurs de nos provinces ; nous avons été affecté en considérant qu'un grand nombre de nos sujets, servilement encore attachés à la glèbe, sont regardés comme en faisant partie, et confondus, pour ainsi dire, avec elle ; que, privés de la liberté de leurs personnes et des prérogatives de la propriété, ils sont mis eux-mêmes au nombre des possessions féodales ; qu'ils n'ont pas la consolation de disposer de leurs biens après eux, et qu'excepté dans certains cas, rigoureusement circonscrits, ils ne peuvent pas même transmettre à leurs propres enfants le fruit de leurs travaux ; que des dispositions pareilles ne sont propres qu'à rendre l'industrie languissante et à priver la société des effets de cette énergie dans le travail que le sentiment de la propriété la plus libre est seul capable d'inspirer.

» Justement touché de ces considérations, nous aurions voulu abolir sans distinction ces vestiges d'une féodalité rigoureuse ; mais nos finances ne nous permettant pas de racheter ce droit des mains des seigneurs, et retenu par les égards que nous aurons dans tous les temps pour les lois de la propriété, que nous considérons comme le plus sûr fondement de l'ordre et de la justice, nous avons vu avec satisfaction qu'en respectant ce principe, nous pourrions cependant effectuer une partie du bien que nous avions en vue, en abolissant le droit de servitude, non-seulement dans tous les domaines entre nos mains, mais encore dans tous ceux engagés par nous et les rois nos prédécesseurs, autorisant à cet effet les engagistes qui se croiraient lésés par cette disposition, à nous remettre les domaines dont ils jouissent, et à réclamer de nous les finances fournies par eux ou par leurs auteurs. »

On le voit, Louis, par une étrange inconséquence et une singulière restriction, disait que le respect de la propriété ne lui permettait pas de toucher aux droits des seigneurs sur leurs serfs. La propriété, sous la monarchie, c'était le droit d'exploiter le travail de tous les paysans au profit de leurs seigneurs, ce n'était pas le droit pour le travailleur de s'approprier les fruits de son travail. Le droit de propriété du seigneur sur le serf était sacré, le droit de propriété du paysan sur lui-même et sur les fruits de son travail n'était pas acceptable encore : question ardue, qui, pour s'être déplacée, n'en reste pas moins encore aujourd'hui dans les mêmes termes. Elle était entre les seigneurs et les serfs, elle est entre le capitaliste et le prolétaire, et c'est au nom de la propriété-capital que l'on repousse le droit de la propriété-travail.

Ce qui rend cette restriction plus inexplicable encore, c'est que, dans un précédent édit de 1766, Louis proclamait hautement les droits sacrés du travail : « Dieu, dit-il, en donnant à l'homme des besoins, en lui rendant nécessaire la ressource du travail, a fait du droit de travailler la propriété de tout homme ; et cette propriété est la première, la plus sacrée, la plus imprescriptible de toutes. »

L'édit de 1779 eut son effet immédiat à l'égard du droit de suite, qui fut aboli par tout le royaume. Quant au servage, quatre cent soixante-quatre années de luttes avaient passé sur la France, entre l'ordonnance de Louis X et celle de Louis XVI, et le servage subsistait toujours, et ceux qui étaient affranchis restaient aussi misérables que l'avaient été les serfs du moyen âge (1). La situation du paysan demeurait

---

(1) « Le paysan serf, demi-soldat, demi-laboureur, demi-berger du moyen âge, était peut-être moins opprimé, moins ignorant, moins grossier que le paysan libre des derniers temps de la monarchie absolue. » — Chateaubriand, *Anal. raisonnée*, 92.

« Il n'y a point de pays où le paysan soit plus misérable qu'en France : voilà la vérité et le grand vice de notre gouvernement. » — *Correspondance de Grimm et de Diderot*, II, 183.

invariablement la même, on ne lui laissait que ce qu'il était absolument impossible d'arracher à son dénûment absolu (1), et c'est ainsi que l'on arrivait à cette fatidique « année 89, si prédite, si marquée, si annoncée pour de grands événements (2) », ainsi que l'écrivait prématurément madame de Sévigné (31 décemb. 1688), interprète de l'erreur générale ; comme si, dans son impatience, le peuple eût voulu avancer d'un siècle la venue d'une révolution qui ne pouvait qu'être heureuse pour lui.

Plein de bons désirs pour la cause populaire, et pénétré de l'urgente nécessité de porter remède à tant d'abus, Louis avait convoqué une première assemblée de notables en 1787, une seconde en 1788, espérant, avec leur concours, abolir plus de 50,000,000 d'impôts sur le peuple, obtenir plus d'égalité

(1) Procès-verbal de l'assemblée de la haute Guyenne, délibération du 13 octobre 1780 :

« Les terres soumises au droit de champart sont condamnées à la stérilité par la nature même de l'institution des champarts ; dans quelques-unes de cette espèce, sur 12 gerbes, le seigneur en retire au moins 3, le décimateur 1, les impositions en absorbent 2 au moins, il faut distraire de celles qui restent 2 pour la semence et 3 pour les frais de culture ; il en reste donc 1 pour le propriétaire, dont les travaux ne peuvent augmenter le revenu que dans une proportion décourageante. »

« A peine les paysans ont-ils la permission de vendanger leur vigne ou de moissonner leur champ, que le bailleur, le seigneur du fief, le seigneur suzerain, etc., etc., réclament leur part dans la récolte. Viennent ensuite les collecteurs des droits royaux exiger la taille, l'industrie, la capitation, les vingtièmes, sans compter la gabelle, les aides, le tabac, etc. De toutes ces levées successives faites sur le produit des sueurs de l'infortuné cultivateur, il résulte que de douze gerbes que son industrie a fait croître, il ne lui en reste qu'une pour sa subsistance. » — Cliquot de Blervache, *Moyens d'améliorer la condition des laboureurs*, 18.

(2) Le cardinal Pierre d'Ailli, évêque de Cambrai, fort adonné à l'astrologie, avait prédit la révolution de 1789 : « Si mundus usque ad illa tempora... duraverit, multæ tunc magnæ et mirabiles alterationes mundi et mutationes futuræ sunt, et maxime circa leges. » — Ap. *Tractat. de concordia astronomiæ cum theologia.* Venise, 1492.

dans la contribution, une grande diminution dans les frais de perception, l'abolition d'entraves et de droits infinis, et enfin une grande amélioration dans le service des gabelles.

Il s'adressait aux privilégiés pour supprimer les priviléges, aux oppresseurs pour secourir les opprimés. Aussi, tandis qu'à la seule annonce de la convocation de ces assemblées, les caricatures et les couplets couraient la ville (1), la noblesse et le clergé réunirent leurs efforts pour sauver leurs prérogatives, et firent tout échouer. Il restait acquis désormais que la monarchie absolue était frappée d'impuissance pour sortir la France du gouffre où elle l'avait plongée. Alors, à bout d'expédients, et pendant qu'un hiver qui rappelait celui de 1709 ajoutait encore aux souffrances du pays, Louis réveilla les états généraux du long sommeil de cent soixante-quinze années qui pesait sur eux.

On a prétendu que la révolution de 1789 avait été sans cause et sans but, et que, satisfait de son sort sous la monarchie, le peuple ne la désirait pas, n'ayant rien à en attendre. Cela, sans nul doute, ferait honneur à la modération de ses désirs, ou à sa résignation tout évangélique; mais cela n'est pas vrai, et les cahiers des bailliages, que les commettants avaient remis à leurs mandataires, après y avoir consigné leurs vœux, les cahiers des bailliages, qui sont la voix du peuple, proclament hautement, au contraire, combien était ardent le besoin national d'une révolution que le criminel égoïsme des deux castes privilégiées avait rendue

---

(1) Une de ces caricatures représente un gros fermier dans sa basse-cour, entouré de poules, oies et dindons, avec ce dialogue :
LE FERMIER.
Mes bons amis, je vous ai rassemblés pour savoir à quelle sauce vous voulez que je vous mange.
UN COQ, *redressant sa crête.*
Mais nous ne voulons pas être mangés.
LE FERMIER.
Vous vous écartez de la question.

inévitable. La nation la voulait si bien et à tout prix, que l'assemblée générale d'Angers couvrait d'applaudissements frénétiques ces paroles brûlantes de son président, M. de Milscent, qu'elle envoya aux états généraux :

« Choisissez des hommes d'une trempe forte et vigoureuse, capables de soutenir sans émotion les cris affreux de la tyrannie, au moment où la nation va l'abattre à ses pieds et lui porter le coup de la mort ! »

« L'abus de la féodalité, dit le cahier de Vannes (24-26), les vexations qui en découlent, sont le plus grand fléau des peuples... Qu'on abolisse toutes espèces de corvées et aides coutumières. Elles sont odieuses, contraires à la liberté naturelle, destructives de l'agriculture... Outre des rentes excessives, le colon est assujetti à des corvées arbitraires. Il est plus que temps de faire cesser pour le colon la cruelle alternative de se ruiner ou de s'expatrier. »

« Que la féodalité soit abolie, demande Rennes (art. 159). L'homme, le paysan surtout, est tyranniquement asservi sur la terre malheureuse, où il languit desséché. Rentes fixes et pesantes ; poursuites vexatoires pour les exiger ; apprécis injustes pour les augmenter ; rentes solidaires et revenchables ; rentes chéantes et levantes ; fumages ; rachat à toute mutation et par mort, en ligne directe comme en collatérale ; retrait féodal ; lods et ventes au huitième et même au sixième denier ; rachats iniques dans leur origine, surtout en Bretagne, plus iniques encore par les extensions qu'on leur a données ; banalité de moulin, de four, de pressoir ; corvées coutumières, corvées par titres, corvées par usement de fiefs, corvées établies par d'injustes arrêtés, corvées arbitraires et de fantaisie ; servitudes, prestations bizarres et onéreuses, cueillettes de rôles incollectibles, aveux, mimes, impunissements, procès ruineux et sans fin, la verge du fisc seigneurial toujours dressée sur nos têtes ; vexations, ruines, outrages, violences, servages funestes, sous lesquels les paysans, presque au niveau des serfs polonais, ne seraient jamais que malheureux, avilis et opprimés : tels sont les tableaux de désolation que présentent les cahiers des campagnes. »

« Que l'usage des moulins à bras soit libre ; qu'on proscrive absolument la capitation seigneuriale à raison de ces tristes machines, et que la postérité ignore, s'il se peut, que la tyrannie féodale bretonne, armée du pouvoir judiciaire, n'a pas rougi, dans les derniers temps, de briser les meules à bras, et de vendre annuellement à des malheureux la faculté de broyer entre deux pierres une mesure d'orge ou de sarrasin... Qu'il suffise à la féodalité de son sceptre de fer, sans qu'elle y joigne encore le poignard du traitant.

» Soient à jamais supprimés tous les usements barbares sous lesquels cinq cent mille individus gémissent encore dans une grande partie de la basse Bretagne, tels que ceux des domaines congéables, de motte et quevaise, restes odieux de la tyrannie féodale. Les congéments sont une source perpétuelle de ruine pour les familles, de discorde et de haine, de violence, et même de meurtre et d'incendie... Qu'on abolisse gratuitement les chevauchées, quintaine, soule, saut de poisson, baiser de mariées, chansons, transport de l'œuf sur la charrette, silence de grenouilles et autres usages de ce genre, aussi outrageux qu'extravagants. » (Rennes, 57, 70.)

« Qu'on abolisse pour toujours la mainmorte servile, demande le Nivernais (39), attendu que cet abus, par suite duquel les serfs n'ont ni la faculté de tester, ni celle de changer de domicile, ni celle de choisir un état à leur gré, expose d'ailleurs les gens de cette malheureuse condition à être partagés comme un vil bétail, quand leur père est mainmortable d'une seigneurie et leur mère mainmortable d'une autre ; qu'il est, par conséquent, contraire au droit naturel et à la liberté générale des citoyens et à l'intérêt public, et qu'on ne peut, à ce moyen, le considérer que comme le fruit de la violence et de l'oppression. »

« Le droit d'indire (1), celui de jambage, celui de guet et de garde, de mainmorte et tous ceux qui en résultent, sous quelque titre et dénomination qu'ils existent, seront abolis. » (Dijon, 27.)

« Que toute servitude personnelle, corvée à miséricorde, mi-lods en ligne directe, et retrait féodal et casuel, soient abolis sans indemnité, ainsi que tous les droits insolites, autres que les cens et servis, tels que ceux de leide, couponage, cartelage, barrage, fouage, maréchaussée, banvin, ban d'août, fours, pressoirs, moulins banaux, tabellionages et autres semblables. » (Lyon, 23.)

Portant une main hardie sur la propriété des nobles, Rodez et le Périgord retournent l'axiome féodal : « Point de terre sans seigneur », et demandent que le franc-fief soit supposé, sans titre, ni exprès, ni énonciatif.

« Les députés réclameront la suppression des francs-fiefs, disent la Rochelle et Rennes ; ce droit, monument de la barbarie féodale, était onéreux en lui-même, injurieux au tiers état, et devenait chaque jour plus vexatoire par les rigueurs de la perception. » (Art. 28, 65.)

La Franche-Comté proteste contre la servitude qui pèse sur elle :

« Vous avez, sire, dans vos armées, plus de trente mille serfs francs-comtois. Lorsque quelques-uns d'eux parviennent, par leur mérite, au grade d'officier, et qu'après avoir obtenu leur retraite avec une pension, au lieu de retourner avec leurs frères ou leurs neveux dans la hutte où ils sont nés, ils vont habiter dans leur village une maison plus commode, ils ne pourront, en mourant, disposer ni de leur mobilier, ni des petites économies qu'ils auront pu faire sur leur pension ; tout le pécule appartiendra au seigneur après leur mort. »

(1) C'est la taille aux quatre cas.

« Le fléau le plus redoutable pour l'agriculture, dit le cahier de Paris, est l'excès de gibier, excès résultant du privilége exclusif de la chasse ; de là, les campagnes dépouillées, les forêts dévastées, les vignes rongées jusque dans les racines ; de là les vexations des agents de l'autorité, les amendes arbitraires et excessives, les emprisonnements illégaux, les violences, les assassinats commis impunément par les gardes ; de là la loi imposée par le seigneur de distribuer les terres ensemencées, de manière que le gibier trouve partout sa pâture, la défense d'arracher le chaume pour lui conserver un abri, la défense de recueillir les productions au point de leur maturité ; de là enfin un dommage public et inappréciable, et l'une des principales causes du renchérissement des denrées. » (*Extrà muros*, 37.)

Ces courtes citations suffisent pour démontrer qu'il restait encore à faire, suivant l'expression de l'abbé Grégoire, un grand abatis dans la forêt des abus. La cour pressentait la lutte aussi bien que le tiers, et elle était décidée à défendre le terrain pied à pied. Elle renouvela la triste comédie de 1614, eut recours aux grands airs et aux petites insultes, louvoya, recula, ajourna, égarant l'assemblée dans un dédale de discussions d'étiquette, de préséance et de costume, et croyant tout sauvé lorsqu'elle gagnait du temps (1). Mais il arriva qu'un acteur inconnu, ou plutôt oublié, le peuple, ce *Deus ex machina* des situations trop tendues, des solutions impossibles et des dénoûments imprévus, il arriva, disons-nous, que le peuple s'élança sur le théâtre et envahit la scène, carrément et brutalement, à sa manière, et changea tout d'un coup la face des choses et la marche des événements.

(1) « Trente régiments marchaient sur Paris. Le prétexte était la tranquillité publique ; l'objet réel, la dissolution des états généraux. » — *Mémoires du marquis de Ferrières*, I, 71. — Léonard Gallois, continuateur d'Anquetil, X, 120.

CHAPITRE IX.

Prise de la Bastille. — Le héros du 14 juillet. — Foulon et le pacte de famine.

> « Nous sommes les hommes des communes, les hommes de la glèbe, les fils de ces paysans que les chevaliers massacrèrent jadis près de Meaux, les fils de ces bourgeois qui firent trembler Charles V, les fils des révoltés de la jacquerie. »
> AUGUSTIN THIERRY.

Le 12 juillet 1789, Louis XVI, cédant aux obsessions de son entourage, renvoya Necker pour mettre Foulon à sa place. On sait que Necker était alors l'idole du peuple ; je dirai tout à l'heure ce qu'était Foulon. Disons dès à présent que le jour et l'homme étaient mal choisis : car le 12 juillet 1789 était le jour du renouvellement du pacte de famine, signé pour la première fois le 12 juillet 1729, et régulièrement renouvelé depuis de douze en douze années, et Foulon, enrichi dans les intendances, et beau-père de Berthier, le dernier des intendants de Paris, Foulon avait, entre autres torts, celui d'avoir attaché son nom à ce pacte criminel qui, suivant l'expression d'un historien, avait établi ses comptoirs sur des ossements humains.

Je ne saurais dire si le peuple se rendit bien compte de tout cela ; toujours est-il que, pour témoigner son mécontentement, il lui prit fantaisie de renverser la Bastille, dont les hautes tours fatiguaient ses regards et lui portaient ombrage lorsqu'il descendait de son faubourg Saint-Antoine.

C'était quelque chose de si invraisemblable et de si impossible, que l'on avait négligé d'y enfermer des troupes bien nombreuses. La Bastille, avec ses fossés larges et profonds, avec ses neuf tours énormes qui flanquaient une ceinture non interrompue de murailles à donner le vertige, la Bastille se défendait elle-même. Elle avait cependant un état-major et une garnison : le marquis Delaunay, gouverneur, et le major de Losme ; M. de Montsigny, qui commandait les invalides, au nombre de quatre-vingt-deux, et Louis de Flue, à la tête de trente-deux Suisses, dont on avait renforcé, depuis le 6 juillet, la garnison de la forteresse.

C'est-à-dire, pour le personnel, en tout cent quinze à cent dix-huit hommes.

Quant au matériel, la citadelle était bien pourvue.

Les tours étaient couronnées de quinze pièces de canon de différent calibre, et, pour garder la porte d'entrée, trois pièces de campagne étaient rangées dans la grande cour, comme trois fiers molosses prêts à aboyer et à mordre. Delaunay avait de plus fait mettre en batterie sur les remparts de larges fusils que l'on appelait les *amusettes du comte de Saxe*. Chacun d'eux portait une livre et demie de balles.

Puis, pour donner de la voix à toutes ces bouches béantes, on avait deux cent cinquante barils de poudre, du poids de cent vingt-cinq livres chacun, quatre cents biscaïens, quatorze coffres de boulets sabotés, quinze mille cartouches, et quelques boulets de calibre.

Ajoutons que depuis quelques jours, le gouverneur avait fait monter à tout hasard sur les tours six voitures de pavés, de vieux ferrements, tuyaux de poêles, chenets, etc., de vieux boulets ramassés dans les fossés, le tout principalement destiné à pleuvoir aux alentours de la porte d'entrée, dans le cas où les canons ne la pourraient défendre, bien que le gouverneur, homme de précaution, eût fait creuser les embrasures des canons d'environ un pied et demi, afin qu'ils pussent être braqués perpendiculairement, si cela devenait nécessaire.

Comme cet enfant d'Israël qui s'avançait nu et l'arme des bergers à la main contre le géant couvert de toutes ses armes, le peuple n'avait, lui, ni fusils, ni poudre, ni canons ; mais il en aura, car il a la volonté, c'est-à-dire la foi, et Dieu a dit qu'elle transporte les montagnes. Quant aux fossés, on est décidé à y entasser tant de cadavres, que l'on arrivera toujours bien à la hauteur des portes et du pont-levis. Une fois là, il faudra bien que l'on entre.

La cour avait fait charger sur des bateaux cinq milliers de poudre pour les faire sortir de Paris. On les arrête à la hauteur du quai Saint-Nicolas, et la poudre est déposée dans les salles basses de l'hôtel de ville. L'abbé Lefèvre accepte la tâche épineuse d'en faire la distribution, et, pendant douze heures, cet homme accomplit l'œuvre surhumaine de régulariser le pillage et de faire reculer le crime. La poudre, sortie des tonneaux effondrés, jonche le sol, et la porte qui ferme la salle vole en éclats sous les coups de hache qui font jaillir des étincelles en s'émoussant sur les clous et les ferrements qui lui donnent sa solidité. Un homme ivre pénètre dans la salle, la pipe allumée à la bouche, et, triste parodie de Jean-Bart, fume par bravade sur les tonneaux découverts. Lefèvre la lui achète et la lance dans la cour. Un coup de fusil est tiré sur les barils, un coup de pistolet est tiré sur lui-même, et les piques menacent sa poitrine désarmée...

Et tandis que l'abbé Lefèvre comprimait de sa main l'éruption de ce Vésuve, on délibérait dans les salles hautes, et les escaliers et la place de Grève regorgeaient de peuple, ignorant sur quel volcan il marchait.

Pendant que cela se passait à l'hôtel de ville, d'autres volent aux Invalides, et, en dépit d'un semblant de défense, franchissent les fossés, pénètrent dans les cours, et descendent dans les caveaux où étaient déposés les fusils. On s'y étouffe quelque peu ; mais là du moins le danger, moins grand qu'à l'hôtel de ville, n'est que pour les acteurs et non pour les spectateurs.

Puis on court à la Bastille, et ceux qui avaient pris des fusils s'y rencontrant avec ceux qui avaient pris de la poudre, on peut s'entendre et travailler de concert.

Vers dix heures du matin, trois parlementaires, envoyés par le comité des électeurs, avaient été admis auprès du gouverneur, et, après avoir partagé son déjeuner, s'étaient retirés satisfaits. Mais bientôt un autre parlementaire se présenta. C'était un jeune avocat au parlement, accompagné et protégé par deux soldats. L'avocat était Thuriot de la Rosière, le même qui, plus tard, siégeait au fauteuil du président, au 8 thermidor, lorsque Robespierre lui adressa cette sanglante apostrophe :

« Pour la dernière fois, président des assassins, je te demande la parole ! »

Quant aux deux hommes qui l'accompagnaient, l'un d'eux, soldat au régiment de Royal-Comtois, s'appelait Aubin Bonnemère, et était né à Saumur.

« Monsieur le gouverneur, dit Thuriot à Delaunay, le peuple demande que les portes de la Bastille lui soient ouvertes, et que la garde de la forteresse soit confiée à une garnison composée d'hommes choisis dans ses rangs, en nombre égal à ceux qui sont sous vos ordres.

» — Et si je refuse ? demanda le marquis.

» — Si vous refusez de rendre la Bastille, alors le peuple la prendra. »

Un sourire dédaigneux effleura les lèvres de Delaunay.

« Monsieur, reprit-il, le roi m'a confié la garde de la forteresse, et vous savez qu'un soldat meurt en faisant respecter sa consigne. Je ne rendrai donc point la Bastille. Quant à ce que vous dites que le peuple la prendra, veuillez me suivre avec l'un de ces deux hommes qui vous accompagnent ; nous allons visiter ensemble les remparts, et quand vous aurez rendu compte au peuple de ce que vous aurez vu, le peuple, je l'espère, renoncera à cette tentative.

» — Soit, monsieur, dit Thuriot, mais hâtons-nous : le peuple attend. »

Si Delaunay consentait à ce qu'un homme armé accompagnât Thuriot afin de dissiper toute crainte et toute pensée de trahison de sa part, son devoir était de la redouter à son tour ;

aussi, ne voulant derrière lui personne qu'il ne pût surveiller du regard, il dit à Aubin Bonnemère :

« Allez, et passez devant nous. »

Ils s'engagèrent dans les longs et sombres escaliers, Thuriot derrière le jeune soldat, et Delaunay fermant la marche. Lorsqu'ils furent rendus au sommet de l'une des tours, Bonnemère s'avança jusqu'au bord du parapet et regarda...

Oh! ce dut être un magnifique et sublime spectacle pour l'homme du peuple, plein de foi dans la puissance de sa cause, et qui, monté le premier sur ces tours imprenables, voyait à ses pieds tout Paris en armes ! Il découvrit sa tête et salua la foule qui, reconnaissant un des siens, leva tous ses bras vers ce bras qui se tendait vers elle, et poussa un grand cri qui monta jusqu'au sommet des tours.

Delaunay bondit aux bords du rempart, et, d'un seul coup d'œil, il vit cette mer humaine qui ondulait à leurs pieds, et dont les flots allaient tout à l'heure venir battre les murailles de la Bastille. Par chaque quai, par chaque boulevard, par chaque rue, aussi loin que la vue pouvait s'étendre, on voyait le peuple qui s'avançait en masses compactes, le peuple armé, hommes, femmes, enfants, prêtres, soldats, le peuple enfin.

Delaunay, pâle et le visage altéré, s'élance vers Thuriot, et lui mettant avec force la main sur l'épaule :

« Monsieur, dit-il, c'est une trahison ! vous me faites perdre un temps précieux, quand j'aurais dû balayer déjà toute cette populace.

» — Prenez garde, monsieur le gouverneur, dit Thuriot sans se troubler, dans un instant le corps de l'un de nous deux au moins pourrait bien aller commencer à combler les fossés de la Bastille ! »

Au mouvement de Delaunay, Aubin l'avait couché en joue. A ce geste, le peuple crut à une trahison et poussa un cri, rugissement suprême du lion qui mesure son dernier bond pour s'élancer sur sa proie.

« Commencez-vous à comprendre maintenant, marquis Delaunay, dit Thuriot, que le peuple veut la Bastille, et qu'il la prendra ?

» — Je comprends qu'il la veut, dit Delaunay feignant une assurance que déjà il n'avait plus, mais je vous dis, moi, qu'il ne l'aura pas. »

La mission du parlementaire était finie ; on redescendit, et, tandis que le pont-levis s'abaissait devant lui :

« — Monsieur, dit-il, vous m'avez montré vos tours, vos murailles et vos canons, moi je vous ai montré le peuple. Je doute que vous soyez aussi satisfait de ce que nous avons vu que je le suis moi-même. Au revoir donc, monsieur le marquis. »

Laissant aux deux braves qui l'avaient accompagné le soin de raconter au peuple ému l'inutilité de leur démarche auprès du gouverneur de la forteresse, Thuriot descendit la rue Saint-Antoine pour aller rendre compte à l'hôtel de ville du résultat de sa mission.

Alors le peuple commença l'attaque, usant vainement sa poudre contre ces murailles épaisses de dix pieds, tandis que le feu de la garnison faisait dans ses rangs des trouées horribles.

Avant d'arriver jusqu'au pont de l'Avancé, nom qui désignait le premier pont-levis, on avait à suivre un chemin tournant bordé par une caserne du côté de la Bastille, et de l'autre par une rangée de boutiques. Celle du parfumeur Lechaptois était la plus voisine du pont-levis. Quelques hommes du peuple veulent y mettre le feu, dans la pensée que l'incendie se communiquera aux casernes, et de là au pont-levis. Lechaptois, au comble de l'effroi, veut en vain s'opposer à cette fatale tentative, lorsque Bonnemère arrache le brandon enflammé des mains de celui qui allait commettre le crime.

« Quand vous aurez ruiné une famille, s'écria-t-il, quand

vous aurez fait périr au milieu des accidents inévitables de l'incendie les plus dévoués peut-être de vos amis, vous en serez bien avancés !... Le feu brûlera le pont, mais non la chaîne qui le tient levé : et, quand le pont sera brûlé, comment entrerez-vous ? »

Ces paroles, l'autorité surtout que leur donne l'uniforme qu'il porte et son courage éprouvé, désarment les incendiaires. Pendant ce temps, un soldat du régiment Dauphin, Louis Tournay, se laisse glisser du toit du parfumeur sur un mur qui le rapproche du corps de garde placé en avant du pont de l'Avancé. Il s'élance d'un bond du toit de ce corps de garde, et, malgré les menaces, les cris et les coups de fusil de la garnison, tombe dans la cour du gouvernement.

« Une hache ! une hache ! » crie-t-il, abrité un moment dans le corps de garde situé dans la cour.

Bonnemère se précipite, une hache à la main ; arrivé sur le premier corps de garde, il la lance à Tournay. Vingt bras lui en présentent d'autres à l'envi. Il en saisit une seconde, la jette encore dans la cour et bondit à son tour à côté de Tournay (1). A eux deux, ils frappent avec fureur, avec enthousiasme, avec fanatisme ; la chaîne est rompue, le pont s'ébranle, décrit un arc de cercle, et l'énorme machine, tombant avec fracas, écrase un homme, en blesse un autre, et rebondit à plusieurs pieds de hauteur.

Le peuple s'élance : il est dans la Bastille.

Mais c'est un premier succès, ce n'est pas la victoire. Il y a un nouveau pont-levis à franchir, il y a un nouveau siége à faire.

En ce moment arrivent deux canons, traînés par une autre

---

(1) Louis Blanc, dans son *Histoire de la révolution*, désigne comme étant entrés les premiers à la Bastille, Davanne, Dassain, Bonnemère et Tournay. Ignorant d'après quels documents a écrit le célèbre publiciste, j'ai cru pouvoir adopter la version du *Moniteur*, celle de l'*Histoire de la Bastille*, publiée en 1851, etc.

masse de peuple qui les a enlevés au Garde-Meuble. D'autres en amènent des Invalides, guidés par quelques anciens canonniers, tandis que Hulin, directeur de la buanderie de la reine, arrive à la tête de quelques gardes-françaises, parmi lesquels il y avait trois jeunes gens, encore sans nom, et qui, à peu d'années de là, s'appelaient Hoche, Marceau et Lefèvre.

L'attaque, alors, dirigée par Élie, Maillard et quelques autres, se régularise; l'artillerie du peuple répond à celle du château, et déjà l'on pouvait prévoir que le peuple aurait le dessus, quand une scène d'horreur vint un instant dominer toutes les autres.

De vastes magasins d'armes occupaient une partie des bâtiments de la cour de l'Avancé. On défonce les portes de ces magasins; puis, pour pénétrer dans ceux du premier étage, on place une charrette sous une trappe que l'on défonce, et l'on est dans les magasins qui occupent toute l'étendue de cet étage. Après le pillage, l'incendie; quand tout est enlevé, on se dispose à mettre le feu aux bâtiments.

Trois fois la criminelle tentative est mise à exécution, et trois fois, grâce à Aubin Bonnemère et à quelques autres, les incendiaires sont écartés et les flammes éteintes.

Les appartements de la famille de M. de Montsigny étaient situés au-dessus des magasins où se passaient ces scènes de violence. Que l'on juge de la terreur de deux pauvres femmes, son épouse et sa fille, qui, tremblant déjà pour la vie d'un père et d'un mari, voyaient la mort venir de tous côtés, et ne pouvaient échapper aux lentes tortures de l'incendie qu'à la condition de fendre cette foule furieuse, exaspérée par le trépas de tant des siens, avide de sang et de vengeance !

Mademoiselle de Montsigny, dont l'énergie allait être mise à de rudes épreuves dans cette journée fatale, se sacrifie, et descend dans la cour; elle s'informait si l'on était maître du feu, s'il fallait fuir et s'il était humainement possible de le faire, lorsqu'un homme du peuple la saisit, lui renverse les bras avec violence, et s'écrie :

« Tu es la fille du gouverneur ! Eh bien ! puisqu'il ne veut pas se rendre, tu vas payer pour tout ce sang que ton père a fait couler. »

Aussitôt un autre misérable, armé d'une fourche, veut lui porter un coup furieux ; mais Bonnemère détourne le coup, et se plaçant entre elle et ses assassins :

« Sommes-nous ici, s'écrie-t-il, pour assassiner des femmes quand il y a des hommes à combattre et des murailles à escalader ? Allons, camarade, continue-t-il en repoussant le plus furieux avec sa hallebarde, garde ta fourche pour une meilleure besogne, et laisse passer cette jeune demoiselle qui n'est pas plus la fille du gouverneur que je ne suis son fils. »

Grâce à ce secours inespéré, la jeune fille remonte vers sa mère, et lui raconte à quels dangers une main inconnue vient de l'arracher. Mais il y a folie à vouloir rester plus longtemps dans ces lieux où le fer et l'incendie les menacent à la fois : à tout prix il faut fuir. Puisant donc dans l'excès même du péril le courage du désespoir, la mère et la fille, se tenant étroitement embrassées, s'élancent dans la cour...

Mais à peine ont-elles paru, que les outrages, les menaces de mort viennent glacer tout leur sang dans leurs veines. On se précipite, on les maltraite, on les sépare, et tandis que les cris désespérés de la pauvre mère se perdent au milieu des hurlements de la foule, un homme saisit mademoiselle de Montsigny, l'emporte auprès du premier pont-levis, et, répétant encore qu'elle est la fille de Delaunay, dit qu'il faut la brûler vive aux pieds des tours de la Bastille, si son père ne veut pas rendre la forteresse. Une mort lente, une mort affreuse lui est réservée ; une paillasse est apportée, on l'y jette sans connaissance, demi-morte déjà, et l'on y met le feu.

Du haut de l'une des tours, son père, M. de Montsigny, voit cet horrible spectacle ; il reconnaît sa fille, il va se précipiter, lorsque deux coups de feu l'atteignent en pleine poitrine; il tombe entre les bras de ses invalides.

Mais un autre homme l'a reconnue aussi et veille sur elle, Bonnemère, qui est partout ce jour-là, partout où il y a un péril à braver, partout où il y a un acte d'héroïsme ou d'humanité à accomplir. Il s'élance au milieu des flammes, la saisit dans ses bras, l'enlève, et, à travers une vive fusillade du peuple trompé dans sa vengeance, il l'emporte auprès de la pompe de la rue Saint-Antoine, lui fait reprendre l'usage de ses sens, et la conduit à l'entrée du passage Lesdiguières, dans une maison où elle est connue, où l'on veillera sur elle, et dans laquelle sa mère viendra, si de son côté elle a pu se dérober à la mort.

Madame de Montsigny ne tarda pas à la rejoindre en effet, et, oubliant pour un instant ses terreurs d'épouse, presse avec ivresse sur son cœur cette enfant qu'elle avait cru ne devoir plus retrouver vivante.

Il est quatre heures et demie; après une lutte de six heures, la garnison a capitulé; le peuple se précipite; les Suisses, qui ont retourné leurs habits, cherchent à se perdre dans la foule, tandis que les invalides, rangés au fond de la cour, se découvrent et saluent le peuple qui entre. Le marquis Delauney, qui a rejeté loin de lui les insignes de son grade, pâle et muet, appuyé sur sa canne et confondu dans les rangs de la garnison, attend, et croit voir fixés sur lui tous ces regards qui le cherchent en effet...

Quant à mademoiselle de Montsigny, elle n'était pas au terme de ses angoisses. A cinq heures et demie, un bruit considérable se fait entendre dans la rue Saint-Antoine. En proie à la plus vive anxiété, elle ouvre la fenêtre, écoute et regarde. C'est le fatal cortége qui passe; elle reconnaît au milieu de la foule en délire, un aide-major, nommé Miret, et elle entend dire qu'on le conduit à l'hôtel de ville, qu'on va le pendre, lui et tout ce qui survit de la garnison.

Bien des natures énergiques eussent succombé sous tant d'assauts répétés. Mademoiselle de Montsigny, surmontant ses tortures, dissimule son anxiété à sa mère et lui persuade de la suivre chez un ami sûr, dans la rue des Billettes. Là, loin du théâtre de tant de poignantes émotions, elle sera plus rapprochée de l'hôtel de ville, où désormais vont se jouer les scènes terribles et éternellement regrettables qui souillèrent cette grande journée du 14 juillet.

L'espérance meurt difficilement dans le cœur de l'homme. Mademoiselle de Montsigny espérait en dépit de tout, et, plus désolée que sa mère, cherchait à la consoler et à entretenir dans son cœur un espoir presque mort dans le sien. A neuf heures, un violent coup de sonnette les fait bondir sur leur siége. Des armes résonnent, et les pas pesants de plusieurs grenadiers se font entendre. Leur premier mouvement, après tant de poignantes émotions, fut de croire qu'on venait les arracher à leur retraite pour les conduire à la mort; mais on les rassure, elles peuvent ouvrir : c'est leur époux, c'est leur père, c'est M. de Montsigny que l'on rapporte, blessé, mais non mortellement, et qui a dû peut-être à ses blessures mêmes de ne pas partager le sort de Delaunay.

Un seul homme manquait à cette scène : celui qui, dans cette journée, avait accompli tant de prodiges d'humanité et de courage.

Voici pourquoi Aubin Bonnemère n'était pas là.

La Bastille prise, deux choses restaient à faire : conduire à l'hôtel de ville Delaunay et l'infortuné major de Losme, qui n'y devaient pas arriver vivants, et délivrer les prisonniers. Aubin n'hésite pas entre l'œuvre de délivrance et l'œuvre de vengeance. Il s'arme d'un levier de fer et dirige ceux qui vont briser les portes des cachots. L'un des captifs, le comte de Lorges, avait vécu trente-deux années dans l'un d'eux (1);

(1) *Précis historique de la détention du comte de Lorges à la Bastille pendant trente-deux ans.* Paris, Buisson, libraire, rue Hautefeuille, n° 20. 1789.

Bonnemère le rend à la liberté, puis, avec son levier, il arrache une pierre du cachot, la charge sur ses épaules, et rentre chez lui, satisfait de sa journée (1).

La même ville, qui venait de donner à la révolution son premier héros, lui fournit, à quelques jours de là, sa première victime.

Ce fut une singulière destinée que celle de Foullon (2), et qui rappelle involontairement celle du surintendant Fouquet et sa trop fameuse devise : *Quò non ascendam!* Né à Saumur, en 1715, d'une famille ancienne dans la ville et longtemps revêtue des principales fonctions municipales et judiciaires, une affaire d'honneur l'en éloigna, et c'est à cette première disgrâce qu'il dut le commencement de sa fortune. Réfugié en Hollande, il sauva dans des circonstances romanesques, puis épousa mademoiselle Van der Dussen, petite nièce du grand pensionnaire de ce nom, qui, aux conférences de Ger-

---

(1) Tous ces faits sont consignés dans les procès-verbaux des séances de la municipalité de Paris, des 3 et 5 février et 16 juin 1790, et de la municipalité de Saumur du 5 décembre de la même année. J'en extrais quelques lignes :

« M. Thuriot de la Rosière peut attester que le nommé Aubin Bonnemère, qui a sauvé deux fois la vie à mademoiselle de Montsigny, est le même qui s'est empressé de le défendre et de le soustraire à la fureur de gens barbares... »

« ... Qu'il s'est distingué au siège de la Bastille, où il a été choisi par ses concitoyens pour commander quarante hommes et y a couru de grands dangers... qu'il a sauvé deux fois la vie à mademoiselle de Montsigny... qu'il a concouru à sauver la vie à M. Thuriot de la Rosière, électeur et président du district de la Culture... qu'au cours du siège, il a fait plusieurs actions courageuses, et que, par ses soins, il a empêché l'incendie de la maison du sieur Lechaptois... qu'il a fait graver sur une pierre tirée d'un cachot où fut enfermé trente-deux ans le comte de Lorges le plan de la Bastille, qu'il a fait mettre en tête le sabre et la couronne civique qui lui ont été donnés par les représentants de la commune de Paris... »

Aubin Bonnemère offrit cette pierre à la municipalité de sa ville natale, où elle fut reçue par un homme de son nom, Bonnemère de Chavigny, alors maire pour la seconde fois, et député à l'Assemblée législative en 1791.

(2) Il s'appelait Foullon, non Foulon, et était né en 1715, et non en 1717, comme le disent la plupart des biographes.

truidemberg, soutint qu'il fallait exiger de Louis XIV qu'il fournît des troupes pour renverser son petit-fils, Philippe V, du trône d'Espagne où il l'avait placé (1710).

La fortune de mademoiselle Van der Dussen n'était pas inférieure à sa haute naissance, et, grâce à la position qu'il lui dut autant qu'à son mérite personnel, Foullon devint successivement, en 1744, commissaire des guerres à l'armée de Flandre; en 1747, intendant au siége si connu de Berg-op-Zoom; en 1755, intendant des armées du roi en Allemagne; en 1759, intendant de la guerre, place créée pour lui, et à laquelle on joignit bientôt celle de la marine; en 1771, intendant des finances et conseiller d'État; enfin, en 1789, contrôleur des finances à la place de Necker, le ministre populaire.

Foullon, au contraire, avait amassé des haines et des rancunes autour de son nom. En 1765, il avait acheté la baronnie de Doué, en Anjou, et avait fait élever à un quart de lieue de cette petite ville le château de Soulanger, splendide demeure où il avait rêvé de finir ses jours. Hautain, dur, avide, coupable d'horribles exactions, haï pour la rigueur avec laquelle il faisait exécuter les lois sur la chasse dans ses domaines, il avait marié sa fille à l'intendant de Paris, Berthier, homme non moins dur et non moins détesté de tous, digne en tout point de collaborer à son œuvre et d'unir sa destinée à la sienne. Elles furent étrangement unies en effet, et il y avait, sur chacun d'eux, une sorte de chronique qui semblait prédire leur future catastrophe.

Un jour, à Vincennes, un vieux paysan dont le fils venait d'être pris par la milice, était venu implorer l'intendant de Paris pour qu'il tâchât de lui faire rendre ce soutien qu'espéraient ses dernières années. Berthier le refusa avec la dureté et l'insolence alors en usage chez les grands à l'égard de la paysantaille. Le vieillard, que la douleur avait brisé, se redressa sous le fouet de l'insulte :

« Voici, lui cria-t-il, la malédiction d'un père de famille

sur vous, père de famille. Vous mourrez misérablement, vous mourrez en place de Grève, et le terme n'est pas éloigné (1). »

Il était arrivé une fois à Foullon, dans sa baronnie de Doué, de venir se heurter à la résistance d'un de ces paysans chez lesquels l'esprit d'opposition des villes commençait à faire des ravages.

« Tais-toi, manant, lui dit Foullon, un rustre de ton espèce ne va pas à la hauteur de ma botte !

» — Sauf votre respect, monseigneur, répliqua le paysan, un rustre de mon espèce ira plus haut que vous et plantera son moulin sur le parquet de votre château ! »

Nous avons dit que le nouveau contrôleur des finances et son gendre Berthier avaient trempé dans les manœuvres du pacte de famine. On les savait tous les deux adversaires décidés des idées philosophiques : Foullon avait hâte d'étouffer la révolution naissante, s'il ne voulait pas être renversé par elle, et un jour que l'on parlait devant lui de la misère du peuple, il avait jeté avec colère et dédain cette parole implacable :

« Eh! si cette canaille n'a pas de pain, qu'elle mange du foin! Mes chevaux en mangent bien ! »

Foullon était du nombre de ces gens qui, voyant que les grandes mortalités moissonnent surtout le peuple, pensent qu'il y a trop de monde sur la terre, et qu'il faut de temps en temps de bonnes pestes, de bonnes guerres et de bonnes famines pour remettre toutes choses en ordre et en équilibre. Il avait dit qu'il fallait *faucher la France*, mot cruel que Berthier semblait avoir pris à tâche de réaliser, en faisant détruire, manger en vert et saccager les récoltes des environs de Paris par la nombreuse cavalerie qu'il avait rassemblée autour de la ville pour la contenir. « Et même, sans cavalerie, le blé disparaissait. On voyait, ou l'on croyait voir des bandes

(1) Montjoie, *L'ami du roi, des Français, de l'ordre*, etc., 4ᵉ cahier, chap. XLIX, p. 88.

armées qui venaient la nuit couper le blé vert (1). » Enfin, le peuple, à peine remis de l'hiver effroyable de 1789, pressentait avec terreur la disette de 1790, et, comme pour toutes les autres, il voyait les hommes au pouvoir, au lieu de s'efforcer de la conjurer, tout faire pour la rendre inévitable. La fureur des paysans, à la vue de leurs récoltes détruites, ne connaissait donc point de bornes. La famine les chassait de chez eux pour les rabattre de tous côtés sur Paris, où ces bandes d'affamés entraient par toutes les barrières, hâves, déguenillés, allant chercher la vie dans les cités, eux qui l'y apportaient jadis. La misère peuplait providentiellement la grande capitale, afin que le peuple du 14 juillet fût le peuple des campagnes aussi bien que des villes, et que paysans et citadins communiassent et s'unissent dans une même pensée, sous le feu des canons de la Bastille. Il importait que la victoire de Paris fût la victoire de la France.

Le ministre du 12 juillet n'eut pas le temps d'entrer en fonctions, et à la nouvelle de la prise de la Bastille, se sentant en butte aux haines populaires, il fit le mort dans l'acception entière du mot, ordonnant que l'on célébrât avec pompe ses funérailles, et courut chercher un asile à Viry, dans une terre à M. de Sartines.

Mais la vengeance des paysans flaira sa victime; ils l'arrachèrent de sa retraite, et traînèrent le malheureux vieillard, — il avait soixante-quatorze ans, — jusqu'à Paris, après lui avoir attaché sur le dos une botte de foin, au cou un collier d'orties, et à la boutonnière un bouquet de chardons.

La populace de Paris reçut aux barrières la proie dépistée par les paysans, et, malgré les efforts surhumains de Bailly et de Lafayette, l'infortuné fut conduit sous un réverbère qui devait lui servir de gibet. La corde casse, il tombe demi-mort sur le pavé. Pendu une seconde fois, la corde casse encore,

---

(1) Michelet, *Hist. de la révolution*, I.

et ce n'est qu'à la troisième fois qu'il expire au milieu de la joie horrible d'une multitude en délire, qui s'acharne ensuite sur son cadavre, et promène par les rues sa tête au bout d'une pique, après lui avoir enfoncé dans la bouche une poignée de foin.

On déposa religieusement sur le bureau de la municipalité une tabatière d'or, deux montres d'or, une bourse qui contenait onze louis, et une autre vide, deux flacons richement garnis, enfin tout ce qui avait appartenu à Foullon (1). Ces monstres n'étaient pas des bandits : ils avaient de l'honneur et de la probité à leur manière. Et cependant ce peuple était demi-nu et mourait de faim !

Berthier, poursuivi également par la populace des campagnes, avait été arrêté dès la veille aux environs de Compiègne, et ramené à Paris. Tout à coup, au détour d'une rue, lui et son hideux cortége se heurtent à un autre plus hideux encore : Berthier a reconnu la tête de Foullon. Furieux, il arrache un fusil des mains de l'un de ceux qui l'entraînent, et, sans vouloir faire un pas de plus, se fait tuer sur la place.

Les deux bandes se réunirent alors, et le beau-père et le gendre firent ensemble leur horrible promenade...

Ceci avait lieu le 22 juillet, huit jours après la prise de la Bastille.

Le peuple commençait à solder les comptes du Pacte de famine, et Dieu avait entendu la malédiction du vieillard de Vincennes.

Lorsqu'après avoir laissé derrière lui le château des ducs de Brissac, en Anjou, le voyageur va visiter les arènes de Doué, cité chère à Dagobert, il aperçoit, avant d'entrer dans cette ville, sur la droite, à travers un rideau de peupliers, un moulin qui s'agite et tourne au vent... La prédiction du manant s'est réalisée : la fastueuse et quasi royale demeure de

---

(1) Réimpression du *Moniteur*, 1, 612.

Foullon a été démolie jusqu'au rez-de-chaussée, le soubassement, dont les magnifiques voûtes attirent l'attention du touriste, abrite le meunier et sa famille, et au-dessus, à l'endroit même où était la salle du château, s'élève le moulin, emblème de l'instabilité des choses humaines!...

CHAPITRE X.

Insurrection des campagnes. — La nuit du 4 août.

> « Mettez l'autorité, les plaisirs et l'oisiveté d'un côté, la dépendance, les soins et la misère de l'autre; ou ces choses sont déplacées par la malice des hommes, ou Dieu n'est pas Dieu. »
> LA BRUYÈRE, *Des esprits forts*.

Je voudrais montrer le peuple des campagnes, à l'instant où sonne enfin l'heure de son tardif affranchissement, attendant avec calme que ses mandataires aient élevé l'édifice légal et régulier qui va l'abriter et le protéger dans l'avenir; je voudrais le montrer magnanime dans sa victoire, tendant une main fraternelle à ses oppresseurs d'hier, et répondant par un pardon sublime aux forfaits de ses impitoyables persécuteurs. Mais il était impossible qu'il en fût ainsi : les dominateurs du plat pays l'avaient maintenu dans un état de stupide ignorance, de grossièreté et de barbarie, qui devait fatalement porter ses fruits; réduit par eux à la condition de bête sauvage, il fallait qu'il eût un réveil de tigre, afin que ses maîtres recueillissent ce qu'ils avaient semé et fussent punis par là de leurs crimes.

Il n'est pas bon que le peuple goûte au sang, car il a, comme le vin, son ivresse, qui grandit à proportion même des efforts de l'homme pour éteindre le feu qu'elle allume dans ses veines. Et cependant, il faut bien le reconnaître, la féodalité eût étrangement abusé de la mansuétude du peuple, et il eût appris une fois de plus ce que peut une réaction aveuglée par le souvenir de la peur qu'elle vient d'avoir. Pour donner le change sur sa propre couardise, elle eût appelé la générosité du lion populaire, impuissance à faire le mal et défaut de courage, et l'eût fait reculer d'un grand pas en arrière, rendant ainsi par avance inévitable, dans un avenir plus ou moins éloigné, une autre révolution plus terrible encore ; car les peuples reculent comme les ressorts s'aplatissent sous la compression : ce sont des économies de force et d'énergie qui s'amassent au profit de l'expansion et de la liberté.

Dans les villes, l'événement du 14 juillet excitait les émotions les plus généreuses et les plus patriotiques ; de magnifiques horizons prolongeaient leurs perspectives devant toutes les espérances, et les classes moyennes, qui n'avaient eu à dévorer que des humiliations, avaient beau jeu à hausser leur générosité à la hauteur de leur enthousiasme. Il suffisait à celles-ci de tuer la féodalité, tandis que Jacques Bonhomme, dont elle avait fait un martyr, avait besoin de tuer aussi les seigneurs. Elles ne s'insurgeaient que pour la liberté, lui le faisait pour la propriété, sainte et légitime fille du travail. Aussi accueillait-il le bruit de la Bastille croulante, non comme le son enivrant d'une fête, mais comme le tocsin de l'insurrection. A l'issue d'un hiver qui avait fait sur les champs des ravages considérables, la misère était extrême, et la disette venait s'ajouter à cette suspension de travaux inévitable au milieu d'une grande agitation publique. Le paysan était armé presque partout, et cette nouvelle jacquerie, bien plus terrible et moins excusable que la première, menaçait de devenir générale. De formidables émeutes éclatèrent à Saint-Denis, à Saint-Germain, à Poissy, et le sang coula au hasard, innocent ou coupable. Dans cette dernière localité, on supplicia avec des raffinements de barbarie horribles un malheureux qui avait bien voulu recevoir en dépôt chez lui quelques grains appartenant à la municipalité. Sa fille se précipita du haut du pont dans la rivière pour éviter le sort de son frère, qu'ils forcèrent à être le témoin de l'exécution de leur père. L'esprit d'insurrection gagna du terrain, et partout les paysans refusaient de payer les droits féodaux, brûlaient, dans la crainte de les voir revivre, les chartriers et les titres de propriété, poursuivaient les seigneurs désignés à leur colère par leur dureté impitoyable, et se livraient sur quelques-uns à des vengeances atroces, tandis que, de son côté, le despotisme expirant signalait sa dernière heure par des crimes non moins horribles. On avait vu un seigneur de Quincey, nouveau Sardanapale, convier à une fête dans son château tout le peuple des environs ; puis, quand tous se livraient à la joie, une effroyable explosion avait enseveli tous les convives sous les débris fumants du noble manoir (1).

Au Mans, on fusilla M. de Montesson, après avoir égorgé sous ses yeux son beau-père ; en Languedoc, M. de Barras fut coupé en morceaux devant sa femme près d'accoucher ; en Normandie, un seigneur paralytique fut jeté sur un bûcher, dont on le retira les mains brûlées ; en Franche-Comté, madame de Batteville fut forcée, la hache sur la tête, de faire l'abandon de ses titres ; la princesse de Listenay y fut également contrainte, menacée par les fourches de ses paysans, et ayant ses deux filles évanouies à ses pieds. Madame de Tonnerre, M. Lallemand, eurent le même sort ; le chevalier d'Ambly, traîné sur un fumier, vit les furieux qui venaient de lui arracher les cheveux et les sourcils, danser autour de lui une ronde de démons ; madame d'Ormenan, M. et madame de Montessu, eurent pendant trois heures le pistolet sur la gorge, demandant la mort comme une grâce, et refusant de livrer leurs terriers : de guerre lasse, on les tira de leur voiture pour les jeter dans un étang.

Pendant ce temps, des bandes de brigands parcouraient les campagnes par troupes de vingt ou vingt-cinq, saccageant

(1) *Choix de rapports, opinions et discours*, I, 70.

indifféremment les châteaux et les chaumières, répandant partout la terreur, coupant les blés, détruisant les récoltes et dévastant les greniers (1). Bientôt ils devinrent ces chauffeurs, ces brûleurs de pieds, qui promenèrent par toutes les provinces une terreur persévérante.

Chose étrange et bien significative ! ces sanglantes représailles du peuple, chacun les voit, en gémit et les déplore, nul ne songe à en poursuivre les auteurs. On les excuse même (2), comme si l'on comprenait, sans se le dire, la légitimité de la colère des paysans : l'Assemblée hâte ses travaux, les séances de nuit succèdent aux séances de jour, et dans la mémorable nuit du 4 août, la féodalité elle-même donne au peuple la satisfaction qu'il demande, et, pour le désarmer, abolit tout ce qui excite ses fureurs : pareille au coupable que la justice va saisir, qui se fait sauter la cervelle pour échapper au supplice. Elle se suicide, de peur d'être exécutée.

C'est au vicomte de Noailles que revient l'honneur d'avoir frappé le premier coup : « Que les représentants de la nation décident, proposait-il, 1° que l'impôt sera payé par tous les individus du royaume, dans la proportion de leur revenu ; 2° que toutes les charges publiques seront à l'avenir supportées par tous ; 3° que tous les droits féodaux seront rachetables, ou échangés au prix d'une juste estimation ; 4° que les corvées seigneuriales, les mainmortes et autres servitudes pareilles seront détruites sans rachat. »

Après lui, le duc d'Aiguillon demanda que les corps, villes, communautés et individus qui, jusqu'alors, avaient joui de priviléges et d'exemptions, supportassent à l'avenir leur part

---

(1) Mirabeau dit qu'à la tête de ces brigands « on voyait des gens dont le travail n'avait pas flétri le visage, qui avaient un plan de campagne, qui parlaient latin. » — Buchez et Roux, *Hist. parlementaire*, IV, 317.

(2) « Les scènes sanglantes, *mais nécessaires*, qui, dans ces jours à jamais mémorables, ont effrayé la capitale, se renouvellent malheureusement ailleurs sous la même forme, mais pour une cause bien différente... » — *Suite des Nouvelles de Versailles*, du 18 juillet 1789, p. 1.

des charges publiques, sans distinction aucune, soit pour la quantité des impôts, soit pour la forme de leur perception, et que tous les droits féodaux et seigneuriaux fussent à l'avenir remboursables à la volonté des redevables.

L'émotion de l'assemblée rendait hommage au désintéressement de la noblesse, et l'on allait oublier les droits du peuple, lorsqu'un cultivateur breton, portant la veste carrée et les longs cheveux du paysan, Le Guen de Kerangall, député de Lesnevel, monta à la tribune :

« Vous eussiez prévenu l'incendie des châteaux, dit-il à ses collègues, si vous aviez été plus prompts à déclarer que les armes terribles qu'ils contenaient, et qui tournent contre le peuple depuis des siècles, allaient être anéanties par le rachat forcé que vous en eussiez ordonné. Le peuple, impatient d'obtenir justice et las de l'oppression, s'empresse à détruire ces titres, monuments de la barbarie de nos pères. Soyons justes, messieurs; qu'on nous apporte ici les titres qui outragent, non-seulement la pudeur, mais l'humanité même; qu'on nous apporte ces titres qui humilient l'espèce humaine, en exigeant que les hommes soient attelés à une charrette comme les animaux du labourage ; qu'on nous apporte ces titres qui obligent les hommes à passer les nuits à battre les étangs pour empêcher les grenouilles de troubler le sommeil de leurs voluptueux seigneurs! »

Legrand (du Berry) (1) vient ensuite démontrer que les corvées, la taille, la mainmorte sont autant d'outrages à l'humanité, et qu'il y a lieu de les abolir sans rachat ; Lapoule, qui lui succède à la tribune, va plus loin, et passant au tableau des excès et des crimes de la féodalité, il rappela ce droit d'assassin qui permettait au seigneur, dans certains cantons, « de faire éventrer deux paysans au retour de la chasse, pour

---

(1) Ni le *Moniteur universel*, ni la réimpression du *Moniteur*, ne donnent les discours de Legrand et de Lapoule.

se délasser, en plongeant ses pieds dans les entrailles sanglantes de ces malheureux (1). »

Profitant du tumulte soulevé par cette assertion, Dupont (de Nemours) veut en vain opposer une digue à ces flots de renoncement qui vont se précipiter. Le marquis de Foucault, dans une vigoureuse sortie contre les abus des pensions militaires, exprime le vœu que les plus grands sacrifices soient imposés à cette portion de la noblesse qui, opulente déjà, et sans cesse sous les yeux du prince, accapare en largesses et en traitements excessifs la pure substance des campagnes. Après le vicomte de Beauharnais, qui réclame l'égalité des peines, et l'admissibilité de tous les citoyens à tous les emplois, c'est Lotin qui signale, au milieu des applaudissements, la tyrannie des justices seigneuriales et en demande l'abrogation; c'est le duc du Châtelet, qui veut que l'on étende aux dîmes ce qu'on a fait pour les autres droits féodaux. Le clergé fait retentir la salle de sa bruyante adhésion, entraîné par l'évêque de Nancy, puis par l'évêque de Chartres, qui appuie avec énergie sur la tyrannique absurdité qui résultait des droits de chasse, aussi cruels que funestes aux cultivateurs.

De Richer demande la gratuité de la justice et la suppression de la vénalité des charges. Le comte de Vezins, « regrettant, comme Catulle, de n'avoir à offrir en sacrifice qu'un moineau », propose l'abandon du droit du colombier (2),

---

(1) « Les comtes de Montjoie, les seigneurs de Mèches, et quelques autres de ces cantons, lorsque, suivis de leurs chiens et de leurs paysans serfs, ils chassaient pendant l'hiver et qu'ils se sentaient les pieds froids, pouvaient, pour se les réchauffer, faire éventrer quelques-uns de ces paysans et placer leurs pieds dans leurs entrailles fumantes. » — Dulaure, *Esquisse histor. de la révol. franç.*, I, 253.

L'abbé Clerget, député de l'assemblée constituante, affirme également ces faits, et cite des communautés d'habitants qui avaient converti et abonné ce droit effroyable en corvées à bras et en redevances en blé et avoine. — *Le cri de la raison*, par l'abbé Clerget, liv. II, chap. VIII. Besançon, 1789. — Il est également mentionné par Rougebief, *La Franche-Comté anc. et mod.*, 274.

(2) M. de Coigny demandait à un laboureur élu député dans le bailliage qu'il

abandon qu'il fait pour son propre compte, tandis que le duc de la Rochefoucauld-Liancourt réclame l'affranchissement des serfs. Un pauvre curé, l'abbé Thibault, dit que, puisque l'on décrète que la justice doit être gratuite, les offices du clergé le doivent être aussi : mais chacun sait qu'au contraire le casuel du clergé est insuffisant, et la motion n'est pas acceptée. A son tour l'archevêque d'Aix, insistant de nouveau sur les malheurs que cause la tyrannie féodale, et prévoyant le cas où la misère pourrait décider les paysans à se soumettre à quelques-unes de ces conventions d'un autre âge, réclame que l'assemblée les déclare nulles de plein droit. Il dépeint ensuite les maux causés au peuple par l'extension arbitraire des taxes, et surtout par les droits d'aide et de gabelle, dont il demande la suppression immédiate.

Les députés des provinces privilégiées, les villes, les seigneurs, tous viennent à leur tour faire l'abandon de leurs priviléges et des avantages dont ils jouissaient. L'inégalité ne peut régner sur le territoire, quand l'égalité règne entre les citoyens, enfants et héritiers au même titre d'une même patrie.

On ne discute pas, on ne vote pas, on applaudit, et l'enthousiasme ratifie tout.

Que si, maintenant, nous résumons les diverses propositions arrêtées dans cette séance immortelle, nous allons voir que les populations agricoles en recueillirent tous les bénéfices, et qu'elle eut pour effet de les replacer dans le droit commun et dans la situation du reste du pays.

Abolition de la qualité de serf et de la mainmorte, sous quelque dénomination qu'elle existe ;

présidait, ce qu'il se proposait de demander aux états généraux : « La suppression des pigeons, des lapins et des moines », répond le paysan. M. de Coigny se récrie sur ce rapprochement bizarre : « Il est fort simple, monseigneur, reprend le laboureur : les premiers nous mangent en grain, les autres en herbe, les troisièmes en gerbe. »

L'assemblée abolit le droit exclusif de la chasse dans la séance du 11 août 1789, et régla la matière par la loi du 2 avril 1790.

Faculté de rembourser les droits seigneuriaux ;

Abolition des juridictions seigneuriales ;

Suppression du droit exclusif de la chasse, des colombiers, des garennes ;

Taxe en argent représentative de la dîme. Suppression ou rachat possible de toutes les dîmes, de quelque espèce que ce soit ;

Abolition de tous les priviléges et immunités pécuniaires ;

Égalité des impôts, de quelque espèce que ce soit ;

Admission de tous les citoyens aux emplois civils et militaires ;

Déclaration de l'établissement prochain d'une justice gratuite, et de la suppression de la vénalité des offices ;

Abandon du privilége particulier des provinces et des villes ;

Abandon des priviléges de plusieurs villes, Paris, Lyon, Bordeaux, etc.

Suppression du droit de départ et vacat, des annales et de la pluralité des bénéfices ;

Destruction des pensions obtenues sans titre.

C'est donc de la nuit du 4 août que date l'affranchissement des paysans, et l'on s'étonne avec raison de compter l'un de leurs historiens parmi ceux qui blâment la noblesse de ses sacrifices, ou plutôt de sa justice tardive dans cette séance à jamais mémorable (1). Aucun des grands orateurs, qui déjà imposaient à l'assemblée l'entraînement de leur parole, n'y prit part : Mirabeau, Barnave, Maury, Sieyès, Cazalès dédaignèrent de s'y faire entendre, mais les représentants de la nation cédèrent à une pression bien autrement puissante, ils obéirent à la volonté de Jacques Bonhomme, qui, cette fois enfin, était le plus fort, et dont les hauts bourgeois du tiers état avaient besoin pour faire trembler la royauté, la noblesse et le clergé, afin de partager leurs priviléges. Aussi l'assem-

---

(1) « Les députés cédèrent, en cette circonstance, à un entraînement plus généreux que réfléchi. » — Dareste de la Chavanne, 218.

blée put-elle faire une œuvre immense, et telle qu'aucun souverain n'eût osé l'entreprendre, se fût-il appelé Charlemagne ou Louis XIV.

L'énumération même des priviléges abandonnés attestait le nombre des abus et justifiait l'insurrection. Il y avait donc justice, et non lâcheté, à accorder au paysan ce qu'il réclamait, et, loin de cacher la défaite du pouvoir et le triomphe de la révolte, l'assemblée, sur la proposition de l'archevêque de Paris, décida qu'un *Te Deum* solennel serait chanté dans toutes les églises du royaume ; on institua une fête nationale anniversaire, on fit frapper une médaille commémorative, et l'on décerna à Louis XVI, bien innocent de toutes ces choses, le titre glorieux de restaurateur de la liberté française.

On put croire que c'était fait de l'ancien régime, que l'on en avait fini avec lui, et qu'il était vaincu pour toujours.

« En une seule nuit, écrivait Garat le lendemain même, la face de la France a changé ; l'ancien ordre de choses, que la force a maintenu malgré l'opposition de cent générations, a été renversé ; en une nuit, l'arbre fameux de la féodalité, qui couvrait toute la France, a été abattu ; en une nuit, le cultivateur est devenu l'égal de l'homme qui, en vertu de ses parchemins antiques, recueillait le fruit de ses travaux, buvait en quelque sorte sa sueur et dévorait le fruit de ses veilles ; en une nuit, les longues entreprises de la cour de Rome, ses abus, son avidité, ont trouvé un terme et une barrière insurmontable, que viennent de poser pour une éternité la sagesse et la raison humaine... En une nuit, la France a été sauvée, régénérée ; en une nuit, un peuple nouveau semble avoir repeuplé ce vaste empire, et, sur les autels que les anciens peuples avaient élevés à leurs idoles, il proclame un Dieu juste et bienfaisant... »

Ce sont là de ces généreuses illusions auxquelles on s'abandonne à tous les lendemains des révolutions et au milieu des enivrements du triomphe. Tout n'était pas fini, cependant, les travaux immenses et les déchirements de trois assemblées nationales, les trahisons du roi, l'émigration et sa lutte parricide, l'Europe tout entière soulevée contre la France, les conspirations, la Vendée, sa criminelle agression et sa résistance désespérée, prouvent assez que tout n'était qu'ébauché encore, et que les dominateurs du peuple étaient toujours prêts à lui faire expier sa victoire d'un moment (1).

Rien n'était plus facile : il ne fallait pour cela que continuer le 4 août, crier avec le peuple, pour lui et plus fort que lui, se faire son ami à outrance, et le forcer de quitter ses armes, devenues inutiles en l'absence de toute opposition à ses vœux, de toute résistance à ses désirs ; il ne fallait que feindre pour lui un amour désordonné, car l'amour désarme les lions, et quelques chiens suffisent ensuite pour les réduire (2). Au lieu de cela, le clergé défendit pied à pied ses dîmes et ses possessions scandaleuses, la noblesse en appela à Dieu et à son épée, souleva la Vendée et ameuta l'Europe contre ce peuple altéré de liberté, ne sachant pas ce qu'était ce jeune Cid qui s'élançait sur la scène du monde pour y jouer désormais le premier rôle.

Nous n'aurions plus rien à dire, si, avant d'examiner par quel état meilleur la société nouvelle a remplacé le sort que la féodalité avait fait aux populations rurales, il ne nous fallait consacrer quelques pages au soulèvement des provinces de l'ouest de la France, et connu sous le nom de guerre de la Vendée.

(1) Un député de la Franche-Comté dit, le 12 septembre : « On travaille pour empêcher la promulgation des décrets du 4 août ; on prétend qu'ils ne paraîtront pas. Il est temps qu'on les voie munis du sceau royal... Le peuple attend. »

(2) La Fontaine, *le Lion amoureux*.

CHAPITRE XI.

Guerres de la Vendée. — La Chouannerie.

> « Un esprit juste, en lisant l'histoire, n'est presque occupé qu'à la réfuter. »
> VOLTAIRE, *Essai sur les mœurs.*

Nous avons vu jusqu'à cette heure Jacques Bonhomme supporter impatiemment le joug qui pèse sur sa tête, et, malgré l'insuccès constant de ses révoltes, toujours disposé à combattre pour l'émancipation et la liberté. Un tout autre spectacle nous attend, et nous allons assister à la lutte sacrilége des campagnes contre les villes qui prodiguent leur sang pour la liberté commune. Celles-ci ont eu le tort de se joindre trop souvent à leurs oppresseurs, elles les ont trop oubliées en arrière dans la marche de l'humanité en quête du progrès. Afin donc qu'il apparaisse une fois de plus que la grande loi de solidarité évangélique commande, au nom même de l'égoïsme intelligent, cette charité divine qui résume en elle toutes les vertus, nous allons voir le paysan se jeter en travers d'une révolution dont il doit recueillir les principaux fruits, et, facile instrument entre les mains des nobles et des prêtres, déchirer le sein de la France, tandis que le Rhin est franchi, et que l'ennemi pénètre dans nos provinces.

On a exalté à l'envi, on a poétisé cette effroyable guerre de la Vendée, on s'est plu à voir des batailles de géants dans cette longue tuerie de brigands fanatisés, et qui, bien autrement riche en forfaits que l'insurrection éphémère de 1358, fut aussi criminelle à son point de départ que la Jacquerie était inévitable et légitime. Est-ce que la révolution, qui les conviait tous à la propriété en mettant en vente à vil prix la moitié des terres du royaume, qui supprimait la dîme et la corvée, et les droits féodaux, et les chasses seigneuriales, et la justice à l'encan, ressemblait aux atrocités des nobles et de l'armée au milieu du xive siècle? Qu'y avait-il donc qui justifiât cette guerre civile implacable et cette lutte impie, quand, en échange des bienfaits qu'elle portait dans ses flancs, elle demandait à la Vendée ce que le reste de la France lui accordait, — quelques-uns de ses enfants pour aller protéger les frontières envahies par l'ennemi ? Il fallait défendre le sol sacré de la patrie, elle aima mieux faire cause commune avec l'étranger. Voilà tout son héroïsme.

C'est encore aujourd'hui une contrée singulière que celle qui, sur la rive gauche de la Loire, et à partir de Saumur, comprenait une partie de l'Anjou, du Poitou et du comté nantais. Dans la portion la plus voisine du fleuve, le sol est inégal, ondulé, coupé de ravins, inculte, et couvert d'une luxuriante végétation de genêts hauts de quinze à vingt pieds. Convaincus alors que ces terres, maintenant si fertiles, étaient improductives, quelques champs de seigle ou de blé noir satisfaisaient aux besoins du pays et n'offraient rien à l'exportation ni au commerce, en l'absence de toute espèce de routes. Une seule, celle de Nantes à la Rochelle, traversait la Vendée ; celle de Saumur à la Roche-sur-Yon était tracée, mais n'était pas exécutée. Quant aux chemins, c'étaient, et ce sont généralement encore, de sombres défilés profondément encaissés, servant de fossés pour l'écoulement des eaux, bordés de hauts talus presque à pic, sur lesquels poussent à miracle de formidables haies de houx, que le cerf le plus agile ne franchirait pas, et que le lièvre ne traverse qu'à certains endroits connus de lui. Le houblon contourne sa tige flexible jusqu'à leur faîte que le chèvrefeuille, son rival, couronne de son corymbe embaumé, et, ainsi reliée et pour ainsi dire solidifiée, cette muraille de verdure s'abrite sous des chênes centenaires, sous des châtaigniers énormes, dont le tronc, creusé par les ans, disparaît sous le sombre feuillage du lierre parasite (1), et semble prédestiné à cacher aux regards le crime qui guette sa proie.

(1) On respecte le lierre, qui, en hiver, fournit du *verd*, c'est-à-dire une nourriture fraiche qui délasse les bestiaux du foin et de la paille.

Il est peu d'endroits assez larges pour qu'une charrette puisse y tourner, ou que deux puissent y marcher de front. Seul quadrupède propre à se tirer de ce labyrinthe de fange, que ne visitèrent jamais les rayons du Dieu du jour, le bœuf, dont le pas lent et régulier emboîte invariablement celui qui le précède, creuse à intervalles égaux dans la terre glaise des sillons transversaux appelés *chapelets*, qui n'en permettent pas l'usage aux voitures même durant les trois ou quatre mois où ils sont à peu près secs. C'est un *staccato* non interrompu à faire jaillir les entrailles. Absolument impraticables pendant les deux tiers de l'année aux piétons et aux voitures, ils sont dangereux même pour les cavaliers. Quant aux paysans, ils gravissent le talus, suivent l'*adressée* tracée de l'autre côté de la haie, franchissent les *échaliers* ménagés à l'extrémité de chaque champ, ou se glissent, comme des sangliers, à travers les parties les moins fourrées.

Dans les *baisseurs*, où l'eau séjourne en plus grande abondance, on rencontre des *mollets*, où la terre n'offre pas de fond solide, et dans lesquels on enfoncerait indéfiniment, si l'on n'avait pas le soin d'y jeter des fascines et des branches d'arbres, qui donnent au sol le liant et la consistance qui lui manquent.

Point de grandes villes, point de ces centres populeux où l'intelligence concentrée fermente, et d'où elle s'élance et rayonne au loin (1). Quelques bourgs seulement; puis, éparses dans la campagne, les métairies, sans clôtures d'aucune espèce, sans chien de garde, le logis ouvrant à tous sa modeste hospitalité, et les bestiaux se gardant d'eux-mêmes dans ces champs si bien entourés de haies.

Franchissez la porte que surmontent invariablement, à l'ex-

(1) L'absence de villes est telle, qu'il fallut fonder et créer de toutes pièces une ville à la Roche-sur-Yon pour donner un chef-lieu au département de la Vendée; privée de ses fonctionnaires, la sous-préfecture de Beaupréau serait partout ailleurs un affreux petit bourg.

térieur, une croix blanche peinte à la chaux, et à l'intérieur une niche entourée de buis bénit, renfermant une statuette enluminée de la Vierge *col bambino*. En face, un râtelier toujours bien garni supporte les fusils de la famille.

Voilà bien des lits, n'est-ce pas? dans cette vaste chambre divisée par de hautes armoires de cerisier qui remplacent les murs de refend et dessinent toute la distribution de l'appartement. C'est que dans cette chambre unique, deux, trois et quelquefois quatre générations habitent à la fois. Cela paraît impossible, et cependant cela est. Les parents d'un côté, les enfants de l'autre, les petits enfants dans un autre encore, qui à la tête, qui au pied du lit, selon l'âge ou le sexe. Et quelles générations encore! Je sais par là un homme que l'on appelle Louis XVI, parce qu'il se nomme Louis en effet, et qu'il est le seizième enfant du même père et de la même mère.

Non loin du logis, un chêne ou un châtaignier isolé, qui compte son âge par siècles, étale au loin son branchage robuste, et abrite tout le matériel de la ferme, la charrette, les charrues, et tous les ustensiles de l'exploitation.

Dans cet océan onduleux de verdure, l'œil cherche en vain ses points de repère : chaque champ, de petite dimension, a sa ceinture inévitable de houx, de chênes et de châtaigniers garnis de lierre; le genêt succède au genêt, et le navigateur abandonné sans boussole au milieu des vastes mers trouverait plus facilement sa route que l'étranger égaré dans cet inextricable dédale de chemins creux, qui tous se ressemblent. Au soir, à l'heure où le logis abrite ses hôtes, tout se tait, immobile et morne; le vent agite sur vos têtes ces vagues de verdure qui vous dérobent la vue du ciel, et l'on n'entend pas même, pour s'orienter vers les habitations, la voix retentissante de ce compagnon fidèle qui dort à nos pieds et veille quand nous dormons, et dont les aboiements annoncent la présence de l'homme. Car le chien fait véritablement partie de l'humanité (1).

Ceci, c'est le Bocage.

Il y a encore le Marais, qui embrasse une grande partie des cantons de Fontenay, Chaillé et Maillezais, contrée amphibie dans laquelle l'eau n'occupe pas moins de place que la terre, qui ne produisait que des roseaux et des rouches gigantesques, et du sein de laquelle l'industrie humaine a fait surgir la fécondité et la vie, en y créant un sol factice d'une merveilleuse fertilité.

L'absence de pentes ne se prêtait point à laisser écouler l'élément liquide, en même temps que la densité du sol se refusait à l'absorber. Alors on lui a fait sa part : on a creusé des fossés de dix à douze pieds de largeur, et les terres rejetées à droite et à gauche ont permis, en exhaussant l'intervalle, d'élever une langue de terre, nommée *motte*, de dimension égale, avec quatre fossés pour limites; puis, après ces fossés, d'autres mottes, et toujours ainsi. Le cordeau ni l'équerre n'ont point été consultés pour ces canalisations immenses : il y a des courbes, des parallèles, des losanges, des trapèzes, et toutes les combinaisons des lignes géométriques y sont épuisées. De distance en distance, de plus larges canaux, appelés *roulets d'eau*, coupent en divers sens cette marqueterie singulière, de même que l'on rencontre des mottes d'une dimension plus étendue, et pouvant avoir jusqu'à 50 à 60 mètres de longueur. Pour retenir les terres, on a planté sur les bords des aunes, des saules, des trembles, des peupliers, et tous ces arbres aquatiques qui aiment à mirer dans le cristal des eaux leur feuillage mobile à l'extrémité de leurs rameaux flexibles.

La demeure s'appelle *hutte*, les habitants *huttiers*, et tout

(1) On connaît cette charmante caricature de Charlet : « A bien dire, ce qu'il y a de meilleur dans l'homme, c'est le chien ! »

cela vit tellement quellement, au milieu de l'atmosphère fiévreuse et méphitique qui pèse sur ces ondes mortes, des produits de la pêche en toute saison, et, en hiver, de la chasse aux palmipèdes, oies, canards, sarcelles et poules d'eau qui s'y rencontrent en abondance.

Chaque famille possède une yole, bateau léger, étroit et long, qui peut contenir six personnes, indispensable pour circuler dans cette contrée bizarre, et que dirige l'yoleur au moyen d'une longue perche qu'il manie avec adresse.

Le Marais, on le voit, c'est Venise sur une grande échelle ; seulement, c'est Venise en sabots.

Puis enfin il y a la Plaine, qui comprend de vastes terrains conquis sur la mer, rendus cultivables au moyen de nombreux canaux de desséchement, à la manière de la Hollande, et préservés de l'invasion des flots par des levées, des digues et autres travaux d'art. Dans cette partie de la Vendée, où pas un arbre, pas même une chétive broussaille ne vient intercepter le regard, l'œil s'égare à perte de vue sur un horizon de pâturages verdoyants coupés par des fossés larges et profonds qui rendent ce pays impraticable pour tout individu qui ne s'est pas familiarisé dès l'enfance avec l'usage de la *pigouille*, longue et forte perche terminée à son extrémité inférieure par une rondelle de bois, et que le Maraichin ne quitte jamais. Arrivé sur le talus, il l'enfonce au milieu du fossé, où elle adhère grâce à la rondelle, puis, s'élançant d'un bond proportionné à la largeur à franchir, il se trouve transporté sur l'autre bord. La terre n'est plus que le point d'appui, et si, dans le Marais, l'yoleur vit plus sur l'eau que sur le terrain solide, dans la plaine il est amphibie d'une autre manière, et vit dans l'air presque autant que sur le plancher solide. Hommes, femmes, enfants, tous sont rompus dès le bas âge à cette gymnastique bizarre, et un maraichin franchit ainsi sans fatigue et sans danger des fossés de vingt à vingt-quatre pieds.

L'habitation s'appelle *cabane*, et les cabaniers, associés entre eux, se partagent en plusieurs grandes divisions la possession des pâturages. Ils s'assemblent une fois l'an pour voter les fonds nécessaires aux travaux d'utilité commune, curage, entretien des digues, etc., et chacun est imposé en proportion de la quantité de terrain submersible. Si, aux jours de tempête ou de grandes marées, la mer menace de pénétrer dans le pays, nul n'est sourd à l'appel du tocsin qui retentit dans tous les villages; chacun porte sans hésiter, sur le lieu du sinistre, tout ce qui peut servir à le conjurer, et jusqu'aux récoltes et aux objets les plus précieux, foins, gerbes, matériaux de cabanes démolies, et, le danger passé, les dommages sont estimés, et les associés paient sans hésitation ni querelle.

C'est surtout dans le Marais que l'on rencontre les Colliberts, race à part, qui vit sans se mêler aux autres habitants, n'a ni maisons, ni propriété, hommes véritablement *sans terre*, qui vivent sur des bateaux, et qui, autrefois affranchis et ne payant nulle redevance serve aux seigneurs, sont demeurés stationnaires et se sont laissé dépasser par les anciens serfs de la contrée. Dans le pays, ils sont méprisés presque à l'égal des crétins, bien que probablement ils ne doivent leur apparente infériorité qu'à leur indigence et à leur défaut absolu de culture intellectuelle.

Quoi qu'il en soit, on comprend maintenant combien, Bocage, Marais ou Plaine, de semblables contrées sont propices à la guerre civile, et quels avantages immenses elles présentent à une lutte de tirailleurs. Et si quelque chose peut étonner et grandir encore l'idée que l'on a de l'héroïsme des soldats de la république, c'est que l'insurrection ait pu être vaincue sur un terrain pareil.

Privée de toute espèce de rapports avec les provinces qui l'avoisinent, la Vendée était restée attardée de deux ou trois siècles en arrière (1), et une population nombreuse y vivait

(1) « C'était un des départements de la France les plus reculés par rapport

éparse sur le sol, livrée à ces mœurs naïves et pieuses qui, sans doute, n'auraient guère à envier à notre civilisation incomplète et encore à demi barbare, si trop souvent la naïveté n'allait jusqu'à l'ignorance la plus grossière, et la piété jusqu'au fanatisme le plus inintelligent et le plus aveugle ; et certes le Vendéen se fût accusé de ne faire les choses qu'à demi, si, lorsqu'il brûlait un cierge à saint Michel, il n'en eût offert un également à son serpent.

Quatre années s'étaient écoulées depuis que la révolution semait ses bienfaits sur les campagnes, et la Vendée savait à peine quels événements s'accomplissaient au profit des classes jusque-là déshéritées. Tandis que les gens de la Plaine, plus civilisés (1), s'empressaient de prendre part au mouvement et incendiaient même quelques châteaux (2), les habitants du Bocage n'en connaissaient que ce qu'il plaisait à leurs curés et à leurs seigneurs de leur en raconter. « Ils en savaient toujours assez, au dire d'un historien royaliste, pour cultiver la terre, pour payer docilement la dîme et obéir à la corvée (de Beauchamp, p. 17). » Aussi regardaient-ils sérieusement la révolution avec une sainte horreur, et comme le renversement et la perversion de la société elle-même. On organisa les gardes nationales, ils prièrent leurs seigneurs de les commander, et, lorsqu'il fallut nommer des maires, ils furent élus sans conteste, de sorte que la révolution donnait à ceux-ci des armes contre elle-même.

Cependant, au sein des villes, la noblesse était pour le peuple, et le clergé hésitait entre l'une et l'autre cause, lorsque l'évêque de Tréguier, avec une virulence qui rappelle l'arche-

---

aux connaissances et à l'industrie... Pas un atelier, pas une manufacture, pas une société de commerçants ou de spéculateurs qui la vivifiât. » — M. de Beauchamp, *Hist. de la Vendée*, I, 4.

(1) « Plus civilisés, ou du moins plus rapprochés de nos mœurs, les habitants de la plaine n'ont pris aucune part à l'insurrection royaliste, et se sont au contraire montrés opposés aux Vendéens. » — Id., 5.

(2) *Mém. de madame de la Rochejaquelein*, 36.

vêque de Reims tonnant au xiie siècle contre les *exécrables communes*, lança le manifeste de la guerre civile (14 octobre 1789), « et représenta, dans un mandement, la révolution qui s'opérait comme la subversion de tout ordre, la tolérance comme une impiété, la liberté comme une révolte, et l'égalité comme une monstrueuse chimère. Il exhorta les prêtres à détromper le peuple (I, 21). »

Il est néanmoins permis de penser que la substitution du régime républicain au régime de la monarchie eût laissé les populations rurales au moins indifférentes, si l'inflexible loi du recrutement, qui prétendait les arracher à cette étroite patrie du Bocage pour les faire marcher à la défense de la patrie commune, et si surtout la destitution des prêtres non assermentés ne leur eût inspiré une haine violente contre la révolution, et ne les eût décidés à servir d'instruments aux rancunes des nobles et du clergé.

Déjà, en février 1790, trois ou quatre mille paysans avaient marché sur Vannes pour protéger l'évêque de cette ville qui, cédant aux instances de ses vicaires, s'était décidé à refuser le serment civique et constitutionnel. Repoussés par la garnison de Lorient, on n'eut pas de peine à leur persuader que ces dragons habillés de drap rouge étaient de véritables dragons de l'enfer, et que tous les patriotes étaient des suppôts de Satan (Id., 27).

D'un autre côté, les prêtres constitutionnels établis dans les communes leur étaient dépeints par ceux qu'ils remplaçaient comme des païens et des ennemis de Dieu. Désignés à l'horreur publique sous le nom d'*intrus*, l'église, là où on les souffrait, restait déserte et le presbytère délaissé. Les enfants même fuyaient à l'aspect du nouveau curé, en criant : « C'est le jureur ! »

Il ne trouvait personne qui voulût lui parler, lui vendre, ni le servir : on eût dit un de ces lépreux du moyen âge, un de ces maudits auxquels les sociétés antiques interdisaient l'eau et le feu, et il se trouva de populeuses communes où la messe ne put être célébrée, parce que l'intrus ne rencontra pas une maison qui voulût fournir les charbons pour l'encensoir et pour allumer les cierges.

Quant aux insermentés, la persécution leur avait donné une sainteté nouvelle et une invisible puissance, et, de prêtres, ils étaient passés martyrs. Entendre une de leurs messes, se confesser à eux, recevoir de leurs mains le viatique, suffisait pour le salut. Il y en avait même qui faisaient des miracles ; aussi regardait-on comme un honneur et une bénédiction de les cacher.

Chaque paroisse comptait au moins un de ces proscrits, qui, du fond de leurs retraites, exerçaient un empire absolu sur les âmes ; à eux seuls appartenait de lier ou de délier sur cette terre. On leur amenait de plusieurs lieues, et au milieu de la nuit, des enfants à baptiser, des mourants à bénir. Tout mariage qu'ils n'avaient pas consacré était impur. Chassés des églises, ils dressaient un autel dans quelque clairière perdue au milieu des vastes champs de genêt, et les enfants de chœur allaient de ferme en ferme, ils frappaient mystérieusement à la porte du logis qui s'entr'ouvrait, et ils disaient à demi-voix : « Demain, à minuit, dans tel carrefour, ou sur telle bruyère ! » Et le lendemain, femmes, enfants, vieillards franchissaient les échaliers, se glissaient à travers les genêts, et tous étaient au lieu indiqué, la tête nue et le chapelet à la main.

Lorsqu'ils le pouvaient faire sans trop de périls, les prêtres parcouraient les campagnes, soulevant les esprits, rallumant dans les cœurs, sous leur souffle haineux, les brandons éteints des guerres de religion, organisant des processions nocturnes et prodiguant sous leurs pas les miracles qui pleuvaient du ciel comme une rosée. Semblables aux druides, comme eux implacables, et s'apprêtant aux sacrifices humains par des jeûnes et des veilles, secondés par les nonnes et les sœurs non moins fanatiques que les prêtresses du vieux Teutathès, ils avaient en tous lieux des chênes favoris et consacrés : chêne de Bégrolle, chêne de Legé, chêne de Vezins ; il y en avait partout, on s'y rendait la nuit, hommes et femmes, de dix lieues à la ronde, en chantant des litanies. Ici, la Vierge était apparue en personne pour sanctifier un autel élevé dans les bois ; là, c'était le fils de Dieu qui était descendu lui-même du ciel pour assister à une bénédiction de drapeaux : à Chemillé, on avait vu des anges aux ailes brillantes, le front ceint de rayons resplendissants, qui annonçaient la victoire à ceux qui s'armeraient pour défendre l'autel et le trône (1).

Tandis qu'une fermentation sourde agitait ces populations aveugles, il y eut un homme qui conçut le projet de réunir en faisceau tous ces éléments de résistance, et de soulever le pays contre les tendances émancipatrices de l'Assemblée Nationale.

Officier dans les gardes françaises, le marquis de la Rouarie fut d'abord un frondeur du gouvernement monarchique, et signala sa jeunesse par le scandale de ses désordres et de ses dissipations. Après avoir fait de vains efforts pour épouser une actrice, mademoiselle Fleury, il se battit en duel avec son rival préféré ; la publicité de ces aventures ayant excité le mécontentement du roi, il s'empoisonna, fut sauvé par les soins de ses amis, et, bien persuadé qu'il ne pouvait réussir ni à vivre heureux ni à mourir, il se jeta à la Trappe. Le bruit de la guerre d'émancipation de l'Amérique vint l'arracher à sa retraite ; il partit sous les ordres de Rochambeau, et se distingua sous le nom du colonel Armand. De retour en France, et tout plein des enivrantes idées de liberté grandies dans son sein sur cette terre généreuse de l'Amérique, il déploya une nouvelle énergie dans son opposition contre la cour, et fut l'un des champions de la noblesse et des parlements en lutte

(1) De Beauchamp, I, 27, 80. — Fr. Grille, *La Vendée en 93*, IV, 37.

contre la royauté. « Avide de révolutions, il vit d'abord avec joie celle de 89. Mais bientôt, mécontent de n'y point figurer à son gré, il s'indigna de voir la noblesse bretonne succomber sans appui sous une majorité plébéienne (De Beauchamp, I, 35). »

Tels étaient les antécédents, telles étaient les convictions de ce soutien du trône et de l'autel, de celui qui allait appeler tant de désastres sur quatre ou cinq provinces du royaume.

La levée supplémentaire de 300,000 hommes, ordonnée par le gouvernement républicain, fut l'étincelle qui détermina l'explosion. De Fontenay à Nantes, presque aucune paroisse ne se soumit au recrutement, et bientôt trois armées de révoltés se formèrent, une à Challans, une autre à Màchecoul, une troisième aux Herbiers.

Le 12 mars 1793 devait avoir lieu à Saint-Florent le tirage de la conscription. Les administrateurs du district sont chassés, après une lutte acharnée, par les paysans qui, soulevés au son du tocsin, s'avancent en masses profondes, et qui, pour préluder dignement à leur guerre de brigands, pillent l'argent contenu dans les caisses publiques, qu'ils vont dépenser dans les cabarets.

Le lendemain, un homme du Pin en Mauges était occupé à boulanger le pain de sa famille, — il avait cinq enfants, — lorsqu'un de ses parents lui annonce les événements qui se sont accomplis la veille à Saint-Florent. Cet homme, c'était Cathelineau, le Saint de l'Anjou. Maçon d'abord, comme son père, il s'était fait depuis voiturier colporteur, profession qui lui avait permis de se créer de nombreuses relations dans le pays et d'en bien connaître les détours. Il abandonne son ouvrage pour se rendre sur la place où tout le village se trouvait réuni; l'émotion était grande parmi tous ces paysans que pressait la crainte de la conscription, et il ne fallait qu'un chef pour décider le mouvement.

« Mes amis, s'écrie Cathelineau, les bleus ne nous pardonneront pas de s'être laissé battre par nos *gas* à Saint-Florent. Mais il ne faut pas qu'ils nous trouvent désarmés, il ne faut pas leur laisser le temps d'appeler du renfort ; il faut les surprendre, de crainte d'être surpris par eux. Vive le roi! vive la religion catholique! et en avant! »

» Vive le roi! vive la religion catholique! » hurle la foule entraînée ; et ils se mettent en route à la suite de Cathelineau.

On recrute quelques hommes de bonne volonté à la Poitevinière, et l'on marche sur Jalais, gros bourg occupé par un corps de troupes républicaines qui, à leur approche, se massent sur une hauteur qui domine le bourg du côté du château. Cathelineau s'élance sur eux au pas de course à la tête de sa bande, se précipite sur une pièce de canon dont le premier coup a passé par dessus la tête des siens, et s'en empare avant qu'ils aient eu le temps de la recharger.

C'était une pièce de six à laquelle ils donnèrent le nom de *la Missionnaire*. Ce fut leur première pièce d'artillerie.

La petite ville de Chemillé, à deux lieues de Jallais, était défendue par une garnison assez nombreuse pour qu'on pût la croire à l'abri d'un coup de main. Mais Cathelineau culbute gardes nationaux et soldats, et, après un combat meurtrier, trois couleuvrines, des fusils, des munitions, et un bon nombre de prisonniers restent au pouvoir des insurgés.

Boinaud, curé de Notre-Dame-de-Chemillé, avait promis, tandis que le parti républicain était le plus fort, de prononcer le serment civique, mais il avait su gagner du temps, et lorsque les brigands furent les maîtres, désireux de faire oublier sa faiblesse passée, il vociférait en chaire contre les bleus : « Plus vous en tuerez, disait-il, plus vous serez élevés au ciel (1). »

Membre du comité royaliste, il dit nettement en y prenant place : « Effaçons le mot de pardon (2) ! »

L'intérêt décide le plus souvent des convictions des hommes.

(1) *Collection de mémoires relatifs à la révolution française*, XXIIe liv., 86.
(2) Grille, p. 82, 83 : « On ferait, ajoute-t-il, de tristes pages de ce que

L'Assemblée nationale, en mettant un terme aux criminelles vexations engendrées par le privilège de la chasse, avait amoindri la position de ceux qui vivaient de ces abus odieux. Chacun se permettait désormais de chasser sur les terres des nobles et d'insulter les gardes, tyrans hier, victimes aujourd'hui. Les braconniers, à leur tour, ne pouvaient plus vivre de leur industrie, chacun leur faisant concurrence et s'approvisionnant lui-même de gibier. Les gardes-chasses et les braconniers devaient donc, comme les nobles et les prêtres, détester la révolution et la combattre. Un garde du comte de Maulevrier, Stofflet, qui avait été seize ans simple soldat dans un régiment suisse, soulève et entraîne de son côté les paysans de Maulevrier, opère sa jonction avec Cathelineau, et ils marchent de concert sur Chollet, ville plus considérable où les attendait une résistance plus sérieuse.

A côté de Cathelineau, un enfant de douze ans, Crouston, est monté sur un cheval blanc, et de temps en temps frappe de son mieux sur un tambour accroché à l'arçon de sa selle (1). Puis, non loin des deux chefs, on distingue les deux physionomies étranges de Six-Sous et du prêtre Barbotin. Six-Sous, le chef de l'artillerie, bandit hors ligne au milieu des brigands, et dont les crimes finirent par faire peur à son propre parti (2); Barbotin, l'un de ces noms prédestinés à une célébrité honteuse, Barbotin, l'aumônier de l'armée catholique, le conseil de Stofflet, bien digne en tous points de marcher à côté de Six-Sous.

Derrière cet étrange état-major, se pressait en désordre toute la cohue des paysans, vêtus de leurs costumes de grosse

racontent de lui les Cesbron, les Lecoq, tous les chefs des familles les plus vénérables et qui avaient, dans le pays, semé le plus de bienfaits. »

(1) « Une petite fille de treize ans était tambour dans le corps d'armée de d'Elbée. » — Madame de la Rochejaquelein, 204.

(2) « Ce Six-Sous était un échappé de galères, un scélérat qui volait, violait, pillait, et faisait peur aux brigands eux-mêmes. Ils le fusillèrent. » — Grille, 85.

étoffe, le visage encadré de longs cheveux qui tombent sur leurs épaules, et la tête couverte d'un immense chapeau à grands bords orné d'une cocarde blanche, et quelquefois noire ou verte. Dans leur main gauche est un rosaire dont ils baisent dévotement les saintes médailles, tandis que des crucifix, des scapulaires, des *chemises de la Vierge* sont attachés ostensiblement sur leurs poitrines. A voir cette foule qui se presse en désordre par les chemins, hommes, femmes, enfants, les yeux humblement fixés sur la terre, à les entendre réciter à haute voix leur chapelet, qu'ils interrompent pour chanter des cantiques, on dirait une troupe de pèlerins cheminant dans le but d'accomplir un vœu ou quelque œuvre pieuse. Mais les fusils, dont les baïonnettes étincellent au soleil, mais les pistolets attachés à la ceinture avec des mouchoirs de Chollet, les sabres retenus par des ficelles, les faux emmanchées à rebours, les fourches, les piques et les bâtons, au-dessus desquels se déroulent au vent les plis d'un drapeau blanc fleurdelysé ; mais les femmes portant sur chaque épaule un bissac, l'un pour mettre les têtes des patriotes et des messieurs des villes, l'autre pour mettre leur argent (1), tout cet appareil terrible annonce la guerre.

Parmi eux, ni subordination, ni discipline : l'égalité la plus

---

(1) « De trente lieues à la ronde, il venait des gens tout exprès pour piller Nantes. Naguère encore (1852), une vieille femme me disait : « Oh ! oui, j'y » étais, au siège ; ma sœur et moi, nous avions apporté nos sacs. Nous comp- » tions bien qu'on entrerait tout au moins jusqu'à la rue de la Casserie. » C'était celle des orfèvres. » — **Michelet**, *Hist. de la révolution*, VI, 109.

« On remarquait dans cette armée des vieillards et des femmes qui s'étaient pourvus de sacs, afin de profiter plus amplement du butin qu'aurait procuré une ville aussi opulente (Nantes). On annonçait hautement l'intention de la piller. » — **Madame de la Rochejaquelein**, 485.

« ... Une de ces femmes portait deux sacs, un sur chaque épaule; on lui demanda ce qu'elle voulait en faire : « Celui-ci, dit-elle en montrant le plus » petit, est pour mettre l'argent que je trouverai, et celui-là pour emporter les » têtes des messieurs. » Toute l'histoire de la chouannerie est dans ce mot. » — **E. Souvestre**, *Les derniers Bretons*, II, 58, 59.

parfaite règne au camp des champions de la royauté, et ce n'est qu'en lui empruntant ses principes qu'ils combattent la république (1). Quand on voulait faire avancer un détachement : « Monsieur un tel va par tel chemin, criait-on ; qui veut le suivre ? » Les chefs, arrivés au point d'attaque, formaient par le même moyen les compagnies de leurs officiers. Ces commandements : — A droite ! à gauche ! — étaient inconnus. On disait : — Allez vers tel gros arbre, vers telle maison, — et ils allaient. Avant l'action, ils récitaient leurs prières, et faisaient le signe de la croix à chaque coup qu'ils tiraient, priant Dieu qu'il dirigeât leurs balles vers la poitrine de quelqu'une de ses créatures.

Quant à faire des patrouilles, à les placer en sentinelles, rien ne put jamais les y décider, et les officiers restaient chargés de ce soin.

On voit donc qu'en fait, cette guerre tournait contre ses auteurs : les nobles y perdaient leur prestige, et les paysans y faisaient leur apprentissage d'indépendance et d'égalité.

Devançons les insurgés à Chollet, et voyons comment on s'y préparait à résister aux Vendéens soulevés.

Le ci-devant marquis de Beauveau y présidait le district, et se disposait à défendre la cause de la démocratie contre le peuple égaré des campagnes. C'était aussi, dans son genre, un singulier personnage que ce marquis de Beauveau qui, doué de toutes les qualités du corps et de l'esprit, avait vécu une jeunesse tellement orageuse, qu'il en avait passé plusieurs années dans les prisons de l'État. Véritable seigneur féodal au début de sa carrière, il avait longtemps cherché la pierre philosophale au moyen de l'alchimie, et le bruit populaire lui reprochait des crimes horribles. Un jour, entre autres, qu'un vagabond avait osé franchir le pont-levis de son château de la

(1) « On en sentait si bien la nécessité, que les gentilshommes avaient toujours grand soin de traiter d'égal à égal chaque officier paysan. » — **Madame de la Rochejaquelein**, 144.

Treille, il avait lancé ses chiens contre ce malheureux qui avait été mis en pièces.

Des séjours prolongés au mont Saint-Michel et à la Bastille l'amendèrent comme ils avaient fait Mirabeau, c'est-à-dire qu'il en sortit avec la haine implacable de l'autorité, et un ardent amour de la liberté. Il avait rédigé des mémoires intéressants pour le *Journal encyclopédique*; enfin c'était un renégat, un philosophe, et, né aristocrate, il combattait parmi les patriotes.

Tout était insensé dans cette guerre criminelle : La Rouarie, qui avait contribué à fonder en Amérique la république et la liberté, se faisait en France le champion de la monarchie et de l'autorité, et Beauveau, l'ancien tyran seigneurial, défendait la cause du peuple. Stofflet et Cathelineau, deux héros en sabots, combattaient pour la royauté, et Biron commandait les armées de la république qui marchaient sur la Vendée !

Le 14, Beauveau quitte son château de la Treille, accourt à Chollet, entraîne par son courage et son énergie la garnison et les habitants qui hésitent, et s'avance à leur tête contre les insurgés. Après une première fusillade très vive, Cathelineau donne le fameux commandement, qui fut depuis toute leur tactique; la nature la leur avait indiquée, et c'était la mieux appropriée au pays : « Égaillez-vous, mes gas ! »

Les paysans s'élancent et disparaissent des deux côtés des haies, et les républicains s'avancent les croyant en fuite. Mais soudain, profitant des inégalités du terrain, abrités derrière le rideau de verdure qui les dérobe aux regards des républicains, ils entourent le bataillon, qui voit pleuvoir sur lui de tous côtés une grêle de balles lancées par des ennemis invisibles et que ses coups ne peuvent atteindre. Profitant d'un premier moment de stupeur, les paysans reviennent à la charge en poussant des cris furieux, attaquent de tous côtés à la fois, renversent leurs rangs, les désarment, et les assomment avec leurs gourdins.

Beauveau fut blessé à mort, et, outre des fusils et des munitions en abondance, Cathelineau s'empare encore d'une nouvelle pièce de canon, *la Marie-Jeanne*, leur pièce favorite, qui venait du château de Richelieu, auprès de Chinon, où le cardinal l'avait fait placer avec cinq autres.

La tourbe victorieuse se précipite dans la ville et dans les hameaux voisins. et encore tout enivrée de la lutte et de son succès, fait aux bleus, par les rues et dans les maisons, une chasse implacable, tuant et massacrant jeunes et vieux par douzaines, sabrant les blessés qui se rendent, brûlant dans les maisons incendiées les femmes et les filles avec les époux et les pères. Leur rage s'acharne surtout sur les prêtres contsitutionnels : ils les saisissent, les entraînent sur la route de Beaupréau, les déchirent à coups de piques, et les emmènent avec cent patriotes qu'ils lient deux à deux et qu'ils conservent vivants pour s'en faire un rempart en les exposant aux premiers coups dans leurs rencontres avec les bleus (Grille, p. 82).

Parmi ceux auxquels un conseil de guerre improvisé avait fait grâce, se trouvait un jeune négociant de vingt-quatre ans, nommé Ballard. Il s'était engagé à donner du pain aux pauvres de la ville pendant six mois, et Cathelineau avait annoncé qu'il serait relâché. Le lendemain matin, de bonne heure, — c'était le jour du jeudi saint, — Barbotin et Six-Sous, à la tête de quelques paysans, forcent les portes de la prison, s'emparent de lui, le traînent sur la place du château, et, sous les yeux des prisonniers menacés du même sort, le lient à l'arbre de la liberté coupé à cinq pieds du sol. En vain Ballard fait valoir la grâce accordée, en vain des femmes éplorées accourent et se précipitent aux genoux du prêtre : il les repousse, et parle de son salut à celui qu'il assassine, tandis que Six-Sous ordonne à l'un de ses acolytes de l'expédier. Celui-ci tire sur le malheureux qui se débat et le manque. Les chefs accourent, et Six-Sous, appuyant le canon de son pistolet sur le front de Ballard, lui fait sauter le crâne.

Les brigands marchaient sur Montaigu pour brûler le district, lorsqu'ils furent rejoints par vingt-six gardes nationaux de Mortagne qui tentent de rallumer dans leurs âmes égarées une étincelle de sentiment national. Déjà ils cédaient, lorsque le sacristain de Tiffauges, s'élançant de l'église comme d'une tanière, réveille en eux le fanatisme expirant, et ils fusillent ces vingt-six hommes sans défense qui s'étaient livrés à eux. De là, ils pénètrent à Montaigu, massacrent des gens qui s'étaient rendus, se fiant à la parole jurée, vont ensuite à Clisson incendier les archives, tuer les patriotes, et chanter un *Te Deum* pour remercier Dieu de leurs victoires (Grille, 88).

Lorsque les troupes envoyées de Nantes au secours de Challans forcèrent l'entrée de ce village, elles trouvèrent un soldat de la république que les monstres avaient cloué vivant, les bras en croix, sur le portail de l'Église. Il respirait encore, et rendit le dernier soupir en disant d'une voix affaiblie : « Vive la république ! »

Servanteau de l'Eschasserie était patriote, quoique noble. Les brigands vinrent l'assassiner dans son château de Bruffière. Son crime était d'avoir fait planter quelques arbres de la liberté dans les communes voisines.

« La ville de Fougères, foyer d'une ardente démocratie, était investie par trois mille paysans qui marchaient sur deux colonnes, avec le projet de la mettre au pillage et de la brûler... Dans les districts de Blin, de la Roche-Bernard, de Guérande, les insurgés avaient massacré les autorités et brûlé les papiers de l'administration. A la Roche-Bernard, le président du district, nommé Sauveur, ardent révolutionnaire, fut d'abord mutilé, puis jeté dans un brasier ardent (De Beauchamp, 72-74). »

A la prise de Fontenay, Barbotin, le conseil de Stofflet, pénètre l'un des premiers dans la ville, le pistolet d'une main, le sabre de l'autre. Il entre chez un de ses anciens bienfaiteurs, nommé Clousy, qui veut lui adresser quelques observations sur ce qu'il y a de peu évangélique dans le rôle qu'il joue à la tête des brigands. Barbotin lui fend le crâne d'un coup de sabre.

« Le passage des Vendéens est comme celui de la lave, écrivait le général Dayat au ministre de la guerre ; il frappe de dévastation et de mort (23 mai 1793). »

Mais ce fut surtout à Mâchecoul que ces étranges défenseurs du trône et de la religion semblèrent s'être donné à tâche de dépasser les limites de la férocité humaine. Après avoir massacré jusqu'au dernier cent gardes nationaux, ayant à leur tête Maupassant, ex-député à l'Assemblée nationale, ils s'établissent dans la ville et ne songent plus qu'à assouvir leur rage et à s'abreuver du sang des patriotes.

« Malheur à ceux qui tombaient au pouvoir des insurgés, dit un écrivain de leur parti ; les femmes criaient : tue ! tue ! les vieillards eux-mêmes assommaient, et les enfants chantaient *victoire*. Tous étaient ivres de sang ; le curé constitutionnel Letort fut massacré à coups de baïonnettes ; le républicain Pinaud et son jeune fils, ayant refusé de crier vive le roi ! furent mis en pièces. En rendant le dernier soupir, ils firent entendre le cri de vive la nation ! Pagnot, juge de paix, mourut en proférant les mêmes paroles.

» Un comité royaliste, présidé par Souchu, ancien receveur des gabelles, souillait ainsi la victoire et ordonnait le meurtre. Quarante-cinq républicains furent égorgés les 11 et 12 mars ; on en avait jeté autant dans les cachots. Ces horribles exécutions étaient imitées au camp vendéen de Guiové, près la route de Paimbœuf. A Legé, à Montaigu, tout ce qui tenait à la révolution fut impitoyablement massacré. On dressait des listes de proscription... (De Beauchamp, 101). »

Un des assassins courait les rues avec un cor de chasse. Dès qu'il flairait un patriote, il sonnait la *vue*, et lorsque la malheureuse victime tombait, haletante, sous les coups des brigands acharnés à sa poursuite, le misérable sonnait l'*hal-*

lali, au milieu des cris de joie des enfants qui criaient : victoire ! vive le roi !

On vit des femmes s'acharner sur les cadavres, et leur faire subir les plus indécentes mutilations (Grille, 111).

La citoyenne Saurin, dont on venait d'assassiner le mari, le frère et un de ses ouvriers, fut forcée par les brigands de prendre un bras de la civière sur laquelle ils avaient jeté le corps de son mari, pour le porter à la fosse béante qui l'attendait.

On pendait, avec leurs écharpes d'officier municipal, les hommes à la porte de leurs boutiques ; on jetait dans des caves, après leur avoir fait subir les derniers outrages, des jeunes filles auxquelles on oubliait de donner du pain, et qui mouraient de faim (II, 261). Joubert, président du district, eut les poignets sciés, et périt sous les coups de fourche et de baïonnette. D'autres furent sciés entre deux planches, d'autres enterrés vivants...

Mais ce ne sont là que des détails et de petits faits ; l'infâme Souchu, à la tête de son comité d'assassins, expédiait le gros des affaires et présidait aux exécutions en masse, secondé par Decoëtus, Louis Potier, Nicollière, Jean Peraud, le chevalier de Keating, Latour, Rousseau, Plantier, Jean Guilloteau, Merland-Desbrosses, J.-B. Laheu, Batard, Fleury et Archambaud.

Les comités secondaires versaient le trop-plein de leurs prisons au comité central de Machecoul, sachant bien que Souchu n'avait garde de laisser les cachots s'encombrer, et qu'il trouverait de la place pour tout le monde. Les prisonniers arrivaient à pied, à cheval et par charretées. Leur jugement allait vite, ou plutôt il n'y en avait pas : pris, condamné, exécuté, pas un n'en réchappa. Pour colorer tant de crimes du prétexte de la vengeance, on supposait des nouvelles révoltantes, soit de Nantes, soit de Paris. Une lettre controuvée ayant annoncé l'égorgement de tous les prêtres détenus à

Nantes, à l'instant les sicaires de Souchu retroussent leurs manches, les royalistes les plus furieux, les catholiques les plus fervents courent aux prisons, défoncent les portes, et, en une journée, massacrent quatre-vingts républicains. On a reproché aux terroristes de la république la guillotine, et l'on a bien fait : les terroristes de la monarchie surent bien s'en passer, trouvant, comme l'affreux Carrier, que c'était trop lent. Ils faisaient creuser dans une prairie, aux portes de Mâchecoul, une vaste fosse ; puis, la veille de l'exécution, on formait deux listes, de trente individus chacune : la première de ceux qui devaient être exécutés le lendemain, la seconde de ceux réservés pour le surlendemain. On liait les trente premiers en rond, ce qui s'appelait lier les grains de son chapelet, car il ne faut pas oublier que c'étaient tous hommes pieux, zélés soutiens de la société qui penchait vers l'abîme de la liberté ; ils les entraînaient au bord de la fosse, les fusillaient, assommaient de leur mieux ceux que le plomb n'avait pas frappé, les morts entraînaient les vivants, et l'on recouvrait le tout de terre. Ils appelaient cela *dire leur chapelet* (1)... « Les trente portés sur la seconde liste assistaient à cette exécution, et on leur disait : « Demain il vous en sera fait autant, si vous ne renoncez pas à la république, et ne prenez pas parti pour le roi et la religion. » Ensuite on les reconduisait dans leurs cachots, où ils étaient déjà livrés aux angoisses de la mort. Le curé constitutionnel de Mâchecoul fut un de ceux qui eut le plus à souffrir, parce qu'il fut livré à des harpies qui le mutilèrent horriblement (2). » A la reprise de la ville par les républicains, on visita ce champ des martyrs de la liberté, « et l'on vit un bras hors de terre, dont la main, accrochée à une poignée d'herbes, semblait celle

---

(1) « Et dans le fait, on récitait cette prière au moment où l'on répandait le sang de ces malheureux. » — Madame de la Rochejaquelein, 481.

(2) *Collection de mémoires relatifs à la révolution française*, 14ᵉ livraison, 13, 14.

d'un spectre qui s'était efforcé vainement de sortir de la fosse (De Beauchamp, I, 123). »

Cela se passait durant le carême, ce qui explique l'ardeur de ces zélés catholiques à égrener leur chapelet. Le jour de Pâques, ils en massacrèrent vingt-quatre après la messe, et cinquante-six après vêpres. Aussi disaient-ils tout heureux le soir, en soupant au sein de leurs familles : « Nous nous sommes joliment bien décarémés aujourd'hui. »

Ils avaient cassé les bras et les jambes aux citoyens Fleury et Orcéan ; puis, prenant en pitié leurs souffrances atroces : « Attendez, dirent-ils en ricanant, on va vous guérir ! » Ils les frappèrent à la tête et leur firent voler la cervelle (1).

Un prêtre réfractaire, nommé Priou, ancien vicaire à Mâchecoul, fut prié de célébrer l'office divin. Mais l'église a été polluée, à son avis, il ne l'a point bénie depuis que le *jureur* y a dit la messe, et il sait un endroit bien mieux consacré. Il fait dresser un autel au carrefour de la prison, dans l'endroit même où l'on venait de massacrer le curé constitutionnel, ainsi que trente patriotes. Le monstre pataugeait dans le sang, ses pieds y baignaient, et le bas de son aube en était teint (Grille) !

Ah ! dans cette guerre sacrilège, les prêtres à crucifix, les paysans à chapelets furent plus cruels cent fois que les Parisiens armés de piques et les sans-culottes revêtus de la sinistre carmagnole ! Et cela dura ainsi pendant six longues semaines, depuis le 11 mars jusqu'au 22 avril, jusqu'à la reprise de Mâchecoul par les troupes libératrices de la république. Mais, quand elles arrivèrent, plus de six cents patriotes avaient été massacrés.

On a flétri les Vendéens du nom de brigands : celui d'assassins eût été plus juste.

Aussi n'est-ce pas à la Convention, mais bien aux monstres

(1) Grille, III, 3-7. Puis il ajoute : « Je n'ose dire ce qu'ils firent sur les femmes des patriotes. »

de Mâchecoul qu'il faut faire remonter la responsabilité du décret terrible du 19 mars : « Tout insurgé pris les armes à la main sera puni de mort ! » Tant de crimes font, non pas excuser sans doute, mais du moins comprendre les terribles représailles des soldats de la république (1).

Barrère disait vrai lorsqu'il appelait la Vendée un chancre politique attaché aux flancs de la patrie, et qui ne pouvait être guéri que par le fer et le feu. Quand l'existence même de la France était mise en question, quand l'invasion débordait par toutes les frontières, il fallait bien en finir cependant avec cet ennemi interne qui, d'une main, serrait la main à l'Angleterre, et qui tendait l'autre vers l'Allemagne.

Mais comment saisir, combattre et détruire un adversaire qui est partout et que l'on ne trouve nulle part ? Tout village où l'on pénètre est inhabité, morne, désert : le logis est clos, l'étable vide, chaque puits est dégarni de sa corde et de son seau ; et cependant la litière est fraîche, et la fumée qui sort de la cheminée indique que le feu achève de s'éteindre dans l'âtre. Il semble qu'un génie invisible leur a révélé l'approche des bleus ; ils ont disparu et se sont évanouis dans les airs. Si l'on rencontre quelques paysans, ce sont de paisibles laboureurs tout entiers à leur travail ; ils n'ont pas entendu les coups de fusil que l'on vient de tirer, ils ignorent même qu'il y ait des révoltés dans le pays ; mais leurs mains sont noires de poudre, leur carabine est cachée au plus épais de la haie, et les bleus sont à peine passés, que le laboureur est redevenu un brigand. C'est un immense drame à travestissements, une féerie sanglante dans laquelle chaque touffe de

---

(1) « Nous étions tous des loups, brigands ou bleus ; ceux qui, échappés et vivants, disent le contraire, sont des hypocrites.

» Le paysan, qui brûle tout, s'étonne qu'on brûle ; le paysan, qui tue tout, s'étonne qu'on tue !

» Il y aura des représailles, d'horribles ; mais le crime sue de la Vendée, il sort de ces bandes fanatisées, enivrées, hors d'elles-mêmes, qui refusent d'obéir aux lois de la France. » — Grille, *passim*.

genêt devient un ennemi, chaque arbre tire des coups de fusil, chaque buisson de houx allonge les piquants de ses feuilles comme des fourches et des faux. Vainqueurs, les bleus n'ont devant eux que des paysans inoffensifs, des femmes, des enfants qui les saluent et que la pitié commande de ne pas égorger ; vaincus, ces paysans les harcèlent, se ruent sur les ambulances, sabrent et fusillent blessés, mourants et chirurgiens avec des cris de Hurons et de Caraïbes (Grille, II, 204), tandis que ces femmes et ces enfants assomment à coups de pierres les traînards égarés dans les détours de cet inextricable dédale (De Beauchamp, 263).

Certes, les bleus rendaient largement meurtre pour meurtre ; mais ils tuaient pour obéir aux lois de la guerre, au lieu que, chez les Vendéens, il y avait quelque chose de l'inquisiteur, dont la pensée est avant tout de châtier et d'imposer une expiation. Sous la funeste inspiration de leurs prêtres, ils s'érigeaient en vengeurs de ce Dieu fait à leur image, et qui, pouvant anéantir la créature coupable, la condamne à une effroyable immortalité, afin de pouvoir repaître ses narines divines de cette immense odeur de chair rôtie qui, des mondes détruits, montera dans l'éternité comme un encens vers son trône redoutable.

Toutefois doit-on leur rendre cette justice de dire que l'impartialité présidait à leurs vengeances. Ils brûlaient les églises et les couvents qui avaient servi d'asile aux bleus (1), et s'il arrivait que quelqu'un d'entre eux, pour avoir fréquenté dans sa jeunesse le séjour empesté des villes, où l'air est chargé de ces miasmes qui, selon le siècle, prennent divers noms, sobriquets imposés au progrès pour en faire un épouvantail et un objet de haine ; s'il arrivait, dis-je, qu'un paysan désertât la sainte cause du passé pour celle de l'avenir et qu'il espérât demeurer indifférent au milieu de ces luttes

---

(1) Godard-Faultrier, *L'Anjou et ses monuments*, II, 134.

sacriléges, ils savaient lui faire payer cher sa défection, et ils déployaient à son égard tous les raffinements d'une implacable férocité. Car c'est encore une des misères des guerres civiles, qu'entre ces deux camps si rapprochés, il n'y a point de place pour la neutralité. Je n'en citerai qu'un exemple que nous fournit la consciencieuse étude des *Derniers Bretons*, d'Émile Souvestre.

« Jacques Riwal, dit l'auteur, n'avait point confondu ces deux causes distinctes de croyance et de politique : il sentait qu'il y avait là un malentendu, et que Dieu, qui n'est pas gentilhomme, pouvait très bien vivre dans une république. Tout en restant bon chrétien, il demeura donc tranquille, laissant les chouans et les bleus engager leur controverse à coups de fusil ; mais les circonstances vinrent bientôt le tirer forcément de son repos. Les chouans se présentèrent à sa ferme, et, selon l'usage, le sommèrent avec menaces de se joindre à eux. Riwal refusa : — Si tu ne nous suis, dit le chef en colère, nous tuerons tes vaches. — Cela ne ramènera pas les nobles au pays, répliqua tranquillement Riwal. — Nous brûlerons ta ferme. — Vous ferez bien, dit encore l'impassible paysan, car elle appartient à un gentilhomme.

» Les chouans se retirèrent après quelques dégâts et quelques mauvais traitements, mais en promettant de revenir. Le lendemain, Riwal vendit ses bestiaux, ses attelages et son ménage, ne gardant qu'un lit clos pour sa famille et pour lui ; puis il attendit. Quelques jours après, comme il revenait des champs, sa femme lui dit : — Les chouans sont venus et ils ont brûlé le lit. — Ils n'ont pas brûlé la terre, dit Riwal, nous coucherons sur la terre.

» Un autre jour, il passait sur la grande route, un détachement de bleus vint à lui : — Paysan, dit l'officier, sais-tu ce que c'est que cette flamme que l'on aperçoit là-bas dans la vallée ? Riwal tourna la tête de ce côté et devint pâle : — Ça, dit-il, après un moment de silence, c'est ma ferme où les chouans ont mis le feu.

» Jacques ne s'était pas trompé. En arrivant avec les soldats, il trouva sa petite fille qui se chauffait à la flamme de l'incendie. Mais sa femme avait reconnu les coupables ; elle déclara leurs noms, indiqua leur demeure, et plusieurs furent arrêtés. Riwal partit le jour même avec sa famille pour une paroisse éloignée. Il n'y avait plus de sûreté pour lui près de Loudéac. Il loua une cabane sur les bords du Trieux, non loin de Lannion. Nul chouan n'avait encore paru de ce côté ; pendant un mois, Jacques fut heureux et tranquille.

» Un soir, il entendit dire que le lendemain, jour de décade, on célébrait une fête patriotique à Lannion. Il y avait danse au bignou, sous l'arbre de la liberté, et l'on devait y voir les dames de la ville, dans le costume de l'époque, avec le petit bonnet à cocarde tricolore, la guillotine d'ivoire suspendue en breloques à un collier de velours, les bas de laine bleue et les sabots blancs. Riwal était curieux de voir une semblable fête ; il y alla, les réjouissances se prolongèrent fort tard, et quand il revint, la nuit était close, le vent était froid, le ciel chargé d'étoiles, que de grands nuages voilaient par instants, de sorte que l'on passait alternativement d'une clarté douce à l'obscurité la plus profonde. Jacques pressa le pas..., mais dans ce moment les nuages couvraient le ciel et il voyait à peine à ses pieds. Il arriva ainsi jusqu'auprès de l'endroit où devait se trouver sa maison ; il étendit les bras pour la chercher, et se heurta à une aubépine plantée près du seuil. — C'est ici, pensa-t-il ; et il avançait la main pour trouver l'entrée, lorsqu'au lieu de la porte quelque chose de flasque et de flottant céda tout à coup sous l'impulsion de cette main, puis vint le battre à la poitrine, et il sentit tomber sur son front une sorte de rosée humide et gluante. Riwal recula épouvanté. Dans ce moment, la lune se découvrait entièrement, et, à sa lueur, il aperçut le cadavre de sa femme suspendu au châssis de la porte, la main droite tendue vers lui, et lui présentant dans cette main sa langue et ses yeux qu'on lui avait arrachés !

» Riwal poussa un cri terrible : — Marguerite !... Marguerite !... dit-il. Et il regardait, les cheveux hérissés, la pendue qui vibrait encore à sa corde sanglante... — Marguerite ! — Mon père ! dit une voix qui venait de terre. Le paysan regarda à ses pieds. Sa petite fille était accroupie au dedans du seuil, sous le corps flottant, pâle, les yeux fixes, et n'osant faire un mouvement. Riwal courut à elle et l'enleva dans ses bras.

— Marie ! Marie ! cria le malheureux, qu'est-ce que cela, Jésus ? Quand donc les chouans sont-ils venus ?

» Mais l'enfant était si égarée d'effroi et de douleur qu'elle ne pouvait répondre. Riwal la fit asseoir près de lui, sous l'aubépine, et tâcha de la rassurer ; enfin, après des questions réitérées, il apprit d'elle tout ce qui s'était passé. Les chouans avaient voulu venger leurs compagnons dénoncés par la femme de Riwal, et donner un exemple qui jetât l'épouvante dans les campagnes. En se retirant, ils avaient dit à l'enfant :

— Avertis ton père que d'ici à huit jours nous mettrons aussi sa langue et ses yeux dans sa main droite !

» Riwal écouta tout ce récit sans pousser une plainte, sans prononcer une parole. Il passa la nuit près du cadavre de sa femme, couché à terre, et sa fille dans ses bras. Cette nuit-là fut terrible ; de temps en temps il sentait une goutte de sang qui lui tombait sur le visage, et à chaque goutte il répétait : — Il faut que je tue autant de chouans que j'aurai de taches rouges ici demain !

» Le lendemain, Riwal enterra sa femme ; il amena sa fille à un de ses beaux-frères qui demeurait à Saint-Brieuc, acheta un fusil, et se mit en campagne, bien résolu de se venger.

» Alors commença pour lui une existence inouïe, sur laquelle il faudrait écrire un livre et non quelques pages, une de ces existences de sauvage, comme Cooper sait les raconter, solitaire, rusée, craintive, une vie de bête fauve avec la prévoyance et la haine de plus. Il ne se montra plus que dans les villes, et seulement de loin en loin, pour acheter de la nourriture. Quant à la poudre et aux balles, pour s'en procurer, il tuait un chouan quand l'occasion s'offrait belle et facile ; car de peur de donner l'éveil, il économisait sa vengeance. Le jour, il restait caché dans le creux des pierrières, dans les meules de foin, dans les halliers, au haut des arbres, dans le fond d'un puits desséché, dont l'orifice était voilé par des ronces, dans les ruines des chapelles ou les souterrains des vieux châteaux. Là il consolait sa solitude en disant son chapelet et *en se racontant à lui-même des histoires.* Cette expression pittoresque est de lui. La nuit il mettait sa haine à l'affût le long des sentiers parcourus par les royalistes, et il les attendait à la longueur de sa carabine. Le nombre de ceux qu'il tua ainsi fut probablement considérable, car, de son aveu, il ne laissa échapper aucune occasion. Une seule fois, il épargna un chouan en prières au pied d'une croix de carrefour : — Si je l'avais tué alors, me dit-il, il serait allé en paradis (III, 166-178). »

Il y avait six mois que la Vendée était soulevée, et il était temps d'en finir avec cette formidable révolte qui tenait en échec les meilleures troupes de la république et décimait ses généraux. Ne pouvant accabler la grande armée royaliste, qui semblait s'évanouir dans les airs lorsqu'on espérait la saisir, et qui, le lendemain, comptait ses soldats par cent mille hommes, on songea à faire disparaître le foyer même de l'insurrection, à rayer la Vendée de la carte de France, et, le 1er août, Barrère fulmina contre elle son terrible réquisitoire.

« Il faut, s'écria-t-il, que le même jour vous frappiez l'Angleterre, l'Autriche, la Vendée, le Temple et les Bourbons !... Les espérances de la Vendée reposent au Temple... Plus de

Vendée, plus de royauté ; plus de Vendée, plus d'aristocratie ; plus de Vendée, et les ennemis de la république ont disparu ! C'est là qu'il faut frapper ! »

« Il sera envoyé par le ministre de la guerre, disait le décret rendu par la Convention, des matières combustibles de toute espèce pour incendier les bois, les taillis et les genêts.

» Les forêts seront abattues, les repaires des rebelles seront détruits, les récoltes seront coupées par des compagnies d'ouvriers pour être portées sur les derrières de l'armée, et les bestiaux seront saisis.

» Les femmes, les enfants et les vieillards seront conduits hors de la contrée ; il sera pourvu à leur subsistance et à leur sûreté avec tous les égards dus à l'humanité.

» Les biens des rebelles de la Vendée sont déclarés appartenir à la république. Il en sera distrait une portion pour indemniser les citoyens qui sont demeurés fidèles à la patrie, des pertes qu'ils auraient souffertes... »

Puis, comme il fallait non plus de la discipline, de la tactique et de l'expérience pour vaincre, mais de la résolution pour exterminer, on improvisa des généraux comme on improvisait des décrets, et l'on chargea Rossignol et Ronsin, dont le seul titre était d'être des jacobins fougueux, d'exécuter ces ordres implacables. Des représentants furent envoyés en mission dans les départements limitrophes pour préparer des approvisionnements suffisants à entretenir des troupes nombreuses, et pour soulever en masse et lancer les populations sur la malheureuse Vendée.

Le tocsin retentit donc au loin dans les campagnes, et, comme du temps des pastoureaux, on vit accourir des provinces voisines des bandes de citadins et de paysans armés à l'aventure. Ils ne s'étaient pas attendus à faire une longue absence, et à en venir aux mains avec des rebelles déjà habiles dans la guerre et qui combattaient pour leurs foyers et leurs autels. On eut recours à la ruse pour les amener jusqu'en

Vendée ; on avait promis, par exemple, à ceux d'Orléans, qu'ils n'iraient pas au delà de Tours ; une fois arrivés dans cette ville, on leur assignait Poitiers comme le but extrême de leur excursion, et de Poitiers on les envoyait à l'ennemi. On agit de même avec tous les bataillons de volontaires qui arrivèrent à Niort, à Nantes, à Rennes, à Angers. On comprend ce que devaient être de pareilles troupes, marchant à contre-cœur et sachant qu'on n'attendait d'elles que le pillage et l'extermination. Aussi s'acquittaient-elles consciencieusement de leur mission, pillant et exterminant sur leur route, en pays ami comme chez les rebelles (1), tandis que, de leur côté, quelques-uns de ceux-ci revêtaient l'uniforme des gardes nationales pour se livrer à tous les excès dans les cantons où les paysans leur étaient hostiles, afin de les indisposer contre les patriotes (2).

Quant aux infortunés Vendéens, fuyant le fer et la flamme, ils s'enfonçaient au milieu de leurs genêts, acculaient une charrette dans l'endroit le plus fourré, étendaient des draps sur le timon levé en l'air, et les familles passaient des mois entiers sous ces tentes recouvertes de fougères, souffrant la faim, le froid, mourant même souvent de l'excès de tant de maux, mais fidèles à la cause à laquelle ils avaient dévoué leur vie.

« Je ne vis pas un seul homme à Saint-Hermand, à Chantonnay ni aux Herbiers, dit un témoin oculaire : quelques femmes avaient échappé au fer. Tout ce que je pus voir de

---

(1) « Pendant cette marche dans un pays où la plus grande partie des habitants sont dévoués à la république, une grande partie des troupes s'est livrée aux vexations et au pillage le plus affreux : rien n'a été ménagé, patriotes comme les autres, tout a été pillé ; enfin la discipline a perdu dans un instant le peu qu'on était parvenu à établir. » — *Rapport des généraux Berthier et Dutruy : Collect. de Mém.*, 22ᵉ livrais., 389.

(2) « Beaucoup de rebelles sont habillés en gardes nationaux, et font croire aux paysans patriotes que ce sont les volontaires qui les pillent. » — *Rapport de Muscar au général Vineux : Collect. de Mém.*, 14ᵉ livrais., 396.

maisons de campagne et de chaumières, sur la route et dans les bois riverains, était la proie des flammes. Le ciel était obscurci de fumée. Quantité de cadavres répandus çà et là commençaient à infecter l'air. Les troupeaux n'osaient approcher de leurs étables incendiées ; les bœufs, les génisses, les taureaux égarés faisaient retentir les échos de leurs mugissements prolongés. Je fus surpris par la nuit ; mais, loin que ses sombres voiles vinssent me dérober les ravages de la guerre, le reflet des incendies, qui éclairait ma marche incertaine, me les reproduisait avec plus d'horreur. Au bêlement des troupeaux, au beuglement des taureaux se joignirent le croassement des corbeaux et les hurlements des animaux carnassiers qui, du sein de leurs retraites obscures, venaient dévorer les victimes éparses des combats. Enfin j'aperçus dans le lointain et dans la direction de la route que je tenais, une colonne de feu qui grossissait à mesure que j'avançais : c'était Mortagne qui brûlait. Qu'on se fasse une idée, si l'on peut, du désastre de cette ville où je ne trouvai que quelques femmes éplorées et occupées à retirer leurs effets du milieu des flammes (1). »

Après deux mois et demi d'une lutte acharnée et sans pitié de part et d'autre, le 19 octobre 1793, la plage étroite, resserrée par les hauteurs que domine l'ancienne abbaye de Saint-Florent, sur la rive gauche de la Loire, était encombrée par plus de cent mille Vendéens, vieillards, hommes, femmes, enfants, blessés, mourants, qui faisaient retentir l'air de leurs cris de désespoir, de leur rage et de leurs malédictions. Les républicains victorieux s'avançaient ; la fumée des villages incendiés annonçait leur approche, et les vaincus quittaient la terre natale que la plupart ne devaient plus revoir !... Ils allaient franchir les deux bras de la Loire pour se jeter dans la Bretagne où de nouveaux désastres les attendaient.

Là eut lieu une de ces scènes sublimes qui, au milieu de

(1) *Collect. de Mém.*, 14ᵉ livrais., 98.

tant de tableaux d'horreur, réconcilient avec l'humanité et font pâlir ces hauts faits de l'antiquité qu'un enseignement traditionnel a légués à notre complaisante admiration.

De nombreux prisonniers avaient été faits de part et d'autre, et, désireux d'en obtenir l'échange, les Vendéens renvoyèrent sur parole dans sa ville natale, pour y traiter de cet échange, un jeune négociant nantais, nommé Haudaudine, qui jura de revenir leur rapporter, favorable ou non, la réponse des autorités de Nantes. Cinq mille soldats républicains restés aux mains des insurgés seront impitoyablement massacrés, s'il manque à ses engagements. Jusque-là le commandant de Chollet, Cesbrons d'Argognes, vieux chevalier de Saint-Louis, les prend sous sa sauvegarde et les conduira jusqu'à Saint-Florent, où Haudaudine viendra les rejoindre et partagera le sort commun.

Il semble qu'à cette époque effroyable les hommes fussent de bronze, et que rien ne battit dans leur poitrine. Les administrateurs nantais le reçurent avec des reproches. Que venait-il faire à Nantes, et comment avait-il engagé sa parole à des rebelles? Est-ce qu'il devait y avoir des soldats républicains captifs au camp royaliste? La république envoie ses enfants sur les champs de bataille pour vaincre ou pour mourir, et non pour se rendre. Ils ont donc perdu tout droit à la bienveillance de la patrie. Quant aux prisonniers vendéens, permis à eux de déposer les armes : seulement ils seront jugés selon la rigueur des lois.

« C'est bien, répond Haudaudine, je vais rendre compte à ceux qui m'attendent de l'insuccès de ma mission. »

En vain les sollicitations et les instances de ses amis et de sa famille veulent ébranler son inflexible résolution ; en vain les administrateurs du district prétendent le relever de son serment, raillent une pareille loyauté avec les brigands, et menacent de le traiter en Vendéen et en émigré :

« La morale que vous me prêchez là, dit-il, n'est point

celle que m'enseigne ma conscience. Quel que soit le sort qui m'attend, je retournerai d'où je viens, et je n'autoriserai pas par un manque de foi le massacre de mes compagnons d'armes (1). »

Furieux en apprenant le refus stoïque des républicains nantais, les Vendéens brûlent de se venger sur les cinq mille captifs que Haudaudine a rejoints. Cesbrons lui-même, oubliant que ces malheureuses victimes des guerres civiles sont confiées à sa loyauté, Cesbrons excite leur rage en mettant sous leurs yeux leurs défaites passées et les terribles représailles des républicains.

Les cinq mille prisonniers sont entassés dans l'église de Saint-Florent ; déjà deux pièces de canon sont braquées devant le portail, et n'attendent que le signal du massacre pour vomir la mort, que les captifs semblent provoquer en entonnant le glorieux chant des Marseillais. Quelques-uns même, voulant éviter à leurs cadavres l'injure d'être confondus avec ceux des royalistes, gravent dans leur chair avec un canif le mot magique de liberté.

Mais il y a au camp des royalistes un homme qui va mourir, un héros, lui aussi, Bonchamp (2), qui comprend tout ce qu'il y a de grandiose dans le respect de Haudaudine pour la parole jurée, tout ce qu'il y a de hideux dans cette immense boucherie qui s'apprête. Jaloux de relever sa cause en se gran-

(1) Ce qui rend peut-être l'action de Haudaudine plus sublime encore, c'est qu'il avait deux compagnons qui fléchirent et demeurèrent à Nantes. Régulus n'avait pas sous les yeux l'exemple et presque l'excuse de deux parjures.

(2) Ce dernier défenseur de la monarchie descendait de l'une des victimes de la tyrannie de Louis XIV. En 1685, le sieur de la Vaslinière, protestant, quitta la France pour aller s'établir à Balk, en Frise. Sa fille aînée lui avait été arrachée et placée à la Propagation, à Luçon. Élevée dans la religion catholique, elle se maria, au sortir du couvent, avec Charles-René de Farcy, seigneur du Roseray, en Anjou. Leur fille épousa Anne-Arthus de Bonchamp, seigneur de la Baronnière, près Saint-Florent-le-Vieil, aïeul du célèbre général vendéen. — Note communiquée par P. Marchegay, archiviste d'Angers.

dissant lui-même au niveau de l'héroïque enfant de Nantes, il se fait porter devant l'église ; la foule s'écarte silencieuse, les fronts se découvrent, des pleurs mouillent les yeux qu'animait tout à l'heure une cruauté sauvage.

« Enfants, s'écrie-t-il en réunissant tout ce qui lui reste de forces, grâce aux prisonniers ! C'est le dernier commandement de votre général, c'est la dernière prière du chrétien qui meurt! »

Haudaudine et les cinq mille captifs étaient sauvés (1).

Les Vendéens franchissent le fleuve qui les sépare de la Bretagne et des révoltés du bas Maine, promènent par les chemins, comme une immense procession, leurs bandes, qui n'occupent pas moins de quatre lieues de longueur (2), et bientôt de nouveaux succès sont pour eux l'occasion de nouveaux massacres. A Château-Gonthier, ils exterminent tous ceux qu'un patriotisme ardent désigne à leur fureur. Treize municipaux de la ville sont saisis et fusillés ; un curé constitutionnel subit le même sort. Le noble Bernard de Marigny, qui commandait l'artillerie royaliste, exécute de sa main, sur la place publique, le juge de paix qu'on avait arraché de son domicile où il se tenait caché. « Il fit encore quelques autres exécutions semblables, » ajoute madame de la Rochejacquelin (256).

Laval tombe en leur pouvoir, et ils fusillent sans miséricorde tous les patriotes dont ils peuvent s'emparer. Entre cette ville et Entrames, un bataillon met bas les armes et se rend : « Scheton, officier dans la division de Stofflet, fait

---

(1) Plus tard, Haudaudine, par un pieux mensonge, en assurant que c'était aux prières de madame de Bonchamp, alors éloignée de l'armée catholique, qu'il avait dû d'être sauvé avec ses cinq mille compagnons d'infortune, arracha à la Convention la grâce de la femme du héros vendéen, condamnée à mort. Quand donc les hommes comprendront-ils qu'ils ne font rien de bien ou de mal qui ne leur soit rendu, tôt ou tard, d'une façon ou d'une autre?

(2) Madame de la Rochejacquelin, 254.

entourer les prisonniers dans un vallon, où ils sont tous fusillés. » (De Beauchamp, II, 127.)

Après avoir échoué sur Angers, ils s'emparent de la Flèche et s'y livrent à leurs atrocités ordinaires : « On voyait çà et là des femmes coupées en deux, des enfants mutilés dans les bras de leurs mères, et des soldats bleus écharpés, mutilés ; un pêle-mêle de morts, de membres épars sur la neige : un spectacle d'horreur. » (Grille, III, 273). Puis bientôt ne pouvant, au milieu de leur fuite, profiter de ce succès éphémère, ils marchent sur le Mans, où leurs infortunes allaient prendre encore des proportions plus considérables, bien qu'ils eussent rencontré en Bretagne, et surtout dans le Maine, de puissants auxiliaires dont il est temps que nous disions quelques mots, car, avec leur nom, ils donnèrent surtout à cette guerre fatale son caractère de brigandage impie et sacrilége.

Une des physionomies les plus excentriques et les plus fortement accentuées de l'insurrection royaliste, fut, sans contredit, celle de Jean Cottereau (1), contrebandier, assassin, puis soldat déserteur, avant de devenir l'un des plus fermes défenseurs du trône et de l'autel.

La Bretagne, province de franc-salé, n'était point frappée par l'impôt de la gabelle, si bien que le paysan breton ne payait qu'un sou ce qui en coûtait treize au paysan manceau. De là la contrebande et le faux saunage.

La mère de Cottereau habitait, non loin du bourg de Saint-Ouen-des-Toits, entre le Mans et Alençon, la closerie des Poiriers, petit bien qui lui était venu d'héritage, mais qui ne suffisait pas à faire vivre elle et ses six enfants. L'aîné de ses fils, Pierre, exerça le métier de sabotier, les trois autres, Jean, François et René, se livraient à la contrebande, et Jean se fit bientôt remarquer par son courage dans cette périlleuse

(1) Par un hasard assez étrange, le premier chef des bandits, au XIIIe siècle, s'appelait Cottereau. — Voy. Jean Chaumeau, *Hist. du Berry*, 101. Le dernier portait le même nom.

industrie : « Il n'y a pas de danger! » répétait-il sans cesse, même en se livrant aux entreprises les plus hasardeuses. Aussi l'appelait-on le *gas mentoux*. Habitué à épier, à écouter et à dissimuler ses pas, naturellement sombre et taciturne, son nom de Cottereau disparut sous le surnom de *Chouan* (chat-huant), dont le cri, imité par lui et ses acolytes, devint le signal destiné à dépister les gabeleurs et à rallier les faux sauniers.

Peu d'années avant la révolution, il fut pris dans une rencontre, après avoir blessé plusieurs gabeleurs, et condamné à mort. Sa mère part à pied, fait soixante-dix lieues en cinq jours, se jette aux genoux de Louis XVI, et obtient la grâce de Jean, qui, échappé providentiellement à la corde, se hâta de recommencer son criminel métier. Bientôt, dans une nouvelle escarmouche avec les gabeleurs, un d'entre eux tombe mort sous le bâton ferré de Jean Chouan, qui allait être poursuivi de nouveau, lorsque de puissants protecteurs le firent enrôler dans le régiment de Turenne, où il fut tenir garnison à Lille pendant une année.

Puis un beau jour il déserte, par suite d'un malentendu, et sa tête était encore en grand péril, lorsque ses amis obtinrent une lettre de cachet qui le fit enfermer pendant deux ans dans les prisons de Rennes.

Bien lui prenait, on le voit, d'avoir de nombreux et chauds protecteurs.

Sur ces entrefaites, la révolution arrive, l'assemblée nationale supprime la gabelle par la loi du 10 mai 1790, et brise ainsi l'industrie de Jean et de ses deux frères. Comme le garde-chasse Stofflet, comme le receveur des gabelles Souchu, Jean se déclare alors royaliste, et ardent adversaire d'idées politiques qui portaient de pareils fruits.

Le 15 août 1792, lorsque les jeunes gens des villages voisins étaient réunis à Saint-Ouen-des-Toits, où les membres du district s'étaient rendus pour former des gardes nationales et provoquer des engagements volontaires, Jean Chouan, voyant qu'ils partaient à contre-cœur, excite un soulèvement, et met en fuite les autorités. Les faux sauniers sans ouvrage se joignent à lui, et une première bande, d'abord peu nombreuse, commence une guerre de partisans contre la république, en attaquant un détachement de patriotes près du village de Bourgneuf.

Dénoncé aux autorités du chef-lieu, il fut jugé par contumace et condamné à mort. Mais, comme c'était la troisième ou quatrième fois, il se contenta de passer en Bretagne, après avoir répété son invariable refrain : « Il n'y a pas de danger ! »

Au mois d'avril 1793, il revint dans son pays natal, où bientôt sa bande se recruta, moins parmi les paysans fanatisés, comme en Vendée, que parmi les conscrits réfractaires, les déserteurs des troupes républicaines, les faux sauniers, et même les gabeleurs mis à pied par la loi du 10 mai. Le farouche Laroche, l'un de ces derniers, commandait une bande qui portait le nom sinistre de *Royal-Carnage*, si bien que faux sauniers et gabeleurs, contrebandiers et douaniers, s'unissaient dans une même haine contre cette république odieuse, pour laquelle rien n'était sacré dans le passé, pas même l'antique institution de la gabelle.

Ils répandaient la terreur en tous lieux, désarmant les patriotes, faisant des prisonniers *à poignée*, mais le plus souvent les fusillant sans pitié, poussés surtout par René Cottereau, dont la férocité ne connaissait point de bornes. On l'avait vu tuer sans motif, pour le plaisir, une femme enceinte et un malheureux qui souvent avait rendu des services aux chouans. Une fois, Jean, indigné, ordonna que l'on fusillât son frère, et comme nul n'obéissait, il saisit son fusil et allait faire sa terrible besogne de justicier, quand il fut désarmé par les siens, malgré la terreur qu'il inspirait.

« Ils ne formaient pas, comme les Vendéens, des rassemblements nombreux, capables de tenir la campagne ; ils marchaient en troupes de trente et cinquante, arrêtaient les courriers, les voitures publiques, assassinaient les juges de paix, les maires, les fonctionnaires républicains, et surtout les acquéreurs de biens nationaux. Quant à ceux qui étaient, non pas acquéreurs, mais fermiers de ces biens, ils se rendaient chez eux, et se faisaient payer le prix du fermage. Ils avaient ordinairement soin de détruire les ponts, de briser les routes, de couper l'essieu des charrettes, pour empêcher le transport des subsistances dans les villes. Ils faisaient des menaces terribles à ceux qui apportaient leurs denrées dans les marchés, et ils exécutaient ces menaces en pillant et incendiant leurs propriétés. Ne pouvant pas occuper militairement le pays, leur but évident était de le bouleverser, en empêchant les citoyens d'accepter aucune fonction de la république, en punissant l'acquisition des biens nationaux, et en affamant les villes. » (Thiers, VII, 101.)

Ces défenseurs de la royauté ressemblaient fort aux bandits du moyen âge; aussi vit-on, comme au moyen âge, certaines communes organiser contre eux des ligues offensives et défensives, pour repousser par la force ces crimes colorés d'un motif pieux. Dix-sept communes des environs de Sion (1) formèrent une ligue qui prit le nom de confédération d'Ercé. Le curé de ce village en était le chef et l'instigateur. Bravant la vengeance des chouans, ce prêtre exceptionnel et vraiment évangélique prêchait constamment et sans crainte la soumission aux lois, retenait le laboureur à sa charrue, le propriétaire à son domaine, le marchand à son négoce. Les brigands paraissaient-ils sur le territoire confédéré, on y sonnait le tocsin, quelques coups dans les intervalles annonçaient la direction de l'ennemi, et de toutes parts on marchait à sa rencontre. Si les chouans enlevaient du bétail ou tuaient quelques hommes, un parti d'élite allait enlever chez eux

---

(1) Ille-et-Vilaine et Loire-Inférieure.

d'autre bétail en nombre double, et ne rentrait qu'après avoir pris ou tué le double d'ennemis (1). Sans doute ce n'était que la peine du talion aggravée; mais le pieux ecclésiastique avait compris qu'il fallait un peu hurler avec les loups, et qu'avec de pareils bandits, on pouvait, oubliant pour un moment la loi nouvelle, se contenter de la loi ancienne.

Exténuée de fatigues, travaillée par la dysenterie, l'armée royaliste s'enfuit, quoique victorieuse, à la Flèche, jalonnant sa route de cadavres de femmes et d'enfants morts de faim, de froid et de misère, et s'empare du Mans (10 mars 1793). Mais bientôt Westermann, Marceau, Kléber surviennent, et, après une lutte désespérée, commence une des plus effroyables boucheries dont l'histoire fasse mention. Que l'on songe que l'armée de la Rochejaquelein traînait à sa suite les familles tout entières, vieillards, femmes, enfants, et que toute cette population en déroute était livrée aux fureurs d'une soldatesque enivrée par la victoire, et rendue furieuse par le souvenir des cruautés des brigands. Une foule considérable de femmes, restées en arrière, furent faites prisonnières; beaucoup, parmi lesquelles la mère de Jean Chouan, furent écrasées dans la fuite, foulées aux pieds des chevaux, broyées sous les roues des charrettes. Bien des habitants recueillirent et adoptèrent de pauvres enfants qu'il fallut arracher de vive force de dessus les cadavres de leurs mères massacrées. Quant aux généraux républicains, il ne tint pas à eux que ces cruels effets de la victoire ne fussent amoindris par leur humanité. Marceau, on le sait, sauva une jeune fille, pauvre victime prédestinée, qui, plus tard, monta sur l'échafaud à Nantes. A la nuit tombante, le général Delaage, attiré par les cris déchirants qui partaient d'un petit bois, sur la route de Laval, s'y précipite le sabre au poing, et voit une jeune Vendéenne, folle de terreur, se débattant contre trois hus-

---

(1) *Mém. du général Hugo*, I, 50, 54.

sards. Delaage fond sur eux, les met en fuite, et la jeune fille tombe dans la boue à ses pieds. Il la relève, veille sur elle, et, à quelques jours de là, la fait conduire en lieu sûr, chez une tante à lui, au village de Loiré.

Deux années écoulées, Delaage était employé dans l'armée de Hoche, quand un noble vendéen, le comte de Menars, l'envoie prier avec instance de venir dîner à son château de la Claye, qu'il habitait avec sa famille, malgré la guerre. Au dessert, plusieurs jeunes filles viennent offrir des fleurs au général étonné, et, à leur tête, la plus jolie qui, sous le nom de Perrette, l'avait servi durant tout le repas sans qu'il l'eût reconnue. C'était elle, cependant, l'héroïne de la fatale déroute du Mans, la fille du comte de Menars, qu'il avait sauvée de l'outrage et de la mort, et qui était là devant lui tout en larmes... Mais, à cette terrible époque, on avait peu de temps à donner à l'attendrissement : la nuit vint, Delaage, tout surpris de s'être laissé gagner à la contagion des pleurs de toute la famille, serre une dernière fois toutes ces mains qui pressent les siennes, et retourne au camp combattre les amis de ceux qu'il quittait et qui eussent donné leur vie pour lui.

Un jeune homme du Mans, Goubin, ramassa le soir, au moment où il allait rentrer chez lui, une pauvre jeune fille qui, mourante à la fois de peur, de froid et de faim, s'était réfugiée sous une porte cochère. Bien grand fut l'embarras du pauvre garçon, qui ne connaissait pas de retraite aussi sûre que son propre domicile, mais qui, simple employé à six cents francs, avait pour toute demeure un cabinet, et pour tout mobilier, dans ce cabinet, un lit et une chaise. Magnifique et prodigue au sein de sa détresse, Goubin fait ainsi le partage de ce modeste domaine, que l'on eût pu dire étroit, même en le faisant commun, et qui semblait ne devoir pas se prêter à la division : pour la nuit, à elle le lit, à lui la chaise; pour le jour, à elle la chaise, à lui la vie au dehors, à son bureau. Au matin, avant qu'elle soit éveillée, il ira aux provisions pour le déjeuner, et ne rentrera que pour rapporter le repas du soir.

La jeune fille n'avait guère d'objections à opposer à ce plan, et certes, aux yeux du Dieu qui préfère l'obole de la veuve aux riches dons du Pharisien, jamais monarque recevant dans ses États un autre monarque n'exerça une hospitalité aussi splendidement fastueuse.

Les choses allèrent ainsi pendant huit jours. Mais, au bout de ce temps, lorsqu'il voulut s'établir pour passer la nuit sur sa chaise, il tomba lourdement par terre, et, brisé, son corps endolori demeura roide et sans mouvement. Ses forces avaient trahi son courage, et la nature reprenait ses droits. Il fallut songer à procéder à un nouveau partage du mobilier. Dédoubler le lit, il n'y fallait pas songer, et pour cause. L'étrangère voulut à son tour s'emparer de la chaise, et rendre le lit au malade. Mais Goubin savait trop ce que c'est qu'une nuit passée sur une chaise, pour songer à imposer un pareil supplice à ce corps frêle et délicat. Enfin, d'un commun accord, on s'arrête au compromis suivant : elle couchera dans le lit, lui, tout habillé, dessus.

Heureusement la situation, désormais très tendue, ne se prolongea pas. La contrée reprit quelque tranquillité, on put se hasarder sur les routes, et Goubin, toujours respectueux, l'accompagna où elle voulut être conduite.

Dieu a fait à la femme ce privilège que, si grand que soit le dévouement d'un homme, elle peut toujours le récompenser en donnant son amour, et du bienfaiteur faire un obligé. Celle qu'avait sauvée Goubin était riche et de noble famille, et voulant tout partager à son tour avec celui qui lui avait tout donné, elle offrit sa main à Goubin.

« Non, répondit-il, non, mademoiselle! Je suis républicain, les bleus doivent rester bleus. »

Je l'ai dit, rien d'humain ne battait dans la poitrine de ces hommes de 93, et, soit dans le bien, soit dans le mal, on ne peut les apprécier à la mesure commune.

Les débris de l'armée royaliste coururent tout d'une traite jusqu'à Laval, mais ne purent s'y maintenir. De terribles représailles les y attendaient, et les femmes elles-mêmes leur firent cruellement expier les excès qu'ils y avaient commis étant victorieux (1).

Rien ne saurait donner une idée du désespoir et de la misère de cette foule fuyant vers la Loire, séparée, par le fleuve infranchissable, du sol natal où était pour elle le salut, et s'arrêtant enfin à Savenay pour y dépenser les derniers restes d'un courage auquel il ne manqua qu'une meilleure cause. Les chefs eux-mêmes souffraient de la faim, étaient moitié nus, couverts de haillons ou d'accoutrements grotesques.

« J'étais vêtue en paysanne, dit madame de la Rochejacquelein dans ses Mémoires; j'avais sur la tête un capuchon de laine violette; j'étais enveloppée dans une vieille couverture de laine et dans un grand morceau de drap bleu, rattaché à mon cou par des ficelles. Je portais trois paires de bas en laine jaune et des pantoufles vertes retenues à mes pieds par de petites cordes. J'étais sans gants; mon cheval avait une selle à la hussarde avec une chabraque de peau de mouton. M. Roger-Moulinière avait un turban et un dolman qu'il avait pris au spectacle de la Flèche. Le chevalier de Beauvolliers s'était enveloppé d'une robe de procureur et avait un chapeau de femme par-dessus un bonnet de laine; madame d'Armaillé et ses enfants s'étaient couverts des lambeaux d'une tenture de damas jaune. M. de Verteuil avait été tué au combat ayant deux cotillons, l'un attaché au cou, et l'autre à la ceinture. Il se battait en cet équipage (337). »

Cependant Jean Chouan poursuivait avec plus d'animosité

---

(1) « Nos femmes de Laval sont enragées; leurs maris ont été tués en octobre par les brigands, elles s'en vengent en novembre. » — Grille, 375.

que jamais le cours de sa guerre de partisan, lorsqu'il apprit une affreuse nouvelle. Ses deux sœurs qui, n'ayant point pris part aux entreprises des chouans, et se fiant à leur jeunesse, — l'aînée avait dix-huit ans, — n'avaient pas voulu abandonner leur closerie des Poiriers, venaient d'y être arrêtées et conduites à Bourgneuf, d'où elles devaient être, le lendemain, transférées à Laval. Décidé à tout faire pour les délivrer, Jean choisit vingt-six des plus déterminés parmi ses compagnons, leur fait jurer sur leur part du paradis de lui prêter main-forte, et va les poster, à l'entrée de la nuit, sur le bord de la route que doivent suivre les deux prisonnières. Tapis au fond d'un fossé qu'abrite une haie épaisse, ils attendent, immobiles et patients, tandis que leur chef s'avance seul sur la route pour aller au-devant de l'escorte.

Mais la nuit s'écoule, lente et silencieuse, et une pluie violente survient au lever du jour. Jean se rapproche de ses hommes ; il se tient, anxieux, caché derrière un arbre, et, de temps en temps, il va ranimer le courage de ses compagnons.

« N'est-ce pas, mes gas, leur dit-il les larmes aux yeux, que vous ne me laisserez pas seul ici ? »

« Ne t'inquiète pas, mon Jean, répondent-ils ; nous mourrons là avec toi, si tu veux. »

La journée tout entière s'écoule encore, la pluie n'a pas cessé, l'eau grandit et monte dans le fossé qui les protége ; la faim torture leurs entrailles, car il y a vingt-quatre heures qu'ils n'ont rien mangé. A la nuit, Jean, la mort dans l'âme, leur dit de se retirer, se flattant que la violence de la pluie aura empêché l'escorte de se mettre en route. Vain espoir, il apprit le lendemain que ses sœurs avaient été conduites à Ernée par un autre chemin. De là elles furent transportées à Laval, puis guillotinées.

Quelques jours plus tard, sa bande fuyait devant un détachement de bleus, lorsque Jean revient sur ses pas, attiré par les cris de la femme de son frère René, qui, enceinte et près de devenir mère, ne pouvait franchir une haie et allait tomber entre leurs mains. Il la dégage, fait face aux républicains pour lui donner le temps de gagner du terrain, et tombe atteint par une balle. Il se traîne cependant jusqu'à une châtaigneraie, où il échappe aux recherches de ses ennemis. Mais il expire bientôt entre les bras de René et des siens, qui choisissent pour l'enterrer le lieu le plus fourré du bois. On enlève le gazon, on creuse très profondément la terre, on y dépose le corps, puis on y rejette peu à peu la terre en ayant soin de la fouler à mesure, de crainte que le sol, en s'abaissant, ne trahit le secret de cette sépulture. Ensuite on replace les gazons qui sont soigneusement arrosés, afin qu'aucune trace ne puisse indiquer que le terrain ait été remué.

La guerre civile déchirait encore la Vendée, et les débris de l'armée royaliste y tenaient tête à la république, commandés par la Rochejacquelein, bientôt frappé à mort, et laissant le commandement, que se disputent le grossier Stofflet et l'implacable Charette. Mais cette lutte désespérée, désormais sans résultat possible, ne faisait qu'éterniser sur cette malheureuse contrée le fléau d'une guerre dévastatrice. Thurreau avait lancé sur le pays ses quatorze *colonnes infernales*, chargées de mettre à exécution les décrets implacables de la Convention, labourant le sol à la baïonnette, promenant en tous lieux le meurtre et l'incendie, rallumant en même temps par ces mesures terribles, qui atteignaient les innocents aussi bien que les coupables, le fanatisme près de s'éteindre des paysans qui commençaient à voir que l'on n'en voulait qu'à leurs chefs, et que ceux-ci, qui plus tard devaient toucher seuls les indemnités et les pensions, mettaient le courage de leurs paysans au service de leurs rancunes personnelles. Forcés pour vivre de cultiver leurs champs au milieu de ces incessantes dévastations, les Vendéens résistaient à cette guerre, de manière à la rendre éternelle. Thurreau alors eut recours à une mesure suprême : il ordonna aux habitants des bourgs de se retirer à vingt lieues des pays insurgés, sous peine d'être traités en ennemis s'ils y restaient. Il fallut alors, ou quitter le sol qui les faisait vivre, ou se soumettre aux exécutions militaires.

Dans le Marais, la cause du trône et de l'autel était entre les mains d'un ancien marchand d'œufs et de volailles, le féroce Pajeot, qui avait organisé des compagnies entières d'hommes agiles qu'il appelait sa cavalerie. La pigouille en main et la carabine en bandoulière, ils franchissaient les fossés, et, lorsque les républicains s'aventuraient à les poursuivre, victimes de leur inexpérience dans cette course presque aérienne, ils les assommaient avec leurs longues perches, les plongeaient sous l'eau ou les achevaient à coups de fusil.

« Quand ses soldats saisissaient un républicain, son grand plaisir était de le faire pendre ou de l'exposer sur une croix de Saint-André aux regards des troupes de la république, que les marais séparaient des siennes (1). »

Des troupes de Charette attaquèrent, entre la Mothe-Achard et Palueau, un convoi de dix mille rations de pain et d'eau-de-vie, s'emparèrent des quatre cents hommes qui l'escortaient, vidèrent les caissons, y entassèrent les officiers et soldats républicains, et firent du tout un horrible *auto-da-fe*. Exaspérées, les troupes républicaines se répandirent sur le pays, et mirent tout à feu et à sang. (*Id.*, p. 197.)

Il fallut la double capture de Stofflet et de Charette pour que l'on pût entrevoir la fin de cette lutte, qui rappelle les guerres du xiv° siècle. Pris le 24 février 1794, Stofflet fut passé par les armes à Angers, et Charette, arrêté le 24 mars suivant, subit le même sort à Nantes, et désormais les derniers mugissements de cette tempête s'éteignirent peu à peu pour ne se calmer complétement que sous les dernières années du consulat.

(1) *Collect. de Mémoires,* 14° livrais., 161.

CHAPITRE XII.

Vie privée des paysans et situation de l'agriculture.

> « Tournons-nous vers les monuments qui sont derrière nous pour voir blanchir à leur cime les premières lueurs de l'avenir. » MICHELET.
>
> « Le frère aidé de son frère est comme une ville forte. Voyez comme les forces se multiplient par la société et le secours mutuel ! » BOSSUET.

Le monde romain présentait ce spectacle étrange d'une population agglomérée dans quelques villes, dont les habitants possédaient toutes les terres dépeuplées de l'empire, lorsque la religion de Jésus-Christ vint équilibrer la population sur tout le sol, et faire refluer vers les campagnes le trop-plein des cités. Fuyant les hommes et les écueils semés dans ces dangereux séjours, les nouveaux convertis, groupés en communautés fraternelles, fondaient en tous lieux des monastères qui, versant au loin leurs essaims coloniaux, créaient par toute l'Europe la richesse et la vie. Sans adopter cette erreur généreuse du communisme égalitaire chrétien, et tout en blâmant sa croisade persévérante contre l'appropriation individuelle et le *Mammon d'iniquité*, ne faut-il pas reconnaître que, dans une société fermement convaincue, que Dieu conspire avec celui qui ne travaille pas seul, et que sa main s'appuie plus fortement sur la main qui partage, la synergie humaine devait enfanter des prodiges et la charité des miracles ? La terre, *alma parens*, répondait à ces sublimes efforts, et tandis que l'on satisfaisait plus économiquement aux besoins communs, la richesse toujours croissante permettait à la fraternité du dedans de faire toujours large et abondante la part à la fraternité du dehors.

Attirés par leurs aumônes prodigues, les pauvres affluaient autour des couvents ; mais c'est surtout l'aumône du travail que font les moines : ils afferment certaines parties de leurs immenses domaines, ces mendiants nomades se fixent auprès d'eux, et bien des villes, aujourd'hui populeuses et florissantes, bien des villages naquirent ainsi autour de ces féconds moutiers. Les seigneurs, de leur côté, chassés des villes par l'agrandissement des communes affranchies, n'y paraissent plus qu'en passant, et leur vie s'écoule au milieu de leurs terres, abrités derrière les murs de leurs châteaux fortifiés.

Quelle situation la religion nouvelle sut-elle faire à ces populations de mendiants, d'esclaves fugitifs et de nouveaux convertis?

L'esclave romain n'était pas un individu, c'était une chose; il n'avait pas de famille, et si l'amour se glissait dans son cœur, ce n'était pas même le *concubinatus*, c'était un *contubernium* (1), quelque chose d'innomé, qui ne constituait aucun lien, même moral; de sorte que l'on hésitait à décider si, en cas d'affranchissement, le père ne pouvait pas épouser sa fille. L'Évangile releva l'homme dégradé : « Dans le Christ, dit saint Paul, il n'y a ni juif ni grec, ni homme ni femme, ni esclave ni libre. »

Il y avait toute une immense révolution sociale dans le mariage de l'esclave. En devenant père, il redevint homme. Il avait une femme, des enfants, il devait les nourrir, et par cela même qu'il lui incombait de nouveaux devoirs, il lui échut des droits nouveaux. La femme, l'enfant n'appartinrent plus aussi complétement au maître, qui ne put plus dépouiller l'homme chargé d'élever une famille. La religion fit donc de l'esclave un serf, qui désormais s'appartint de sa personne. Il ne fut plus lié qu'au sol, passant avec lui aux mains d'un nouvel acquéreur, auquel il devait des redevances en froment, bétail, vêtements, etc.

Mais, s'il commence déjà à s'appartenir lui-même, le serf conserve encore la même impossibilité radicale de devenir propriétaire. « Nulle terre sans seigneur, nul seigneur sans

(1) Joaquin Potgieser, *De conditione et statu servorum apud Germanos*, lib. II, cap. II, § 1.

terre », répètent à l'envi toutes les coutumes. Le serf est mis en possession des biens qu'il cultive, et rien de plus. Lui mort ou malade, cette possession passe en d'autres mains, de sorte qu'il laissait pour unique héritage à ses enfants la misère et les hasards d'une vie de travail précaire et qu'il fallait mendier comme une aumône. Alors, sous l'inspiration de leur faiblesse et de leur désespoir, ils se groupèrent, à l'imitation des moutiers, s'associèrent, et demandèrent la possession du sol, non plus individuellement et isolés, mais rapprochés en agrégations de familles. Les couvents les y encouragèrent, les seigneurs y consentirent, car les uns et les autres y trouvaient leur avantage. Jamais de chômage, en effet, dans le travail, jamais de fuite, ou tout au moins les effets n'en étaient plus aussi graves ; cette solidarité leur était une garantie de solvabilité, et grâce en même temps à cette économie de forces et de ressorts et à cette puissance pour la création dont les couvents offraient un exemple frappant, il y avait moyen d'exiger de leurs hommes des revenus bien plus élevés (1).

Mais aussi, par la communauté des serfs, la tenure devint héréditaire et permanente, et tout fut changé, dans la condition des terres comme dans celle des personnes. L'usurpation d'en bas répondit à l'usurpation d'en haut. Cette possession indéfinie équivalait de bien près, en effet, à la propriété même, et du droit de détenir indéfiniment à celui d'acquérir, il n'y avait pas bien loin. Le père légua à son fils, avec sa chaîne allégée, la certitude de devoir à son labeur une existence assurée, et désormais, s'il demeure *taillable haut et bas, corvéable à volonté, justiciable en toute justice* (2), si les seigneurs continuent à l'emprisonner *à tort et à droit*, ce n'est

---

(1) « Mornac s'est fort étendu sur les sociétés d'Auvergne et du voisinage ; il les considère comme très avantageuses pour le progrès de l'agriculture et la contribution aux charges publiques. » — Chabrol, *Cout. d'Auvergne*, II, 499.

(2) *Cout. de Bourgogne*, art. 101, commentaire.

plus qu'un membre de moins dans la grande famille associée, et l'existence de la femme, des enfants, cessant d'être subordonnée à la captivité de l'époux et du père, la fraternité humaine commença de porter ses fruits.

Ainsi l'esclave, en entrant dans la famille, premier élément de l'association, fait un premier pas vers la liberté et la propriété. L'association des familles entre elles l'affranchit encore et lui donne en fait la propriété.

En présence de ces faits historiques, que devient cette accusation banale que « l'association détruit la liberté, la famille, la propriété » ? Ayant au contraire créé tout cela, je ne vois pas qu'elle doive nécessairement être incompatible avec leur existence.

Ces associations existaient tacitement, *taisiblement* (1), forcément même, par le fait seul de la demeure commune d'un an et jour. Les associés prenaient le nom de parsonniers, du vieux mot français *partçon* (2). On vivait, on mangeait ensemble, au même *chanteau*, au même pain, *compani*, compaing, — copain, comme on dit encore dans certaines écoles, — à commun pot, sel et dépense (3). La coutume de Berry demande qu'il y ait *demeurance et dépense commune ;* celle de Bourbonnais, *mixtion de biens ;* celle de Poitou, que *chacun d'eux apporte ses biens au fait commun de l'hôtel.* Généralement, enfin, *toutes franques personnes, usant de leurs droits,* devenaient, dans les conditions que je viens de

---

(1) « Plures simul habitantes communicantes bona et lucra, et promiscue viventes, præsumuntur contraxisse societatem. » — Bart. ad l. 78 ff., lib. XXIX, tit. 2.

(2) Guy Coquille, sur *Nivernais.*

(3) « Ils sont appelés par les Grecs ὁμόσιτοι, ὁμοσιπνοι, ὁμόκαπνοι, c'est-à-dire vivant ensemble, d'un même pain, d'une même huche, et dans un même foyer. *Compenuarii quasi vescuntur, ex eadem penu,* ou *compagani,* d'où vient le mot français *compagnon,* ce que j'ai traité plus amplement sur M. Louet, litt. R, num. 17. » — Julien Brodeau, sur *Cout. de Chaumont en Bassigny.*

Commune, « conférant tous leurs profits et labeurs ensemble. » — Bouhier, sur *Cout. de Bourgogne,* I, 61.

dire, *uns et communs en biens meubles, héritages et conquêtes*. Quelques coutumes, cependant, celles de Châteauneuf en Thimerais, de Chartres, de Dreux, etc., veulent qu'il y ait *lignage entre parsonnier*. Celles d'Orléans, de Montargis, exigent une convention notariée ou sous signature privée, et la communauté n'atteint point les immeubles, à moins de stipulation spéciale. Du reste, des conventions particulières pouvaient modifier les droits de chacun ; ainsi, dans la Coutume d'Auvergne : « Tous pactes et convenances, tant de succéder qu'autres quelconques, soient mutuelles ou non, mises et apposées en contrat d'association universelle faite et passée par personnes capables à contracter, non malades, sont bonnes et valables, et saisissent les contractants la dite association, ou leurs descendants. »

Quelquefois c'était une véritable association du capital et du travail, comme dans cet article de la coutume de Poitou : « La société se peut faire que l'un des associés y confie son bien ou son travail, et que l'autre n'y confie que son bien ou son travail seulement. »

La coutume de Bourgogne (1), celle de l'évêché et comté de Verdun reconnaissent également l'association avec inégalité d'apport (2), et ce caractère de proportionnalité est clairement indiqué dans ce passage des commentaires de Dumoulin sur cette dernière coutume : « Il y a une autre société uni-

---

(1) « *Demeurant en communion et étant ensemble* ; car ce mot *communs en biens*, s'entend de tous, tout ainsi que κοινωνία s'entend de tous biens *indefinite*. Et nobste que la communion est quelquefois de portions inégales. Car cela n'empêche qu'advenant la division, chacun ne prenne ce qui lui appartient. »
— Bouhier, I, 61.

« Souvent il n'entre dans la communion que le produit de leurs revenus présents et à venir, joint à celui de leur travail et de leur industrie, chacun conservant sa propriété pour la prélever, en cas de partage et de dissolution. »
— Id., II, 507.

(2) Inutile de dire que ces textes s'appliquent tous aux communautés d'habitants des campagnes, et non à la communauté entre époux ou à la société commerciale.

verselle que les paysans font par leurs contrats de mariage ou autres, de tous leurs biens meubles et immeubles, par le moyen de quoi, tant les propres qu'acquêts qu'ont les contractants entrent entièrement en communauté, et se partagent en cas de dissolution d'icelle, selon les parts et portions entre eux accordées, tout aussi que les meubles et acquêts qui se font pendant la dite communauté, quoique quelqu'un des parsonniers n'ont aucuns héritages au temps que la communauté a été contractée. Nos paysans appellent cette association s'*affilier*, parce que la portion de celui qui est admis en communauté se règle ordinairement sur le nombre des enfants, et pour y prendre pareille portion que l'un d'eux (1). »

Bien plus, dans la Marche, la communauté n'existait pas entre époux, à moins de convention expresse, et cependant J. Brodeau, dans ses commentaires, nous dit que « cette coutume approuve et autorise les communautés et sociétés entre parents et étrangers, et ce *pour l'entretènement des familles* (2). »

L'existence de ces sociétés agricoles, loin d'être un fait exceptionnel, fut au contraire le fait général et constant au moyen âge, et jusqu'au xviiie siècle. Voici quelques citations qui ne permettent aucun doute à cet égard (3).

---

(1) Voy. Barraud, *Des communautés*, ch. II, n. 3, et La Thomassière, en ses *Décisions sur la cout. du Berry*, liv. II, chap. XXXVII.

(2) « On ne peut nier, dit l'auteur de l'*Histoire des classes agricoles*, qui ne parle que très légèrement de ces associations auxquelles il ne se montre nullement sympathique, on ne peut nier que l'esprit de famille n'ait été développé chez les tenanciers par l'indivisibilité des tenures collectives et héréditaires. » — Dareste de la Chavanne, 84.

(3) « Et optime quidem novistis passim apud eos sic familias compositas ut in iisdem laribus eodemque tecto simul morentur parentes, et cum uxoribus filii, filiæ quoque cum maritis et tota liberorum propagine, in eademque mensa communibusque bonis, saltem specie tenus victitant, ubi non infrequenter reperire licet magnum aliquem patremfamilias quatuor vel plures filios et nurus, totidem filias et generos, et plerumque etiam socrus et nepotes una

« Ces sociétés sont non-seulement fréquentes, mais ordinaires, voire nécessaires, *selon la constitution de la religion*, en tant que l'exercice du ménage rustique est non-seulement au labourage, mais aussi à la nourriture du bétail, ce qui désire une multitude de personnes (1). »

« Ça été autrefois une coutume générale en ce royaume, écrit de la Lande en 1774, qu'il s'introduisit une société tacite entre plusieurs vivants et demeurants ensemble, par an et jour, dans le grand Coutumier qui a été composé du temps du roi Charles VII.

« La société tacite se pratique particulièrement entre gens de village, parmi lesquels il y a de grandes familles, lesquelles vivent en société et ont un chef qui commande et donne les ordres, et c'est pour l'ordinaire le plus âgé d'entre eux, comme il est aisé de remarquer dans le Berry, Nivernais, Bourbonnais, Saintonge et autres lieux (2). »

« Nous avons plusieurs telles sociétés en Berry et en Nivernais, principalement ès maisons des mages, qui, selon la constitution du pays, consistent toutes en assemblées de plusieurs personnes et une communauté (3). »

« Anciennement la communauté tacite entre d'autres personnes (que les époux) vivant ensemble à commune bourse et dépense, était d'une pratique *universelle* dans le royaume, comme le prouve, par l'autorité de Beaumanoir, maître Eusèbe de Laurière, dans sa dissertation à la fin des Œuvres de Loisel, fol. 12 et 13 (4). »

« ... Il semble qu'il y ait une sorte de nécessité d'accorder cela à l'usage des champs, où ces communautés sont si fré-

commorari. Et nominatim ego ipse apud Chuc, cadomensis baillivatus vicum, domum unam ita institutam vidi, ut essent illic decem matrimonia et septuaginta animæ. » — Masselin, *Journal des états généraux* de 1484.

(1) Guy Coquille, sur *Nivernais*.
(2) De la Lande, sur *Orléans*.
(3) Jean Chenu, sur *Arrêts de Papon* (1610).
(4) Valin, sur *La Rochelle*.

quentes, même dans les coutumes qui n'en parlent pas (1). »

« L'origine de ces communautés d'habitants, telles que nous les voyons aujourd'hui, écrit Denisart en 1768, n'est pas bien connue (2). »

« Ce n'est pas d'aujourd'hui que l'association est en honneur, dit M. Troplong (3). Les Romains en ont parlé avec enthousiasme ; ils l'ont pratiquée avec grandeur... Mais c'est surtout le moyen âge qui fut une époque prodigieuse d'association : c'est lui qui forma ces nombreuses sociétés de serfs et d'agriculteurs qui couvrirent et fécondèrent le sol de la France ; c'est lui qui multiplia ces congrégations religieuses dont les bienfaits ont été si grands par leurs travaux de défrichement et leurs établissements au sein des campagnes abandonnées. Probablement alors on parlait moins qu'aujourd'hui de l'esprit d'association, mais cet esprit agissait avec énergie. »

« L'association de tous les membres de la famille sous un même toit, sur un même domaine, dans le but de mettre en commun leur travail et leur profit, est le fait général, caractéristique, depuis le midi de la France jusqu'aux extrémités opposées. » (Id., 35.)

« C'est surtout dans les villages et dans les campagnes que ces sociétés taisibles ou tacites étaient fréquentes. La géographie coutumière en conserve les traces dans les provinces les plus opposées d'usages et de mœurs ; elles règnent dans les pays de droit écrit comme dans les pays de coutume ; dans ceux où les habitudes imposent la dot au mariage, comme dans ceux où domine la communauté conjugale.

» Dans le ressort du parlement de Toulouse, dans la Saintonge, l'Angoumois, la Bretagne, l'Anjou, le Poitou, la Touraine, la Marche, le Berry, le Nivernais, le Bourbonnais, les

---

(1) Denis Lebrun, *Traité de la communauté.*
(2) *Dict. de jurisprudence.*
(3) Troplong, *Commentaires des sociétés civiles*, préface, 7.

deux Bourgognes, l'Orléanais, le pays chartrain, la Normandie, la Champagne, le Bassigny, etc., etc., les populations affectionnent ce genre d'association, et les statuts locaux les favorisent (1). »

Comme grâce à cette ingénieuse et touchante organisation, la propriété se trouvait de fait immobilisée entre les mains de ces communautés d'habitants, les seigneurs y eussent perdu les divers droits qu'ils touchaient à chaque mutation de possession et de propriétaire; on sut obvier à cet inconvénient par un procédé assez bizarre. La communauté choisissait un de ses membres, robuste et dans la force de l'âge, soigné et choyé par tous, sur l'existence duquel reposait l'échéance de ces droits que l'on payait à sa mort, et de même qu'ils s'appelaient *manants et couchants*, lui s'appela *homme vivant et mourant*.

La vie, dans ces communautés d'habitants, était toute charitable et évangélique.

« Selon l'ancien établissement du ménage des champs en ce pays de Nivernais, raconte Guy Coquille, plusieurs personnes doivent être assemblées en une famille pour démener un ménage qui est fort laborieux, et consiste en plusieurs fonctions en ce pays, qui de soi est de culture malaisée. Les uns servent pour labourer et pour toucher les bœufs, animaux tardifs, et communément faut que les charrettes soient tirées de six bœufs; les autres pour mener les vaches et les jeunes juments en champs, les autres pour mener les brebis et les moutons, les autres pour conduire les porcs. Ces familles ainsi composées de plusieurs personnes, qui toutes sont employées

---

(1) Troplong, *Id.*, 47. — « Ces sociétés, dit Houard, ne s'établirent d'abord qu'entre quelques familles de laboureurs, *quorum olla simul bulliebat*, ensuite entre des marchands, enfin entre *tous* les habitants d'un même bourg, qui firent en commun leur commerce et se donnèrent des habitations voisines les unes des autres. » — *Traité sur les coutumes anglo-normandes*, I, note de la page 444. — Bouthors, sur *Amiens*, I, 7.

selon son âge, sexe et moyens (1), sont régies par un seul, qui se nomme maître de communauté, élu à cette charge par les autres, lequel commande à tous les autres, va aux affaires qui se présentent ès villes et foires et ailleurs ; a pouvoir d'obliger ses parsonniers en choses mobiliaires qui concernent le fait de la communauté, et lui seul est nommé ès rôles des tailles et subsides ; par ces arguments, se peut connaître que ces communautés sont vrais familles et colléges qui, par considération de l'intellect, sont comme un corps composé de plusieurs membres, combien que les membres soient séparés l'un de l'autre ; mais par fraternité, amitié et liaison économique, font un seul corps.

» En ces communautés on fait compte des enfants qui ne savent encore rien faire, par l'espérance qu'on a qu'à l'avenir ils feront; on fait compte de ceux qui sont en vigueur d'âge, pour ce qu'ils font; on fait compte des vieux, et pour le conseil, et pour la souvenance qu'on a qu'ils ont bien fait. Et ainsi de tout âge et de toutes façons, ils s'entretiennent comme un corps politique qui, par subrogation, doit durer toujours. Or, parce que la vraie et certaine ruine de ces maisons de village est quand elles se partagent et se séparent, par les anciennes lois de ce pays, tant ès ménages et familles de gens serfs, qu'ès ménages dont les héritages sont tenus à bordelage, a été constitué pour les retenir en communauté, que ceux qui ne seraient en la communauté ne succéderaient aux autres, et on ne leur succéderait aussi (2). »

(1) C'est la solution pratique du fameux problème de l'organisation du travail : « On sait que les ménages rustiques demandent le concours de plusieurs personnes, dont les unes sont occupées au labourage, d'autres à conduire et soigner différentes espèces de bestiaux, et d'autres à *une infinité de différents ouvrages dont le détail serait trop long*. D'ailleurs, il y a plus d'union entre ces associés, et moins d'occasions de procès, qui causent ordinairement la ruine de ces sortes de gens. » — Bouhier, *Cout. de Bourgogne*, II, 506.

(2) Voyez aussi, sur l'organisation de ces associations, de Laurière, *Notes sur les institutes coutumières de Loisel*.

Arrêtons-nous un instant. Très évidemment les serfs ne font ici que modeler leur société naissante sur les monastères, ces maisons de Dieu, habitées par les hommes de Dieu, par ses serviteurs les plus immédiats. C'est une grande famille : la charité les rapproche, aussi bien que la crainte des dangers sans nombre auxquels leur isolement les eût livrés sans défense (1) ; l'économie les unit, la fraternité les soutient, l'amour est leur loi, tous travaillent pour chacun et chacun pour tous, et, — n'étaient les seigneurs et les hommes d'armes, les maltôtiers et les gens de loi, — il nous semble que nous verrions réalisé sur la terre le royaume de Dieu et sa justice. Au milieu des domaines qu'ils exploitent, une vaste cour est environnée de bâtiments qui abritent jusqu'à vingt ou trente familles (2). Les habitations sont séparées des étables, les cours, les greniers, les jardins sont communs. C'est l'architecture amoindrie du monastère; c'est la vie d'union, de solidarité, d'amour, révélée par l'Évangile et qui put seule donner à ces malheureux la force de supporter les temps effroyables de la féodalité, et de vivre au milieu de la double oppression des seigneurs temporels et des seigneurs spirituels.

Comme dans le monastère, on vit sous le même toit, on mange à la même table, on prie Dieu en commun de bénir le travail commun (3). Mais, — et j'insiste sur ce point capital,

---

(1) « Il faut remarquer que les maisons isolées dans la campagne appartiennent aux époques modernes : dans les temps primitifs, il n'y avait jamais d'isolé que les châteaux. » — Granier de Cassagnac, *Histoire des classes ouvrières*, 257.

(2) « J'ai vu dans les campagnes de presque toutes nos provinces un assez grand nombre de ces grands vieux bâtiments formant les quatre côtés d'une spacieuse cour carrée dont plusieurs familles se partageaient la propriété et l'habitation. Ces *maisons-hameaux*, si l'on peut parler ainsi, étaient faites à l'imitation des grandes cours des villes. » — Monteil, *Hist. des Français des divers états*.

(3) « Agunt promiscuè et negotiativè, unam et eamdem domum aciendo, fructus et proventus suos communicando. » — Maichin, *Cout. de Saintonge*, tit. IX, art. 9, chap. 1ᵉʳ.

— ici cesse l'imitation, et l'on ne partage pas les erreurs de l'Église sur le rôle de l'argent ; on ne reconnaît pas les règles du couvent qui proscrivent toute propriété et ordonnent l'égalité absolue de droits dans les partages (1). La richesse n'est plus un danger, un épouvantail ; le *mammon d'iniquité* devient, au contraire, un bien désirable, le but légitime du travail, la garantie de la liberté, la source du bonheur (2). Si la terre reste la propriété commune, si nul n'est déshérité du droit de travailler à féconder ses larges flancs et de vivre de ses fruits, chacun n'en a pas moins le droit de s'approprier ceux de son labeur, et d'avoir dans le partage des lots proportionnels et inégaux. On sort enfin du communisme pour s'élever à l'association.

Ainsi donc, tandis que le clergé s'organisait au milieu de la désorganisation générale, et qu'il servait de type et de modèle à la société civile qui se reconstituait ; tandis que les évêques, devenus magistrats municipaux, dictaient les lois et présidaient à la direction des cités, les moutiers, de leur côté, complétaient au sein des campagnes cette œuvre immense de régénération sociale.

« *Vos estis unum in Christo*, » avait dit saint Paul. L'Église, au moyen âge, dit au peuple qui l'écoute : « *Vos estis unum in regno : vos estis unum in civitate, in villà.* » Il faut dire aussi qu'elle rencontrait un terrain merveilleusement préparé pour recevoir ses enseignements, et il suffisait de combiner la ghilde des Germains avec l'agape des premiers disciples du Christ (3) pour fonder la communauté agricole. Il ne tien-

(1) Toutes les règles de monastères sont unanimes à proscrire toute propriété privée et tout pécule, et les réformes ne cessèrent de combattre *le vice de propriété*. Quant au prêt à intérêt, l'Église n'a jamais dévié de sa route, et l'a toujours proscrit impitoyablement. — Voy. la préface de M. Troplong sur le *Prêt à intérêt*.

(2) Naturaliter bona dicuntur, quod beant, hoc est beatos faciunt ; beare est prodesse.

(3) Ghilde, agape, ces deux mots signifient également repas commun.

drait qu'à nous de faire remonter plus haut encore son origine, de la faire se perdre dans l'obscurité des temps de la période celtique, et de décrire les communautés des *Taeogs* indivis sur les terres du chef supérieur ou des chefs inférieurs gallois, du *teyrn* ou des *macteyrns*. On trouve, dans les lois de Howell, de nombreuses dispositions sur ces sociétés de laboureurs, qu'elles appellent *cyfar*, et dans lesquelles les enfants ne succédaient pas aux fonds paternels pour en faire le partage; ils restaient dans la communauté. Ces possessions de communistes acquirent une nouvelle faveur au contact du droit romain, dont la doctrine est très féconde à ce sujet, et dont l'esprit se répandit dans le droit général de la Gaule, où déjà vivait l'habitude de ces associations rustiques, fortifiée encore par les traditions du christianisme (1).

Les monastères, à l'origine, étaient semblables à ces cèdres où les passereaux viennent abriter dans les régions célestes leurs nids contre les orages de la terre. Tout ce qui, dans le peuple, était intelligent, n'avait de refuge contre la barbarie qu'au sein des moutiers, parce que, par le clergé seul, l'homme affranchi de tous ses liens s'élevait à son rang et marchait l'égal des grands de ce monde. Le gardeur de pourceaux pouvait s'asseoir au-dessus de François Iᵉʳ et de Charles-Quint, au-dessus du roi et de l'empereur dans toute leur gloire. Tout ce qui était faible, persécuté, tout ce qui se fût brisé au rude contact de ces hommes au cœur d'acier, à la poitrine bardée de fer, tout trouvait asile et protection dans le monastère. Il

---

(1) « L'esprit d'association, renouvelé par le christianisme, a étendu son action salutaire sur les coutumes du moyen âge. C'est à l'abri des sociétés de tout genre, des communautés de travail et d'habitation, des corporations, des sociétés d'intérêt public et privé; c'est sous l'influence de leur esprit de fraternité sociale et chrétienne que les serfs, les colons, les pauvres laboureurs, les artisans et les gens de métiers, les commerçants, le peuple des villes et des campagnes, ont amélioré et développé leur condition d'existence. L'isolement les aurait frappés de mort; l'association les a fait vivre et grandir pour des temps meilleurs. » — Laferrière, *Hist. du droit français*, II, 591.

fallait le lent et patient travail des siècles pour, de ces barbares, faire des hommes, de ces baptisés faire des chrétiens ; mais en attendant, la charité les poussait à réparer en partie les malheurs qu'ils causaient, et ils fondaient en tous lieux et enrichissaient les refuges où leurs victimes trouvaient aide et protection. Les grands ouvraient les monastères, les petits y entraient en foule, et, considérant alors les hommes du haut des marches de l'autel, pénétrés du sentiment de l'égalité évangélique, ce peuple de reclus eut affranchi bien vite le peuple du dehors. Mais hélas! les abbés désapprirent l'esprit de Dieu, et, prenant le seuil du cloître pour celui du donjon seigneurial, ils se firent eux-mêmes princes de la terre et persécuteurs du peuple.

Nous avons dit à quel degré fabuleux s'élevèrent les richesses des églises (1). D'après un dénombrement fait en 1655, et bien que la France ne possédât alors ni l'Alsace, ni la Franche-Comté, ni la Lorraine, ni la Flandre, le clergé possédait 429 abbayes, 9,000 châteaux, 252,000 métairies et 20,000 arpents de vignes, plus le produit des bois, moulins, forges, sucreries, tuileries et fours banaux. Mais, si contraires que fussent ces abus à l'esprit évangélique, il faut tenir compte de ce fait que les couvents, c'était le peuple, qui, affranchi par l'Église, reprenait aux seigneurs, sous la forme de donations pieuses, et pour le répandre en charités libérales, les biens dont ils le dépouillaient, et qui, devenu moine, voyait s'ouvrir devant sa parole menaçante le donjon des châtelains et jusqu'aux palais des rois.

Ne cherchons donc point ailleurs l'origine de ces sociétés agricoles ; elles ont toutes leurs racines dans l'Évangile.

« Si deux de vous s'accordent sur la terre, quoi qu'ils demandent, il leur sera accordé par mon père qui est dans les

(1) « Le clergé recevait tant, qu'il faut que dans les trois races, on lui ait donné plusieurs fois tous les biens du royaume. » — Montesquieu, *Esprit des lois*, **XXXI**, 10.

cieux; — car où il y a deux ou trois personnes assemblées en mon nom, je suis là au milieu d'elles (1). »

Voilà ce que demande le Christ. Or, dans la communauté si bien décrite par Coquille, ne voyons-nous pas régner l'harmonie et la paix promises par Dieu à tous ceux qui se rapprochent et s'unissent? La propriété, dès qu'elle existe, n'est plus la propriété haineuse, individuelle, jalouse et morcelée du paganisme; c'est la propriété fraternisée en quelque sorte par la charité, c'est le lien qui rapproche les hommes et les unit dans une communauté d'intérêts qui, les groupant en faisceau, fait de toutes ces faiblesses une force capable de résister à tant d'ennemis conjurés contre eux.

Non-seulement le monastère est le type sur lequel le village nouveau modèle son organisation, mais encore il lui impose sa marque originelle par le nom qu'il lui donne : le village s'appellera désormais la Communauté dans la langue officielle (2). Dans certaines provinces, on ira plus loin, et il prendra le nom de Communion (3). Mais ce n'est pas tout, pour que l'assimilation soit plus complète encore, la cellule du couvent baptise en quelque sorte la demeure commune, qui prend le nom de *celle* (4), que l'on a donné à l'origine aux prieurés ou essaims coloniaux versés par les moutiers dans les campagnes (5), et qui a fini par désigner indifféremment la communauté religieuse ou laïque.

---

(1) Saint-Matthieu, XVIII, 29, 30.

(2) « Le nom de paroisse n'est point connu dans l'Artois : on se sert de celui de communauté. » — Boulainvilliers, *État de la France*, I, 105.

Dans la célèbre nuit du 4 août, les paroisses ne sont jamais appelées par les orateurs autrement que les communautés.

(3) Bouhier, sur *Cout. de Bourgogne*, II, 506. — Guichenon, *Hist. de Bresse et de Bugey*, Ire part., chap. XIII, p. 22.

(4) *Cellula, cella,* celle.

« Comme l'enfant en celle (habitant auprès de ses père et mère) excluait de leur succession le frère qui habitait hors de celle, les seigneurs exclurent les enfants hors de celle de la succession de leur père. » — De Laurière.

(5) Richard Simon, *Traité des bénéfices*, II. 245. — Guérard, *Polyptique*

« Les enfants, disent les coutumes de Vitry et de Chaumont, ne succèdent que lorsqu'ils sont de même condition et en celle, et, par ce mot, on entend la maison, demeurance et mélange de biens de personnes de servile condition. »

Combien de villages témoignent encore aujourd'hui de l'existence de ces communautés et ont conservé le nom de Celle, Celles, Cellette (1)! Le *Dictionnaire général des villes et villages de France* en compte quarante, auxquels il faut ajouter le nombre à peu près égal de ceux qui ont converti en un S la première lettre de leur nom, — la Selle Saint-Denis, la Selle-les-Bordes, — corruption que l'abbé Lebœuf reprochait aux financiers, « comme s'il s'agissait d'un siége, et non d'une habitation (2). » Mais, à mesure que ces associations ont disparu, la tradition a oublié jusqu'à leurs noms, et c'est ainsi que les parçonniers du moyen âge sont devenus des personniers dans l'*Encyclopédie* de Diderot, ce qui peut être plus euphonique, mais ce qui n'a plus de sens.

La ville de Sceaux se nommait *Cellæ* dans les anciennes chartes; Marissel, auprès de Beauvais, y est désigné sous le nom de *Mariæ cella*. Enfin, ces villages sans nombre de Chelles, de Courcelle, Vaucelle, Vauchelles, etc., ne sont pas autre chose que *Cellæ*, *Curti cella*, *Corti cella*, *Valcella*, *Cella vallis*, etc. (3).

d'*Irminon*, I, 838. « Quod si animalia et pecora monachorum ejus cellæ per Bannum excurrerint », dit un titre de 1093, cité par D. Calmet, *Hist. de Lorraine*, III, clxxvij. — Il y a en Poitou le couvent de Saint-Hilaire-de-la-Celle. — Bouchet, *Ann. d'Aquitaine*, 137.

(1) « Les prieurés s'appelaient à l'origine *celles*. » — Guérard, *Cartul. de Saint-Père de Chartres*, prolégomènes, lxxxiv.

(2) VIII, 170. On eût pu le mettre d'accord avec eux en lui faisant observer qu'il s'agissait tout au moins du siége de l'habitation.

(3) Guérard, *Cartul. de Saint-Bertin*, 395. — Louandre, *Hist. d'Abbeville*, 59, 90. — Huet, *Origine de Caen*, 427, 470, 478, 486... — Je ne suis pas éloigné de croire que tant de villages qui portent le nom de la Salle, avec des composés : — la Salle de Vihers, etc., — tirent leur origine du mot *cella*. On sait que les paysans confondent dans la même prononciation les deux lettres E et A.

Nous pourrions joindre encore à cette nomenclature beaucoup d'autres localités, dont l'étymologie, bien que moins évidente, n'en est pas moins incontestable : ainsi Jusiers, *Gesiaci cella*, etc. (1).

On ne comprend plus aujourd'hui quelle fut la grandeur de la mission sociale des moutiers aux premiers siècles de la monarchie. Certains de leurs abus même furent parfois un bienfait. L'Évangile avait affranchi en droit tous les hommes; en fait, les monastères les retenaient en esclavage (2), mais pour les conduire peu à peu à leur affranchissement progressif, à mesure qu'ils leur auront enseigné le travail. L'Évangile exalte la pauvreté et condamne les richesses; l'Église accapare la moitié de la fortune territoriale de la France, mais pour la rendre peu à peu aux serfs, à mesure que leur travail les en rendra dignes. Les populations nomades de malheureux se fixaient autour de l'abbaye élevée et dotée par les seigneurs (3), attirées par ces aumônes que leurs remords et l'espoir de racheter leurs crimes faisaient si libérales. Tour à tour appelant à eux les paysans ou leur louant leurs bras (4), les moines faisaient leur éducation agricole, défrichaient avec eux ces forêts qui couvraient les plus riches contrées de l'Eu-

---

(1) *Cartul. de Saint-Père de Chartres*, prolég., cclxxix.

(2) Le concile d'Épaone (517) défendit à l'abbé d'affranchir les serfs du monastère, parce qu'il était injuste, tandis que les moines étaient assujettis chaque jour au travail de la terre, que leurs serfs pussent jouir du repos de la liberté. Esclavage et travail étaient alors synonymes.

(3) Le vicomte de Léon, en Bretagne, fonde un monastère, et en expose le but : « Laquelle abbaye en partie outre est fondée pour chacun jour donner ou aumosner à tous les pauvres mendiants par espécial d'icelle vicomté et autres qui peuvent y aller demeurer, dont y a par chacun jour grand nombre qui redonde au grand bien et honneur de toute la chose publique du pays et du dit vicomté et de ses antécesseurs. » — D. Morice, *Hist. de Bretagne*.

Il paraît qu'on regardait alors les pauvres comme la richesse du pays.

(4) « Lorsque le monastère ne suffisait pas à fournir du travail à ses moines, ils se louaient comme d'autres ouvriers pour la moisson et les vendanges. » — Fleury, *Mœurs des chrétiens : Monastères*.

rope et que leur disputait la barbarie des châtelains, et donnaient au monde, encore à moitié païen, ce grand et sublime spectacle du travail libre exécuté par des hommes libres. N'était-ce pas un noble enseignement, et bien fait pour attacher aux travaux des champs ces populations découragées, lorsqu'on voyait, en Angleterre par exemple, le fameux Thomas Becket quitter parfois son évêché de Cantorbéry pour venir se mêler aux religieux et cueillir avec eux les blés ou faire les foins ?

« Puis, dit Denisart (1), ne pouvant plus cultiver eux-mêmes un si grand nombre de terres, les moines imaginèrent une espèce de baux emphytéotiques, qu'ils nommèrent *convenientiæ* (2), et qui, sans les dépouiller de la propriété, leur assurait un revenu certain. »

Que l'on consulte les terriers de la cathédrale et de l'abbaye de Bordeaux, de la cathédrale d'Avignon, et de presque tous les monastères, toujours cette formule y revient invariablement : *Damus in perpetuum emphiteusim...*

Ainsi, au lieu du pain de chaque jour et de la charité précaire, l'Église faisait l'aumône trois fois sainte et bénie du travail, s'enrichissant à proportion de ce qu'elle donnait, puisqu'elle exigeait des redevances qui, tout en stimulant l'ardeur des laboureurs, lui permettaient de fonder incessamment sur le plat pays ces colonies fraternelles ; et ce système économique, calqué sur la constitution des couvents, consacrait peu à peu au sein de cette classe si misérable, la famille, la propriété, et enfin la liberté, car peu à peu les colons, après avoir payé leurs redevances, se créaient un pécule et achetaient leur affranchissement.

Quand les jurisconsultes, transportant dans le droit civil les habitudes du droit canonique, introduisirent les usages

---

(1) *Dict. de jurisprudence*, art. BIENS.
(2) On écrivait autrefois *convent*, et l'on a conservé cette orthographe dans les dérivés du mot couvent. — Voy. le *Dictionn.* de Trévoux.

ecclésiastiques dans la vie ordinaire, ils donnèrent à ces conventions le nom de bail à complant (1), qui se rattache aux plus anciennes coutumes de France, et que l'on retrouve dans tout le midi, ainsi que dans le Poitou, le Maine, l'Anjou, l'Aunis et la plupart des provinces. C'était dans le principe pour encourager la culture de la vigne que les couvents avaient fait ces concessions (2). Le plus souvent, au bout de cinq ou de sept années, la moitié du terrain complanté rentrait dans la main de la communauté bailleresse ; la communauté laïque conservait l'autre, tantôt libre et franche, tantôt avec de certaines redevances (3). En Bretagne, le complant ne faisait que perpétuer la possession, sans donner jamais la propriété. C'était une sorte de bail perpétuel, à peu près comme le bail héréditaire d'Alsace.

Je trouve dans le premier chapitre du *Monastère*, de Walter Scott, la description de l'une de ces communautés laïques, soumises aux communautés religieuses (4) :

(1) « Le bail à complant est une sorte de bail à perpétuité, quand on donne un terrain à des vignerons pour le planter en vignes, et pour en jouir par eux sous une certaine portion de fruits pour le bailleur par chacun an. » — *Cout. de Poitou*, art. 61, commentaire de Boucheul.

(2) « Postquam ista terra in agro Falernico per quinquennium benè fuerit redacta », dit une charte de 898, donnée par un abbé poitevin.

(3) *Cout. d'Anjou*, art. 160 ; — *du Maine*, art. 177 ; — *de Saintonje*, art. 18, 21, 127 ; — *la Rochelle*, art. 62 ; — *Poitou*, art. 59, 75, 82, 101...

(4) Nous retrouverions les mêmes faits par toutes les contrées de l'Europe. En Pologne, par exemple :

« Dans la Slavie païenne, fédération sporadique de tribus disséminées sur des espaces facultatifs, la propriété individuelle et la possession du sol n'est valable que pour une saison agricole. La terre, source unique de toutes les richesses, est comme un atelier indivis de culture, de pacage, de chasse et de pêche, accessible à toute communauté, *gmina* ou *gromada* (troupe organisée, association), qui en trouve une part vide. Chaque gmina se gouverne elle-même dans ses *vietza* ou assemblées, ne tient au sol sur lequel elle s'est abattue qu'en raison de sa fertilité naturelle, et se transporte ailleurs dès que celle-ci paraît ou épuisée dans un rayon facilement accessible, ou disproportionnée à l'accroissement de la gromada...

» Le domaine de la gmina restait indivis et inaliénable ; mais l'exploitation

« La résidence de ces vassaux de l'Église était ordinairement un petit village ou hameau formé par trente ou quarante familles, qui se servaient mutuellement d'aide et de protection. Les habitants possédaient ordinairement le terrain *en commun, bien qu'à proportions variées*, suivant la diversité des concessions... Toute la corporation participait indistinctement aux travaux, et le produit était distribué après la récolte *selon les droits respectifs de chacun.*

» Dans les terres un peu éloignées, on faisait de temps en temps une récolte, après quoi on les abandonnait à l'influence des éléments jusqu'à ce que les principes épuisés de la végétation fussent rétablis. Ces portions de terrains étaient à la disposition de qui voulait les prendre.

» Il y avait encore de vastes terrains marécageux qui présentaient souvent des pâturages bien fournis, où les troupeaux

du sol cultivable était répartie entre les familles, en raison du nombre de leurs membres, sous la responsabilité du *gospodarz* (littéralement chef du logis) ou *kmietz*. Ce n'était donc nullement le communisme des sauvages ou des colonies militaires du tsar, mais une libre association de travail et de possession, dont le type, survivant à toutes les vicissitudes politiques et à toutes les superpositions de la tyrannie étrangère, *s'est conservé intact jusqu'à nos jours* dans les domaines de la couronne en Russie. Or, par la nature même de leurs productions, ces immenses fermes comprenaient invariablement trois zones : 1° le domaine naturellement commun et indivis des forêts, des pâturages et des étangs; 2° le domaine administratif, commun aussi, mais par convention. De son produit vivaient les magistrats, les prêtres, les infirmes, les veuves et les orphelins. Ce domaine, cultivé par la piété publique, alimentait encore les greniers de réserve, et, sous le nom de *zapomoga* (subside), assurait des semences à tous après les années de mauvaise récolte, ainsi que des instruments et des bêtes de travail à tout établissement nouveau. C'est l'origine du *dominium* actuel et des corvées auxquelles, en échange de sa tutelle, il prétend de la part de toute la commune ; 3° les terres arables distribuées, comme ateliers de culture, aux familles, ou morcelées entre leurs membres, selon leur volonté et leur humeur. » — *Hist. de la commune polonaise du X° au XVIII° siècle*, par le général Mieroslawski : *Revue de Paris*, du 15 mai 1856.

Il faut noter qu'ici cette organisation est contemporaine du paganisme. Le christianisme n'eut rien à y changer.

de tous les habitants venaient paître en commun pendant tout l'été. Un berger de la ville était chargé de les conduire régulièrement chaque matin et de les ramener chaque soir. Voilà de ces choses qui font lever les mains et ouvrir de grands yeux à nos agriculteurs modernes; et cependant ce même mode de culture n'est pas entièrement tombé en désuétude dans quelques cantons reculés vers le nord de la Grande-Bretagne, et on peut le voir en pleine vigueur et constamment suivi dans l'archipel des îles Schetland. »

Donc, union et association, aide et secours, travail commun, possession commune, mais partage inégal et proportionnel des fruits, tels sont les caractères de la propriété organisée par l'Église revenue des exagérations des premiers temps, tels sont les caractères de la propriété chrétienne et évangélique. On combine les avantages, on évite les périls des deux systèmes opposés et extrêmes, de l'individualisme païen et du communisme des premiers siècles. La propriété est reconstituée, la charité l'a fraternisée, voilà tout.

Je sais bien que l'on compte aujourd'hui la religion parmi les ruines nombreuses que ferait l'association. Je répéterai ce que j'ai dit pour la propriété. La religion a organisé l'association. Où est la nécessité fatale que la fille tue sa mère et que l'association détruise la religion qui lui a donné la vie?

Les efforts constants du droit au moyen âge, où l'esprit de famille et d'association firent des prodiges, comme l'a très justement fait observer M. Troplong, tendent donc à constituer énergiquement l'association laïque, à en resserrer les liens, à empêcher qu'ils ne se rompent. La taille et la corvée sont imposées par feu, par fouage, et lorsqu'elles sont personnelles, elles doivent être, comme toute redevance, intégralement acquittées par chaque individu, s'ils viennent à se séparer (1). Le seigneur s'attribue toute terre vague et inculte,

---

(1) Boutaric, *Traité des droits seigneuriaux*, 421.

à moins qu'elle ne serve à l'usage d'une communauté, et tant que les *parsonniers en usent entre eux communément et sans les particulariser* (1). Bien plus, le droit de propriété et d'hérédité est subordonné à la condition d'être associé, et celui qui quitte la communauté cesse d'hériter (2).

Non-seulement on n'héritait qu'à la condition d'être commun, mais encore le parent commun excluait de la succession du parent décédé le non commun à égal degré ou même à un degré plus rapproché (3). Ce point de droit fut vivement controversé, et Guy Coquille, le judicieux, après avoir été d'abord avec ceux qui combattaient ce texte de loi, revint à l'opinion contraire en motivant ainsi son changement d'avis :

« Combien que j'aie tenu cette opinion entre les raisons susdites, et pour l'autorité de ceux qui l'ont tenue semblable, toutefois depuis, en méditant à part moi, m'a semblé plus raisonnable de dire que le non commun soit tenu pour exclus précisément ; car cette loi rigoureuse semble être faite *en faveur de la famille*, pour la conserver en union, même en ce pays où les ménages de villages ne peuvent être exercés, sinon avec un grand nombre de personnes vivant en commun, et *l'expérience montre que les partages sont les ruines des maisons de village ;* et puisque la loi parle simplement, et que la présomption de son intention est que ce soit *pour conserver les familles*, afin qu'elles ne se séparent, semble qu'il faut suivre la loi telle comme elle est, et dire que le seul parent commun succède (4). »

Dans un autre passage de son commentaire, il appelle ces

---

(1) Papon, *Arrêts notables : Des droits seigneuriaux*, liv. XIII.
(2) « Serfs et mainmortables ne peuvent tester, et ne succèdent les uns aux autres, sinon tant qu'ils sont demeurant en commun. » — Loisel, liv. Ier, n° 74. — Voy. Cout. de la *Marche*, 174 ; — *du duché de Bourgogne*, ch. x, art. 13, etc.
(3) *Cout. de la Marche*, 217 ; — *du Nivernais*, etc.
(4) G. Coquille, sur *Nivernais : Des bordelages.*

associations agricoles, familles et fraternités (1); ailleurs il s'exprime ainsi : « Ces communautés sont vraies familles qui font corps et université et s'entretiennent par subrogation de personnes qui naissent en icelles ou y sont appelées d'ailleurs (2). »

Les membres de la fraternité agricole s'appellent frarescheurs, — frères et sœurs; — ils vivent en frerage (3). La grande famille s'organise, les rangs, les degrés, les sexes et les âges se confondent dans un immense amour, et tandis que les parents deviennent des *amis charnels* (4), les amis deviennent des frères.

Mais, encore une fois, l'association ne détruit donc pas la famille et la propriété, puisque *l'expérience montre* que les partages et le morcellement, au contraire, aboutissent à ce résultat.

C'est d'ailleurs l'opinion formelle de M. Troplong : « Ces associations, que les auteurs du XVIe siècle appellent quelquefois des fraternités pour peindre le sentiment de famille qui les anime, furent très utiles aux progrès de la classe servile ; elles montrent surtout la direction de l'esprit de famille vers la communauté et l'association (5). »

« Et puis, dit-il encore, voyez comme la communauté est dans les instincts de la famille! Non-seulement il y a les communautés et fraternités de ménages rustiques; non-seulement il y a les communautés taisibles entre frères et entre époux, mais il y a aussi la communauté des enfants avec celui de leurs auteurs qui survit après la dissolution du mariage ;

---

(1) Id., *Des communautés et associations*, art. 3.

(2) Id., *Des bordelages*, art. 18.

(3) ... Sunt fratres vel cognati, consortes et cohæredes, qui bona communia pro indiviso habent, συγκληροί, κοινοβίοι. » — Ragneau, art. FRARESCHEUX. Voy. *Cout. d'Anjou*, 180, 280, 282, 425, 433, 434, 435; — *Maine*, 198, 297, 440, 448, 449; — *Grand-Perche*, 214; — *Poitou*, 94, 95, 115, 125, etc...

(4) *Ordonnances du Louvre*, I, 56-58.

(5) Troplong, *Contrat de mariage*, préface, p. cxix.

celle du gendre ou celle de la bru avec son beau-père et sa belle-mère, après l'an et jour de demeure en commun. N'est-ce pas là un système complet, expression d'un même esprit, fruit du même besoin et de dispositions pareilles !

» L'association, la communauté, voilà la combinaison populaire ; elle prenait sa place entre les époux par la puissance de la coutume qui les mettait partout. »

Et pourtant ce mot association, cette idée vieille comme le monde, si simple, si féconde et si merveilleusement conciliatrice, est aujourd'hui repoussée comme une nouveauté, bafouée comme une utopie, et persécutée à l'égal d'un danger et d'un crime par ceux-là même qui ont confessé sa puissance généreuse et son innocuité ; si bien qu'aujourd'hui, que nous vivons sous l'empire du morcellement et de l'individualisme, aujourd'hui que nous ne voyons nulle part l'association, que nous ignorons son existence dans le passé et que nous n'y croyons pas dans l'avenir, nous la repoussons parce qu'elle détruit la religion, la famille et la propriété. Et alors qu'elle existait et qu'on la voyait à l'œuvre, elle qui est *selon la constitution de la religion* (1) et qui a été organisée par la religion elle-même, on la favorisait précisément pour *l'entretennement des familles* (2), *pour conserver la famille en union*, et parce que *l'expérience montre que les partages sont les ruynes des ménages* (3). Qu'ont donc de sérieux tous

---

(1) G. Coquille.

(2) Julien Brodeau. — « L'objet de ces concessions était de réunir les familles en société, d'empêcher les partages et d'accroître l'agriculture. » — Chabrol, sur *Auvergne*, II, 496.

(3) G. Coquille. — « C'est dans ces communautés ou sociétés que les mainmortables s'enrichissent. » — Denis Lebrun, *Traité des communautés ou sociétés tacites*, 17.

« Le travail de plusieurs personnes réunies profite bien plus que si tout était séparé entre elles. Aussi l'expérience nous apprend, dans le comté de Bourgogne, que les paysans des lieux mainmortables sont bien plus commodes que ceux qui habitent la franchise, et que plus leurs familles sont nombreuses, plus elles s'enrichissent. » Dunod, *Traité de la mainmorte*.

ces grands mots et toutes ces formidables accusations? *Verba et voces!* Palabres et vaines paroles qui tombent devant l'étude des faits, et que l'histoire du passé réduit à néant!

L'association s'appelle aussi coterie, mot qui existe encore dans nos campagnes. Héritage cotier, tenu cotièrement, tennements cotiers, ces expressions se retrouvent dans une foule de coutumes (1).

Les arrêts ne firent point défaut pour protéger ces utiles associations, et pour confirmer la jurisprudence à laquelle s'était rallié G. Coquille. Ce n'est guère qu'entre 1762 et 1777 que l'on rencontre quelques autorisations de partages partiels, et j'en trouve un à la date du 14 août 1637, qui décide que « le non commun, quoique plus proche, est exclu par le commun, qui exclut le seigneur. »

Au milieu du xviii° siècle même, en 1751, un autre arrêt rendu le 1er avril prononce « qu'on ne peut pas donner entre vifs un héritage bordelier à quelqu'un qui n'est pas commun en association avec le donateur. »

L'association proportionnelle trouvait jadis à se glisser même dans le cas de propriété individuelle et de fermage, ainsi que le prouve ce passage des commentaires de la coutume de Poitou (2) :

« Enfants de l'associé en bail de métairie prennent part aux fruits. C'est un négoce ordinaire que des frères ou autres associés dans un bail de métairie et colonage partiaire. L'un des frères et associés a des enfants, l'autre non : le bail fini, les fruits recueillis ou qui sont sur la terre ne se divisent point entre les frères ou associés par égales portions, mais bien par têtes, suivant le nombre des personnes qui ont fait valoir la

---

(1) « C'est un mot qui se trouve dans plusieurs coutumes, qui se dit des compagnies et sociétés de villages demeurant ensemble, pour tenir d'un seigneur quelque héritage qu'on appelle tenu en cotterie, ce qui arrive particulièrement parmi les gens de mainmorte. » — *Dictionn.* de Trévoux.

(2) *Cout. de Poitou*, art. 231, n° 64, comment. de Boucheul.

métairie, de telle sorte que les enfants de l'associé y prennent portion pour récompense de leur travail et des peines qu'ils ont employés pour la culture des terres. C'est la façon ordinaire de partager entre les paysans et gens de village; ils appellent cela partager par écuelle ou demi-écuelle, selon l'âge des enfants. »

Ces hommes simples poussaient jadis le désintéressement à un point vraiment évangélique, et qui ferait sourire de pitié les paysans d'aujourd'hui. S'il plaisait à la communauté de laisser quelques champs en jachère, un des parsonniers s'en chargeait, faisait les travaux nécessaires, et, après avoir prélevé ses déboursés, donnait à ses coassociés leur part des fruits qu'il avait obtenus (1).

N'était-ce pas encore une inspiration évangélique qui, combinant avec une merveilleuse sagacité les droits sacrés de la propriété avec ceux non moins sacrés du travail, permettait de s'emparer momentanément du sol abandonné par autrui et de le mettre en rapport? La liberté de travailler n'était-elle pas assurée et garantie, en fait et en droit, à côté de la propriété parfaitement sauvegardée, d'après cette disposition de la coutume du Nivernais que je reproduis, en la faisant suivre des judicieuses observations du commentateur :

Des champarts et parties.

« Art. 1. — Chacun peut labourer terres et vignes d'autrui non labourées par le propriétaire sans aucune réquisition, en payant les droits de champart ou partie selon la coutume et usance du lieu où est l'héritage assis, jusqu'à ce que par le propriétaire lui soit défendu.

» Cette coutume a été introduite pour le bien public, à ce que la cueillette des bleds abondât plus, et pour suppléer la négligence ou imprévoyance des propriétaires des terres ;

---

(1) *Cout. du Maine*, art. 449, comment. de J. Brodeau.

pourquoi ladite coutume doit être favorisée par gracieuse interprétation, et ne faut pas y raisonner selon les subtilités et rigueurs du droit (1).

» ..... Art. 3. — Pour labourer terres à champart et vignes à parties, on ne peut acquérir possession ni droit de propriété par prescription, par quelque laps de temps que ce soit. »

Et voyez comme aux yeux de Coquille sont sacrés les droits du paysan sur les fruits de son labeur : « Ce droit du laboureur, c'est la récompense de son travail, du travail de ses chevaux ou bœufs et de sa semence. Cette portion qu'il prend ne se demande pas par droit d'action ou par droit d'hypothèque, ains se prend par lui en droit de propriété. » (*Des bordelages*, art. 31.)

L'usage du champart, que l'on retrouve dans plusieurs coutumes (2), était favorisé à ce point que celui qui avait semé la terre et récolté les grands blés, ne pouvait être empêché par le propriétaire de faire l'année suivante les petits blés.

Ce droit de venir demander sa vie à toute terre laissée inculte fut reconnu au paysan jusqu'aux jours de la révolution : « La terre, disait l'auteur de *Paul et Virginie*, appartient non à celui qui s'en empare, mais à celui qui la cultive. Les lois de la nature sont vraies en général comme en particulier. Un jour je vis hors de la grille de Chaillot un paysan semer des pois dans un terrain qui, depuis longtemps, était en friche : je lui demandai s'il était à lui : « Non, me dit-il, mais il est permis à tout homme d'ensemencer une terre qui est plus de trois ans sans être cultivée. » Je ne sais si cette

---

(1) Chabrol a fait observer aussi que la faveur due aux communautés agricoles avait introduit dans la pratique plusieurs dispositions dérogatives du droit commun. — *Cout. d'Auvergne*, II, 507.

(2) *Cout. locales de Levroux et de Bouge*, ch. III; — de *Vastan, Villeneuve-sous-Barillon, Puy-Saint-Lauriant*, ch. II.

loi est du droit civil ou du droit romain; mais il est certain qu'elle est du droit naturel. Dieu n'a fait la terre que pour être cultivée (1). »

On ne saurait même comprendre aujourd'hui jusqu'où allait la fraternité des paysans, et quels immenses bienfaits ils retiraient de ce sentiment divin, si bien mort aujourd'hui dans nos cœurs où l'individualisme s'étend sans partage, et où l'égoïsme règne et gouverne. Dans le Poitou et dans bien d'autres provinces (2), le pacage était commun, chacun pouvait envoyer ses bestiaux paître chez ses voisins comme sur ses propres terres, nul ne pouvait se clore, et tout champ devenait champ bestial aussitôt les récoltes enlevées (3). Toutefois on ne pouvait envoyer les animaux dans les champs avant le troisième jour qui suit la récolte (4), afin de laisser aux pauvres le temps de glaner les épis échappés de la main des moissonneurs (5). Touchant ressouvenir biblique bien oublié de nos jours ! Souvent, dans les prés, on enlevait l'herbe à la fourche pour abandonner le ratelage aux pauvres, et le glanage comprenait jusqu'aux gerbes déliées dans le transport (6). Les dépenses nécessitées par l'éducation, l'apprentissage, la dot, les noces de l'enfant, étaient supportées par la communauté tout entière (7). Si l'un avait des construc-

(1) Bernardin de Saint-Pierre, suite des *Vœux d'un solitaire*.
(2) *Cout. de Normandie, d'Acqs*, etc.
(3) « Par le droit général de la France, les héritages ne sont en défense et en garde que quand les fruits sont dessus; et dès qu'ils sont enlevés, la terre, par une espèce de droit des gens, devient commune à tous les hommes, riches ou pauvres, également. » — De Laurière, sur Loisel, règle 15, liv. II, tit. II.
(4) *Cout. d'Amiens*, 244; — *de Péronne*, 206, etc.
(5) « Laquelle ordonnance fut faite par monseigneur saint Louis, roi de France, afin que les pauvres, membres de Dieu, y pussent avoir glanaison. » — Bouteillier, *Somme rurale*, liv. Ier, tit. LXXXVIII.
(6) Léopold Delisle, 310.
(7) « Vrai est quant à l'étude du fils et dotation de la fille, parce que ces charges ne sont pures volontaires, à respect du père à son enfant... Quand la communauté est de tous biens universellement, l'impense faite pour un des

tions à faire, il prenait à discrétion du bois dans la forêt commune, et tous, au premier appel, accouraient l'aider à transporter les matériaux.

Malgré leur nombre, les parsonniers ne suffisaient pas toujours à exécuter seuls tous les détails de la besogne nécessitée par la gestion de ces immenses fermes. Aussi appelaient-ils à leur aide toute une hiérarchie de serviteurs qui, en outre de leur salaire, obtenaient une gratification, un dividende plus ou moins élevé, suivant l'accroissement du bétail ou l'abondance de la moisson (1). Véritablement membres de la famille, ils étaient logés, nourris, habillés, payés en nature, ce qui empêchait qu'ils ne pussent faire un mauvais usage de leurs gains; il est vrai que cela leur eût empêché également de leur trouver un bon emploi, mais l'occasion et les moyens de le faire n'existaient pas.

Il y avait d'abord tout un menu peuple de domestiques sans désignation spéciale, et qui prenait le nom de baylets. Le plus modeste parmi ceux qui avaient un grade particulier était le puotier ou gardeur de dindons. Les autres échelons étaient occupés par le rogas, le plus petit berger, — l'égossier, qui gardait les juments, — le vacher, dont la modeste fonction était souvent les invalides d'un vieux serviteur; le bassibier, ou gardeur de brebis; le pastour, deuxième grand berger; le majoral, *pastor major*; puis le bouriagre, ou maître valet; le botier ou bouvier; le trabotier, au-dessus du bouvier, et le fournier, chargé de la confection du pain. On distinguait encore le prayer, qui avait la surveillance générale des prés, et le closier général, chargé d'inspecter les clos, c'est-à-dire les vignes qui, étant la propriété la plus précieuse et aussi la plus exposée, puisqu'elle ne se récolte qu'à l'automne et au

enfants des associés doit être des biens communs, pourquoi les dépenses du festin de nopces des enfants ne doivent être recompensées. » — G. Coquille, sur *Nivernais*.

(1) Montell, *Hist. des Français des divers états* (xviii° siècle).

plus fort de la saison des chasses, était close de murs, d'où les vignerons s'appelaient closiers.

Dans les lieux où les habitants avaient renoncé à la communauté, elle s'était cependant conservée en partie relativement au soin du bétail. Dans chaque endroit, il y avait le pâtre du village, le porcher, le vacher du village. Chacun d'eux faisait entendre tous les matins le son bien connu du cornet suspendu à son côté. A ce signal, toutes les étables s'ouvraient, les animaux se rendaient d'eux-mêmes au rendez-vous habituel, et il les conduisait aux pâturages communs. Le soir arrivé, le cornet retentissait de nouveau, les animaux le suivaient, rentraient au village, et chacun regagnait son étable particulière. Un homme, aidé de quelques chiens, suffisait à cette besogne qui, aujourd'hui, occupe tous les enfants, les éloigne forcément de l'école pendant huit mois sur douze, et entretient fatalement l'ignorance dans les campagnes.

Beaucoup de ces sociétés agricoles subsistèrent jusqu'à la révolution, et j'espère que, même après l'intéressant extrait de Coquille, on ne lira pas avec indifférence les détails qui suivent sur celles d'Auvergne, observées par Legrand d'Aussy, qui les visita dans l'année qui précéda la prise de la Bastille. Ici l'association est complète et embrasse toutes les branches du travail : elle est domestique, industrielle et agricole.

« Autour de Thiers (1), et en pleine campagne, sont des maisons éparses habitées par des sociétés de paysans dont les uns s'occupent de coutellerie, tandis que les autres se livrent au travail de la terre. Outre ces habitations particulières et isolées, il en est d'autres plus peuplées dont la réunion forme un petit hameau et dans lesquelles la communauté est plus intime encore. Le hameau est habité par les diverses branches d'une même famille qui, livrée uniquement à l'agriculture,

---

(1) Le village de la Celle-sur-Thiers, dans le Puy-de-Dôme, me semble témoigner encore aujourd'hui, par son nom seul, de l'existence de ces communautés d'habitants.

ne contracte ordinairement de mariage qu'entre ses différents membres, qui vit en communauté de biens, a ses lois, ses coutumes, et qui, sous la conduite d'un chef qu'elle se donne et qu'elle peut déposer, forme une sorte de république où tous les travaux sont communs, parce que tous les individus sont égaux.

» Il y a dans les environs de Thiers plusieurs de ces familles républicaines, Taranté, Baritel, Terme, Guittard, Bourgade, Beaujeu, etc. Les deux premières sont les plus nombreuses, mais la plus ancienne, ainsi que la plus célèbre, est celle des Guittard. Le hameau qui forme et qu'habite la famille des Guittard est au nord-ouest de Thiers et à une demi-lieue de la ville. Il s'appelle Pinon ; ce dernier nom a même, dans le pays, prévalu sur le leur propre, et on les nomme les Pinon. Au mois de juillet 1788, quand je les ai visités, ils formaient quatre branches ou quatre ménages, en tout dix-neuf personnes, tant hommes que femmes et enfants. Mais le nombre des hommes ne suffisant pas pour l'exploitation des terres et les autres travaux, ils avaient avec eux treize domestiques, ce qui portait la population à trente-deux personnes. On ignore l'époque précise où le hameau fut fondé. La tradition en fait remonter l'établissement au xiie siècle (1); l'adminis-

(1) Chabrol, qui parle aussi des Pinon, les fait remonter *aux temps les plus reculés.* — II, 499.

Il est à croire que la tradition n'exagère point ici, et un passage d'un historien qui écrivait dans la première moitié du xiie siècle, prouve que ces communautés sont antérieures à cette époque : « Mos in omnibus fere Galliæ provinciis obtinuit ut seniori fratri ejusque liberis paterna hereditati cedat auctoritas, cœteris ad illum tanquam ad dominum respicientibus. » — Otho Frigensis, *In aestis Frederici imperatoris.*

Voici un titre de la fin du xie siècle :

« De area hominibus de alogia ad domum fraternitatis sue faciendam a nobis prestita.

» Ne autem oblivione depereat aut incertitudine in aliquo depravetur, scripti hujus noticia certum et indubitabile teneatur, nos tali pacto ac conditione hominibus de alogia concecisse plateam, ad domum fraternitatis sue construendam, ut, si quando casu aliquo contigerit predicte ville homines fraternitatis

tration des Pinon est paternelle, mais élective. Tous les membres de la communauté s'assemblent, à la pluralité des voix ils se choisissent un chef qui prend le titre de maître, et qui, devenu père de toute la famille, est obligé de veiller à tout ce qui la concerne.

» Tous travaillent en commun à la chose publique, logés et nourris ensemble, habillés et entretenus de la même manière, et aux dépens du revenu général ; ils ne sont plus, en quelque sorte, que les enfants de la maison. Ce maître, en qualité de chef, perçoit l'argent, vend et achète, ordonne les réparations, dispense à chacun son travail, règle tout ce qui concerne les maisons, la vendange, les troupeaux ; en un mot, il est là ce qu'est un père dans sa famille. Mais ce père diffère des autres en ce que, n'ayant qu'une autorité de dépôt et de confiance, il en est responsable à ceux dont il la tient, et qu'il peut la perdre de même qu'il l'a reçue. S'il abuse de sa place, s'il administre mal, la communauté s'assemble de nouveau, on le juge, on le dépose, et il y a des exemples de cette justice sévère.

» Les détails intérieurs de la maison sont confiés à une femme. Le département de celle-ci est la basse-cour, la cuisine, le linge, les habillements, etc.; elle porte le titre de maîtresse. Elle commande aux femmes, comme le maître commande aux hommes ; ainsi que lui, on la choisit à la pluralité des suffrages, et ainsi que lui on peut la déposer. Mais le bon sens naturel a dit à ces simples paysans que si la maîtresse se trouvait être femme ou sœur du maître, et que ces deux préposés manquassent de la probité nécessaire à leur gestion, tous deux réunis auraient trop d'avantage pour nuire à la chose publique. En conséquence, pour prévenir ces abus,

---

inter societatem non habere, ac per hoc jam dictam domum fraternitatis non esse, et platea et in ea domus edificata, absque ullo calumpnie vel contradictionis obstaculo, ad nos revertatur. » — Guérard, *Cartul. de Saint-Père de Chartres*, II⁰ part., liv. II, vi.

par une des lois constitutives de ce petit État, il est réglé que jamais la maîtresse ne sera prise dans le même ménage que le maître (1). Celui-ci, comme son titre l'annonce, a l'inspection générale, et jouit du droit de conseil et de réprimande. Partout il occupe la place d'honneur; s'il marie son fils, la communauté donne une fête à laquelle sont invitées les communes voisines; mais ce fils n'est, comme les autres, qu'un membre de la république, il ne jouit d'aucun privilége particulier, et, quand son père meurt, il ne succède point à sa dignité, à moins qu'on ne l'en trouve digne et qu'il ne mérite d'être élu à son tour.

» Une autre loi fondamentale, observée avec la plus grande rigueur, parce que d'elle dépend la conservation de la société, est celle qui regarde les biens. Jamais, dans aucun cas, ils ne sont partagés : tout reste en masse, personne n'hérite, et, ni par mariage, ni autrement, rien ne se divise. Une Guittard sort-elle de Pinon pour se marier, on lui donne six cents livres en argent, mais elle renonce à tout, et ainsi le patrimoine général subsiste en entier comme auparavant. Il en serait de même pour les garçons, si quelqu'un d'eux allait s'établir ailleurs...

» Tout ce qui leur sert, tout ce qu'ils portent, linge, meubles, habits, chaussures, est fait par eux ou par leurs femmes. Faut-il construire un bâtiment, couvrir un toit, fabriquer des instruments d'agriculture, des tonneaux de vendange, etc., ils n'ont recours à personne. Eux seuls, avec leurs domestiques, remplissent les différents métiers qui leur sont nécessaires (2). En un mot, ils n'emploient aucun ouvrier et n'achètent guère que du fer et du sel.

(1) Il n'est pas sans intérêt de faire observer que la même particularité se rencontre dans les communautés moravites. — Voy. p. 42, *Histoire de l'association agricole et solution pratique*, mémoire couronné par l'Académie de Nantes (1849), par E. Bonnemère.

(2) « Le plus grand nombre de paysans couteliers habite en pleine cam-

» Toutes les fois que leur ouvrage n'exige pas qu'ils soient séparés, ils travaillent ensemble; il y a pour les repas un lieu commun : c'est une grande et vaste cuisine tenue très proprement... On y a pratiqué une niche qui forme, en quelque façon, chapelle, et qui contient un Christ et une Vierge. Là, tous les soirs, après le souper, on fait la prière en commun, mais cette prière n'a lieu que le soir. Le matin, chacun fait la sienne en particulier, parce que la plupart des travaux étant différents, les heures du lever le sont aussi.

» Indépendamment de la propriété du hameau, les Guittard possèdent encore un bois, un jardin, des terres, des vignobles, et beaucoup de châtaigners. Mais, outre que leurs terres sont pauvres et qu'elles ne rapportent que du seigle, les trente-deux bouches qu'ils ont à nourrir consomment toute leur récolte et ne leur permettent pas d'en vendre. D'ailleurs ces cultivateurs, respectables par leurs mœurs et par leur vie laborieuse, font encore dans le lieu de leur séjour des charités immenses. Jamais pauvre ne se présente chez eux sans y être reçu, jamais il n'en sort sans avoir été nourri; on lui donne de la soupe et du pain. S'il veut passer la nuit, il trouve à coucher; il y a même dans la ferme une chambre particulière destinée à cet usage. En hiver, on pousse l'humanité plus loin encore : les pauvres alors sont logés dans le fournil, et, en les nourrissant, on leur procure de plus une sorte de chauffoir qui les garantit du froid.

» Je n'oublierai de ma vie un mot simple que m'a dit, à ce sujet, le maître actuel. Curieux de connaître, jusque dans les plus petits détails, l'établissement qu'il gouverne, j'en par-

pagne; ils y occupent des maisons isolées où, pour jouir d'une plus grande aisance, ils vivent en communauté ou en famille. Chaque maison a son jardin et sa propriété en terres ou en vignes. Quelques-uns de ces coassociés font valoir l'héritage, et ils fournissent ainsi à la petite république son blé et sa boisson. Pendant ce temps, les autres travaillent à la forge; les femmes filent; enfin chacun gagne quelque argent et contribue par son industrie à la chose publique. » — Id., 455.

courais avec lui les bâtiments. En traversant une cour, j'aperçus plusieurs gros chiens qui aussitôt aboyèrent : « Ne crai-
» gnez rien, me dit-il, ils aboient pour m'avertir ; mais ils ne
» sont pas méchants ; nous les élevons à ne pas mordre. —
» Et pourquoi ne mordraient-ils pas ? répondis-je. De là cependant dépend votre sûreté. — C'est que souvent il nous
» vient un mendiant pendant la nuit. Au bruit des chiens,
» nous nous levons pour le recevoir, et nous ne voulons pas
» qu'ils lui fassent du mal ou qu'ils l'empêchent d'en-
» trer (1). »

Voilà l'association agricole réalisée, vivante, prise sur le fait. Qu'y a-t-il donc là qui détruise ou mette en péril la société, la religion, la famille, la propriété, et tout ce qui est et restera éternel et sacré parmi les hommes ? Qu'il nous serait facile de retourner d'où ils viennent ces traits impuissants, et nous transportant dans un de ces villages où règnent et s'épanouissent l'individualisme et le morcellement, de montrer la propriété individuelle et jalouse anéantissant dans le cœur du paysan, devenu insociable, la famille et la société, la religion et la charité (2) !

Ces communautés d'habitants portaient dans leur sein le ver rongeur qui devait les faire périr, et pendant tout le cours du XVIII⁰ siècle l'esprit philosophique combattit, jusqu'au succès, le dogme évangélique de la fraternité, du rapprochement des cœurs et des forces, et l'anéantit à la fin au profit du morcellement et de la liberté individuelle. Cela se comprend : la propriété associée d'alors tenait de trop près à la communauté ; elle en avait conservé trop des principaux ca-

(1) *Voyage en Auvergne*, I, 474-495.
(2) Après cette excursion dans le passé, que dire de M. Thiers, qui, dans un livre destiné à combattre l'association, qu'il ne sait même pas distinguer de la communauté, décide tranchement et développe avec complaisance cette thèse, « que le mode associé est absolument inapplicable à l'atelier agricole! » — *De la propriété* (passim).

ractères, et ce dernier vestige du communisme des premiers jours que leur avaient légué les monastères, devint le germe de leur dissolution. La propriété n'était qu'associée, mais la vie était commune et trop rapprochée. Il fallait demeurer sous le même toit, manger à la même table, coucher même dans la chambre commune (1). On y étouffait donc, faute d'air. Mais le tort en était surtout à la misère, qui ne permettait pas à la maison-hameau de s'élargir et de prodiguer à tous la lumière et l'espace, et, tout en rapprochant les familles pour la production et la consommation, de consacrer les droits de l'isolement en sauvegardant les légitimes besoins de la vie intime. Que n'a-t-elle, en effet, comme le couvent, les galeries couvertes et les longues colonnades du cloître, les vastes salles communes à côté des chambres nombreuses et séparées, les cours spacieuses et les vastes horizons ? Alors nous n'y regretterions plus rien, — que la liberté absente, mais dont l'heure n'était pas venue encore.

Le principe était bon, charitable, évangélique, mais le mode d'application du principe était mauvais, incomplet et oppressif. Aussi cette idée d'association et de communauté se présentait-elle aux grands démolisseurs de cette époque, indissolublement liée à celle de la féodalité religieuse et nobiliaire ; la communauté, pour eux, c'était le couvent ; l'association, c'était ces réunions de serfs que leur travail acharné ne parvenait qu'imparfaitement à affranchir, et qui devaient battre

(1) « Le feu est la marque d'un ménage et famille ès villages, car en chaque famille et communauté, ores qu'ils soient plusieurs mariés, tous n'ont qu'un four, où s'apprête à manger pour tous, auprès duquel tous dînent et soupent, auprès duquel les femmes accouchent de leurs enfants, et n'y a cheminées ni chambres particulières de chaque marié. » — Coquille, sur *Nivernais : Des servitudes et tailles*, art. 13.

Ce n'était pas, cependant, surtout dans les derniers temps, une condition indispensable :

« Si les communs habitent en différentes maisons, pourvu qu'ils vivent en commun, et qu'ils aient même pain et même sel, le partage n'est pas présumé. » — Probet, cité par Chabrol, sur *Cout. d'Auvergne*, III, 516.

l'eau des fossés autour du noble manoir où le maître goûtait les douceurs du sommeil, en chantant à demi-voix :

> Pá, pâ, renote, pâ,
> Veci monseigneur que Dieu gâ (1) !

Ils ne voyaient pas l'immense progrès relatif accompli par ces institutions d'un autre âge, et qui n'eût pu l'être sans elles ; de même qu'aujourd'hui certains novateurs aventureux ne tiennent pas assez compte du prodigieux développement industriel et agricole enfanté par la libre concurrence et le morcellement de la terre. Chaque chose ne peut venir qu'à son heure.

Peut-être aussi fallait-il que la propriété affectât tour à tour toutes les diverses formes qu'elle peut revêtir, afin que l'homme pût choisir, au milieu des ruines du passé, les matériaux éprouvés qui serviront de base à l'édifice de l'avenir.

Pascal a donné la loi du progrès social avec cette sûreté de coup d'œil et cette concision de parole qui sont le propre du génie : « La nature va par progrès, dit-il : *itus et reditus*. Elle passe et revient, puis va plus loin ; puis deux fois moins, puis plus que jamais. » Quand, en 1789, le soleil de juillet marqua enfin l'heure de la liberté, les liens qui retenaient les serfs dans l'organisation étroite de la communauté agricole pesèrent trop lourds sur leurs épaules, ils les rejetèrent, et l'on comprend combien la propriété divisée, morcelée, par-

---

(1)   Paix, paix, grenouilles, paix,
      Voici Monseigneur que Dieu garde !

J'ai dit que j'oubliais un grand nombre des vexations imposées par les seigneurs à leurs sujets. Celle-ci, cependant, est une de celles auxquelles on fait le plus souvent allusion. Voici l'art. 18 de la *Coutume de Drucat* :

« Item, et a ledit droit que, quant il couche et pernote en son chastiau du dit lieu, tous les subgietz du dit lieu de Drucat sont tenus batre l'ieaue, estans auprez du dit chastiau, pour empeschier que les raines ou grenoulles ne lui faicent noise, sur peine et amende à chacun subgiet. » — Bouthors, I, 484.

Voy. aussi *Congrès scientifique de Douay* (1836), p. 568.

ticulière, dut séduire ces affranchis d'hier que la nécessité avait fait associés. Peut-être fallait-il, morcelant le sol et élargissant la demeure commune, laisser la culture associée et combiner les avantages des deux systèmes contraires en évitant leurs écueils. La vérité est rarement dans les extrêmes. Du premier coup, on se jeta dans l'excès opposé à celui d'où l'on sortait. On signale aujourd'hui les périls nombreux de cet émiettement indéfini du sol et de la culture, et tout naturellement quelques rêveurs n'y voient de remède que dans la communauté. Prenons donc notre parti de ces réactions contraires, et, abandonnant à leurs regrets ces navigateurs en amont, comme les appelle Chateaubriand, toujours submergés dans leur lutte insensée (1), laissons dériver vers l'avenir notre esquif qu'entraîne le courant des jours. L'humanité, dans sa marche lente et majestueuse à travers les siècles, s'avance toujours éclairée par cette colonne mystérieuse qui guidait au milieu du désert le peuple des Hébreux. La lumière est pour ceux qui vont en avant, et derrière il n'y a que ténèbres et précipices.

(1) Chateaubriand, *Études historiques.*

LIVRE SIXIÈME.

XIXe SIÈCLE.

CHAPITRE PREMIER.

Le paysan propriétaire.

> « Je me demande quand on songera enfin au pauvre paysan qui, dans la Corrèze ou les Cévennes, se nourrit de pommes de terre ou de châtaignes. »
> THIERS, *De la propriété*, liv. III, ch. VIII.

Un homme d'un grand et poétique talent, M. Michelet, dans son livre du *Peuple*, a décrit, avec une entraînante magie de style, l'amour du paysan pour la terre. Amour, en effet, amour irréfléchi et fatal, qui fait souffrir et qui tue!... Oui, le paysan est amoureux de la terre; oui, c'est sa maîtresse, son idole, sa divinité. Divinité terrible, implacable, à laquelle il sacrifie parents, femme, enfants, et lui-même; idole qu'il ne sait ni servir ni prier; décevante maîtresse, qu'il abandonne enfin (1), parce qu'il ne sait pas l'aimer, et qu'elle le trompe.

Blâmer le morcellement agricole, c'est chose hardie, je le sais. *Incedo per ignes!*... C'est toucher aux colonnes du temple, et je n'ai pas, pour les ébranler, les bras de Samson.

---

(1) On commence à s'inquiéter de cette désertion des campagnes. **En 1846**, l'Académie de Nantes mit au concours cette question : *Des causes de l'émigration des campagnes vers les villes et des moyens de l'arrêter*. Quarante-neuf mémoires furent déposés au secrétariat de cette société savante. Le mémoire couronné (médaille d'or de 250 francs) a été publié sous ce titre : *Les paysans au XIXe siècle*, par E. Bonnemère, propriétaire.

Académie de Besançon, 1855 : *Rechercher les causes de l'émigration des campagnes vers les grands centres de population; en exposer les conséquences au*

Jugeons cependant le système à ses résultats, et, après nous être transportés par la pensée au sein de l'une de ces fraternités que Guy Coquille et Legrand d'Aussy nous ont décrites, si heureuses, si chrétiennes, si bien selon l'esprit du Christ, contemplons en regard un de ces villages de nos jours, où le morcellement agricole a porté tous ses fruits et éparpillé les lambeaux du sol entre les mains avides du laboureur. Comparons, et voyons où est la charité, où est l'amour, où est Dieu.

Tout est changé, et il semble que l'on soit en présence d'une autre race d'hommes. La terre n'est plus la reine imposante, la divine Cérès qui règne sur tous, nourrit et protége indifféremment tous les sujets de son empire immense ; c'est la prostituée qui se livre à qui l'achète et qui répand partout la misère, la débauche et les plaies honteuses. Le paysan est libre, sans doute, car il n'appelle plus personne du nom de maître ; mais aussi, plus de fraternité, plus de familles nombreuses et unies comme un seul homme, plus de couvées d'enfants que surveille l'aïeul.

A la mort du père, il s'agit de diviser tous ces champs morcelés. Rude tâche ! Les divers morceaux n'ont pas la même qualité, ne sont pas en même culture ; les assolements sont inconciliables. Que faire ? Diviser chaque champ en deux, trois, quatre morceaux ; faire enfin ce qu'on appelle un partage de paysan : émietter le sol, le faire tomber en poussière, rendre toute culture impossible.

Et chacun s'entourera de haies, de fossés, de murs, et se

---

point de vue de la morale, de l'hygiène et de la fortune publique ; faire connaître les moyens de la maintenir dans les limites compatibles avec la raison, la prospérité du pays et les intérêts bien entendus des habitants des campagnes. Ce concours m'a valu une seconde médaille d'or de 200 francs.

Académie des sciences morales et politiques, 1856 : *Déterminer les causes auxquelles sont dues les grandes agglomérations de population. Expliquer les effets qui s'ensuivent sur le sort des différentes classes de la société, et sur le développement de l'industrie agricole, manufacturière et commerciale.*

bornera, et s'isolera, prêt à faire un procès à son frère, à le tuer, peut-être (1), si le champ de son frère empiète sur le sien. — Qui terre a, guerre a, — dit le proverbe. Vous avez cent voisins, qui tous vous volent ou se croient volés par vous. A les entendre, pas un d'eux dont le champ ne diminue visiblement d'année en année. Il semble que la terre se racornit et va disparaître.

Prenez garde!... Là, à vos pieds, cette pierre que vous heurtez, qui affleure le sol, c'est une *borne*. C'est le désespoir du juge de paix, la fortune de l'huissier, de l'avocat, de l'avoué. Sur cette pierre, Thémis, la fausse déesse, a bâti les fondements de son temple.

Respectez-la, cette pierre! Car voyez à côté cet homme seul, isolé, courbé et brisé vers la terre, qui, lorsque vous passez, s'arrête un instant au milieu de son rude labeur, et, appuyé sur sa bêche, — la bêche de Caïn, — vous regarde d'un air haineux et défiant. Si cette pierre, sacrée comme l'arche, n'était pas solidement établie sur ses *témoins* (2), si votre pied imprudent la faisait incliner à droite ou à gauche, il y aurait là matière à procès, avec accompagnement d'ex-

---

(1) J'ai vu, dans le canton que j'habite, un homme assassiner son frère avec préméditation et guet-apens, parce qu'il se prétendait lésé dans le partage de la succession paternelle. Il fut établi aux débats que la lésion, si elle avait lieu, ne pouvait être évaluée au delà de 1 franc 50 centimes. L'assassin fut exécuté à Angers. De pareils crimes étaient-ils possibles dans la communauté agricole d'autrefois?... Ce qui n'empêchera pas que l'on répétera longtemps encore que l'association détruit la société, la famille et la propriété.

« Malherbe avait un frère aîné avec lequel il a toujours été en procès; et comme quelqu'un lui disait : — « Des procès entre personnes si proches?... Jésus! que cela est de mauvais exemple ! — Eh! avec qui voulez-vous donc que j'en aie? avec les Turcs et les Moscovites? *Je n'ai rien à partager avec eux!* » — Tallemant des Réaux, *Historiettes*, I, 255.

(2) On appelle *témoins* les fragments d'un caillou brisé que l'on enterre au pied de la borne en la plantant. J'en ai une fois planté onze dans une seule matinée, et j'ai à peu près renoncé à me promener sur mes propriétés, pour me soustraire aux récriminations de mes voisins et de mes fermiers.

pertise, de descente de lieux, que sais-je, moi? toutes choses qui vous coûteraient dix fois, vingt fois, cent fois la valeur du fonds déplacé!

Plus de repos, plus d'aisance! car, frappé d'une maladie que j'appellerai *la maladie de la terre*, chacun se prive, prive sa femme et ses enfants, travaille à en perdre repos et repas, entasse stérilement écu sur écu, et n'a pas plutôt amassé une chétive somme, qu'il achète quelque lopin du sol de son voisin que l'usure a ruiné. Il n'a que cent francs, le morceau en coûte trois cents; il faudrait attendre, mais les occasions n'attendent pas. Et puis, ce morceau-là le joint, l'arrondit. Voilà dix ans qu'il le couve des yeux. Comment faire? Emprunter. Il a recours au notaire, à l'usurier. La terre, au bout d'une année d'un travail obstiné, rapporte cinq ou six du cent. L'argent emprunté emporte sans peine le double, et quelquefois plus. On lutte, on paie mal, on souffre, on s'aigrit, on s'irrite, on hait.

Que j'en connais, de ces propriétaires-là, qui sont inscrits au bureau de bienfaisance de leur commune!

Le paysan a sa terre à lui, bien à lui seul, comme il la désire; mais, pareil au savetier de la Fontaine, il y a enterré sa joie et sa vie. Cette maison, qu'il possède seul et sans partage, il faut aussi l'élever seul, sans aide, et à ses frais. Ces rudes travaux des champs, il ne les exécute plus en réunions nombreuses, et joyeuses par suite, et, lorsqu'il rentre au logis après son pénible labeur, l'isolement, l'oisiveté, l'ennui y entrent en même temps et pèsent sur lui de tout leur poids.

M. Mathieu de Dombasle disait avec raison qu'il n'y avait plus de culture possible, quand le sol était payé au delà d'un certain prix, qu'il fixait entre mille et deux mille francs l'hectare. Ce qui n'empêche pas que je voie chaque jour autour de moi des paysans acheter, non pas des hectares, — car si leur appétit convoite ces gros morceaux, leur bourse ne leur permet pas d'y mordre, — mais des boisselées (1), qu'ils paient jusqu'à quatre cents francs, ce qui porte l'hectare à six mille, trois fois le maximum fixé par le célèbre agronome. Ces mêmes terres, aux mains d'un bourgeois, d'un homme qui n'en tire de profit qu'en les louant, s'afferment entre quarante et soixante francs l'hectare, si bien qu'il place son argent à un peu moins de un pour cent. Je n'ignore pas qu'elles rapportent bien davantage au paysan qui les cultive lui-même. Toujours est-il qu'il s'exténuera à retourner des champs qui, au bout de l'année, lui auront rapporté à peu près la moitié de ce que la même somme, placée avantageusement dans l'industrie, lui eût donné, lui se croisant les bras, ou plutôt travaillant à gagner d'un autre côté. Mais le paysan ne connaît rien, que la terre ; la caisse d'épargne même dépasse les limites de ses connaissances, et d'ailleurs, elle n'existe que dans les villes (2). Quant à ceux qui savent le parti que l'on peut tirer de son argent, ils vendent, desertent la campagne et gagnent la ville.

Que va-t-il résulter de là dans un temps donné? Il est désormais de toute impossibilité à un riche propriétaire de lutter contre le paysan pour acheter au détail des terres destinées à être affermées. Le paysan, ne sachant que labourer, compte son travail pour rien ; il a donc sur son concurrent un avantage, une prime équivalant à toute la valeur du travail même ; de telle sorte que si le revenu brut est de dix pour cent, et que le prix de culture soit représenté par cinq, il peut payer le sol une fois plus cher que ne peut le faire le bourgeois. D'un autre côté, mille circonstances mettent celui-

(1) Quinzième d'hectare (6 ares 59 centiares), quantité de terre qu'un boisseau de grain suffit à ensemencer.

(2) « Quant aux agriculteurs, ils ignorent encore, pour la plupart, l'existence des caisses d'épargnes, ou bien ils se refusent à y porter leur argent ; ils préfèrent le tenir caché, l'enfouir, le garder improductif, ou bien en acquérir, à *un prix exorbitant*, un coin de terre ou une masure. » — Villermé, *Tableau de l'état physique et moral des ouvriers*, **II, 170.**

ci dans la nécessité de vendre, et dans ce cas, il s'empresse de le faire en détail, ce mode étant pour lui au moins une fois plus avantageux. La bourgeoisie, que déjà le paysan regarde bien de travers, va être peu à peu, mais sûrement et par la force des choses, éliminée de la possession du sol, elle va être reléguée dans les villes, qui, d'ailleurs, lui offrent pour ses capitaux des placements bien plus avantageux, et desquels l'impôt se détourne avec complaisance : il y aura deux races distinctes et qui ne se connaîtront plus, celle des bourgeois et celle des paysans ; et il y aura deux Frances différentes et hostiles, la France des villes et la France des campagnes.

La terre aux mains du paysan, c'est la vie même des sociétés livrée à la merci de l'impuissance, de la pauvreté, de l'ignorance la plus têtue et la plus persévérante (1); c'est toute amélioration, tout progrès rendus impossibles. « Pauvre agriculteur, pauvre agriculture, » disent les maîtres de la science. Quelle agriculture fera-t-il, cet incurable routinier aheurté aux anciennes méthodes, cet homme éternellement pauvre qui achète la terre trois fois ce qu'elle vaut, que l'usurier tient, comme l'araignée dans sa toile, et dont il dévore le sang? En vain vous fonderez le crédit agricole, le crédit foncier, le crédit immobilier, et tous les crédits qu'il vous plaira d'imaginer. Il s'écoulera longtemps avant que le campagnard entende parler de tout cela, et s'il emprunte, n'espérez pas que ce soit pour acheter des fumiers, pour échanger ses vieux instruments contre des instruments perfectionnés, pour couvrir son domaine de bétail : il empruntera pour

---

(1) « Chez nos paysans, ce sont mêmes cultures, mêmes procédés et mêmes instruments qu'au siècle dernier; l'agriculture n'y a pas fait un pas... La manière dont un grand nombre d'entre eux aménagent ou cultivent leurs terres pourrait faire douter de leur intelligence. » — Rouvellat de Cussac, *Mém. sur la situation des paysannes dans les départements de l'Aveyron et du Tarn en 1853*, p. 4.

acheter de la terre, c'est-à-dire pour se ruiner encore davantage, et ce que l'on aura fait dans son intérêt tournera encore contre lui.

Que l'on ne se méprenne pas à ma pensée ; je ne critique pas le présent au profit du passé. Refuser au producteur le droit de propriété sur l'agent de production, sur la terre, ce serait injuste et barbare. Retourner aux grandes propriétés féodales, ce serait ramener la vassalité, ce serait rétrograder d'un siècle en arrière. Le morcellement agricole a été un progrès immense, en imprimant au travail une impulsion prodigieuse ; mais ce n'est qu'un progrès relatif, une transition. Il engendre trop de maux, il est environné de trop de périls, pour que l'on puisse voir en lui la vérité absolue et le dernier mot de l'avenir.

La réalisation complète, radicale, du morcellement ne serait pas autre chose que la loi agraire, laquelle est insoutenable en bonne logique. Un principe qui n'est bon qu'à la condition de ne pouvoir se réaliser et dont le plein développement aboutit à l'impuissance et à l'absurde, n'est-il pas un principe jugé ? Encourageons donc l'accession de tous à la propriété, c'est la meilleure, c'est la seule garantie de l'ordre et de la stabilité ; mais à la condition que des paysans nous ferons des hommes, et que nous défricherons ces intelligences attardées ; mais à la condition que le mode d'exercice de la propriété sera perfectionné, qu'on lui appliquera les bienfaits de la grande culture, et qu'enfin les intérêts, au lieu d'être divisés, seront harmonisés par la formule supérieure du moyen âge, par l'association.

Les bras manquent à l'agriculture, l'agriculture est improductive, répète-t-on de tous côtés. Mais aussi ne semble-t-on pas s'être posé pour problème de la traiter de la façon la plus dispendieuse, la moins lucrative, la plus laborieuse ? Je vois souvent, à l'automne, un père et son fils, fort garçon de seize à dix-sept ans, s'atteler, l'un devant, qui tire, l'autre derrière, qui pousse, à une brouette chargée de fumier. Il faut la hisser péniblement hors de la cave rapide où sont les étables, et la rouler vers quelques miettes de sol, éparses à des kilomètres les unes des autres. Il est à parier que la récolte se fait par un procédé analogue. C'est à faire pâmer d'aise un admirateur du morcellement agricole et de la petite propriété ; mais aussi, c'est grâce à des faits de ce genre qu'en France près des deux tiers de la population sont absorbés par le travail de la terre, qui, en Angleterre, en occupe seulement le quart.

Une bien plus grande masse de travail pourrait être faite en n'employant qu'un moins grand nombre de bras, si l'agriculteur, comme l'industriel proprement dit, appelait la division du travail, et surtout les machines à son secours ; non pas tant celles déjà inventées que celles que l'on inventera aussitôt qu'on le voudra bien et qu'on pourra les utiliser. Elles devraient faucher fourrages et céréales, défricher les landes, couper, scier et fendre le bois, labourer et semer, battre et vanner le blé, remuer et voiturer en grandes masses les engrais. Mais une machine coûte cher et ne peut opérer qu'en grand, et le morcellement est pauvre et petit. Il a ceci de particulier, que non-seulement il est funeste par lui-même et réserve sa plus grande puissance de fécondité pour la moisson désastreuse des haines et des procès (1), mais encore qu'il s'oppose victorieusement à toute espèce de progrès sérieux, et rend inutiles les plus précieuses découvertes de la science moderne. Irez-vous prêcher au villageois l'élève des races perfectionnées, quand le partage des communs, quand la division des champs rendent les prairies impossibles ? Comment utiliserait-il les machines sur un sol dépecé déjà en douze millions de parcelles, dont près de la moitié sont cotées au-

---

(1) « Il y a bien moins de procès pour les biens mobiliers que pour les terres. » — J.-B. Say, *Traité d'économie politique*, II, 166.

dessous de cinq francs (1) ; qui supprime l'élève du bétail, qui se refuse à l'emploi même de la bête de somme, et fait rétrograder l'agriculture de la charrue à la bêche ? Qu'est-ce que le paysan, qui parfois ne récolte pas cent décalitres de chaque espèce de céréales, ferait d'une machine capable d'en battre deux ou trois mille dans sa journée ?

Ce n'est pas d'aujourd'hui seulement que l'on voit les dangers de l'émiettement indéfini du sol, car il n'est pas un fait nouveau, et dans son voyage en France, Arthur Young s'étonnait, en 1785, de trouver la terre de notre patrie tellement divisée. Le gouvernement de la restauration prit texte de ce péril pour faire adopter par la chambre des pairs, en 1826, la fameuse loi du droit d'aînesse, et M. de Peyronnet, garde des sceaux, lut à la tribune ces lignes de Malthus :

« On fait maintenant en France une effrayante épreuve des effets que peut produire l'extrême division des propriétés. La loi de succession, dans ce pays, partage également les biens de toute nature entre les enfants d'un même père, sans distinction de sexe et sans droit de primogéniture, et n'en rend qu'une faible portion susceptible d'être léguée par testament... Si cette loi continue à régler, dans ce royaume, la transmission des héritages, et si l'on n'imagine aucun moyen de l'éluder, il y a tout lieu de croire que le pays soumis à ces habitudes sera, au bout d'un siècle, aussi remarquable par son extrême indigence que par l'extrême égalité des propriétés. Il n'y aura plus guère d'autres personnes riches que celles qui recevront un salaire du gouvernement. Dans cet état de choses, ne pouvant compter sur l'influence naturelle de la propriété pour arrêter tout à la fois le pouvoir et la couronne, et la violence du peuple, il est impossible de croire qu'un gouvernement mixte, tel que celui qui vient d'être établi

---

(1) « Dans l'Aube, la Marne et la Haute-Marne, les parcelles sont en moyenne de 10 ares. » — L. de **Lavergne**, *Économie rurale de la France*.

en France, parvienne à se maintenir... Un pays soumis à la législation que nous venons de décrire, semble être la patrie naturelle du despotisme militaire. »

Une fois qu'il possède quelque champ, le paysan a sa vanité de propriétaire et dédaigne de travailler pour autrui. Sans désirs, sans besoins intellectuels à satisfaire, toute son ambition est de trouver de quoi vivre dans les fruits de sa propriété, et de ne rien faire au delà. Lorsque le poids des ans et le long usage de la bêche ont donné à son corps ce pli de la terre que l'on remarque chez certains vieillards qui marchent l'épine dorsale parallèle au sol qu'ils ont si longtemps fouillé, et plus semblables à l'animal qu'à la créature faite à l'image de Dieu, il est dans l'habitude de faire démission de ses biens à ses enfants, comptant sur leur affection pour rendre à sa vieillesse les soins qu'il a prodigués à leur enfance.

Alors il arrive presque toujours une de ces deux choses :

Ou bien le père, spéculant sur l'appétit de ses fils et de ses gendres pour la terre, leur fait acheter cette cession à un prix excessif, exige d'eux en retour plus que le bien ne rapporte, et ne fait en réalité qu'un placement à rente viagère. Dans ce cas, il vit heureux et meurt plein de jours au milieu de l'impatience de ses enfants, ruinés par cette propriété onéreuse qu'ils ont commis la faute d'accepter, de convoiter, peut-être.

Ou bien il fait libéralement les choses, et se démet purement et simplement, à la seule condition qu'il ira passer tour à tour les divers mois de l'année chez ses enfants, où ne l'attend point, hélas! l'affection qui lui fut promise avant qu'il se dépouillât pour eux. Alors se joue sous le chaume le drame lamentable du roi Lear, mais du roi Lear sans Kent et Cordelia. Abreuvé de dégoûts, à charge à tous et à lui-même, et partout étranger chez ses enfants, il promène de chaumière en chaumière l'ennui de ses derniers jours. Il meurt enfin, sans rien regretter ici-bas et sans que rien l'y regrette, et va rendre son corps épuisé à cette terre qu'il a tant aimée. Seulement, qu'il se hâte, car la cupidité est là, qui arme dans l'ombre le bras du parricide (1).

« *Il n'est, pour se haïr, que d'être un peu parents,* » a dit un poëte. C'est surtout au village que ce vers est profondément vrai. C'est aussi l'humble cimetière du village qui voit ces inhumations précipitées dont les conséquences frappent l'imagination de terreur ; c'est sous le toit de chaume que la léthargie est appelée du nom de mort, « parce que, suivant la remarque de M. Dupin, on n'a pas toujours deux chambres, et l'on est très pressé de succéder (2). »

Dans les villes, l'ouvrier qui a donné à ses enfants son art pour héritage, leur a laissé un bien qui s'est multiplié à proportion de leur nombre. En est-il de même du malheureux cultivateur qui, au bout d'une longue existence de travail, a pu acheter un hectare de terrain dont il vivait à force de privations (3), et qui, à sa mort, en divise les lambeaux entre

(1) Le parricide, chose effroyable! est devenu relativement commun dans les campagnes. En Maine-et-Loire, un paysan nommé Guyomard assassine sa belle-mère, qui avait fait démission de biens, et à laquelle il payait chaque année 20 francs et 12 boisseaux de seigle. — *Constitutionnel* du 16 février 1855.

« Un crime, heureusement fort rare, a été commis cette semaine dans la commune de Gensac (arrondissement de Libourne). Un homme de soixante ans a assassiné sa mère, pauvre vieille femme âgée de quatre-vingts ans, en la frappant de deux coups de couteau à la gorge. On dit que le meurtrier a voulu, par ce crime, se libérer d'une pension viagère qu'il faisait à sa victime. » — *Presse* du 22 mars 1855.

Dans une commune du canton de la Ferté-sous-Jouarre (Seine-et-Marne), un cultivateur assassine son beau-père, âgé de soixante-dix-neuf ans, auquel il payait une pension viagère de 800 francs. — *Presse* du 29 juillet 1855.

Dans le même département, un cultivateur du canton de Nemours qui avait donné son bien à ses enfants, est assassiné par ses deux gendres et une de ses filles. — *Débats* du 31 octobre 1855.

Le 27 février 1856, un paysan, Pierre Besson, assassine son père pour quelques dispositions testamentaires qui favorisaient un frère cadet. — *Estafette* du 1ᵉʳ juin 1856.

(2) *Dictionn. de la conversation*, art. INHUMATIONS.

(3) L'optimiste M. Thiers lui-même confesse qu'un hectare de terrain, deux

quatre ou cinq enfants ? Il est évident, au contraire, que sa famille s'est appauvrie dans la même proportion où s'enrichissait celle de l'ouvrier : le père était propriétaire, les fils seront fermiers, s'ils peuvent, ou même simples journaliers.

CHAPITRE II.

Le paysan fermier.

> « Je l'avouerai, François, que la question de travail me préoccupe cent fois plus que la forme politique du gouvernement. »
> Vte DE CORMENIN, *Entretiens de village*, 170.

> « En considérant les besoins de la multitude, les limites de ses ressources, et le joug sévère imposé par les lois de la propriété, on pourrait dire que la bienfaisance est la justice des lois. »
> NECKER, III, 221.

« Dans la société actuelle, *ordonnée par la nature*, non par les faux savants, le fermier se présente au propriétaire, et traite *librement* avec lui. » (*De la propriété*, 111.)

Ainsi parle M. Thiers, avec ce ton dogmatique et cassant qui lui est propre. La Bruyère n'est pas de son avis sur le caractère providentiel et divin d'un ordre social qui met « l'autorité, les plaisirs et l'oisiveté d'un côté, la dépendance, les soins et les soucis de l'autre ; ou ces choses sont déplacées par la malice des hommes, dit-il, ou Dieu n'est pas Dieu. » (*Des esprits forts.*)

Les économistes ne sont pas de son avis non plus sur la prétendue liberté du travailleur traitant avec le détenteur de l'instrument du travail, du fermier en face du propriétaire :

---

ou trois cents francs de revenus, tel est le fruit d'une laborieuse existence de paysan tout entière : « Voilà, dit-il, un malheureux paysan qui, en travaillant toute sa vie, a acquis un hectare de terrain, lequel, à force de soins, lui rend deux, trois cents francs, dont il vit à la fin de ses jours. C'est la propriété pauvre et la plus répandue, peut-être. » — *De la propriété*, liv. IV, 308.

« Dans un pays vaste et peuplé, dit Necker, les habitants qui n'ont dans leur partage que cette ressource incertaine du travail de leurs bras, sont en si grand nombre, chacun en particulier se trouve tellement commandé par les besoins pressants de la vie, que les possesseurs des fruits de la terre sont parvenus facilement à ne donner pour prix d'un travail grossier que le plus étroit nécessaire. » (III, 160.)

« Les salaires des hommes qui vivent d'un travail grossier sont tellement compassés, qu'il leur faudrait un effort continuel pour se soumettre à la nature des privations qu'exigerait la préparation journalière d'une épargne de quelque valeur. La société, qui abandonne cette classe d'hommes aux lois impérieuses des propriétaires, ne peut légitimement s'affranchir de toute compassion envers elle, dans les moments où l'âge et les maladies les privent du plus étroit nécessaire. » (Id., 192.)

J.-B. Say est plus explicite encore, et sans doute l'auteur du livre *De la propriété* ne récusera pas son autorité et sa compétence :

« Les propriétaires terriens exercent une espèce de monopole envers les fermiers... Dans chaque canton, la quantité de biens à louer ne peut aller au delà de ceux qui s'y trouvent, tandis que le nombre des gens disposés à prendre une terre à bail n'est point nécessairement limité. Dès lors, le marché qui se conclut entre le propriétaire et le fermier est toujours aussi avantageux qu'il peut l'être pour le premier ; et s'il y avait un terrain dont le fermier tirât plus que l'intérêt de son capital, ce terrain trouverait un enchérisseur. » (II, 170.)

Non, il n'y a ni parité, ni égalité, ni liberté, entre le fermier et son maître. Qu'à force de travail et d'intelligence, un fermier améliore les terres confiées à ses soins ; le maître, au renouvellement du bail, augmente le prix de ferme, et le **capital oisif bénéficie à discrétion des mérites du travail et** des déboursés du fermier (1). Très souvent même, en signant le nouveau bail, il exigera un *pot-de-vin*, coutume déloyale et inepte en même temps : déloyale, parce qu'elle retire au fermier une partie des bénéfices qu'il a dû regarder comme lui étant légitimement acquis durant le bail expiré ; inepte, parce qu'elle le prive des ressources dont il a besoin, et le met dans l'impossibilité de faire à la terre les avances qu'elle lui rendrait en fécondité. Si celui-ci résiste, le maître a le droit de le renvoyer, et rien ne garantit au fermier évincé qu'il trouvera un champ voisin où exercer son industrie, en demandant au travail sa vie et celle des siens. Car le capital a des droits, le travail n'en a pas encore. Le travail du paysan a pour effet de faire monter le fermage de la terre, et la concurrence aveugle et folle le fait monter indéfiniment, au delà du prix de rendement. Nul frein légal ne s'oppose encore aux exigences usuraires des propriétaires. Le cultivateur peut refuser, sans nul doute. Mais le propriétaire trouvera toujours des salariés à employer, tandis que le paysan qui ne possède pas, ne peut vivre qu'à la condition de travailler sur le bien d'autrui ; et quand derrière lui il y a des femmes, des enfants qui crient la faim, il accepte le travail à tout prix, même le travail ruineux. Ce ne sont point là de vaines paroles, c'est déjà l'histoire de l'Irlande, ce sera peut-être la nôtre demain. Voici, en effet, ce que je lis dans le *Voyage en Irlande*, par H.-D. Inglis :

« Les fermages, dans le comté de Wicklow, sont presque partout supérieurs à ce que la terre peut rendre, et les petits fermiers ont autant de peine que les journaliers à gagner assez de subsistance pour ne pas mourir de faim. Parmi les protestants, comme parmi les catholiques, la cherté du loyer

---

(1) « Le fermier lui-même peut améliorer le fonds à ses frais : mais c'est un capital dont il ne tire les intérêts que pendant la durée de son bail, et qui, à l'expiration de ce bail, ne pouvant être emporté, demeure au propriétaire. » — J.-B. Say, II, 172.

des terres était un sujet de plaintes universel, et les uns comme les autres vivaient dans l'état le plus misérable. Quand on leur demandait pourquoi donc ils s'étaient engagés eux-mêmes à payer un fermage qu'ils savaient trop élevé, ils répondaient tous également : « Comment aurions-nous pu » vivre autrement? Que pourrions-nous faire? » En Irlande, en effet, la compétition pour les terres n'est autre chose que la folle enchère de gens réduits à l'extrémité !...

« La première cabine où j'entrai était construite en gâchis ; elle ne contenait qu'une seule pièce : on n'y était à l'abri ni du vent ni de la pluie ; le sol y était fort humide. J'y trouvai une femme avec ses quatre enfants. Leurs meubles consistaient en deux petits bois de lit sans garniture, un escabeau, un petit banc et un pot. Les enfants étaient en guenilles, et leur mère s'affligeait pour cette raison de ne pouvoir les envoyer à l'école. Le père était un journalier engagé à 6 pence (65 cent.) par jour ; mais il payait en travail quatre-vingts de ces journées pour le loyer actuel de sa cabine, en sorte qu'il ne lui restait que 4 pence 1/2 (45 cent.) par jour, pour se maintenir avec sa femme et ses quatre enfants, en vivant de pommes de terre qui lui coûtaient 4 pence la mesure de 14 livres.

» Il n'y a pas possibilité de vivre pour les fermiers en payant des rentes aussi élevées ; plusieurs d'entre eux convinrent avec moi qu'ils ne pourraient jamais payer leurs arrérages, et qu'ils n'avaient accepté de pareilles conditions que parce que la faim les pressait. Telle est la conséquence universelle de la location des terres à l'enchère...

» Cette terre avait été, pendant quatre générations, dans la famille de ce fermier. Son arrière-grand-père payait de fermage 6 schellings par acre ; son grand-père, 10 ; son père, 20 ; et lui, 40 !... »

« Une terre, dit encore M. Thiers, qui, en 1789, valait 200,000 francs, en vaut 500 aujourd'hui, et souvent 600. Cette même terre, qui rapportait peut-être 7 à 8,000 francs au propriétaire, lui en rapporte aujourd'hui 12 à 15, suivant les améliorations que le sol a reçues. Elle rapportait par conséquent 3 1/2 et 4 pour 100, et elle rapporte aujourd'hui 2 1/2 tout au plus. A la suite de ce changement, s'en est opéré un autre : la journée de l'ouvrier, dans les pays où elle était de 20 sols, est de 30 et 35 aujourd'hui. »

Donc :

« A mesure que la richesse, ou naturelle, ou acquise, est plus grande, ce n'est pas le riche qui est plus riche, c'est le pauvre qui est moins pauvre. » (120, 121.)

Eh quoi ! le propriétaire qui, possesseur d'une terre de 200,000 francs, se fût, nouvel Épiménide, endormi en 1789 pour se réveiller en 1850, quand son même immeuble en vaut 600,000. cet homme-là serait moins riche, et le bien ne lui fût pas venu en dormant? Eh quoi ! le fermier qui payait 7 à 8,000 francs, et qui, n'ayant jamais donné repos ni trêve à son corps, et n'ayant jamais cessé d'améliorer la terre du maître, en paie 12 à 15, se trouve par cela moins pauvre? Eh quoi ! l'ouvrier qui gagnait 20 sols et qui en gagne de 30 à 35, — moyenne fausse et exagérée, d'ailleurs (1), — s'est proportionnellement plus enrichi que celui qui avait 200,000 francs, et qui se trouve en avoir 600,000? Que m'importe que le taux de la rente ait fléchi, qu'il fût jadis à 3 1/2 ou 4, et qu'il ne soit plus aujourd'hui qu'à 2 1/2? A qui ferez-vous croire qu'une propriété de 600,000 francs rapportant 15,000 francs, ne vaut pas plus qu'une de 200,000 qui en rapporte 8,000 ?

Pourquoi n'avoir pas le courage de reconnaître que le capital foncier oisif a triplé par le fait seul du temps, et que le travail a appauvri le paysan, le temps aidant, de moitié? Vainement dira-t-on que les denrées ont augmenté de prix dans la même proportion. C'est fort bien pour le propriétaire,

---

(1) M. de Gérando évalue les salaires ordinaires en France de 70 centimes à 1 franc 70 centimes. — *De la bienfaisance publique*, I, 42, 43.

lorsqu'il est payé en nature, et qui, les vendant fort cher, fait, dans les mauvaises années, d'excellentes affaires au milieu de la disette des classes productives ; c'est fort bien encore pour les pays de grande culture et de gros fermage. Mais pour le métayer, qui consomme ce qu'il produit et n'a rien à vendre, le bénéfice du renchérissement des denrées se résout en cet avantage d'acheter plus cher les objets de consommation qu'il ne produit pas.

Le monde officiel, dans les sciences comme dans les arts, semble s'être donné trop souvent pour mission d'entraver le progrès et de retenir la société dans l'ornière vénérée de la routine. Les sociétés savantes, l'Institut lui-même, ne brillent pas par la hardiesse de leurs décisions, et il faut qu'un auteur ait deux et trois fois raison pour obtenir une couronne académique. Ce qu'elles approuvent doit donc être considéré comme parfaitement canonique, et n'a nulle chance d'être vicié par l'esprit nouveau. En 1838, l'Institut couronna un livre d'Éd. Laboulaye publié sous ce titre : *Histoire de la propriété au moyen âge*. Dans ce livre, je trouve cette phrase à l'adresse des paysans (p. 355) :

« Sur cette terre fécondée par vos sueurs, sur ce sol que vous avez bâti, que vous avez planté, vous avez *un droit* que chaque année rend plus sacré, le droit du travail, origine de la propriété même (1). »

Oui, voilà le droit, voilà la justice, le droit du travail est sacré au même titre que le droit de propriété. Mais à côté du droit il y a le fait, à côté de la fiction il y a la réalité. Or le fait est que toute amélioration qu'éprouve le sol, soit par suite du travail ou des avances du fermier, soit par suite de circonstances éventuelles (2), se résout inévitablement en une

---

(1) « Il est plus d'un pays en France où le cultivateur a sur la terre un droit qui, certes, est le premier de tous : celui de l'avoir faite. » — Michelet, *Le peuple*, 10.

(2) « L'ouverture d'un canal, d'un chemin, les progrès de la population et

augmentation de fermage à chaque renouvellement de bail. J'en veux donner une preuve flagrante et que l'on ne me contestera pas.

J'achetai, en 1849, une métairie d'une contenance de 42 hectares, qui me revint, acte en main, à 63,000 francs. Elle était alors affermée 900 francs, et, en 1830, elle ne l'était que 700 francs. Je portai, au renouvellement du bail, le fermage à 2,000 francs, et, comme les anciens fermiers restèrent à ces conditions, j'estime que je ne plaçai point mes capitaux à un taux usuraire. Ce domaine, affermé 700 francs en 1830, représentait alors un capital de 22,000 francs, et voici ce qui avait eu lieu. En vingt années de temps, des routes avaient été percées dans une contrée qui n'en avait jamais eu, les métayers avaient défriché des terres qui n'avaient jamais produit jusque-là que des genets, et le propriétaire se trouvait possesseur de 60,000 francs là où il n'en possédait que 22,000, tandis que le paysan payait 2,000 francs là où il n'en payait que 700. Le propriétaire vivait oisif à la ville, le paysan suait toutes les gouttes d'eau de son corps.

Franchement, si c'est la nature qui a ordonné tout cela, comme l'affirme M. Thiers, elle est bien dure pour le pauvre monde.

« Il faut que l'homme travaille, dit-il encore ; il le faut absolument, afin de faire succéder à sa misère native le bien-être acquis de la civilisation. Mais pour qui voulez-vous qu'il travaille? Pour lui ou pour un autre (37) » ?

C'est admirable de justesse, et mériterait d'être gravé en lettres d'or. Mais, quand le cultivateur défriche mes landes incultes, quand on lui fait ouvrir, au moyen de corvées et de prestations en nature, des routes qui font qu'en vingt années

---

de l'aisance d'un canton, élèvent toujours le prix des fermages. Il s'élève aussi à mesure que l'agriculture se perfectionne ; celui qui connaît un moyen de tirer plus de parti d'un terrain, consent à payer plus cher le loyer de l'instrument. » — J.-B. Say, II, 170.

mon capital a triplé, tandis que lui-même paie trois fois plus de prix de ferme, est-ce que c'est pour lui qu'il travaille?

N'y a-t-il pas quelque part une loi du 16 septembre 1807 qui dit, à l'article 30, que toute propriété particulière qui aura augmenté notablement de valeur par suite de la construction d'un grand travail d'utilité publique (rue, quai, digue, etc.), devra payer une plus-value égale à la moitié des avantages acquis?

Peut-être en devrait-il être de même à l'égard des propriétés rurales. Il n'est pas juste que le propriétaire profite seul, au moyen de l'élévation indéfinie des baux, de la plus-value qu'acquiert sa chose, quand il n'est pour rien dans l'augmentation de cette plus-value. Il faudrait donc qu'une loi garantît au fermier le droit de prolonger son bail, à la condition de payer une certaine partie de la plus-value que son travail a su donner au sol (1). Les conditions actuelles du fermage sont trop à l'avantage exclusif du possesseur de la terre, et souvent le fermier refusera d'améliorer le fonds, de peur d'éclairer celui-ci sur le *maximum* des produits qu'il peut donner, et de se placer par là en butte à ses exigences usuraires.

Aussi y a-t-il une profonde vérité dans ces lignes de Destutt de Tracy (2) : « On ne peut assez s'étonner que tous les hommes, et particulièrement les agronomes, ne parlent des

---

(1) Il y avait quelque chose d'analogue dans la loi romaine. Lorsqu'un esclave avait labouré pendant trente années un domaine, il acquérait le droit de le gérer à son gré, moyennant un paiement annuel, en bénéficiant du surplus des fruits de son industrie. Il passait, en quelque sorte, de l'esclavage au servage, le propriétaire se trouvant dépouillé du droit naturel de reprendre sa terre. C'est ce qui résulte clairement du texte d'une loi de l'empereur Athanase, au commencement du vi^e siècle : « Agricolarum alii quidem sunt adscriptitii, et eorum peculia dominis competunt ; alii vero tempore annorum triginta coloni fiunt, liberati manentes cum rebus suis; et ii etiam coguntur terram colere, et canonem præstare. Hoc et domino et agricolis utilius est. » — *Cod. Just.*, lib. XI, tit. XLVII, leg. 18.

(2) *Éléments d'idéologie*, IV, 200.

grands propriétaires de terre qu'avec un amour et un respect vraiment superstitieux ; qu'ils les regardent comme les colonnes de l'État, l'âme de la société, les pères nourriciers de l'agriculture, tandis que, le plus souvent, ils prodiguent l'horreur et le mépris aux prêteurs d'argent, qui font exactement le même service qu'eux. Un gros bénéficier, qui vient de louer sa ferme exorbitamment cher, se croit un homme très habile, et, qui plus est, très utile ; il n'a pas le moindre doute sur sa scrupuleuse probité, et il ne s'aperçoit pas qu'il fait exactement comme l'usurier le plus âpre, qu'il condamne sans hésitation et sans pitié. Peut-être même son fermier qu'il ruine ne voit pas cette parfaite similitude, tant les hommes sont dupes des mots ! »

Ce serait ici le cas de développer les conséquences désastreuses de l'*absentéisme*, de ce chancre rongeur, de cette plaie douloureuse qui éternise la misère dans les campagnes, en leur enlevant chaque année tout l'argent qu'elles produisent. Grâce à la monotonie insupportable de la vie aux champs, les riches ne se décident à paraître dans leurs propriétés que pendant les chaudes journées de l'été, dans le but unique de faire des économies en se reposant des plaisirs ruineux qu'offrent les cités pendant les longues nuits de l'hiver. Mais, s'il en est quelques-uns qui continuent à y vivre de la vie sociale, qui reçoivent et traitent leurs parents et leurs amis, comprenant que c'est un devoir pour chacun de dépenser sur la campagne une partie de la fortune que leur fait la campagne, combien s'isolent dans leur impénétrable égoïsme, ferment portes et fenêtres, puis, leurs revenus touchés, courent semer à pleines mains, à Paris et dans les grandes villes, souvent même vont prodiguer follement à l'étranger cet argent dont manque l'agriculture, cet argent qui permettrait au village de sortir enfin de sa pauvreté fatale et de son dénûment absolu pour participer à son tour aux avantages de la civilisation !

Il se présente souvent, surtout dans les pays de grande propriété, une condition pire encore pour le paysan; c'est lorsque le fermier est un industriel, un spéculateur, qui prend à loyer une terre qu'il sous-afferme à des laboureurs. Le propriétaire prétend obtenir de son domaine tout le revenu possible, qu'il va dépenser à la ville ; le gros fermier, à son tour, en tire tout ce qu'il peut, si bien que la part du travail se trouve réduite à rien ou presque rien. Alors le paysan exaspéré sent germer dans son cœur de coupables convoitises, et sa colère n'attend qu'une occasion pour frapper ceux qui, à leur insu peut-être, se sont faits ses ennemis. En veut-on une preuve? Je la trouve dans le rapport du général Canrobert écrit en 1852, à la suite du travail d'épuration pratiqué sur le sol de la France par les commissions mixtes :

« Ainsi que j'ai eu l'honneur de vous en rendre compte dans une de mes précédentes lettres, monseigneur, j'ai été frappé de l'envahissement de l'esprit démagogique dans le centre de la France, et le socialisme m'a paru y avoir établi ses principales forteresses dans la Nièvre, le Cher, l'Indre, l'Allier, la Creuse, et quelques localités de l'Auvergne et du Limousin. On en trouverait sans doute l'explication, pour les trois premiers départements au moins, dans le peu de morcellement de la propriété foncière, et dans cette commode, mais bien dangereuse habitude, que beaucoup de propriétaires ont de ne point s'occuper eux-mêmes de leurs vastes domaines dont ils vivent éloignés, et de les livrer à bail à des entrepreneurs souvent étrangers à la culture, mais toujours avides, n'ayant d'autre but que de faire rendre au sol le plus possible, sans s'inquiéter de l'appauvrir, et *d'exploiter inhumainement les petits habitants de la campagne, qui, ne possédant rien en propre, sont obligés de se plier à toutes les exigences.* »

Ce ferme langage devait être compris de celui auquel il s'adressait, puisqu'il a écrit dans son *Extinction du paupérisme:* « Aujourd'hui, la rétribution du travail est abandonnée au hasard ou à la violence. C'est le maître qui opprime, ou l'ouvrier qui se révolte... *La pauvreté ne sera plus séditieuse, lorsque l'opulence ne sera plus oppressive.* »

Concluons donc de tout ceci que le paysan ne discute pas librement les conditions de son travail, qu'il y a encore trop souvent deux classes hostiles, celle des exploiteurs et celle des exploités, et que nous avons bien peu gagné de terrain depuis le jour où Necker écrivait ces lignes :

« En arrêtant sa pensée sur la société et sur ses rapports, on est frappé d'une idée générale qui mérite bien d'être approfondie : c'est que presque toutes les institutions civiles ont été faites pour les propriétaires. On est effrayé, en ouvrant le code des lois, de n'y découvrir que le témoignage de cette vérité. On dirait qu'un petit nombre d'hommes, après s'être partagé la terre, ont fait des lois d'union et de garantie contre la multitude, comme ils auraient mis des abris dans les bois pour se défendre des bêtes sauvages. Cependant, on ose le dire, après avoir établi des lois de propriété, de justice et de liberté, on n'a presque rien fait encore pour la classe la plus nombreuse des citoyens. Que nous importent vos lois de propriété? pourraient-ils dire ; nous ne possédons rien. Vos lois de justice? nous n'avons rien à défendre. Vos lois de liberté? si nous ne travaillons pas demain, nous mourrons. » (*Législation et commerce des grains*, 1775.)

On doit comprendre maintenant l'avidité avec laquelle le paysan se jette sur la terre. La propriété, pour lui, c'est le travail assuré, c'est la liberté, c'est la vie. Seulement, cette liberté, il l'acquiert à un prix onéreux, excessif. Tandis qu'il dispute à ses voisins les lambeaux déchirés du sol, et qu'il le fait monter à des prix impossibles, l'industrie des femmes est détruite autour de lui et ne lui vient plus en aide; le fuseau tourne stérilement entre leurs doigts découragés. Il est rigoureusement exact de dire que la plus habile fileuse ne gagne pas dix centimes par jour : elle ne gagne rien. La ville a enlevé aux champs cette précieuse ressource : c'est vers la ville que le paysan tourne ses regards pour suivre de ses regrets cette richesse enfuie à jamais, pour contempler ces puissantes machines qui ont brisé sous le premier tour de leurs roues les quenouilles de toutes les paysannes.

Avec l'industrie des fileuses ont disparu les veillées, ces joyeuses réunions des longues soirées d'hiver. Là s'entretenaient l'esprit de société, la gaieté, l'amitié; là aussi l'amour pur et naïf naissait et se développait librement et franchement sous l'œil de la mère et à la face de tous. Les légendes terribles, les chansons aux couplets sans nombre, faisaient oublier la marche du temps. On se voyait plus souvent et de plus près, et l'on s'aimait. Aujourd'hui ces réunions, qui n'ont plus de prétexte, ont disparu. Chacun est renfermé chez soi : au lieu de causer avec son voisin, on cause de son voisin, et, faute de se voir, on s'aime moins. C'était, en effet, le bonheur des champs que filait la quenouille des fileuses ; c'est le bonheur des champs que les machines ont broyé sous leurs dents de fer.

CHAPITRE III.

Le paysan prolétaire.

> « Examinez, creusez, tournez et retournez le fond des choses, et vous verrez que le plus lourd du bât social pèse toujours sur le menu peuple. »
> DE CORMENIN, 167.

A côté du paysan propriétaire et du paysan fermier, il y a le paysan prolétaire, qui n'a, comme l'ouvrier des villes, que son travail pour vivre. Cette classe est bien plus malheureuse encore que les deux autres, ceux-là ce sont toujours les ahaniers d'autrefois, et leur existence même est un problème.

En 1852, le gouvernement eut l'excellente idée, la généreuse et féconde pensée de demander des nouvelles du paysan français, si oublié jusque-là et tellement inconnu, que s'il demeurait aux antipodes, il ne le serait pas davantage (1). On rédigea donc avec le plus grand soin un *Questionnaire quinquennal* qui comprenait, en effet, à peu près toutes les questions qui pouvaient éclaircir la matière, et qui fut adressé, pour être rempli, à toutes les communes rurales. Ce qui peut-être était moins bien, c'est qu'au lieu d'interroger ceux qui pouvaient surtout répondre, les propriétaires, les fermiers et les journaliers, on ne s'adressa qu'aux fonctionnaires nommés par l'État, aux juges de paix des cantons, aux maires et aux curés des paroisses. On devait être moins exactement renseigné, mais aussi il y avait chance de voir les choses à un point de vue aussi optimiste que possible. Or, dans la commune que j'habite, voici le résultat officiel auquel on aboutit au sujet du journalier :

« *Dépenses habituelles d'une famille moyenne de journaliers de cinq personnes, le père, la mère et trois enfants.*

» Question n° 44. Pour le logement. . . . . . 30 fr.
          45. — le pain. 300
          46. — les légumes. 30
          47. — la viande. 20
          48. — le lait. 6
          49. — le vin. 40
          50. — le sel. 8
          51. — l'habillement. 100
          52. — le chauffage. 45

A reporter. . . 579 fr.

(1) M. Léonce de Lavergne, membre de l'Académie des sciences morales et politiques, vient d'être chargé par cette Académie (mai 1856) d'aller étudier la situation des classes agricoles en France. Il y a là un bien beau livre à faire, et, sans nul doute, nous allons avoir enfin, pour les classes agricoles, un pendant aux beaux travaux de MM. Villermé, Blanqui et autres, sur les classes industrielles.

	Report. . .	579 fr.
Question n° 53. Pour l'impôt.		5
54. — autres dépenses (éclairage, savon, entretien des draps de lit et instruments de culture, beurre, huile, etc.).		90
	Total.	674 fr.

55. Fait-il des économies? Combien par année?»

Nous répondrons tout à l'heure à cette double question.

On ne trouvera sans doute rien d'exagéré dans ce chiffre de 674 francs accordé à une famille de cinq personnes; on supprime les vieux parents, que l'on pourrait avoir à nourrir; il n'y a rien pour les besoins légitimes, selon moi, de l'intelligence ; rien pour les frais d'école, de livres, de papier, pour l'image grossière, pour la statuette enluminée qui embellirait son bouge. Il est même, dans ce budget modeste, une lacune dont l'humanité rougit. Le curé, lui qui connaît si bien les misères et les souffrances du pauvre ; le curé, ce médecin des âmes, demanda que l'on fit la part du médecin du corps, des maladies et des remèdes; mais le juge de paix, l'homme de la loi, sec, froid et impitoyable comme elle, le juge de paix démontra victorieusement que la femme enceinte, en couches ou nourrice, que l'enfant, cette frêle créature, que le vieillard, au bout de sa laborieuse carrière, que nul d'entre eux n'avait le droit d'être malade, ou tout au moins de se faire soigner. La santé et la vie sont le privilége de la richesse, et, si l'on a le défaut de tact d'être malade quand on n'a ni argent placé ni biens au soleil, l'arrêt est prononcé, il faut savoir mourir.

Quant au détail des dépenses, l'analyse de l'une d'elles va démontrer qu'elles n'ont rien d'exagéré non plus.

Pour l'habillement de l'homme :

	fr.	c.
Une paire de sabots.	1	»
Une demi-paire de souliers.	3	50
Une paire de bas.	1	50
Une culotte.	7	»
Un gilet.	3	»
Un demi-grand gilet.	4	»
Une blouse.	3	»
Un bonnet.	»	50
Une chemise.	4	»
Une cravate.	1	»
Un mouchoir de poche.	»	50
Un quart de chapeau	1	»
Total.	30 fr. (1).	

On accorde une égale somme pour la toilette de la femme et 40 francs pour celle des trois enfants : 13 fr. 50 c. pour chacun.

Voici maintenant le chapitre des recettes :

Sur les 300 jours ouvrables dont se compose l'année, il y en aura bien 40 (2), durant lesquels les pluies persistantes

---

(1) **M.** de Morogues (*De la misère des ouvriers et de la marche à suivre pour y remédier*, ch. III), **M.** de Villeneuve-Bargemont, portent cette dépense à 35 francs, et il résulte de renseignements détaillés, recueillis dans plusieurs communes du département d'Indre-et-Loire, qu'en général la dépense moyenne du cultivateur pour cet article s'élève à 40 francs par an (*Règlement de la colonie agricole de Mettray*, art. 44, note). On voit par là que les chiffres avancés par la commission de la commune dont je parle sont très modestes. Le résultat en sera plus saisissant.

(2) **M.** de Bourgoing, président du comice agricole de Cosne, en compte 45. (*Mémoire en faveur des travailleurs et des indigents de la classe agricole*, Nevers, 1847.)

ou la gelée le condamneront au chômage forcé : reste donc
260 journées à 1 fr. 25 c. . . . . 325 fr.

Il faut tenir compte d'environ 50 journées de
moisson qui lui vaudront un supplément d'un franc
par jour. . . . . 50 »

       Total. . . . . . 375 fr.

Une femme qui a un ménage de cinq personnes
à entretenir, et trois enfants en bas âge à soigner,
aura de la peine à faire 75 journées à 1 fr. (1). . . 75 »

Les enfants auront de la peine à gagner ensemble. 50 »

      Total des gains. . . . . 500 fr.

La dépense totale était de 674 francs. Nous pouvons maintenant répondre à la 55ᵉ demande du questionnaire :

« Cette famille fait-elle des économies ? Combien par année ? »

Il manque chaque année à cette famille, pour vivre, 174 francs !!! (2).

Ah ! vous êtes conseillers généraux, vous êtes préfets, vous

----

(1) Chiffre évidemment exagéré. M. de Gérando est dans le vrai lorsqu'il établit le salaire de la femme de campagne entre 30 et 60 centimes. On pourrait peut-être, par compensation, ajouter au nombre des journées, mais on n'arriverait pas encore au chiffre de 75 fr.

(2) Voici le budget d'un journalier du Berry, établi en 1847 :

« Le prix ordinaire de ses journées de travail est de 1 fr. 25 cent., et il y a dans l'année 300 jours de travail : il gagnerait donc par an, s'il était constamment occupé. . . . . 375 f.

» Voilà pour le total des recettes : voyons maintenant les dépenses obligées.

» Il faut, chaque jour, pour lui et sa femme, au moins 2 kilogrammes de pain : soit pour l'année 730 kilog., à raison de 30 centimes le kilog. Cela donne. . . . . 219 f.

» Posons pour le loyer de la maison. 60

» Et pour le sel, la graisse, etc. 100

» Nous aurons un total de dépense de. . . . . 379 f. dépassant déjà la recette de. . . . . 4 f.

» Et pourtant nous n'avons rien compté pour ses vêtements, rien pour ses

êtes députés, vous êtes ministres, vous avez devoir et pouvoir de faire, et, en présence de ce chiffre, plus terrible cent fois que le *Mane-Thecel-Phares* du festin de Balthasar, vous ne retroussez pas énergiquement vos manches pour vous mettre à l'œuvre et faire quelque chose?...

Combien doit donc être sombre l'abîme de misère du peuple dans des années comme celles qui viennent de s'écouler, alors que le pain double de prix, et que chacun, forcé de compter avec soi-même, épuisé par les hauts loyers et la cherté de l'existence dans les cités, remet à une autre année les travaux qui peuvent s'ajourner! Ces hommes vivent cependant, ou du moins ils ne meurent pas tous; car on ne saurait nombrer combien, faute de soins, de nourriture suffisante et convenable, de vêtements, meurent chaque année de ces pauvres créatures humaines, dont souvent nul n'a désiré la venue, et que nul ne regrette (1). Ils vivent, mais qui pourrait dire au prix de combien de souffrances, de privations, de douleurs matérielles et morales!

« Voilà, s'écrie M. Moreau de Jonnès, voilà les éléments du bonheur des champs! Leur dernière expression est tout ce que peut avoir, au moyen d'une centaine de francs, chaque habitant de nos campagnes, depuis le vieillard jusqu'à l'en-

contributions, rien pour une foule d'autres objets indispensables dans un ménage. Et nous avons élevé sa recette à un chiffre qu'elle n'atteint jamais, puisque l'ouvrier manque de travail pendant plusieurs mois de l'année. Il faut cependant que cet homme vive et qu'il se vête : comment veut-on qu'il satisfasse à ses besoins?

» A présent, que l'on suppose à cet ouvrier deux ou trois enfants, et l'on pourra se faire une idée de la misère et du désespoir qui doivent régner dans sa maison. » — De Lancosmes-Brèves, *Maux et remèdes*, 30, 31.

(1) « Il est affligeant de penser, mais il est vrai de dire que, même chez les nations les plus prospères, une partie de la population périt tous les ans de besoin. Ce n'est pas que tous ceux qui périssent de besoin meurent positivement du défaut de nourriture, quoique ce malheur soit beaucoup plus fréquent qu'on ne le suppose; je veux dire seulement qu'ils n'ont pas à leur disposition tout ce qui est nécessaire pour vivre, et que c'est parce qu'ils manquent de quelque chose qui leur était nécessaire qu'ils périssent. » — J.-B. Say, II, 185.

fant au berceau ! Il n'y a pas là, sans doute, de quoi défrayer les plaisirs populaires de nos grandes cités. C'est tout au plus s'il est possible de payer le sel qui doit relever le goût d'une soupe sans viande et sans beurre. Lorsqu'il survient un nouveau-né, les cent sols qu'exige la matrone présidant à son entrée dans le monde sont le fruit de privations prolongées pendant plusieurs mois. Le souci de tous les jours, c'est d'amasser de l'argent pour payer le meunier, le loyer de la maison et le percepteur.

» Il ne reste plus rien pour l'école primaire, qui doit ouvrir aux enfants la vie sociale, et il faut souvent se cotiser pour faire les frais d'une sépulture... »

Jadis, sous cette rude loi juive qui faisait si bon marché de la vie humaine, et qui prescrivait l'usure comme un moyen de conquête et de domination (1), il était défendu de moissonner tout le champ, de revenir dans la vigne et le champ d'oliviers pour ramasser les dernières grappes et les olives oubliées ; on célébrait des festins de réjouissance pour remercier le Seigneur des biens qu'il accorde, véritables agapes auxquelles prenaient part le fils et la fille, le serviteur et la servante, le lévite et l'étranger, la veuve et l'orphelin ; on payait la dîme de tous les fruits au lévite et à l'étranger, à la veuve et à l'orphelin, « afin qu'ils mangeassent et fussent rassasiés et qu'il n'y eût parmi eux ni indigent ni pauvre (2). »

A l'époque de la barbarie, le code des Burgondes, en ressouvenir de la vieille loi germaine, permettait à tout homme qui n'avait pas de forêts à lui de venir prendre du bois dans celles d'autrui. Au moyen âge, lorsque la récolte était enlevée, et avant que le champ ne devînt *bestial*, pâturage ouvert à tous les animaux de la paroisse, il y avait trois jours pendant lesquels chacun, seigneur ou vilain, laissait la main de

---

(1) « Fæneraberis gentibus multis, et ipse a nullo accipies mutuum ; dominaberis nationibus plurimis, et tui nemo dominabitur. » — *Deuter.*, XV, 6.

(2) *Lévitique*, XV, 4 ; XVI, 8, 11 ; XIX, 9, 10 ; XXVI, 11, 12.

la glaneuse errer par les chaumes pour ramasser les épis oubliés par la faucille du moissonneur. Aujourd'hui la charité s'est faite spéculation, et, propriétaire ou fermier, le paysan vend au prolétaire des campagnes le droit de glaner sur sa terre. Chacun a été si dur à son égard, qu'il est implacable pour quiconque est plus malheureux que lui. En vain Dieu rappelle l'homme au sentiment de la fraternité sainte, en vain la voix du prêtre proteste et tonne en chaire : l'habitude est prise et ne passera plus.

Ah ! nous ne sommes plus chrétiens, nous ne sommes pas même des barbares du moyen âge, nous ne sommes pas même des Juifs de l'ancienne loi : nous sommes une société païenne que la religion du Christ n'a su convertir qu'à ses rites extérieurs. *Homo homini lupus !*

Journalier, propriétaire ou fermier, il est incontestable que le paysan travaille toute sa vie sans s'être enrichi sensiblement, et l'on voit des familles occuper une ferme de père en fils depuis des séries de générations, ce qui prouve qu'elles n'ont pas fait fortune. Tout conspire contre lui ; dans son ignorance absolue de toutes choses, et ne sachant rien des faits extérieurs, des événements qui se passent hors de sa sphère étroite et qui influent sur le prix des denrées, il les vend en aveugle et au hasard dès le lendemain de la récolte, autant par impossibilité de les conserver dans de bonnes conditions, que pressé par la nécessité de faire de l'argent pour payer ses fermages ou ses impositions. Que quelques capitalistes se réunissent au contraire pour spéculer sur les fruits du travail du laboureur, sur les grains, les chanvres ou les vins ; avec suffisamment d'adresse et de capitaux, ils commanderont au marché et feront à peu près les prix. La manœuvre est des plus simples et bien connue : veulent-ils acheter, ils font sur la place un encombrement factice, apportent en masse sur le marché les blés achetés précédemment ; les sacs fourmillent, déliés et étalant aux regards leurs trésors : il y en a partout, par les provinces et à l'étranger, on n'en veut plus, le prix est à rien, ils le disent, ils le proclament, ils ont hâte de se défaire de ces grains imprudemment achetés, ils les vendent à perte, ils les donnent... Seulement le marchand est introuvable pour celui qui voudrait acheter ; tapi dans le coin le plus sombre de quelque obscur cabaret, il n'existe que pour celui qui, effrayé de cette baisse, — qui augmentera encore, on l'assure, — veut s'empresser de vendre tandis qu'il en est temps encore.

Puis, le tour joué, en novembre, à l'heure où le cultivateur achète pour renouveler ses semences ; en avril. quand les petits greniers sont vides et qu'il faut aller prendre au marché ce qui manque pour attendre jusqu'à la récolte prochaine, alors le marchand se fait vendeur à son tour, il rapporte sur la place ces mêmes blés qu'il y a pris, mais il les y rapporte peu à peu, en faible quantité, de manière qu'ils restent toujours rares et recherchés.

N'est-il pas vrai qu'il est tel commerçant qui gagne plus dans certains jours heureux de sa carrière que ne le fait le laboureur pendant toute son existence, et qu'enfin celui qui produit gagnera à peine sa vie au jour le jour, tandis que l'agent de circulation profitera seul des bénéfices et fera la loi au producteur et au consommateur ?

Que serait-ce donc si, à côté de cette misère presque certaine du grand nourricier de la patrie, nous mettions en regard ces fortunes scandaleuses des joueurs à la bourse et des agioteurs de toute sorte qui comptent par millions une fortune que quelques années suffisent à porter si haut, qu'elles semblent abritées au-dessus de la région des orages ?

Et vous appelez une société voulue par Dieu, celle-là où la fortune sociale va s'engloutir tout entière entre les mains des agents parasites, et où la misère est la destinée presque inévitable et fatale du travailleur par excellence, du paysan, de l'homme utile et indispensable entre tous !

CHAPITRE IV.

L'impôt foncier. — Le système prohibitif. — Les prestations. — L'octroi. — La terre paie tout. — Les assurances. — Nécessité des réformes.

> « Au lieu d'être, comme ci-devant, le serf du seigneur, le paysan est devenu le serf de la misère; joug non moins pesant à porter. »
> DE CORMENIN, 197.

> « La terre, par la raison même qu'elle ne peut ni se déguiser, ni se transporter, est plus exposée à porter le faix des charges publiques, et à devenir l'objet des vexations du pouvoir. »
> J.-B. SAY, II, 165.

Dans un de ses admirables pamphlets, P.-L. Courier a fait ce calcul, — qu'un arpent de vigne rapporte 150 francs au vigneron et 1,300 francs au fisc. Sans doute c'est là une exagération spécieuse. Toujours faut-il reconnaître que les campagnes sont écrasées sous la multitude des impôts généraux et locaux, principaux et additionnels.

En première ligne se présente l'impôt foncier, le plus pesant de tous et le moins juste en même temps, puisqu'il grève un produit qui n'est pas créé, qui ne le sera peut-être pas, ou qui sera peut-être détruit, dans les cas assez fréquents de grêle, gelée, incendie, inondation, etc. J'ai connu plus d'un propriétaire qui avait dans ses caves trois ou quatre récoltes de vins qu'il ne pouvait vendre, et qui, n'ayant de la propriété que ses charges, n'en voyait pas moins peser sur lui tout le fardeau de l'impôt foncier. Un mal étrange frappe la vigne depuis quelques années ; elle est improductive, il faudra l'arracher peut-être, et là où l'on replantera, cinq années s'écouleront avant que l'on obtienne de produit. Dans tous les cas, les frais de façon et toutes les dépenses sont les mêmes, le revenu est nul, l'impôt seul résiste et se dresse immuable sur les ruines de la propriété agonisante.

C'est avec raison que, contraint d'avouer que la terre « qui est, en France, dans la main du pauvre bien plus que du riche (349), » va périr accablée sous le fardeau intolérable de l'impôt, M. Thiers l'accuse d'être la cause de l'infériorité de l'agriculture française vis-à-vis de celle des autres pays, et notamment de l'Angleterre.

« Il n'y a pas en Angleterre, dit-il, d'impôt foncier. Il a été racheté par M. Pitt, à 20 millions près. L'agriculture française supporte 280 millions de contributions que ne supporte pas l'agriculture anglaise, sans compter la différence résultant au profit de celle-ci de lois protectrices, récemment abolies en Angleterre, et trop complétement abolies peut-être. On s'en prend à l'ignorance de notre paysan, qu'on dénigre beaucoup trop. Il est assez instruit pour savoir qu'en variant les cultures, en multipliant les engrais, on peut tous les ans, de toute terre, tirer une récolte et renoncer aux jachères... Mais chargé de frais, il ne peut aisément se procurer de l'engrais, c'est-à-dire du bétail, c'est-à-dire de l'argent. La différence de produit entre un sol et un autre consiste beaucoup moins dans la fertilité naturelle de la terre que dans les capitaux. Vous trouverez en Afrique et en Orient des contrées magnifiques qui sont tout à fait improductives, et vous trouverez entre Rotterdam et Anvers, sur des sables stériles, la plus belle culture de l'univers, parce qu'il y a des capitaux en Hollande et point en Orient et en Afrique. Allez dans les sables des Landes, dans les sables de la Prusse, y a-t-il quelque part un gros bourg, une ville, vous voyez tout autour la fécondité remplacer la stérilité. Trop imposer la terre, c'est frapper non pas tant l'agriculteur que l'agriculture elle-même. » (*De la Propriété*, 349, 351.)

C'est un merveilleux prestidigitateur que M. Thiers, et il est impossible d'escamoter les solutions plus lestement qu'il ne le fait. C'est la terre qui nous fait vivre ; il avoue qu'elle est désormais entre les mains de la pauvreté, et que le cultivateur, le fermage et l'impôt payés, est dans l'impossibilité d'acheter ni engrais ni bétail. Vous pensez qu'il va conclure ?

A d'autres, vraiment! Mais au moins, puisqu'il reconnaît que l'Angleterre est plus riche que nous *parce que* elle a aboli l'impôt foncier et les lois protectrices, on pourrait du moins, sans trop de hardiesse, tenter ici ce qui a si bien réussi là. Point! Sans songer à diminuer l'impôt foncier, et toujours prêt à pousser en toute circonstance contre le libre échange des cris désespérés, il propose pour tout remède d'augmenter les contributions indirectes.

Comme si elles ne pesaient pas indirectement sur la terre!

Vous avouez que l'impôt sur le sol entrave la production, et vous imposez le produit, qui ne peut être créé. Vous commencez par dessécher la source, puis vous dites : C'est là qu'il faut puiser!

Comme corollaire à l'impôt excessif, viennent les frais, si le paysan est insolvable, système inintelligent et barbare qui achève de ruiner l'individu sans augmenter d'un sou les recettes, et qui n'a pour base qu'un argument de cette force : « Vous n'avez pas les moyens de payer dix francs? alors je vais vous en demander douze. » Oppression pour oppression, la saisie d'autrefois valait mieux. Le contribuable dont on saisit et vend les effets jusqu'à concurrence de sa contribution, au moins ne paie rien au delà de ce qu'il doit payer et ne fait aucuns frais qui n'entrent au Trésor public.

Que dirons-nous de la prime accordée à la grande industrie nationale, du milliard d'indemnité pour le stérile avantage de payer plus cher tous les produits, mais produits français, à la vérité! Tout est prohibé, tout est tarifé, jusqu'aux fers, qui ne peuvent arriver d'Allemagne ou d'Angleterre, afin que tous les instruments aratoires soient maintenus à des prix inabordables.

Qu'un agriculteur veuille introduire en France l'usage des instruments étrangers, et il arrivera ceci.

Il achète un rouleau belge au prix de 160 francs, mais il

ne l'aura chez lui, après des difficultés et des retards très préjudiciables, qu'à la condition de payer par surcroît 190 francs et quelquefois même 192 à la frontière. Un hache-paille anglais, payé 90 francs, lui coûtera, rendu, 200 francs. Un moulin articulé, de 60 francs, en paie 80 d'entrée.

Le directeur de Petit-Bourg achète en 1854, en Angleterre, trois petites auges à porcs, au prix de 11 francs la pièce qui, rendues, lui reviennent ensemble à 150 francs (1). Tout cela paraît impossible à force d'être extravagant, et cependant rien n'est plus vrai.

S'appuyer sur un pareil système, le soutenir, le défendre, c'est supprimer le progrès, c'est tuer l'agriculture.

« Beurre, fromage, huile, graisse, vin, dit M. Michel Chevalier, tout ce que l'homme peut mettre dans son estomac est plus ou moins écrasé de droits. Les étoffes dont il pourrait couvrir son corps ou garnir son logis sont plus rigoureusement traitées encore. La plupart sont écartées par une prohibition absolue, de même la faïence, de même les verres et cristaux, de même la tabletterie, de même l'innombrable variété des articles qui composent la quincaillerie, de même les articles confectionnés en cuir, la cordonnerie, la sellerie. La prohibition est l'alpha et l'oméga du tarif ; quand elle n'est pas absolue, neuf fois sur dix elle est remplacée par des droits tellement élevés qu'ils sont prohibitifs...

» ..... Excellent moyen de rétablir le respect des lois que d'en faire l'instrument de vexations pareilles !

» Quant à l'ameublement, c'est à peu près de même. La marmite de fonte dans laquelle le pauvre prépare ses aliments est prohibée ; les ustensiles de cuivre, de zinc, de fonte, de fer, de tôle, de fer-blanc, prohibés ; la coutellerie, prohibée ; la serrurerie, prohibée. Les couvertures de lit paient sur le pied de 2 francs 50 centimes le kilogramme ; c'est l'équivalent

---

(1) *Journal des économistes*, nov. 1854, 44, 49, 50.

de la prohibition ; les tapis paient sur le pied de 275 à 250 fr. les 100 kilogrammes, encore du prohibitif.

» ..... Le savon, article essentiel à la propreté du ménage et de la personne, prohibé. La liberté du consommateur français (et le consommateur c'est tout le monde), est comme la liberté d'écrire dont jouissait Figaro. » (*Examen du système protecteur.*)

On a élevé tant de barrières, on les a élevées si haut, qu'il a été plus facile de passer dessous, et la fraude est venue, protestation inévitable contre un système désastreux. L'agriculture elle-même n'a pas échappé à ce fléau. Le lait, le vin, trouvent dans l'eau un concurrent redoutable ; le chanvre, le lin, la laine consomment avec le coton des mariages forcés ; la poussière d'albâtre, les fécules de toute sorte s'unissent à la blanche neige du froment ; il n'est pas jusqu'au sel lui-même, ce produit des vents qui courent sur les marais et des regards féconds du soleil qui se reflète dans le grand miroir de l'océan, il n'est pas, dis-je, jusqu'au sel, cet agent de toute pureté et de toute conservation, qui ne serve d'aliment à la fraude, et je me rappelle qu'un jour un paludier m'expliquait comment il parvenait à frauder, soit sur le poids, soit sur la qualité, et me justifiait sa théorie d'une façon originale.

« Bah ! me disait-il, tout le monde fraude, et je fais comme tout le monde. Quand je vends mon sel, franc de droit, de six à huit centimes, et que le gouvernement y met une surtaxe de trente centimes, il me semble qu'il fraude pas mal sur mon travail. Tenez, voilà une aire bien disposée et dans laquelle je vais conduire de l'eau salée. Eh bien ! le bon Dieu va faire pleuvoir dans mon aire et va mettre de l'eau douce dans mon eau salée, qui ne cristallisera pas. Vous voyez donc bien qu'il fait de la fraude, et pourquoi n'en ferais-je pas, alors ? Est-ce plus mal à moi de mettre un peu de sable bien propre, bien blanc et bien fin dans mon sel, qu'au gouvernement d'en quadrupler le prix et au bon Dieu de mettre de l'eau douce dans mon eau salée ? »

Le mauvais exemple venait de haut, et je n'eus rien à répondre.

Les villages n'ont point de routes, et beaucoup de denrées qui demandent à être transportées rapidement et doucement, les fruits, par exemple, seraient perdus s'il y en avait. Aussi, lorsque l'on porte un regard investigateur sur les campagnes, est-on péniblement surpris de voir dans les haies et sur les champs, des pommes et des poires sauvages, des cerises à peine mangeables, des prunes moins grosses que des cerises, tandis que, de nos jours, la savante industrie des jardiniers a su transformer les dons avares de la nature en espèces savoureuses et fécondes à la fois. Le jardinage, aujourd'hui, crée presque à force d'améliorer.

Un bon arbre ne fatigue pas plus la terre que ne le fait un mauvais ; seulement le paysan mange de mauvais fruits et la ville paie les bons fort cher, alors que cette manne bienfaisante devrait être répandue à profusion par les cités et les campagnes. Le peuple, dans les unes comme dans les autres, ne se nourrit que de pain. Par suite, dès que le blé manque, tout manque. Le fruit, soit cru, soit cuit, soit marié au sucre, — quand ce dernier ne se vendra que ce qu'il pourrait valoir si on le voulait bien, — jouera dans l'avenir un rôle considérable pour l'alimentation du globe.

Je disais que les villages n'avaient pas de routes, et encore, pour obtenir le peu qui existe, il a fallu ressusciter le travail gratuit et la corvée, et reculer jusqu'à 1776.

Dans les villes, il y a des promenades, des quais, des ponts, des boulevards, des rues spacieuses ; il y a des trottoirs, il y a du pavé, des dalles, du macadam, du bitume ; tout cela est lavé chaque jour, arrosé, balayé, illuminé la nuit à faire pâlir les rayons douteux de la lune. C'est au mieux : le citadin a tout cela, et l'on ne s'est jamais avisé de lui demander de le faire lui-même. Il ne faut au campagnard qu'un chemin dans lequel un homme puisse passer en tout temps avec des sabots. Il ne l'a pas toujours, et quand il l'a, c'est qu'on l'a forcé à le faire lui-même avec des prestations en nature et des centimes additionnels.

Toute iniquité fait pulluler autour d'elle une moisson d'abus. *Abyssus abyssum vocat*. Dans les villages qui ont le tuf pour sous-sol, on avait creusé des carrières, les habitants désertaient leurs caves pour se bâtir à la face du ciel des demeures humaines, on exportait la pierre à la ville, qui obtenait ses matériaux à meilleur prix et en abondance. L'enlèvement de ces pierres nécessitait des charrois qui dégradaient les routes, et l'on a imaginé d'exiger des carriers des corvées extraordinaires pour les entretenir. Ils ont bouché leurs carrières, l'ouvrage a fait défaut aux prolétaires qui vivaient de cette industrie; les ahaniers se sont enfoncés plus profondément que jamais dans leurs caves, et la ville devra payer ses pierres plus cher que par le passé.

Plus heureux, le bourgeois des cités vient habiter huit mois de l'année aux champs ; il roule en voiture, passe et repasse, reçoit les équipages de ses amis, exploite ses bois, enlève ses blés, vend ses vins ; mais il détourne de ses lèvres la coupe amère de la corvée, parce que son domicile est à la ville.

La ville, je le sais, a ses revenus, le village n'en a pas. La ville, c'est le propriétaire, le village, c'est le prolétaire. C'est à la ville que l'on trouve l'argent et les gros capitaux, mais tout cela ne paie rien ou peu, et c'est au village que l'on trouve l'impôt. La ville a ses biens, ses propriétés, ses ressources propres ; le village n'a rien. Elle a ses hôpitaux, ses musées, ses bibliothèques, tous ses édifices publics ; le village n'a rien. Et comme il n'a rien, c'est lui qui paie toujours, afin que l'on puisse, avec les deniers de la campagne épuisée, donner davantage encore aux villes qui ont tout.

C'est ainsi qu'elles ont l'octroi, « droit abusif, au dire de

Turgot, dont usent les villes pour se procurer des ressources aux dépens des campagnes, en soumettant toutes les denrées à des taxes énormes qui en diminuent la consommation, et qui sont, en outre, supportées par les citadins les plus pauvres.

» Les droits d'octroi sont établis pour subvenir aux dépenses générales des villes; c'est donc aux citoyens des villes, pour l'utilité desquels se font ces dépenses, à en payer les frais..... Elles se trouvent payées dans le fait par ceux qui n'ont point de bien fonds et que leur pauvreté met hors d'état de s'approvisionner en gros, ou par les habitants des campagnes, dont les denrées chargées de droits se vendent toujours moins avantageusement.

» Je ne vous dissimulerai point que tous ces droits sur les consommations me paraissent un mal en eux-mêmes; que, de quelque manière qu'ils soient imposés, ils me semblent toujours retomber sur les revenus des terres; que, par conséquent, il vaudrait beaucoup mieux les supprimer entièrement que de les réformer; que la dépense commune des villes devrait être payée par les propriétaires du sol de ces villes et de leur banlieue, puisque ce sont eux qui en profitent véritablement. » (VI, 394-397.)

Voilà l'octroi jugé au point de vue des campagnes. Le voulez-vous voir condamné au point de vue des villes ? Écoutez un autre ministre, économiste lui aussi, et qui possède bien la matière, Léon Faucher (*Moniteur*, 1847) :

« L'octroi, messieurs, est la cause principale des misères qui affligent les populations urbaines. L'octroi augmente le prix des aliments les plus essentiels, de la viande, du vin. L'octroi renchérit le combustible, l'octroi rend matériellement la vie difficile. Lorsqu'un conseil municipal distribue des bons de pain, lorsqu'il fonde et entretient des hôpitaux, il ne fait que réparer une partie des malheurs que l'octroi cause; il restitue aux pauvres une partie des sommes que ceux-ci ont payées à l'octroi. J'aime mieux, quant à moi, prévenir le mal que d'avoir à le réparer. »

Ce qu'il y a de vraiment incompréhensible dans la persistance de ces abus, c'est que, pour sortir de l'ornière, il n'y a rien à innover, rien à risquer. L'Angleterre, en effet, ne connaît pas l'octroi, cette douane intestine, comme l'appelle M. Michel Chevalier, et les villes n'y sont pas plus mal entretenues pour cela. Puisque l'Angleterre ne connaît pas l'impôt foncier, qui ruine l'agriculture française; puisque l'Angleterre ne connaît pas le système prohibitif, qui ruine l'agriculture française; puisque l'Angleterre ne connaît pas l'octroi, qui ruine l'agriculture française ; puisque l'Angleterre, relativement paisible et libre, marche droit dans sa route, tandis que nous nous cahotons péniblement sur un chemin infiniment trop accidenté en révolutions, ne serait-il donc pas temps d'introduire chez nous, lentement, peu à peu, et l'un après l'autre, ce qui a si bien réussi à côté de nous? Pourquoi toujours l'impôt, qui ruine le présent, ou l'emprunt, qui ruine l'avenir? En présence des résultats obtenus et de l'abîme creusé sous nos pas, où donc est le danger d'essayer un autre système financier? On a la certitude de ne pouvoir rencontrer pire et tomber plus mal.

O sainte routine! *Inviolata, integra et casta!* Royne et impérière du monde, comme l'appelait Montaigne.

« Mais enfin, répète-t-on sans cesse, il faut de l'argent aux villes, il faut de l'argent à l'État! »

Eh! sans doute, il leur en faut : le tout est de le demander à qui le doit. Autrement le filou qui glisse sa main dans ma poche pourrait invoquer le même argument. Or on n'a jamais démontré, que je sache, qu'il fût juste et légitime que les fangeuses campagnes, oubliées dans les ténèbres de la barbarie, dussent être pressurées à perpétuité pour que les cités puissent jouir seules des bienfaits de la civilisation.

Voilà un produit qui a été créé au moyen du capital et du

travail du paysan. Il quitte la commune sans y rien laisser de sa valeur, mais il ne franchit pas la barrière de la ville sans y laisser de son prix, plus, parfois, qu'il ne vaut. Par suite, les produits des champs sont, à la ville, à des prix inabordables, et la consommation languit.

L'octroi aurait, à toute sa rigueur, sa raison d'être aux limites et à la sortie de la commune : il ne l'a pas aux barrières et à l'entrée de la cité.

Voilà une terre plantée en vignes ; elle est de dernière qualité, et imposée souvent comme terre de première. Peu importe d'ailleurs que la gelée ou la grêle aient détruit ma récolte : le percepteur n'entre pas dans ces détails. Le vin, je le vends 20 francs ; mais, s'il me plaît de le boire à Paris, je le paie 55. — 45 francs d'entrée et 10 francs de transport.

Il est clair que, bien qu'il soit à moi, je dois le payer quelque chose, puisqu'on me l'a transporté à cent lieues de distance. Rien de plus juste que de payer les services que l'on nous rend. Les compagnies qui ont les chemins de fer, les canaux, les roulages, font généralement à ce métier de beaux bénéfices, autrement elles n'existeraient pas. Mais si ce service qu'on me rend, l'État, lui, consentait à me le rendre ; s'il acceptait le prix du service rendu, ce qui est légitime, au lieu de me faire payer un droit d'entrée qui ne l'est pas ; il pourrait exagérer à son aise ses prix, user et abuser du monopole, — ce n'est pas à craindre, la poste est là pour le prouver ; — il pourrait porter, s'il le voulait, jusqu'à 30 francs, me faire payer 30 francs ce que le roulage me fait payer 10. Il y gagnerait trois fois plus que ne gagnent les compagnies, et moi j'y gagnerais encore moitié, plus l'inappréciable avantage d'être délivré de toutes les odieuses vexations de l'octroi. De telle sorte que chacun gagnant gros, et souvent jusqu'à moitié et plus à cette suppression, tous feraient circuler une bien plus grande quantité de produits, et les bénéfices de l'État seraient énormes.

Tout impôt qui est la rémunération d'un service rendu est juste et établi à bon droit. L'État nous rend celui de transporter nos lettres, papiers, capitaux, journaux et imprimés. Il y a gagné beaucoup de millions, c'est au mieux. C'est principalement la ville qui use de la poste; le paysan écrit peu, ne voit pas de journaux, envoie et reçoit peu d'argent, et pour cause. Chacun ne paie qu'en proportion exacte du service rendu, et la campagne n'est pas pressurée, et la production et la consommation ne sont gênées en rien. L'impôt de la poste est donc parfaitement assis et équitablement établi.

Mais puisque l'État transporte nos lettres, pourquoi ne nous rendrait-il pas le service de transporter également nos personnes et nos bagages? Pourquoi n'aurait-il pas les messageries et les roulages, les chemins de fer et les canaux? Est-ce qu'il n'y a pas là pour lui des sources inépuisables de millions? Dans tout cela encore, chacun ne paie que tout juste en proportion du service rendu, et la ville, qui profite surtout, paie la meilleure part et dégrève d'autant l'agriculture.

Depuis quelques années, ceux qui sont intéressés au maintien des abus ont adopté une tactique infaillible pour faire repousser sans examen toute tentative, si innocente soit-elle; il suffit pour cela de crier : au Communisme ! — et tout est dit. A ce titre, la Grèce, qui ne cultive ni ne vend le tabac, qui ne fabrique ni ne vend la poudre, pourrait nous accuser de communisme. En Russie, le gouvernement a le monopole de l'eau-de-vie, dont la vente est chez nous de droit commun. Toujours est-il qu'un gouvernement met indifféremment en régie ce qu'il veut. Si l'État vendait l'eau-de-vie, comme en Russie, et peut-être aussi le vin, les falsifications seraient moins déhontées, l'empoisonnement lent par les boissons n'aurait pas son cours, et l'on pourrait retrouver sur la vente du liquide le bénéfice tout au moins regrettable de l'octroi.

Il serait si facile de porter remède à tous les maux sous l'accumulation desquels succombe la propriété, que l'on aurait le droit de s'étonner qu'on ne le fasse pas, si, à voir l'ignorance complète de la matière, qui préside aux conseils de ceux qui le tentent, on n'en arrivait à se dire que, somme toute, mieux vaut le mal que de pareils médecins et de pareils remèdes. Un fait va me servir à démontrer cette double assertion.

On sait combien les incendies sont fréquents dans les campagnes. En 1854, un préfet très bien intentionné, sans nul doute, et voulant en diminuer le nombre dans son département, chercha tout d'abord à remonter de l'effet à la cause. Il lui fut facile d'en découvrir plusieurs, parmi lesquelles celle-ci : Les habitations, souvent construites en pisé, sont couvertes en chaume ou en brandes ; les cheminées sont peu élevées; on ne brûle pas de gros bois, mais du fagot, qui fait beaucoup de flamme. Si l'on rentre mouillé, on jette dans le foyer une poignée de bourrée ou une javelle de sarment, pour obtenir une vive *flambée*. Les flammèches s'élèvent dans le tuyau de la cheminée, et retombent sur les toits de chaume, qui s'enflamment.

Rien de plus simple alors que de rendre les incendies plus rares en remplaçant le chaume par la tuile ou l'ardoise, et le bon préfet, se figurant que c'était pour leur seul agrément que les villageois ne se bâtissaient pas, comme à Paris, de solides maisons en pierre, en fer et en ardoise, publia un arrêté interdisant de couvrir les demeures en chaume. Pour être juste, il eût fallu rendre un arrêté préalable ordonnant à chacun d'être riche au lieu d'être pauvre. Faute de cela, les campagnards, considérant que la tuile, fort pesante, nécessite des charpentes plus compliquées, et que l'ardoise est hors de prix, regardèrent l'édit préfectoral comme non avenu. De là, procès-verbaux et jugements de police prescrivant l'enlèvement des toitures élevées au mépris de l'ordonnance de l'autorité. Mais comme tout cela coûte, les contrevenants se trouvèrent de moins en moins en situation d'obéir, et quelques arrestations eurent lieu pour fait de résistance à l'exécution de ces jugements.

Il n'y avait pour eux que deux choses à faire : obéir ou résister. Obéir, pour les plus pauvres, cela revenait à laisser découvrir leurs maisons et à coucher à la belle étoile. Par malheur décembre régnait à son tour dans le calendrier, et l'on sait que l'hiver de 1854 s'est montré long et des plus rigoureux. C'était donc, pour leurs enfants, pour leurs femmes et pour eux, une mort affreuse, lente peut-être, mais inévitable.

Ils crurent n'avoir pas mérité la mort et résistèrent.

Au nombre de quatre ou cinq mille, ils marchèrent sur la ville, et, de vive force, délivrèrent ceux qu'on avait arrêtés. Puis, ayant rencontré le préfet et le général du département, ils s'en emparèrent et les gardèrent jusqu'au moment où, trois heures plus tard, ils se dispersèrent à l'approche d'un escadron de chasseurs (décembre 1854).

Ils n'en restaient pas moins coupables de s'être mis en rébellion contre l'autorité, et beaucoup, sans nul doute, encoururent des punitions. Puis, en dernière analyse, on changea le préfet, et son successeur rapporta le malencontreux arrêté.

C'est-à-dire qu'après les avoir punis, on a reconnu qu'ils avaient eu raison au fond, qu'ils avaient eu contre eux la loi, et pour eux la justice.

J'ai dit que rien n'était simple et uni comme la question des incendies.

Quant à ceux qui se rattachent plus ou moins directement au défaut de convenance des constructions, à la misère, je tâche d'indiquer, dans le cours de ce livre, avec les causes qui l'engendrent, les moyens de l'amoindrir tout au moins, si ce n'est de la faire disparaître, ce qui ne peut être qu'une question de temps. Mais il en est une, bien plus ordinaire et qu'il faut reconnaître : c'est la malveillance, c'est le crime. Le paysan, qui ne connaît pas le duel à outrance des hommes du monde, mais qui a, comme eux, ses passions, et qui en veut souvent *à mort* à quelqu'un de ses voisins ou au propriétaire qui le renvoie de sa ferme, ne pouvant s'en prendre à leur vie, s'en prend à quelque chose d'aussi précieux à son avis, à leur fortune : il incendie la grange de son voisin, il revient brûler la ferme qu'il abandonne.

Il s'agit donc de faire disparaître le crime.

La morale, la religion et les lois civiles y ont échoué, je le sais, et cependant il disparaîtrait facilement s'il était démontré à l'homme qui va le commettre, qu'il ne causera aucun préjudice à celui dont il veut se venger, tandis qu'il attire tout justement sur lui-même, au centuple, la ruine dont il menaçait son ennemi.

Mais reprenons les choses de plus haut, car la question est complexe, et, tout en faisant cesser les incendies, on rendrait du même coup bien d'autres services à l'agriculture.

L'une des causes qui mettent le plus sérieux obstacle à toute amélioration dans la culture de la terre, c'est l'anarchie et l'insolidarité qui y règnent, c'est l'absence de garanties, le défaut d'assurance et la dérisoire insuffisance des indemnités administratives. Le paysan se ruinera pour acheter de la terre, parce que la terre reste ; il ne sacrifiera rien pour améliorer ses cultures, parce que, quoiqu'il fasse, elles demeurent à la merci des éléments et de mille éventualités contre lesquelles il ne peut rien. Une paire de bœufs de 600 francs fonctionne à peu près aussi bien qu'une de mille, et, en cas de perte, le désastre sera moins lourd. Quand il aura semé l'argent à pleines mains sur ses champs, la gelée, la grêle, l'incendie ou l'inondation, ou seulement des sécheresses ou des pluies trop persistantes pourront anéantir ses espérances et le ruiner du coup : la prudence, mère de sûreté, conseille donc de ne rien risquer et de ne dépenser en fumures et amendements que le strict nécessaire.

Il y a, je le sais, des compagnies d'assurances, il y en a même beaucoup, il y en a trop. Aussi font-elles parfois faillite, et achèvent-elles ainsi la ruine du cultivateur, qui a payé pendant de longues années des primes inutiles, et qui, au moment du sinistre, n'a, contre la compagnie, de recours qu'un procès ruineux. Toutes ces compagnies sont formées dans un but industriel, dans le but avoué de gagner le plus d'argent possible, et d'en payer le moins que l'on pourra. L'unique affaire d'un directeur est de présenter à ses actionnaires de magnifiques dividendes, et il s'en est vu de si magnifiques, que ceux-ci, bien loin de songer à diminuer le chiffre de la prime ou la cotisation des assurés, faisaient sur l'heure les fonds d'une nouvelle compagnie, afin de pouvoir doubler ainsi leurs bénéfices. Elles ne protègent pas l'agriculture, elles l'exploitent, et c'est d'elles qu'on peut dire qu'elles la soutiennent comme la corde soutient le pendu. Et pourtant l'assurance est une bonne chose, indispensable même. Mais elle est livrée à la concurrence, à l'anarchie, à l'incohérence d'action. En un mot, il ne lui manque, comme à tout le reste, qu'une chose ; mais c'est la grande chose, ἐν μέγα, — l'organisation.

L'impôt foncier est une portion que chacun sacrifie de son revenu, pour être assuré et garanti de la libre jouissance du reste. L'assurance se propose le même but et n'a pas une autre définition. Elle est donc un impôt, elle ne peut être considérée comme autre chose, et par conséquent elle doit se confondre avec lui entre les mains de l'État. Je parle de l'assurance générale, unitaire, obligatoire, réalisation au matériel de la solidarité et de la fraternité prêchées au monde par le Christ il y a dix-huit siècles et demi. Cet impôt-là aurait le mérite d'être légitime, puisqu'en échange du sacrifice, l'individu aurait une garantie que l'impôt foncier ne lui donne nullement.

Je n'ignore pas que les économistes font leurs tours avec les statistiques, comme les escamoteurs font les leurs avec des gobelets. Il faut cependant y avoir recours, en attendant mieux, sauf à n'accepter leurs chiffres qu'avec quelque défiance. Les compagnies d'assurance à prime fixe ont perçu, à Paris seulement, 56 millions de 1819 à 1841, et le chiffre des sinistres ne s'est pas élevé, dans cet espace de temps, à plus de 8 millions. Les assurances rurales sont des bénéfices analogues ; ce sont autant de millions soutirés à la propriété foncière, pour le plus grand profit de quelques spéculateurs. La France est couverte de compagnies d'assurances de toutes sortes et contre toutes sortes de sinistres. Grâce à cette concurrence indéfinie, il faut un personnel d'agents immense et ruineux. L'État n'a point besoin de tout cela. C'est un impôt qu'il touche, comme les autres, par la main de ses percepteurs ordinaires.

Le chiffre des désastres fortuits qui ravagent annuellement la France est en moyenne de 76 millions, et, si les modes d'assurances mutuelles et à primes étaient généralisés, on payerait 390 millions pour couvrir ces 76 millions de perte. Ce seraient donc 314 millions jetés en proie aux spéculateurs, et qui seraient bien mieux entre les mains de l'État. Le bénéfice serait composé, car l'individu ruiné par un sinistre quelconque retombe à la charge de la société.

Maintenant, supposez l'assurance unitaire et obligatoire réalisée entre les mains de l'État, et voici ce qui arrive. Celui qui a mis le feu chez moi ne m'a pas causé le moindre préjudice, tandis qu'il s'est ruiné lui-même, puisqu'il reste passible de poursuites en remboursement : dans tous les cas, il contribue, grâce à la part qu'il paie dans l'assurance générale, à me couvrir de ma perte. De plus, il a en perspective, soit une mort ignominieuse, soit tout au moins le bagne. Croyez-vous qu'il se trouverait un homme pour jouer une telle partie ?

Il n'est nullement question dans tout ceci de porter atteinte à la production manufacturière et agricole, laissée tout entière et absolument à l'industrie privée. Seulement l'État pourrait s'emparer peu à peu de ce qui est service public, et rien de plus. De deux choses l'une : ou bien il n'a pas le droit d'avoir la poste, ou bien c'est son devoir de reprendre les autres services publics.

Pour ne pas renverser brusquement des positions acquises, et pour éviter d'avoir à payer aux industries dépossédées des indemnités impossibles à solder d'un seul coup, on se bornerait à faire tout d'abord, et en l'annonçant à l'avance, concurrence à ces spéculations. La concurrence est de droit commun. Un industriel peut ruiner, dans son intérêt privé, les industries rivales ; on a vu mille fois des faits de ce genre, dans les messageries, par exemple. L'État a bien le droit de faire, dans l'intérêt de tous, ce qu'un industriel fait chaque jour dans son intérêt personnel. Toutes les concurrences disparaîtront devant la sienne, peu à peu et sans perturbation sociale. Les compagnies qui ne liquideraient pas et voudraient soutenir une lutte impossible, n'auraient à s'en prendre qu'à elles-mêmes d'une ruine inévitable. Ce seraient des capitaux déplacés, sans nul doute ; mais où est le mal ? La spéculation et l'industrie surexcitées ont absorbé tout le numéraire, tandis que l'agriculture n'a ni crédit ni argent. L'État s'emparant des services publics tue la spéculation et fait refluer les capitaux vers l'agriculture, qu'il dégrève en même temps, grâce aux revenus qu'il se crée ; c'est un double bienfait, voilà tout. Il y aura quelques positions brisées, mais qu'y faire ? Qu'importe un intérêt particulier en présence des grands intérêts généraux, et où s'arrêter dans cette voie? A-t-on eu tort de renverser l'échafaud politique, et faut-il renoncer à l'espérance de voir disparaître la peine de mort, parce que les bourreaux ont une position acquise et que cela brise leur avenir? Quel est le progrès, quelle est la machine nouvelle dont l'introduction n'ait pas occasionné un instant de crise partielle et momentanée?

Tout cela a été dit et répété à satiété, développé et prouvé cent fois, et l'on ne fait rien, et l'on n'essaie rien. Faut-il dire pourquoi? C'est que ceux qui ont pouvoir et mission d'entrer dans la voie de ces grandes réformes financières qui sauveraient la société agonisante, ceux-là, en grand nombre, sont les mêmes qui profitent et vivent de ces abus. L'avocat et le notaire vivent des excès du morcellement agricole; le banquier profite des fonds qui ne vont pas à la propriété foncière. L'avocat, le banquier, le notaire, cette trinité puissante, ce Dieu en trois personnes de la société moderne, ne peuvent pas raisonnablement désirer la réforme des abus qui les enrichissent. De tout temps les louvetiers ont laissé vivre assez de loups pour que leur industrie ne fût pas enterrée dans la peau du dernier de ces quadrupèdes. Or, l'avocat, le banquier, le notaire, sont députés, ou font et défont les députés, qui font les lois.

CHAPITRE V.

Budget de l'agriculture. — L'usure dans les campagnes. — L'impôt du sang.

> « Il faut s'efforcer de rapprocher d'un état plus aisé cette classe nombreuse d'hommes que les lois sociales et l'empire de la propriété réduisent à des jouissances si circonscrites. »
> NECKER, III, 107.

« Qu'importe, dira-t-on, que la terre supporte, directement ou indirectement, presque tout le fardeau des contributions? Il y a, ou du moins il doit y avoir quelque part un ministre de l'agriculture, qui sans doute rend à la terre ce qu'il lui prend, répartit équitablement et selon les lois saintes de la solidarité, les ressources que l'impôt met entre ses mains, répand comme une rosée bienfaisante les encouragements, les primes et les récompenses, et ne prend aux cantons privilégiés que pour prodiguer à ceux qui sont maltraités par la nature. »

Pour nous édifier à cet égard, ouvrons, par exemple, le budget de 1846, et, au compte des dépenses, nous trouverons ces deux lignes, plus éloquentes que les plus gros volumes :

Encouragements à l'agriculture. . . . . . 900,000 fr.
Subvention aux théâtres royaux. 1,144,000

« Il n'y a pas longtemps qu'un ministre de l'agriculture, après avoir obtenu de la générosité des chambres une allocation de 300,000 francs destinés à encourager l'agriculture, venait se glorifier, comme d'une louable économie, de n'avoir su qu'en faire (1). »

Ce dernier était un jurisconsulte : l'autre, celui de 1846, était un fabricant de draps de Sedan retiré des affaires. On prend, d'habitude, un légiste pour faire un ministre de la justice, un marin pour faire un ministre de la marine, un soldat pour faire un ministre de la guerre : pour faire un ministre de l'agriculture, on prend le premier venu, pourvu que ce ne soit pas un agronome. Combien en est-il, de ces Triptolèmes improvisés, qui, placés en face d'un champ de blé barbu et d'un champ d'orge, ne les sauraient pas distinguer l'un de l'autre ?

On a colloqué, pour s'en débarrasser, l'agriculture dans le département ministériel du commerce, comme si leurs intérêts étaient identiques, tandis qu'ils sont très souvent diamétralement opposés ; comme si la grande nourricière du pays, l'industrie par excellence, celle dont les produits annuels

(1) Rapport de la Commission d'enquête sur le travail agricole et industriel (Décret du 25 mars 1848) pour les deux cantons du Puy (Haute-Loire), p. 42.

s'élèvent à 7 ou 8 milliards, qui paie les deux tiers de l'impôt, qui retient encore dans le camp du travail 20 millions de prolétaires et les empêche de passer dans celui de l'émeute, comme si celle-là ne méritait pas d'avoir un ministre pour elle toute seule.

Mais, si énorme qu'il soit, l'impôt du budget n'est rien auprès de l'impôt de l'usure.

Faut-il citer les statistiques et aligner les colonnes de chiffres? L'imagination se refuse à croire et recule effrayée. Le sol de la France est grevé, dit-on, d'une hypothèque de 15 milliards. Les plus modestes disent 13. Ce serait, au taux de 5 pour 100, un premier impôt de 750 millions. En admettant qu'en moyenne les obligations hypothécaires ne soient à renouveler que tous les cinq ans, ce serait, par année, 3 milliards de dettes hypothécaires à renouveler. Si le notaire prélève 1 pour 100 pour la quittance, 1 pour 100 pour le nouvel acte, c'est encore un impôt de 60 millions que la propriété foncière paie au notariat.

Parlerons-nous du petit prêteur d'argent des campagnes, qui se glisse à la suite du marchand de biens, ce démon tentateur du paysan, et dont naguères un curé de village exposait les manœuvres habiles (1)?

« Avez-vous observé l'araignée des jardins choisir, avec la sagacité d'un oiseleur, l'endroit où elle veut dresser ses piéges? Ordinairement c'est aux branches les plus élevées d'un lilas ou d'un rosier en fleurs qu'elle suspend le circulaire tissu de ses fils argentins. Là, sentinelle vigilante, placée au milieu de sa machine de guerre, elle attend avec une patiente férocité qu'une mouche, qu'un insecte, trop épris de l'éclat ou trop friand du nectar de la fleur, se jette étourdiment dans le filet tendu en s'élançant vers le séduisant objet. Au moindre ébranlement des fils, l'araignée se précipite sur

(1) M. Méthivier, curé de Neuville-aux-Bois (*Journal de Loir-et-Cher*, janvier, 1853).

sa proie, la saisit avec ses tenailles, l'enveloppe, la garrotte de mille liens, suce lentement toute sa substance, puis détache le cadavre épuisé et le jette au loin.

» Eh bien! cette barbare araignée est l'image adoucie du petit prêteur d'argent dans les campagnes.

» Le petit prêteur se pose le plus souvent au chef-lieu du canton rural, près du café en vogue, entre le cabinet de l'huissier et l'étude du notaire, au centre même des affaires délicates. Là, cette araignée à figure humaine, à l'aide d'un filet à mailles d'argent artistement tressé, enserre, enlace l'imprudent villageois, qui n'en sort qu'après y avoir laissé son champ paternel, la maison de ses ancêtres, les instruments de son travail, le linge de son armoire; alors le petit prêteur jette sa victime nue et affamée sur les grands chemins de la misère, du désespoir, et quelquefois du crime.

» Or toute l'habileté du petit prêteur consiste à arriver à la solution du problème suivant : En prêtant 900 francs à un villageois, trouver le moyen de lui enlever un bien de 9,000 francs, et de rester honnête homme aux yeux du code français.

» Voici la marche savante du petit prêteur pour résoudre ce difficile problème : à l'aide de trois opérations successives appelées *la bienvenue, la fausse alerte,* et *la surprise dont on ne revient pas,* le petit prêteur substitue, au lieu et place des enfants du villageois emprunteur, trois héritiers indirects qui partagent son bien, savoir : les hommes d'affaires, le gouvernement, et lui petit prêteur.

» 1° La bienvenue est une opération par laquelle un villageois est amené à souscrire, entre les mains du petit prêteur, une reconnaissance de 1,000 francs, quoiqu'il n'en reçoive que 700. Le tour est connu. Au villageois possesseur d'un bien-fonds, mais gêné et suppliant, le petit prêteur se montre compatissant; toutefois il lui déclare n'avoir point d'argent, et ne pouvoir s'en procurer que dans quatre jours, en empruntant lui-même. C'est donc au cinquième jour que le prêt s'effectue aux meilleures conditions, et que 1,000 francs, remboursables dans deux ans, intérêt au taux légal, sont généreusement versés à l'emprunteur. Il est vrai que sur ces 1,000 francs, le petit prêteur prélève, à l'instant même, pour éviter tout embarras à l'avenir, les intérêts futurs de deux années, à raison de 12 pour 100, taux débattu ; il prélève 50 francs qu'il a avancés pour trouver la somme qu'il prête ; il prélève le coût de l'acte, qui n'est pas fait et ne le sera jamais ; il prélève les frais d'enregistrement, etc., etc. Et par ces prélèvements divers, les 1,000 francs se réduisent à 700 francs que le villageois emporte, écus sonnants dans son gousset.

» 2° A la bienvenue succède la fausse alerte, seconde opération par laquelle le terme du remboursement étant arrivé, le prêteur engage l'emprunteur à rester tranquille, à ne point s'occuper de cette bagatelle, qu'on réglera plus tard. Puis, à six mois de là, il le prend au dépourvu et déchaîne à l'improviste l'huissier, qui ouvre un feu roulant d'avertissement, d'assignation, de commandement, de saisie, pour le forcer au remboursement. Le villageois éperdu accourt en tremblant auprès du petit prêteur ; la pensée qu'il va se présenter devant un homme courroucé, furieux, impitoyable, l'accable ; mais, ô surprise ! il le trouve avec un air affable, un visage riant, un cœur ouvert et une bourse prête à s'ouvrir encore. Il est même invité à déjeuner ; le vin vieux et la perdrix au choux achèvent de dissiper l'inquiétude et raniment la confiance : « Je ne veux pas, s'écrie le petit prêteur, en glissant un rouleau d'écus dans l'assiette de son convive, je ne veux pas laisser un ami dans la gêne ; puisque l'argent vous manque, ces 200 francs sont à vous et notre compte est facile à faire :

» Ancien prêt....................	1,000 fr.
» Six mois d'intérêts restés en arrière.....	120
» Frais de poursuite, d'après la petite note de mon huissier....................	150
» Pertes, peines, pas et démarches occasionnés par votre manque d'exactitude...........	130
» Plus 200 francs que je vous donne d'amitié, ci.	200
» En outre, pour le coût de l'acte à renouveler et autres formalités à remplir pour ma sécurité.	100
Total.....	1,700 fr.

» Écrivez : Bon pour 1,700 francs, approuvez l'écriture ci-dessus, puis signez lisiblement ; et toi, Jeanneton, sers-nous le café bien chaud. »

» Après la fausse alerte, qui est sans contredit l'opération fondamentale, tout rentre dans le repos pour un temps. Le billet souscrit dort dans le secrétaire du prêteur, il est en bonne forme ; de son côté, le villageois dort en paix dans sa maison, il a de l'argent ; mais le petit prêteur, lui, ne s'endort pas, il fait, à part soi, l'estimation des biens du villageois : « Tout compté, dit-il en lui-même, ils peuvent valoir
» 9,000 francs, mais, vendus en justice, leur prix s'élèvera
» à 6,000 : or, pour cet héritage de 6,000 francs, nous som-
» mes malheureusement trois têtes ; car le gouvernement,
» avec droits de toute espèce, emportera bien plus de
» 2,000 francs ; c'est une tête : les huissiers, les notaires et
» avoués feront pour 2,000 francs de frais, et formeront en-
» semble au moins une tête : et moi, avec mes 1,700 francs
» et quelques rallonges, j'atteindrai les deux autres mille
» francs, et je serai la troisième tête ; c'est justement l'affaire.
» Allons ! mettons les fers au feu, il en est temps ! »

» 3° Alors commence la brusque, la finale opération nommée la surprise dont on ne revient pas Les hommes d'affaires se jettent sur la propriété de l'emprunteur, et pendant cinq mois ils la mettent en pièces avec ces griffes puissantes dont les a armés le code de procédure. Enfin, quand tout est dévoré, le villageois s'en va je ne sais où avec sa femme en pleurs et ses jeunes enfants sans pain. Mais le petit prêteur, devenu plus riche, devient, par cela même, aux yeux des campagnards, un personnage plus important et plus honorable ; il est donc nommé membre du conseil municipal, membre du jury, membre du comité local de l'instruction primaire, officier de la garde nationale, répartiteur, etc., etc. Sa voix est prépondérante dans les affaires de la commune, elle est aussi déterminante dans les affaires des particuliers ; car il conseille avec préméditation et pour cause, à celui-ci de bâtir en grand, à celui-là d'acheter des terres, à cet autre de saisir au passage une belle affaire, promettant à chacun amitié, et surtout argent au besoin..... »

« L'agriculteur, lisons-nous dans l'enquête agricole rédigée dans la Haute-Loire pour répondre à l'intelligent décret du 25 mars 1848 ; — l'agriculteur emprunte bien rarement pour améliorer ses cultures ; la soif de propriété à laquelle souvent il sacrifie présent et avenir, le pousse à des acquisitions nouvelles qu'il ne peut payer, qu'il ne pourra pas conserver, et pour lesquelles il obère d'une manière quelquefois irréparable son patrimoine primitif. Ainsi, le cultivateur, même aisé, n'emprunte lui-même que sous le poids d'une contrainte impérieuse et pressante. Ce n'est donc que par exception, pour ainsi dire, qu'il trouve, à des conditions honnêtes, les capitaux dont il a besoin. Quant au petit cultivateur, il n'est pas de taux usuraire que ne puisse atteindre, par des combinaisons successives, le prêt qu'il est réduit à implorer comme un bienfait (1).

(1) En voici un exemple :
« A l'une des dernières audiences du tribunal correctionnel de Strasbourg, le nommé Apollinaire Meyer, cultivateur à Seppe-le-Bas, a été condamné à 2,000 francs d'amende et aux dépens, pour habitude d'usure. Meyer ne se con-

» L'usure est dans ce pays un métier honteux, mais actif, qui se cache sous quelque autre industrie. Le prêt sur gage est un vol permanent et presque toujours insaisissable. L'agriculteur trouve rarement un intermédiaire pour arriver au capitaliste honorable ; mais il est fréquemment circonvenu par le mandataire gagé de l'usurier, mandataire qui reçoit des deux mains.

» La durée ordinaire de l'emprunt, en de telles conditions, est fort courte. Le terme de l'échéance est fixé, non d'après la convenance de l'emprunteur, mais souvent au contraire, en raison d'un calcul du prêteur fondé sur les sacrifices par lesquels le débiteur, impuissant à payer, achètera une prolongation d'échéance. Enfin, le remboursement, défavorable comme l'opération entière à l'emprunteur, doit presque toujours être de la totalité de la dette ; mais, par des accommodements écrasants, le débiteur obtiendra parfois qu'un à-compte soit accepté.

» Toutefois, grâce à l'imprévoyance de l'un, à l'âpreté de l'autre, ce résultat n'a point lieu sans que des frais de procédure aient déjà été faits, ce qui accroît d'autant les charges formidables de l'emprunt.

» Que si la somme prêtée est considérable, si le cultivateur ne sait se résigner à temps à vendre une partie de son bien (et ce sacrifice coûte beaucoup à l'orgueil du paysan), débordé par les intérêts et les frais de courtage, d'atermoiements dérisoires, de commencements de poursuites, etc., notre homme courbera de plus en plus la tête, jusqu'au jour où il sera dévoré par son impitoyable auxiliaire, c'est-à-dire exproprié par l'usure.

tentait pas de prêter à 10 pour 100 en moyenne, il prélevait encore une rente en nature sur ses nombreux débiteurs. L'un d'eux a déposé que, même pour obtenir de l'argent à ce taux ruineux, il avait dû s'engager à payer au sordide prêteur une redevance hebdomadaire d'une livre de viande pour son pot-au-feu du dimanche ; plus, le lundi, des pieds de bœuf en vinaigrette, pour se remettre des fatigues de la veille. » — *Journal des Débats*, 18 juillet 1853.

» L'humeur processive mène le plaideur, chargé de frais, chez l'usurier ; l'usure jette le débiteur à la porte de sa propre maison. »

Ne doit-on pas porter encore au compte du passif de l'agriculture toute cette vaine paperasserie, tous ces actes infinis, enfants multipliés du morcellement agricole, — contrats de vente, d'échange, de mutations, de donations, de testaments, etc.? N'est-ce pas elle aussi qui nourrit, du moins pour la meilleure part, ces nuées d'avocats qui pullulent comme les sauterelles en Égypte ; elle encore qui rembourse ces études d'avoués, d'huissiers, de notaires, d'agents d'affaires, dont le prix monte et grandit dans des proportions effrayantes ?

Quel trésor ne faut-il pas que Dieu ait caché dans la terre, pour qu'elle résiste et lutte encore au milieu de toutes ces plaies qui la déchirent et la rongent à la fois !

Il est encore un autre impôt qui tend de plus en plus à peser exclusivement sur l'agriculture : je veux parler de l'impôt du sang. Le peuple des villes, des grands centres manufacturiers surtout, devient d'année en année plus impuissant à fournir au recrutement son contingent de conscrits. C'est la campagne qui livre à l'armée les premiers-nés de ses enfants, les plus forts et les meilleurs. Et quand ils ont passé sept années dans l'oisiveté des villes de garnison, il en est bien peu qui rentrent au village, qui reprennent la bêche ou la charrue paternelle.

La loi affirme que tous les citoyens contribuent à toutes les charges de l'État en proportion de leur fortune. Est-ce que l'ouvrier des champs qui donne les sept plus belles années de sa vie à la défense de la patrie, qu'il ne connaît que par l'impôt et la conscription, et de la propriété, qu'il ne possède pas, ne paie pas plus cher que le fils du riche qui s'affranchit de cette dette moyennant la somme de 6 ou 800 francs (1) ?

(1) Ces pages ont été écrites en 1850, pour compléter un travail couronné

Ici le mal, au lieu de s'amoindrir, a grandi dans des proportions inouïes. Au moyen âge, alors que l'on était chaque jour à la veille de la lutte, le manant, appelé par l'arrière-ban sous la bannière de son sire, retournait à sa charrue dès que la bataille avait été livrée, et le fléau de la guerre cessait avec la guerre elle-même. On ignorait alors cette incroyable théorie de la paix armée, qui continue au milieu de la tranquillité la plus complète et du calme le plus absolu tout le fardeau accablant de la guerre (1). Même aux derniers jours de la monarchie absolue, à une époque où l'on regardait l'antagonisme des hommes et des peuples comme l'état normal et providentiel de la race humaine, 10,000 recrues, d'ordinaire enrôlées presque exclusivement dans les villes par les racoleurs, et pour six années seulement, suffisaient à maintenir l'armée au chiffre de 60,000 soldats (2). Aujourd'hui, que l'on commence à comprendre que ces immenses égorgements font honte à la raison humaine (3), que les peuples ne veulent plus de la guerre, qu'ils reculent devant ses maux, et que ses chances ont diminué à mesure que le nombre des dominateurs s'est amoindri et que l'absolutisme des souverains a perdu du terrain ; aujourd'hui, après trente années de paix et lorsque le temple de Janus est à la veille d'être muré pour toujours, il faut chaque année à la

en 1847 par l'Académie de Nantes, et à une époque où nul ne songeait à la guerre. J'ai cru ne pas devoir les modifier.

(1) « Si, afin d'être fort, on entretient pendant la paix assez de soldats exercés pour être en état de faire la guerre, on ruine ses finances et l'on détruit les premiers éléments de la force. » — Le général Paixhans, *Observ. sur la loi de recrutement de l'armée.*

(2) « Il y a 60,000 hommes au milieu de la France, et l'engagement est de six ans : ainsi chaque année 10,000 deviennent miliciens par l'effet du sort. » — Necker, I, 30.

(3) « Toutes les guerres sont des guerres civiles : chacun doit infiniment plus au genre humain, qui est la grande patrie, qu'à la patrie particulière dans laquelle il est né. » — Fénelon, *Dialogue des morts.*

France, pour alimenter une force armée de 400,000 hommes, 60 à 80,000 conscrits enrôlés pour sept années.

« Une maladie nouvelle s'est répandue en Europe, disait Montesquieu dans un temps où l'armée s'élevait au huitième environ de ce qu'elle est aujourd'hui ; elle a suivi nos princes, et leur fait entretenir un nombre désordonné de troupes. Elle a ses redoublements, et elle devient nécessairement contagieuse. Car sitôt qu'un État augmente ce qu'il appelle ses troupes, les autres soudain augmentent les leurs, de façon qu'on ne gagne rien par là, que la ruine commune. Chaque monarque tient sur pied toutes les troupes qu'il pourrait avoir si ses peuples étaient en danger d'être exterminés, et l'on nomme paix cet effort de tous contre tous (1). Aussi l'Europe est-elle si ruinée, que les particuliers qui seraient dans la situation où sont les trois puissances de cette partie du monde les plus opulentes, n'auraient pas de quoi vivre. Nous sommes pauvres avec les richesses et le commerce de tout l'univers ; et bientôt à force d'avoir des soldats, nous n'aurons plus que des soldats, et nous serons comme des Tartares. » (XIII, 17.)

« Si l'on a, dit-il ailleurs, un corps de troupes permanent et où les soldats soient une des plus viles parties de la nation (2), il faut que la puissance législative puisse le casser sitôt qu'elle le désire; que les soldats habitent avec les citoyens, et qu'il n'y ait ni camp séparé, ni caserne, ni place de guerre. » (XI, VI.)

Ce n'est point là, bien au contraire, la situation qui est faite parmi nous à l'armée. Aussi est-ce avec un sens très profond que l'auteur des *Saisons* disait au siècle dernier : « Les

---

(1) « Il est vrai que c'est cet état d'effort qui maintient principalement l'équilibre, parce qu'il éreinte les grandes puissances. »

(2) Le mot *viles* s'applique simplement ici aux prolétaires, à ceux qui n'ont pas de biens pour répondre de leur conduite.

armées menacent autant les lois, le prince ou la liberté, qu'elles rassurent le citoyen contre l'étranger (1). »

Ce que Montesquieu demandait de substituer aux armées permanentes, ce sont, on le voit, les gardes nationales : nous les avons, mais par surcroît, et sans préjudice de 400,000 hommes de troupes régulières.

Ainsi voilà 400,000 individus jetés violemment en dehors des saintes lois de la famille et condamnés au célibat dans l'âge où Dieu ordonne à l'homme et à la femme d'abandonner père et mère pour vivre ensemble et pour donner des enfants à la société (2), mais qui, tiraillés par ces deux lois contraires, ne pouvant ni ne devant se fixer nulle part, vivant en dehors, en oiseaux de passage et partout étrangers sur le sol de la France, promènent par tous les départements la débauche, pour rapporter au pays de hideuses maladies qui vicient dans leur germe les générations de l'avenir.

Certes, l'homme de guerre n'est plus à cette heure, comme il l'était sous l'ancienne monarchie, l'ennemi-né du manant, le persécuteur implacable du paysan qui le nourrit (3). Les grandes guerres de la république, en faisant du soldat un citoyen armé, lui ont appris ce que c'était que de se battre pour l'indépendance et la gloire de la patrie, et non plus pour que le nom du souverain s'élève et grandisse dans l'histoire (4). Et pourtant l'armée n'est pas moins fatale aux campagnes qu'elle l'était alors, car ce qu'elle ne prend plus par le vol et

(1) Saint-Lambert, ch. Ier, notes.
(2) Saint Marc, X, 6 ; — Saint Paul, Ire aux Corynth., VII, 2 ; — *Genèse*, II, 25.
(3) « Jusqu'ici, écrivait Voltaire, on n'a fait marcher des armées que pour dévaster des villages, pour voler des bestiaux et détruire des moissons. » — Lettre du 30 septembre 1767.
(4) « Sans doute, du milieu des combats et des destructions, du milieu de ces monceaux de cendres où la flamme a réduit des villes florissantes, du fond de cette terre où des armées entières sont ensevelies, un nom s'élève et paraît dans l'histoire, et c'est celui du souverain qui, pour assouvir ses idées de gloire, a commandé ces ravages et voulu ces désolations. » — Necker, III, 440.

par le pillage, elle le prend par l'impôt, elle le prend par la conscription et le recrutement, elle le prend par la remonte, qui prive l'agriculture de ses chevaux que la charrue réclame. Aujourd'hui le budget de la guerre, qui absorbe les millions par centaines, ressemble un peu trop à Gargantua, qui humait le lait de 17,913 vaches, et menaçait d'avaler les nourrices avec leur lait; si bien que la France énervée n'a plus de force que pour bâtir des casernes, et que la campagne, après de longues années d'attente, doit se contenter pour église d'une hideuse grange nue surmontée d'un clocher ridicule, au lieu de ces cathédrales qui jadis, en dépit de la misère générale, sourçaient du sol, portant vers le ciel les espérances des hommes, et qui font encore l'admiration du touriste dans un plus grand nombre de nos plus pauvres villages.

CHAPITRE VI.

Félicités champêtres. — Plaisirs intellectuels. — L'enseignement primaire. — L'enseignement agricole. — Ignorance absolue.

> « Les écoles sont, comme l'administration, la dette de l'État. »
> DE CORMENIN, 50.

De tout temps, les poëtes, les philosophes et les moralistes ont vanté les charmes de la vie champêtre, les plaisirs vrais et sans mélange du village, les mœurs naïves et pures des simples paysans. Hôtes obstinés des villes, ils ont placé aux champs tout ce qui manquait autour d'eux, les biens de tout genre, les vertus de tout ordre, les félicités de toute espèce; et je ne sache pas qu'ils aient jamais été vérifier sur les lieux la réalité de leur éternelle paraphrase de ce vers célèbre :

> O fortunatos nimium, sua si bona nôrint,
> Agricolas!

Toutefois est-il à remarquer que déjà du temps de Virgile

les villageois s'obstinaient à ne pas comprendre leur bonheur ; de nos jours ils émigrent de toutes leurs forces vers les villes, et, devenus citadins, refusent jusqu'à la mort de retourner jouir des douceurs du hameau (1). Or, j'avoue que des jouissances dont les bénéficiaires ne s'aperçurent jamais, qu'ils fuient de toutes leurs forces, et qu'évitèrent toujours ceux qui les ont exaltées avec une si unanime persévérance, ne me paraissent acceptables que sous bénéfice d'inventaire.

C'est donc cet inventaire que je veux dresser ; je veux, après avoir parlé principalement jusqu'ici des intérêts matériels du paysan, voir la question d'un point de vue plus élevé, et, laissant pour ce qu'elles valent les brillantes tirades des écrivains, demander compte à la ville et à la campagne, l'une de l'attraction, l'autre de la répulsion qu'elles exercent sur l'homme. Je n'ai point d'ailleurs à examiner ici si les misères de la vie des champs s'échangent à la ville contre autant de félicités, si le paysan qui déserte son clocher modeste pour les tours splendides des temples et des palais des grandes villes, obéit aux illusions d'un mirage trompeur, et

(1) « Nous avons déjà dit que beaucoup d'ouvriers agricoles abandonnent leur travail habituel pour celui des manufactures, et que *jamais*, au contraire, on ne voit les ouvriers industriels quitter le leur pour celui des champs.

« ..... A une époque d'horrible misère qui désolait la ville d'Amiens, et quand les administrations de charité y assistaient régulièrement quatorze mille pauvres, un riche propriétaire des environs, M. de Rainneville, qui venait de construire des chaumières et des étables au milieu de son domaine, fit annoncer qu'il traiterait avec des familles d'ouvriers et leur ferait toutes les avances nécessaires à leur nouvel établissement. *Pas une seule* de la ville ne se présenta, et pourtant un grand nombre d'entre elles n'avaient pas perdu la tradition de la vie des champs. » — Villermé, *Tableau de l'état physique et moral des ouvriers*, 289, 309. — Voy. aussi *Bulletin des colonies agricoles françaises*, et *Annales de la charité*, n°ˢ 2 et 3, 65 et 66.

Du reste, ce phénomène déplorable de l'émigration des campagnes vers les villes n'est pas, comme on semble le croire, un fait moderne et sans précédents. Je le trouve signalé au siècle dernier par l'historien de la Rochelle : « Des essaims champêtres fondent du milieu des campagnes dans nos cités, et ne refluent *jamais* des cités dans les campagnes. » — Arcère, II, 483.

si l'espérance qui le pousse ne le brisera point dès les premiers pas à l'angle aigu de quelque déception. Le villageois est semblable à l'enfant crédule et sans intelligence de la ballade allemande, et la fée enchanteresse de nos cités qui murmure à ses sens de séduisantes promesses, qui fait étinceler à ses yeux les faux brillants de son écrin magique, l'attirera toujours facilement vers l'abîme.

Le bonheur est le but de la vie humaine. L'un des plus éloquents écrivains du christianisme, de cette religion qui a prêché le renoncement et divinisé la souffrance, saint Augustin lui-même le reconnaît : *Nulla est homini causa philosophandi, nisi ut beatus sit*, dit-il. Or, qu'est-ce que le bonheur, sinon l'exercice, la satisfaction des passions, des penchants, des besoins natifs et légitimes de l'homme, dans les limites des restrictions de la raison, du droit et de la morale? Voyons donc quelle est la vie, celle des champs ou de la ville, qui garantit à l'homme le plus grand développement de son intelligence, de son cœur et de ses sens; celle enfin qui, ménageant un plus noble essor à chacune de ces trois faces de sa nature, l'approche le plus de ce degré de perfection relative auquel il tend sans cesse, et vers lequel il marche avec une prudente et persévérante lenteur.

Quels sont les plaisirs intellectuels que la société offre et garantit au paysan au milieu du XIXe siècle, et dans le pays le plus civilisé du monde? La source de ces ineffables jouissances de l'esprit se cache au sein des sciences et des arts. Est-ce au village ou à la ville que sont les bibliothèques, les musées, les théâtres (1)?...

Les bibliothèques? Mais le paysan ne sait pas lire, et vraiment c'est une honte quand on songe que le dernier des mé-

(1) « Quand on sort d'une ville où il y a un bon théâtre, des bibliothèques publiques, des musées, etc., qui est éclairée au gaz jusqu'à minuit, et dont les voies publiques sont parfaitement pavées et entretenues, et qu'on arrive dans un village par des chemins tout à fait impraticables, qu'on ne trouve

tiers, je veux dire celui qui est le moins rétribué, c'est celui de maître d'école de village, et que le peuple qui paie le moins ceux qui instruisent le peuple, c'est la France !

Presque aussi modeste, en effet, que le budget de l'agriculture, celui de l'instruction publique s'élève à peine à 18 millions, tandis que le budget répressif, celui qui a le bourreau pour pivot, ne monte pas à moins de 40 millions.

Oh ! quelle nation serait la France si, pendant les trente-cinq années de paix qu'elle a traversées, elle avait donné à la culture matérielle et à la culture intellectuelle, à l'agriculture et à l'instruction, les 400 millions dépensés chaque année à entretenir des armées inutiles ?

Chose étrange ! l'homme n'acquiert le plein développement de ses facultés qu'à la condition de recevoir une éducation intelligente et appropriée à ses facultés particulières. Il semble alors que chacun devrait être garanti de recevoir cette éducation qui seule lui permettra d'arriver au rang proportionnel auquel il est appelé par les facultés plus ou moins éminentes dont le créateur a déposé le germe dans son sein. Il n'en est rien. L'éducation n'est pas un droit, c'est un accident ; elle est monopolisée au profit de la richesse. Celle-ci peut parfaitement vivre sans travail, et elle reçoit dans toute son étendue le bienfait de l'éducation ; dans une étendue telle, que l'individu, destiné à vivre, en moyenne, de trente à trente-deux ans, en passe vingt-cinq à s'instruire, vingt-cinq avant de pouvoir occuper la plupart des fonctions, avant de rien produire.

Les classes laborieuses, manufacturières, et surtout agricoles, s'élèvent au hasard. Destinées à vivre de leur travail, le travail ne leur est point enseigné, ni garanti. Elles ont,

dans ce malheureux village aucune ressource, on conçoit que l'homme qui veut le bien de son pays fasse des vœux pour qu'on s'occupe un peu plus de nos campagnes. » — A. Jaunez, agriculteur de la Moselle, *Journal d'agriculture pratique*, 5 novembre 1854, 368.

pour vivre, plus besoin que les autres d'être instruites, la production repose sur elles ; et elles restent dans l'ignorance.

Il est de curieuses révélations dans un livre officiel écrit par M. Lorain, ancien recteur de l'Académie de Lyon. Il résulte de son *Tableau de l'instruction primaire*, que parfois l'école du village est presque une écurie, et que le magister est moins payé qu'un valet de ferme. « Il va le dimanche mendier à chaque porte, le bissac sur le dos... Il tend la main pour recevoir la récompense de ses peines, et quelle récompense!... des pois !... Il n'est pas toujours bien venu à réclamer dans un ménage son petit lot de pommes de terre, parce qu'il fait tort aux pourceaux... L'instituteur est souvent regardé dans la commune sur le même pied qu'un mendiant ; entre le pâtre et lui, la préférence est pour le pâtre ; les maires, quand ils veulent lui donner une marque d'amitié, le font manger à la cuisine... »

La situation s'est-elle améliorée depuis dix à douze années que ces lignes sont écrites ? A-t-on marché en avant, est-on en voie de progrès, y a-t-il au moins quelque chose à espérer dans l'avenir ?

Voici en quels termes le journal *la Liberté*, de Lille, résumait en octobre 1853 le rapport annuel publié par le conseil académique de Douai :

« Nous y voyons qu'il reste bien des améliorations à introduire dans ce service si important de l'éducation populaire, et que c'est moins à la pauvreté des communes qu'à l'apathie inconcevable de bien des parents, à l'obstination peu éclairée de certains conseils municipaux, et même parfois à la négligence des instituteurs.

» Ainsi, nous avons encore près de 40,000 enfants des deux sexes privés de toute instruction, et livrés en grande partie au vagabondage ou à la mendicité ; 331 communes qui n'ont que des écoles mixtes, où l'instruction et l'éducation des filles sont presque toujours sacrifiées par l'instituteur à celle des garçons ; 25,000 élèves désertent complétement les écoles en été ; 238 écoles communales notées comme médiocrement tenues et 78 mauvaises.

» Depuis le 1ᵉʳ octobre 1852 jusqu'au mois d'août dernier, 33 instituteurs communaux ont été réprimandés ; 10 ont subi la peine de la suspension ; 10 ont été révoqués.

» Sous le rapport de la situation matérielle, il n'y a pas moins à faire. Plus de cent écoles publiques sont mal disposées ; environ deux cents n'ont qu'un mobilier en mauvais état ; trente-neuf n'en ont pas. Dans un pareil état de choses, que deviennent la discipline, l'ordre, la propreté? Quant aux progrès, il n'y a pas à en parler ; et comment veut-on que les enfants prennent avec plaisir le chemin de l'école et s'y trouvent bien, quand elle se présente à eux sous l'aspect plutôt d'une prison que d'une maison bien tenue, commode et suffisamment vaste?... »

Passons dans une autre partie de la France :

« Il faut savoir le dire sans honte, lisons-nous dans l'enquête agricole que nous avons déjà citée ; le département de la Haute-Loire est, en général, cruellement pauvre et profondément ignorant... L'instruction, nous ne devons pas nous lasser de le répéter, est horriblement en retard. » (9, 34.)

Voici maintenant le Tarn et l'Aveyron :

« Ils s'inquiètent fort peu de l'éducation de leurs enfants ; ma commune souffre et paie depuis près de vingt ans un instituteur qui n'a jamais appris à écrire lisiblement, ni même à lire couramment à aucun de ses élèves (1). »

« Il y a, dit l'auteur des *Entretiens de village*, des départements où, sur 100 conseils municipaux de village, 60 ont, dans l'origine, refusé de voter un instituteur. En 1841, 3,669 ont refusé toute contribution, et il a fallu les imposer d'office. » (16.)

---

(1) Rouvellat de Cussac, 12.

L'auteur eût pu ajouter que la plupart de ceux qui votent des fonds pour l'école ne s'y résolvent que précisément parce qu'ils savent qu'ils ne peuvent faire autrement, et que les préfets ne seraient pas arrêtés par leurs refus.

Constatons qu'il a été, depuis peu, apporté quelque amélioration dans la situation de l'instituteur. Il n'a plus de rapports directs, de relations humiliantes avec les parents, qui paient les mois d'école entre les mains du percepteur. Mais, s'il y a gagné en indépendance et en dignité, l'enseignement y a perdu dans la même proportion. Avec le percepteur, il n'y a plus de marchandage, plus de compromis à espérer, rien à rabattre. Tout mois commencé doit être intégralement acquitté. Or, comme on a encore besoin des enfants au commencement de novembre, et qu'il y a de l'ouvrage pour eux dans les champs au milieu de mars, ils ne fréquentent plus l'école qu'en décembre, janvier et février (1). Trois mois d'études contre neuf de vacances !

L'instituteur, qui a tant de loisirs, ne peut plus, comme il y a quelques années, tenir boutique et monter un petit commerce qui lui permette d'augmenter son modeste avoir. On lui a fait une position de paria, on l'a isolé comme un lépreux, on le tient éloigné du reste de la population, comme si l'on redoutait pour les paysans le contact de tout ce qui est moins ignorant qu'eux ; et dans les communes où ceux-ci ont organisé des sociétés, de modestes cercles pour échapper aux séductions du cabaret ou aux entraînements du braconnage, véritable plaie depuis que le prix élevé des permis de chasse ne leur permet plus de tuer légalement le gibier (2), on a interdit au maître d'école d'en faire partie. Si bien qu'après avoir promené quelque temps son ennui par les routes boueuses

---

(1) Dans ma commune, où 24 enfants sont inscrits pour suivre gratuitement les deux écoles de garçons et de filles, il n'y avait, au 1ᵉʳ novembre dernier, que 16 élèves en tout à les suivre, payants et non payants.

(2) C'est en partie à cette loi aristocratique que l'on doit la rapide dispari-

du village, désœuvré, découragé, et s'apercevant qu'il n'a jamais rien appris à personne, il quitte la partie, et jette, comme tout le monde, des regards d'envie vers la ville, où il finit par obtenir quelque modique fonction avec laquelle il pourra vivre enfin en homme au milieu des hommes.

Autrefois les conseils municipaux dressaient les listes des enfants des deux sexes admis à suivre gratuitement les écoles. Il est bien évident qu'eux seuls, connaissant les ressources et les besoins de chacun, pouvaient le faire utilement. On leur a retiré ce privilége pour le transporter aux préfets, qui, sans connaître, même de nom, les communes de leur département, font comme ils le peuvent cette besogne. Les préfets, c'est vrai, sont plus sobres d'admissions que ne l'étaient les conseils municipaux. C'est là un résultat bien triste, et dont on peut gémir.

Du reste, il faut bien reconnaître que ce résultat, le paysan le provoque et l'appelle de tous ses vœux. C'est le propre de l'excessive souffrance d'ôter jusqu'au sentiment de la douleur. Le paysan est plongé si avant dans les ténèbres de l'ignorance, qu'il ne souhaite même plus la lumière ; le flambeau qui l'éclairerait lui semble un incendie, il le repousse, il souffle, il crache dessus, et l'éteint de toutes ses forces. Il est aveugle, il est sourd, il est muet, car n'est-ce pas être tout cela que de ne pouvoir s'initier aux pensées de son semblable, ni de pouvoir lui traduire la sienne !

---

tion du gibier. Toutes les fois que le paysan rencontre un nid de cailles ou de perdrix, il l'écrase avec colère sous son large pied : « Puisqu'on ne veut pas que je chasse, dit-il, personne ne chassera. »

Il y a encore ici un autre abus : Si l'on prend un permis de chasse à la ville, et c'est le cas le plus ordinaire, la ville bénéficie des 25 francs qu'il coûte; si l'on agit autrement, la commune dans laquelle on le demande garde 10 francs, et le percepteur n'en garde que 15. C'est la campagne qui nourrit le gibier, c'est en broyant les chaumes, ou même en égrenant le raisin des vignes, qu'on le poursuit et qu'on le tue, et c'est la ville qui absorbe presque la totalité du rendement de l'impôt de la chasse.

On abuse cruellement contre le villageois de cette dangereuse ignorance. Je n'en citerai qu'un exemple.

Il est encore à cette heure, et à ma connaissance, plus d'un village où les curés, en dépit du salaire qu'ils reçoivent de l'État, ont illégalement maintenu, à leur usage personnel, la dîme et la corvée. Ils ont un rôle, dressé par eux, sur lequel chaque métayer est porté, qui pour 5, qui pour 10, qui pour 15 francs, plus ou moins, et le tout est acquitté sans hésitation et sans murmure. Ceci est indépendant de la glane, contribution volontaire et juste, pour l'entretien d'un vicaire. Si le curé a besoin de charrois pour des travaux à faire à l'église, au presbytère, ou pour ses besoins personnels, il annonce le dimanche au prône qu'un tel aura à fournir tel jour, sa personne, ses bœufs ou sa charrette, et, toute affaire cessante, on se rend à son appel. Les maires, les conseillers d'arrondissement et généraux, les députés ont connaissance de tous ces abus; mais ni maires, ni conseillers, ni députés n'oseraient souffler mot sur tout cela, bien persuadés qu'ils seraient désignés à la haine des paysans comme étant leurs ennemis obstinés, et qu'ils ne seraient pas réélus à leurs fonctions. Or la grande affaire, pour un homme en place, est de garder sa place. Ils sont les mandataires d'un troupeau complaisant qui, ayant à mettre à sa tête un loup ou un chien de garde, se jettera tant qu'on le voudra, et tête baissée, dans la gueule du loup (1). Il faut donc se faire quelque peu loup avec lui, sous peine d'être honteusement chassé de la bergerie comme un chien infidèle.

Vous multiplierez les écoles, vous rendrez l'enseignement gratuit : mais vous n'aurez rien fait, rien, tant que vous n'aurez pas changé les conditions de l'existence de cet homme

---

(1) On n'a pas eu beaucoup de peine à persuader aux gens de la campagne, en 1848, que Ledru-Rollin avait mis dans sa poche tout l'argent du fameux impôt des 45 centimes, et qu'il vivait publiquement avec deux filles de joie, l'une nommée *Marie*, et l'autre *la Martine*, — **la femme à Martin**.

qui, courbé et abruti sur son sillon à toutes les heures de tous les jours de toute sa vie, arrive à la fin de sa carrière aussi ignorant et à peu près aussi misérable qu'au début. Il faut, en morcellement, un enfant pour conduire le troupeau de moutons, un enfant pour surveiller la bergerie d'oies, un enfant pour la couvée de dindons, un enfant pour mener la vache aux champs, un enfant pour le cheval, qui va perdre son fumier par les vagabondes promenades de la vaine pâture : et notez que je cote tout au plus bas. J'ai vu hier trois enfants de dix ans qui gardaient deux vaches : l'une d'elles était dans le champ du voisin, mais ce n'était la vache d'aucun des trois gardiens, et pas un ne se dérangea de son jeu pour la remettre dans le sentier du devoir et du respect de la propriété. Il est donc indispensable que l'enfant quitte l'école en mars, il faut que son intelligence se rendorme quand la nature se réveille, quand l'herbe pousse et quand oies et dindons éclosent. — Ignorant, il faut enfin qu'il reste ignorant.

Les Scythes aveuglaient leurs esclaves dans la crainte qu'ils ne cherchassent à leur échapper : il semble qu'un motif analogue nous pousse à entretenir le paysan dans un état de cécité intellectuelle absolue. Mais nous sommes victimes de notre propre égoïsme, nous entretenons dans notre sein un ennemi qui nous hait et nous jalouse, qui nous impose sa volonté, qui nous arrête quand il faudrait marcher, qui entrave la fécondité de la terre, s'oppose à la richesse et au bien-être de tous. Le barbare n'est pas à nos portes, il est dans nos murs : car qu'est-ce que le barbare, sinon l'homme qui ne sait pas lire, qui ne sait pas écrire, l'aveugle intellectuel !

Savez-vous, par exemple, pourquoi, depuis quelques années, des maladies inconnues frappent tour à tour la pomme de terre et la vigne, en attendant qu'elles atteignent le blé ; pourquoi l'équilibre climatérique est rompu, pourquoi le printemps n'existe plus que dans le cerveau des poëtes, pourquoi il n'y a plus que deux saisons, l'été, qui dure trois mois, et l'hiver, qui en dure neuf? Les savants écrivent et disputent là-dessus sans s'entendre; le premier paysan venu vous expliquera que cela tient aux chemins de fer et à ce panache de fumée noire et mortelle qu'ils secouent par les campagnes qu'ils traversent. Aussi verrez-vous au premier jour une jacquerie contre les chemins de fer.

Qui sait si ces criminelles entreprises si souvent répétées, ces pierres, ces poutres posées sur les rails, et qui compromettent chaque jour des centaines d'existences, qui sait si tout cela n'est pas le fruit de cette persévérante ineptie du paysan en démence?

J'ai vu se passer presque sous mes yeux ce que je vais raconter, et ceux qui faillirent en devenir les victimes étaient de ma famille.

C'était un de ces jours de marchés annuels qui attirent pour quelques heures dans une petite ville une immense population accourue de tous les villages situés dans un rayon de cinq à six lieues. Le choléra régnait et répandait de l'inquiétude dans les cités voisines. Un collégien en vacances fit partir sur la grande route quelques fusées, et aussitôt les spectateurs de s'écrier d'une voix unanime qu'il jetait le choléra dans le pays. On se précipite, on force le domicile, l'enfant et son père s'esquivent, et, par bonheur peut-être, l'émeute ne trouve en face d'elle que deux femmes pâles et tremblantes, la mère et l'aïeule de l'enfant, qui se virent traînées par la foule en furie jusqu'à la ville, à trois ou quatre kilomètres de là, auprès du juge de paix, qui n'eut pas peu de peine à faire comprendre à ces malheureux l'absurdité de leur accusation.

N'est-on pas en droit de s'étonner que l'enseignement, si étendu, si transcendant pour toutes les branches des connaissances humaines, soit si arriéré, si nul pour l'industrie agricole, la plus élémentaire, et en même temps la plus importante de toutes, puisque sur elle pivote l'existence même de l'espèce? Il n'est pas si chétive cité de France qui n'ait son collège, qu'elle soutient à grands frais pour avoir l'avantage d'enseigner aux jeunes générations deux langues mortes dont pas un bachelier sur cent ne se servira une année après avoir secoué la stérile poussière des bancs ; et la science de la production, de la gérance et de l'exploitation du globe est laissée à l'impuissance et à la routine.

Je sais bien que, dans ces dernières années, on a élevé de loin en loin quelques écoles agricoles, quelques fermes-modèles, pauvres chétives oasis perdues au sein de l'immense désert de l'ignorance. Mais ces écoles ne s'ouvrent guère qu'à la richesse, et c'est surtout au peuple qui vit du travail de la terre, qu'il faut apprendre à connaître et à cultiver la terre.

Il existe à ma connaissance, dans mon département, deux élèves sortis de Grand-Jouan. L'un d'eux attend depuis longtemps à être placé ; l'autre, de guerre lasse, est entré chez un banquier.

En peut-il être autrement avec notre système de petite culture? Après de longues et solides études, on est en droit d'exiger des appointements élevés. Qui mettra à la tête d'une ferme de 3 ou 4,000 francs de revenus un jeune homme qui mérite d'être appointé à 12 ou 1,500 francs ?

Ce n'est pas d'aujourd'hui que le défaut d'éducation agricole se fait sentir, et il n'est pas sans intérêt d'écouter ce que Columelle disait aux Romains de son temps :

« Je ne pense pas qu'on doive attribuer les disettes qu'on éprouve à l'intempérie de l'air, mais plutôt à notre faute. Nous avons abandonné les soins de nos terres, comme si elles étaient à notre égard coupables de quelque grand crime, à des esclaves. On a des mercenaires, tandis que nos ancêtres se glorifiaient de les faire valoir par eux-mêmes. Rien n'est égal à ma surprise quand je considère, d'un côté, que ceux qui veulent apprendre à bien parler, choisissent un orateur dont l'éloquence puisse leur servir de modèle ; que ceux qui désirent s'appliquer à la danse, à la musique et à tous les arts frivoles, choisissent avidement les meilleurs maîtres pour faire des progrès rapides ; et de l'autre côté, que l'art le plus nécessaire à la vie, et qui tient le plus près à la sagesse, n'a ni disciples qui l'apprennent, ni maîtres qui l'enseignent. »

Ces lignes ne semblent-elles pas écrites d'hier? Avec quelle lenteur se traîne donc le progrès, et ne doit-on pas excuser ces esprits jeunes et pleins de foi dans l'avenir qui voudraient faire marcher le siècle au pas de leur généreuse impatience!

Une difficulté se présente. Qui professera, et qu'enseignera-t-on? Il a été constaté en plein congrès central d'agriculture (1) que la science agricole n'existait pas. Or, avant d'enseigner, encore faut-il savoir.

Croit-on, pour ne citer qu'un exemple, qu'on ne sait pas quelle peut être décidément l'efficacité de l'emploi du sel pour l'amendement du sol et la nourriture du bétail! Les agronomes, qui ne sont pas savants, sont pour l'affirmative ; et les savants, qui ne sont pas agronomes, prouvent par la raison démonstrative que, pour être un fait acquis à l'expérience, l'efficacité du sel n'en est pas moins contraire aux saines doctrines, et qu'elle doit être reléguée dans le pays des chimères et des illusions.

Mais admettons que l'on soit fixé sur ce qui est à enseigner comme sur l'urgence de l'enseignement, et que l'on ouvre en tous lieux des écoles d'agriculture. Je répéterai ce que je disais au sujet des écoles primaires : Vous n'aurez rien fait, et le paysan n'y ira pas. Il ne paiera pas pour y envoyer son fils, tandis qu'il serait en condition et gagnerait ailleurs. Et si le père consent à ce sacrifice, l'heure de la conscription sonnera, et ce fils si chèrement instruit, cet élève de la ferme-école, ce brillant lauréat, peut-être, troquera la sainte blouse du travailleur contre la casaque du soldat!

---

(1) Séance du 25 mai 1847.

Je ne pense pas que l'on trouvât à cette heure en France un paysan qui consentît à lire un livre qui traite de matières agricoles. L'ignorance et la routine ont acquis des proportions telles, qu'il ne se doute même pas qu'il y ait quelque chose à apprendre. Et puis l'agriculture est une science qui a son vocabulaire ; et quand vous parlerez au paysan, à l'homme qui, de toute sa vie, n'a fait et ne fera que de l'agriculture, de rayonneur, d'extirpateur, de scarificateur, de soles, d'assolements, d'amendements, de drainage et de plantes adventices, l'agriculteur vous soupçonnera de ne pas posséder votre langue et de lui parler du haut allemand. Il en est là.

Si, à côté de l'enseignement littéraire et agricole, nous nous enquérions de l'enseignement artistique, il nous faudrait reconnaître que, sur ce point encore, la France est singulièrement distancée par les autres nations. En Italie, par toute l'Allemagne surtout (1), on apprend la musique comme chez nous on apprend à lire, beaucoup mieux même. Les gens graves sourient à cette idée de l'organisation de l'enseignement musical : ils ont tort. Polybe, Aristote, Platon, Théophraste, Plutarque, qui étaient aussi des hommes graves, ont insisté souvent sur l'influence que la musique exerçait sur les mœurs, et Montesquieu n'a pas dédaigné de consigner leurs opinions à cet égard (2). Indépendamment des sources de pures jouissances qu'elle creuse devant nous, la musique est un moyen civilisateur plus puissant qu'on ne croit. Que fait le peuple en France, le dimanche? Faut-il dépeindre les

---

(1) « Les écoles, en Prusse, sont dirigées consciencieusement et très exactement surveillées. On emploie dans chaque village la musique comme moyen de civilisation et en même temps de divertissement pour le peuple : il n'y a pas une église qui ne possède un orgue, et dans chaque paroisse, le maître d'école sait la musique. Le dimanche, il enseigne la musique aux paysans, qu'il accompagne sur l'orgue ; ainsi le moindre village peut entendre exécuter les chefs-d'œuvre de la vieille école italienne et allemande. » — De Custine, *La Russie en 1839*, I, 16.

(2) *Esprit des lois*, liv. IV, ch. VIII.

orgies du cabaret, la taverne engloutissant en une heure le travail d'une semaine, ce travail qui représente la vie d'une femme, de pauvres enfants! Tous ces malheureux en vaudraient-ils moins, si leur intelligence était développée, si de plus nobles délassements leur étaient enseignés, si de plus larges horizons s'ouvraient devant leurs yeux déshabitués de la lumière?

Dans les villes, Choron, Wilhem, Chevé et vingt autres, ont initié les ouvriers aux productions sublimes du génie de Rossini, de Meyerbeer, d'Hérold, de Boïeldieu. Nul ne songera de longtemps encore au villageois, qui devra se contenter d'entendre pour tout concert, s'escrimant au plain-chant du lutrin, des voix sans nom et des timbres à faire fuir les anges au plus profond des cieux.

Et cependant Dieu, dans sa justice, dispense indifféremment les trésors de l'intelligence sur les chaumières comme sur les palais. Mais pour un Giotto que le hasard jette sur la route de Cimabue, combien d'hommes sublimes naissent et meurent aux champs, ignorés de tous et d'eux-mêmes, et dont les nobles travaux eussent fait la gloire et le bonheur de l'humanité!

Tandis que le paysan vocifère à pleine voix les rimes hardies et les hémistiches ambitieux des bardes du village, l'ouvrier répète les refrains immortels de Béranger, les chants de Pierre Dupont, les inspirations ravissantes d'Auber et de Donizetti, que la musique du régiment, l'orgue de barbarie ou les chanteurs ambulants lui ont appris. Tandis que le paysan ne sait écouter, voir ni comprendre, le prolétaire des villes s'appelle parfois Reboul, Savinien Lapointe, Agricol Perdiguier, Jasmin, Poncy.....

Grâce aux facilités innombrables de la locomotion moderne, le paysan visite fréquemment les villes et peut se comparer à l'habitant des cités. Il se voit lourd, grossier, ignorant, auprès du prolétaire des villes, qui, chose immense, est vêtu le dimanche comme un bourgeois ; qui parle le langage de tout le monde, qui énonce sa pensée intelligiblement pour tous, est preste à la réplique et possède une grande somme de science acquise, du moins relativement à lui. Il voit les villes par leur beau côté, les jours de grande toilette, les jours de foires, lorsque les spectacles, les concerts, les jeux de toutes sortes s'offrent à lui. Il voit partout des salles d'asile, des écoles mutuelles et chrétiennes, des pensions de tout genre, gratuites ou payantes, des collèges, des bibliothèques, des académies, des sociétés savantes, des musées, des théâtres..... Il voit enfin tout ce qui manque aux champs ; il reconnaît avec raison que le séjour du village appesantit l'intelligence, et que le séjour des villes la développe au contraire.

CHAPITRE VII.

Félicités champêtres. — Plaisirs du cœur. — Plaisirs des sens. — Infériorité des campagnes. — Désertion du paysan. — Il émigre dans les villes.

> « Heureux peuples des champs !
> » Heureux, cent fois heureux ! vos travaux sont des fêtes ! »
> SAINT-LAMBERT, *Les Saisons*.

Si l'intelligence dort d'un sommeil lourd et pénible au sein des campagnes, et si elle s'éveille et vit au sein des villes, peut-être en sera-t-il autrement pour les tendres sentiments du cœur.

Diogène prétendait que l'amour était la passion des oisifs. A ce titre, les campagnards n'ont guère le temps d'être amants. Exténués de travaux monotones, répugnants, rudes et incessants, ils n'ont pas le loisir de placer leur main sur leur cœur et d'en étudier les battements. Ils prennent une femme, parce que c'est une servante qu'on ne paie pas, et qui même ajoute son avoir à celui de son époux ; mais il a soin de la prendre un peu âgée, souvent plus que lui, dans la crainte qu'elle ne lui donne trop d'enfants. C'est si bien une servante que, presque partout, la mère et les filles mangent debout auprès de la table autour de laquelle sont assis le père et ses garçons. Le mari, s'il a chaud, descend boire à la barrique, pour n'avoir à partager son vin avec personne. Du reste, à voir ces tristes filles des champs, qui battent le blé sur l'aire par les plus fortes ardeurs de la canicule, tandis qu'à la ville des hercules de trente ans, grassement payés, servent des tasses de café ou cousent des gilets et des chemises ; à contempler ces bergères, si dégénérées depuis Florian, au teint hâlé, aux mains rugueuses, à la voix criarde, au costume lourd et disgracieux, brisées et déformées par des travaux qui ne sont pas de leur sexe, on se demande si elles sont faites pour être aimées d'amour (1).

« Nos villageois, dit M. Rouvellat de Cussac, connaissent fort peu l'amour respectueux et passionné. Cette affection naît au village de certaines convenances de condition, de fortune et d'âge ; rarement la beauté seule l'inspire.

» Les femmes sont en général désagréables ; le hâle, la sueur, leur attitude habituellement courbée altère leurs traits et leurs formes. A dix-huit ans, les filles ont la peau tannée, les appas flétris, les mains calleuses. Condamnées à la fatigue et aux travaux les plus rudes, elles se voient privées de leurs agréments et de leur jeunesse.

» Sous leur teint presque aussi basané que celui des hommes, la pâleur se décèle. Un grand nombre de ces pauvres filles s'éteignent au printemps de leur vie, épuisées par une

(1) « J'ai vu, lors de mon voyage au mont Genèvre, dit l'un des principaux administrateurs du département des Hautes-Alpes, des femmes attelées avec des ânes, traînant la charrue. J'en témoignai mon étonnement, on me répondit : « Cette femme est peut-être, non pas la femme du propriétaire du champ, mais celle de son voisin, qui la lui a prêtée, à condition qu'il lui ferait ferrer les souliers, et qu'à son tour il lui prêterait la sienne pour labourer ou porter du fumier. » — *France pittoresque*, II, 160.

mauvaise nourriture et par un travail souvent au-dessus de leurs forces. Exposées journellement aux subites variations de l'atmosphère, la pulmonie, la phthisie, ou quelques maladies inflammatoires viennent abréger leurs jours; beaucoup d'entre elles meurent par l'effet de leur imprudence en s'exposant intempestivement au froid et à l'humidité.

» Le plus grand nombre se marient de vingt-cinq à trente, quelques-unes même après quarante ans. Le mariage, au lieu d'être l'époque de leur liberté, est celle d'une servitude plus dure. Pour tout dire, elles n'ont pas les biens de leur sexe, elles ont les maux de tous les deux.

» La proposition de mariage est faite en vidant une bouteille au cabaret. Le jeune homme ne manque pas de faire intervenir un tiers (1) qui s'interpose entre les parties pour les porter à de mutuelles concessions. C'est là un vrai marché; quelques écus de plus le font conclure, quelques écus de moins peuvent le faire rompre.

» ... C'est aussi à l'ignorance et aux idées superstitieuses de nos villageoises qu'il faut attribuer leur usage bizarre de se coiffer le soir en se couchant avec le pantalon de leur mari. Elles croient dans leur simplicité que se coiffer ainsi pendant la nuit est un moyen de s'attacher davantage son mari, et se rendre participante de sa force et de son énergie. »

Allez donc aimer d'amour une femme qui porte culotte... sur sa tête!

Insuffisamment heureux comme amoureux et comme époux, l'homme des champs l'est-il davantage comme père? Je ne le

---

(1) En Vendée, ce tiers s'appelle Liche-Brochette. Nous retrouverions des habitudes analogues dans les diverses provinces ; ainsi en Bretagne:

« Le mariage est rarement pour eux la suite d'une inclination ; ils n'y cherchent qu'une affaire de convenance. La femme doit être plus âgée, ou tout au moins du même âge que le mari. Les accords entre les parents ont lieu au cabaret et se ratifient avec des pots de cidre. Le futur y reste souvent étranger ; quant à la future, il est encore plus rare qu'on la consulte. » — *France pittoresque*, II, 82.

crois pas. C'est un fait acquis et incontestable que, lorsqu'un des siens tombe malade en même temps qu'un de ses bœufs, le vétérinaire est appelé avant le médecin. C'est que l'enfant coûte, et que le bœuf rapporte. Et puis un enfant, on en a d'autres, autant et plus qu'on n'en veut, souvent ; tandis qu'un bœuf ne se remplace qu'au marché et à haut prix. Au temps où la mode était aux *concerti* italiens, on eût dit que le bœuf était plus cher à la bourse de l'éleveur, que l'enfant au cœur du père.

J'ai dit déjà quel cruel délaissement l'attendait dans sa vieillesse (1).

Quelle différence, et combien à l'avantage du peuple des villes ! Les labeurs du jeune ouvrier sont entremêlés de joies de toutes sortes. Il dispute à la jeunesse oisive des classes riches ces gentilles artisanes qui méritent au moins le nom de femmes, et qu'on peut aimer, parce qu'elles sont aimables, coquettement accoutrées, proprettes et agaçantes. Sans doute la morale a souvent à gémir de ces unions, parfois passagères ; mais elles n'en sont pas moins heureuses : je cherche à indiquer les sources de bonheur qu'offrent les villes et leurs mœurs faciles, et je ne prétends point faire un cours de morale. Je décris ce qui est, non ce qui devrait être.

L'ouvrier peut, à l'instant des repas, et lorsqu'il rentre de l'atelier, après quelques heures d'éloignement qui aiguillonnent ses sentiments en reposant sa patience, aimer et caresser à son aise ses enfants, qui ne sont pas sans cesse, et nuit et jour, sans trêve ni merci, à le harceler de leurs cris et de leur importunité. Il a la crèche et l'asile, ces deux utopies réalisées. Il a toutes ces innombrables écoles où l'on s'instruit

---

(1) « Rien de plus commun que l'oubli de tous les devoirs de la part des enfants des deux sexes envers les auteurs de leurs jours parvenus à la vieillesse. S'ils ont l'imprudence de donner leurs biens sans réserve écrite ou autrement que par un testament révocable, ils s'exposent à se voir mépriser et à manquer souvent du nécessaire. » — Rouvellat de Cussac, 29, 35.

sans bourse délier. Et puis, si lui ou quelqu'un des siens est malade, au lieu de l'officier de santé, ou de la sœur, chez laquelle le zèle, le dévouement et la piété suppléent incomplétement à la science absente (1), il a le médecin ; il a une foule d'institutions philanthropiques ; il a surtout l'hôpital, où la santé se donne et ne se vend pas, et que les plus habiles praticiens visitent chaque jour.

Et encore si les officiers de santé étaient en suffisante quantité ! J'en connais un qui dessert sept communes. Il fatigue deux chevaux. Esculape est devenu postillon ! Quand on a besoin de lui, il y a toutes chances pour qu'il soit partout ailleurs qu'aux lieux où on le cherche. Puis, quand il arrive, il faut courir à trois ou quatre lieues trouver à la ville la plus prochaine l'officine, toujours mal assortie, du pharmacien, qui trompe sur la qualité, quelquefois même sur le titre du remède. Si ce n'est pas le médecin, c'est le remède qui arrive trop tard.

Parlerai-je de l'amitié, de cette passion moins vive peut-être, mais plus durable, et qui est de tous les âges ? J'ai dépeint la propriété morcelée brisant la famille, engendrant les haines et les procès. Irons-nous chercher l'amitié là où la famille même n'existe plus ? A la ville, c'est tout autrement. L'atelier réunit les travailleurs, et il en est peu qui ne soient membres de quelque société modeste qui réunit encore aux heures de loisir. On travaille en société, on se repose, on s'amuse en société. Comment le cœur ne se choisirait-il pas des amis au milieu de ces groupes nombreux et variés ?

Qu'un laboureur quitte sa commune, il sera accueilli avec défiance par ceux au milieu desquels il ira se fixer. Nul n'ira au-devant de lui, beaucoup se retireront de lui. Le prolétaire

(1) J'ai vu une sœur rencontrer le médecin qui se rendait auprès du malade qu'elle quittait, et lui dire : « Il est inutile que vous alliez plus loin, c'est un homme perdu ! » Le médecin, qui tenait à ce que la visite eût lieu, poursuit son chemin et sauve le malade.

des villes prend un matin la longue canne enrubannée du compagnonnage ; il s'élance en chantant sur la première route qui s'ouvre devant lui ; toutes les villes lui sont bonnes et hospitalières, et, quelque part qu'il lui plaise de s'arrêter, il trouve ouverts pour le recevoir, et la maison de la mère, et les bras de ses frères du même métier et du même devoir.

Du côté du cœur donc encore, la ville offre à l'homme tout ce qui lui manque aux champs.

Mais, si le cœur, comme l'intelligence, jouit à la ville d'un plus généreux essor, les sens du moins vont avoir leur tour et savourer au village mille délices. Tout le monde n'a pas un cœur qui aime, une tête qui pense ; mais tout le monde a un corps et des sens qui souffrent ou jouissent à égal degré.

Vivre aux champs ! la douce chose ! Échanger le bruit, la poussière, le vain fracas, l'air empesté des villes contre le calme des champs ! Parcourir les frais sentiers tapissés d'herbes plus fines et plus soyeuses que les tapis de nos salons ! Respirer enfin à pleine poitrine l'atmosphère parfumée des mille senteurs de la blanche épine des haies, du chèvrefeuille des buissons, des menthes qui embaument les rives que le myosotis et le nénuphar embellissent à l'envi ! Écouter le silence harmonieux des nuits, à l'heure mystérieuse où la fauvette ne se tait pas encore et où le rossignol chante déjà, et chante jusqu'à l'aube prochaine, où l'alouette matinale ira jeter au sein de la nue les notes ailées de sa joyeuse chanson aérienne ! Poursuivre en ses capricieux méandres le papillon, cette fleur animée des airs ! Voir la chèvre qui pend aux flancs des collines ombreuses, ou bien dans la prairie le grand bœuf d'Auvergne qui vous regarde d'un air effaré en soufflant à pleins naseaux !...

Ceci, c'est la poésie : mais voulez-vous voir la réalité ?

« L'état dans lequel se trouvent la plupart des villages et des bourgs blesse toutes les lois de l'hygiène. Les habitations rurales, mal distribuées, mal closes, mal aérées (1), ne sont, dans un grand nombre de localités, que d'*immondes refuges où s'entassent les familles* ; les misérables chaumières de la Sologne, les masures du Doubs, de la Mayenne, de l'Allier, etc., valent-elles beaucoup mieux que la hutte des sauvages?

» En été, elles n'abritent point contre les chaleurs, ni en hiver contre le froid. Leur plancher, presque toujours de niveau avec le sol, et sans cave sous-jacente, s'imprègne des déjections du ménage ; l'âtre fumeux mêle à l'atmosphère d'un local exigu les produits d'une combustion incomplète ; l'incurie, la malpropreté, la pénurie des objets nécessaires à la vie, souvent la présence d'animaux ou l'entassement des provisions ou des récoltes multiplient les causes d'infection. Au dehors de ces habitations, des amas de fumier, des mares fétides, des étangs bourbeux, des puisards qui ne dissipent pas complètement, par infiltration dans le sol, les liquides qu'ils reçoivent et qui retiennent une vase d'où s'échappent des gaz délétères, notamment du gaz hydrogène sulfuré ; des rues sans pavé que la pluie convertit en fondrières et dont la fange humide baigne le pied des maisons; des cimetières mal entretenus et placés au milieu des habitations... telles sont les demeures de la population rurale (2). »

« ... Les villes ont une police organisée ; l'autorité, secondée d'agents de toute espèce, assure aux habitants, par une surveillance continuelle et l'exercice d'une police salutaire, la salubrité de l'air et des eaux. Rien de tout cela pour les habitants des bourgs et des villages. *On dirait une autre espèce d'hommes ; pour ces demi-barbares, une autre espèce*

---

(1) « L'impôt des portes et fenêtres, tel qu'il existe aujourd'hui, est un tyran ignare qui donne une prime à l'insalubrité et fixe un cruel maximum à la soif d'air et de ciel bleu qui dévore la poitrine humaine. La barbarie et l'ineptie légales sont-elles éternellement inviolables? » — *Enquête agricole*, 32.

(2) Michel Lévy, *Traité d'hygiène* (1850), II, 597.

d'administration; un monde différent enfin, privé des bienfaits de la civilisation (1). »

Heureux encore quand le paysan a une chaumière ! J'écris dans un bourg où, au fond de larges puisards, il se creuse dans le tuf des tanières et se loge à faire envie à des blaireaux; alors c'est l'été qu'on a froid chez lui, et l'hiver qu'on y a chaud, ce qui ne serait agréable et sain qu'à la condition de n'en sortir jamais (2).

Voilà pour la vie intime. Quant à la vie au dehors, tous les plus rudes travaux se font en plein air : il faut battre, en août, le blé sur la cour; il faut, à l'automne, et toute l'année, fendre le sein de la terre, par la pluie, le soleil ou la gelée. Si l'inclémence persistante de la saison le confine chez lui, n'ayant ni industrie ni besoins intellectuels, l'ennui l'accable de tout son poids. Travaux excessifs, oisiveté, telle est l'alternative. On n'est point vêtu, point chaussé. On a bien des sabots; mais on les porte, par économie, plus souvent aux mains qu'aux pieds. Le repos du dimanche, loin d'être consacré au plaisir, comme à la ville, n'est pas même un délassement; car les bestiaux demandent à être soignés et surveillés toujours et avant tout. M. le curé, d'ailleurs, défend la danse et les réunions. On souffre de la chaleur en été, du froid en hiver, de la pluie à l'automne et au printemps; on souffre toujours.

Et la nourriture, qu'en dirais-je? Celui dont le corps exécute les plus rudes travaux est celui dont le corps est le plus maigrement nourri (3). Il cultive la vigne; mais presque par-

(1) De Bourgoing, *Mémoire en faveur des travailleurs et des indigents de la classe agricole*. Nevers, 1844, p. 17.

(2) Le médecin me disait ces jours derniers, en sortant d'une de ces affreuses glacières, sans air ni lumière, dont l'humidité a tapissé les parois d'une moisissure verdâtre : « Je ne comprends pas comment des créatures humaines peuvent vivre là-dedans. Je ne voudrais pas, pour mille francs, y rester une heure. »

(3) « Dans les campagnes, le paysan, qui ne se plaint pas, et qui est peut-être

tout il boit de l'eau, tout au plus quelque aigre boisson ou de mauvais cidre. Il arrose le blé de ses sueurs infatigables; mais il se nourrit de seigle, de galettes de blé noir ou de sarrazin, de pommes de terre ou de châtaignes. Il ne se fait pas à la ville, pour le dernier mendiant, d'aussi mauvais pain, aussi dur et aussi noir, que celui du paysan. Il engraisse le bœuf et la génisse, mais ce sont les habitants de la ville qui goûtent leur chair savoureuse; pour lui, il marie son pain grossier à quelque pomme sauvage, à l'oignon, à l'ail infect. Il porte à la ville le lait et le beurre de ses vaches, les œufs et les petits de ses poules, et le vœu du bon Henri est une utopie dont la réalisation s'éloigne de plus en plus. *Sic vos non vobis!...*

L'ouvrier des villes n'est-il pas mille fois plus heureux, matériellement parlant, en apparence du moins : et l'apparence est la seule chose qui frappe le villageois? N'est-ce donc rien d'habiter une grande ville avec ses rues larges, ses trottoirs, son éclairage splendide; ses places, du milieu desquelles de complaisantes naïades répandent en cascades leurs eaux rafraîchissantes; ses parcs, ses promenades où des arbres centenaires ombragent les chefs-d'œuvre des Phidias de tous les âges; ses maisons, vastes et élevées comme des palais, où se logent indifféremment bourgeois et prolétaires, et dont les faciles escaliers sont de véritables échelles de Jacob que chacun gravit et escalade en raison inverse de sa fortune et de sa position sociale. *Exaltat humiles!* N'est-ce rien de manger le pain blanc, toujours frais et appétissant, de se nourrir de

---

le plus à plaindre, travaille sans relâche, hiver, été, toujours courbé sur la terre, mange un pain noir, quelquefois de la pomme de terre ou de la châtaigne, des légumes avec un peu de lard, et de la viande pas souvent. Il a des sabots pour chaussure, un gros tissu de laine point foulé pour vêtement, et il est rare que son sort se ressente des prospérités de l'industrie et du commerce.» — Thiers *De la propriété*, 186.

viande (1), de se rafraîchir dans le magasin tentateur et toujours ouvert du marchand de vin du coin?

Le paysan travaille plus rudement, il est plus mal nourri. Il travaille en plein air, il est plus mal vêtu. Ses routes sont des cloaques, et il est plus mal chaussé. — Car il ne faut pas juger des chemins de village par les routes qui les traversent : celles-ci sont faites pour l'agrément des villes, les routes s'étendent vers les bourgs comme autant de suçoirs qui leur enlèvent l'abondance et la vie, qu'elles portent au sein des cités paresseuses.

Et le dimanche, donc! au lieu des travaux entrecoupés d'oisiveté et d'ennui du hameau, que d'activité pour les citadins, de plaisirs, de folles joies! Voyez ces deux bandes qui se croisent et franchissent en même temps la barrière, l'une pour entrer dans la ville, l'autre pour en sortir. Les paysans vont la parcourir en tous sens, ils se promènent, ils admirent, ils envient... L'ouvrier des villes, lui, va aux champs, non pour admirer et pour envier, mais pour jouir. La ville est triste et déserte, elle est livrée aux paysans. La campagne est bruyante et joyeuse; le cabaret, la guinguette, retentissent de chants, de danses et d'harmonies... C'est qu'elle est ce jour-là le rendez-vous des prolétaires des cités.

Les deux groupes se rencontrent le soir, et se croisent une dernière fois. Les paysans regagnent tristement le village, l'ouvrier rentre joyeusement dans la ville. Ils passent sans s'aborder. Qu'irait faire, en effet, le paysan attardé au milieu de cette joie bruyante et désordonnée qu'il ne comprend pas?... Lourd et embarrassé au milieu de ces citadins si fringants et si dégourdis, il serait le jouet de tous ; et ce ne serait plus l'envie, ce serait la haine qui germerait dans son cœur.

Donc, sous quelque face que nous envisagions l'homme, il

---

(1) « Voyez sa nourriture, et comparez-la à celle de l'ouvrier ; celui-ci a mieux tous les jours que le paysan le dimanche. » — Michelet, *Le peuple*, 14.

est incontestable que sa triple nature sensitive, intellectuelle et affective est blessée, étouffée, annihilée à la campagne, et qu'elle ne se développe et n'obtient une partie de son essor légitime qu'au sein des populeuses cités. Il est né pour la société, et il y a longtemps que Dieu a dit qu'il n'est pas bon qu'il soit seul. Plus la société au sein de laquelle il vit est perfectionnée, unitaire, immense, plus son cœur, son intelligence, ses sens, trouvent à aimer, à savoir, à jouir.

Voyez, le riche habitant du bourg aspire à aller à la petite ville voisine prendre sa part, dans la mesure de ses facultés, des ressources qu'offre toute agglomération plus considérable d'habitants. Bientôt son fils s'élancera d'un vol plus hardi vers le chef-lieu de l'arrondissement, du département. A leur tour, le commerçant enrichi, le haut fonctionnaire, tendent de toutes leurs forces vers Paris, le cerveau du monde, la grande capitale, ce vaste foyer lumineux qui rayonne sur la France et l'Europe entière.

Peut-être, en cédant à ce mouvement ascensionnel, l'homme ne fait-il qu'obéir à la loi providentielle de progrès qui le régit et l'entraîne. Soumis aux lois horribles de l'anthropophagie, il serait encore errant dans les forêts, si une légitime ambition et la soif de satisfaire les nobles passions que Dieu a mises au sein de ses créatures, ne venaient incessamment et sans relâche le pousser en avant et faire retentir à ses oreilles ce mot qui poursuivait Ahasverus dans sa course éternelle : Marche! Marche!

Toujours et partout l'homme aspire à monter, et, bien placé, tend vers le mieux. Faisons que ce mieux se rencontre enfin au village même, et que le progrès se développe au sein des campagnes comme au milieu des villes. Tout est là.

M. de Cormenin, qui a fait bien des phrases dans sa vie, a écrit celle-ci dans ses *Entretiens de village* :

« Quelle satisfaction de suivre le campagnard dans ses travaux et dans ses plaisirs, d'ouïr, le matin, les premières volées de l'*Angelus*, d'accompagner les petits enfants aux jeux et aux leçons de l'école, de s'agenouiller devant l'autel avec tout ce peuple de laboureurs, *de s'en revenir le dos courbé sous les gerbes de la moisson*, et de voir, au déclin du jour, le soleil darder sur nous ses rayons d'or, et se cacher derrière la montagne ! »

J'aimerais fort, je l'avoue, voir M. de Cormenin rentrer la moisson sur ses épaules par les 35 degrés de chaleur de juillet, exercice que je n'ai jamais vu exécuter aux moissonneurs ; cette *satisfaction* leur manque. Mais, sérieusement, est-ce bien la même plume qui a écrit ces pages vigoureuses et admirables de justesse, à la conclusion près :

« Il y a une chose qu'il faudrait sans cesse répéter aux campagnards, c'est : Ne prenez pas la propriété d'autrui, ne prenez pas la propriété d'autrui, ne prenez pas la propriété d'autrui !

» Le démon de la propriété sollicite et obsède le paysan. Avoir, garder et s'agrandir, voilà toute sa vie. En labourant le sien, il lorgne le champ de son voisin. Il a la concupiscence du sillon, comme César et Napoléon avaient la concupiscence des royaumes et des empires. Il n'y a de différence, à tout prendre, entre ces petits et ces grands larrons, que l'objet du larcin...

» N'alléguez pas qu'il y a ruse, surprise, mauvaise foi ; car délicatesse, bons procédés, justice, où aurait-il appris cela ? Est-ce qu'il a reçu une éducation morale ? ses parents l'ont envoyé tout enfant à la maraude, et, quand il revenait les mains égratignées, mais pleines de butin, on lui disait : C'est bien, mon garçon, pourvu que l'on ne te voie pas !...

» A qui la faute ? A eux ? Non, la faute en est à leur mauvaise, à leur incomplète éducation ; car la morale s'apprend comme tout le reste, et nous ne la leur enseignons pas. Aussi cèdent-ils à l'aiguillon de l'intérêt qui les pique sans cesse de la tête aux pieds ; aussi n'est-il guère de paysan qui n'ait été, une fois dans sa vie, tenté par le diable, et qui ne se soit dit :

Si je prenais ce sillon! Si je déplaçais cette borne! Si j'émondais cet orme! Si je tondais cette haie! Si je comblais ce fossé! Mais la peur des frais, de l'amende, la crainte des représailles, la cherté des huissiers et des avocats, le défaut d'argent pour les avances, tout cela les retient. Cependant le malin diable l'emporte, et ils sautent le pas.

» Le campagnard est ingénieux à se donner le change sur son injustice. Il se persuade ou se fait persuader que ses titres lui attribuent l'objet qu'il convoite. Son raisonnement habituel est que, ne trouvant pas la mesure que ses contrats lui indiquent, c'est le voisin qui l'a prise. Cela imaginé, il s'achemine vers la ville, en tournoyant dans ses mains le parchemin caché sous sa blouse, et il l'exhibe à l'homme de loi : l'homme de loi lui donne raison, cela va sans dire, car il faut que l'homme de loi vive, et il est rare que le campagnard, sorti de chez soi avec le vague désir d'une transaction, n'y rentre pas avec la ferme résolution de plaider.

» Les financiers, gens habiles, ont calculé combien la méchanceté des hommes, l'ignorance, l'avidité, la manie du plaid, pouvaient rapporter au timbre et à l'enregistrement. Il n'y a pas de texte de loi qui, dans les mains d'un praticien subtil, ne soit sujet à deux sens divers, si ce n'est à trois. Il n'y a pas de contrat où la clause la plus lumineuse ne soit obscure pour la mauvaise foi, sans compter les clauses omises. Il n'y a pas de propriété, maison, champ, pré, bois, qui ne doive tôt ou tard payer tribut à la chicane. Il n'y a pas d'huissier, de greffier, de notaire, d'avoué, qui n'ait acheté sa charge fort cher, et qui n'ait à la rembourser, engraisser et nourrir. Il n'y a pas une veine du malheureux plaideur qui ne soit ouverte et par où son sang ne coule...

» Dans les villages reculés et qui manquent d'écoles, au fond des bois surtout et *loin des centres de civilisation*, les paysans ne mènent que trop souvent une vie de brute. Il y a chez eux un jurement de langage qui est plutôt de la rudesse que de la simplicité. Il y a une façon de vivre qui est plutôt de la grossièreté que de la tempérance. Il y a, dans les occasions, un pêle-mêle de sexes qui est plutôt de la bestialité que de l'innocence. Les mères battent quelquefois sans pitié leurs enfants, qui rossent, à leur tour, sans pitié les animaux. Les hommes, époux ou célibataires, ne gardent pas toujours les devoirs de la fidélité ou de la continence. Des multitudes d'enfants périssent en bas âge faute de soins, de remèdes, de médecins, et par l'avarice des parents. Les vieillards sont délaissés et jetés là sur la paille et dans un coin. Les vapeurs pestilentielles du fumier enveloppent la lucarne par laquelle la chaumière reçoit un peu de soleil et de clarté. On y croit à toutes les superstitions, aux charlatans et pas aux médecins ; aux sorciers et pas aux curés ; au diable dont on a peur, et pas à Dieu dont on n'a point d'idée ; à la force qui opprime et pas au droit qui protége ; à l'intérêt qui s'approprie le bien d'autrui, et pas à la justice qui ordonne de le respecter.

» La férocité des habitudes, l'individualisme de la personne ou de la famille, et l'amour sordide du gain, y étouffent presque tous les instincts de sociabilité (1). Il y a dans les villes, tel pauvre ouvrier, tel cordonnier, tel menuisier, tel tailleur, qui gagne 3 francs par jour, et qui, pour soulager un malheureux, donnera par souscription, 20 ou 30 sous ; et il y a dans les villages tel campagnard riche de 30 ou 40,000 francs de patrimoine, qui ne pourra se décider qu'après plus d'une heure de très mûres réflexions, à lâcher 50 centimes (2). Je n'hésite pas à dire que les belles actions, les actions vertueuses, courageuses, désintéressées et frater-

(1) « L'extrême rusticité et l'égoïsme le plus indisciplinable, l'ignorance la plus grossière, la dissimulation, je dois même dire presque un défaut de sens moral, concourent à former leur caractère. » — Rouvellat de Cussac, 13.

(2) M. de Cormenin eût pu appuyer cette assertion de l'autorité de l'auteur de la meilleure enquête du temps, de M. Villermé : « Je n'ai trouvé chez nos ouvriers, dit-il, qu'une seule vertu qu'ils possédassent à un plus haut degré que les classes sociales plus heureuses : c'est une disposition naturelle à aider,

nelles sont, pour les villes, dans la proportion de cent, et pour les campagnes, dans la proportion de dix seulement, ou à peu près.

» Est-ce à prétendre pour cela que le fonds du citadin vaut mieux que le fonds du campagnard? Non point, non point!... »

Ceci nous ramène directement au vers de Virgile et à la *satisfaction* de courber son dos sous la moisson dorée, sous les rayons non moins dorés du soleil.

Mais quelle est donc l'utilité de vos phrases et de vos livres, si vous n'avez jamais le courage de conclure et de tirer la conséquence de vos prémices ? Comment! vous nous montrez le paysan ignorant, grossier, brutal, mauvais fils, mauvais époux, mauvais père, chicaneur jusqu'à la mauvaise foi et au vol, insociable, et n'ayant pas même cette charité banale que la Fontaine supposait au moins dans le cœur des moines, à défaut de toute autre vertu; cette charité qui est l'alpha et l'ôméga de notre religion sainte, qui est la religion, qui est

à secourir les autres dans toute espèce de besoins. Sous ce rapport, ils sont admirables. » — II, 71.

« Loin d'être dégradés au moral, comme on l'a dit, et d'une intelligence si bornée, les ouvriers de Lyon sont, au contraire, plus avancés dans la véritable civilisation que ne le sont beaucoup d'hommes élevés par leur fortune ou leur position sociale au-dessus du rang d'ouvrier. » — I, 369.

« Lors de la première insurrection des ouvriers de Lyon, en novembre 1831, le fondateur de la belle manufacture de la Sauvagère, située près de cette ville, fut tout étonné, en sortant de chez lui dans la matinée du second jour, de trouver à sa porte un homme en faction, qu'il reconnut aussitôt pour un de ses anciens ouvriers qu'il avait renvoyé à cause de son inconduite. — Que fais-tu là ? lui dit-il. — Je vous garde. — Comment, tu me gardes! et pourquoi ? — Parce que tous vos ouvriers se sont entendus pour vous défendre, afin qu'il ne vous arrive rien ; là, dans la maison, ils sont une douzaine, et nous nous relèverons tous ici pendant que ça durera. — Mais tu n'es pas un de mes ouvriers, toi, je t'ai renvoyé. — *C'est vrai, mais j'avais tort.* » — II, 59.

C'est un hémistiche cornélien, c'est du sublime, non-seulement de parole, mais d'action et de situation. Allez donc voir si ces paysans qui s'arrachent la terre *unguibus et rostro*, si ces prolétaires qui ne gagnent pas même le pain de chaque jour à travailler sur la terre d'autrui, iraient risquer leur vie pour défendre la propriété du riche bourgeois qu'ils envient ?

Dieu même (1); vous le reconnaissez sur tous les points inférieur à l'ouvrier des villes, vous le dites, et, tout en le proclamant, vous vous écriez : « Non point ! non point !... »

Et vous ajoutez :

« Si, dans cette comparaison, je donne la préférence aux villes, c'est uniquement *parce que les villes sont des centres de civilisation*, tandis que les campagnes dorment dans le silence de l'ignorance. »

Avouez donc alors que le village, siége de l'ignorance, ne vaut pas la ville, séjour où s'épanouit l'intelligence, et que l'ouvrier vaut mieux que le paysan, parce qu'il est plus avancé en civilisation, et qu'il est urgent de changer la condition de l'existence des campagnes, pour en faire quelque chose qui ressemble à la vie des cités, — ou à quelque chose de mieux, ce qui est très possible, voire même facile.

A côté des bucoliques de l'auteur des *Entretiens de village* voici ce qu'un des hommes les plus compétents sur la matière, M. Jules Rieffel, le directeur de Grand-Jouan, écrivait dans un des journaux de Paris au mois de juillet 1848 :

« Je viens de lire dans plusieurs journaux des puérilités qui ne sont pas de mise aujourd'hui à l'endroit de la désertion des campagnes. On y dit aux jeunes paysans qu'ils ont tort de préférer la ville, qu'ils regretteront l'air pur des champs et les beautés de la nature, etc... On va jusqu'à vouloir leur persuader que les occupations de la ville sont plus pénibles que les travaux de la campagne. Venez donc dans nos champs, ô rédacteurs ingénus ! arrangez-vous pour passer une année avec nous, de manière à faire entière connaissance de toutes nos jouissances physiques et morales, depuis les 40 degrés de chaleur que nous bravons en ce moment pour faire notre moisson, jusqu'à la torture d'une foire par un temps de pluie...

---

(2) « Deus charitas est. » — Saint Paul.

» Si la vie positive, la vie pratique des champs ne comportait pas plus de souffrances que celles de la ville, la campagne ne se dépeuplerait pas. C'est là un fait que rien ne peut détruire. J'ai passé toute ma vie dans la pratique de la vie rurale, je l'ai étudiée sous toutes ses faces et je la connais bien. *Les jouissances morales et intellectuelles y sont tout à fait nulles, et le dépeuplement devient d'autant plus rapide que l'instruction se généralise. Les intelligences des deux sexes courent toutes à la ville.* »

Donc :

Ou bien l'on défrichera ces intelligences incultes, et alors elles ne pourront plus vivre au village et courront plus que jamais encombrer les villes.

Dans ce cas, la fin du monde arrivera par la famine, faute d'agriculteurs.

Ou bien on continuera de se traîner dans l'ornière ancienne, tout sera sacrifié aux villes, le paysan restera grossier et ignorant, et nous aurons, comme au temps d'Aristote, une race inférieure et ennemie chargée de nous faire vivre et d'exécuter ces travaux abrutissants et indignes d'occuper des hommes.

Est-ce là ce qu'on veut? qu'on le dise, alors!

Ou bien enfin on changera les conditions de l'existence au village, il n'y aura plus une famille privilégiée de citadins, une famille déshéritée de paysans, la richesse refluera vers la campagne appauvrie, et le roi de la création ne rampera plus, attaché, comme un honteux parasite, aux flancs du globe qu'il doit dominer.

CHAPITRE VIII.

Pourquoi le paysan est insociable. — Évolutions de la propriété. — Ce qui reste aujourd'hui du passé. — Communauté des Jault.

> « Nihil est agriculturâ melius, nihil uberius, nihil dulcius, nihil homine libero dignius. »
> CICÉRON.

> « Res rustica sine dubitatione proxima et quasi consanguinea sapientiæ est. » COLUMELLE.

> « Quid est quod fuit ? Ipsum quod futurum est. »
> *Ecclésiaste*, I, 9.

Homme des champs, vivant au milieu des hommes des champs, que de fois, lorsque je voyais ces tristes laboureurs que la charité et la religion ont abandonnés, qui haïssent leurs maîtres, qui comptent le nombre de leurs frères et trouvent que leurs pères vivent bien longtemps, qui craignent et jalousent leurs voisins, et n'ont plus au cœur qu'une affection et une divinité (1), leur terre ! Que de fois, dis-je, ne l'ai-je pas frappée du pied, cette terre, et interrogée, triste et anxieux, sur le secret qu'elle recèle en ses flancs ! Aux jours maudits du moyen âge, et malgré les misères de la féodalité, groupés en fraternités nombreuses, ils vivaient unis, croyants, dévoués les uns aux autres, et trouvaient dans leur âme, où l'amour et la charité régnaient sans partage, une compensation à tous leurs maux. Et aujourd'hui qu'ils sont libres et qu'ils jouissent d'un mieux-être relatif immense, la haine et l'envie occupent seules le cœur du paysan devenu insociable !

Était-il sociable et chrétien parce que la propriété était socialisée, en quelque sorte, et selon l'Évangile du Christ ? n'est-il pas devenu égoïste et jaloux parce que la propriété est redevenue individuelle et isolée ?

Sous l'inspiration de l'Évangile, elle a revêtu toutes les formes, elle a décrit un cycle complet. En présence des excès

---

(1) « Voilà d'où vient l'indifférence qu'à bon droit nous reproche l'abbé de la Mennais en matière de religion. » — P.-L. Courier, II, 14.

monstrueux du monde romain, qui avait laissé toutes les richesses s'accumuler en un petit nombre de mains qui ignoraient les devoirs de la bienfaisance et les mérites de l'aumône, le christianisme, tout d'abord, heurta de front et tenta d'anéantir de haute lutte le *Mammon d'iniquité*; puis bientôt il fit la propriété commune, pour être distribuée par les diacres selon les besoins de chacun : puis il la fit associée, puis enfin, sous l'empire d'une révolution philosophique hostile aux erreurs dont le clergé ne sut pas se préserver, elle est redevenue individuelle, égoïste et jalouse, plus qu'elle ne le fut jamais au temps du paganisme. A laquelle de ces trois formes donner la préférence, et quelle est celle qui est le plus selon l'esprit de l'Évangile et de la charité? Y a-t-il eu, depuis les premiers siècles de notre ère, progrès ou bien décadence? Ces trois formes sont-elles inconciliables et doivent-elles continuer leur antagonisme, ou bien, renfermant chacune une partie de la vérité, l'œuvre de l'avenir n'est-elle pas de les fusionner, de les synthétiser, de les harmoniser?

« Les extrémités sont vicieuses et partent de l'homme, a dit la Bruyère (1); toute compensation est juste et vient de Dieu. » Aussi les termes extrêmes sont-ils ceux qui nous satisfont le moins. Le dogme chrétien, en divinisant la souffrance, le renoncement et le sacrifice, a pu, dans des temps encore barbares, rendre momentanément acceptable un rêve de fraternité égalitaire, de communisme impossible, contre lequel, par une réaction toute naturelle, l'esprit philosophique est venu protester au nom de la liberté individuelle. Mais la nature repousse la communauté, et l'individualisme, le morcellement, l'égoïsme, me semblent l'antipode de la charité chrétienne : aussi l'association se présente-t-elle à nous comme ce moyen terme, cette compensation juste et qui vient de Dieu dont parle l'auteur des *Caractères*.

(1) *Les caractères: Des esprits forts.*

« Sous la féodalité, a dit Châteaubriand, la servitude germanique remplaça la servitude romaine, le servage prit la place de l'esclavage. C'est le premier pas de l'affranchissement de la race humaine, et, chose étrange, on le doit à la féodalité. Du servage on a passé au salaire, qui se modifiera encore, parce qu'il n'est pas une entière liberté ; nouveau perfectionnement qui signalera la troisième ère, le troisième grand combat du christianisme (1). »

Quel sera le Constantin de ce dernier combat, de ce suprême triomphe du christianisme dont Châteaubriand s'est fait le précurseur ?

La loi providentielle à laquelle obéit l'humanité, c'est le mouvement, la marche incessante, le progrès. Tout change, mais pour progresser. Vainement le vieillard, — *laudator temporis acti*, — regrette les idées et les coutumes d'autrefois ; aujourd'hui vaut mieux qu'hier, demain vaudra mieux qu'aujourd'hui. Mais, par une contradiction bizarre, en même temps que l'humanité change et progresse sans cesse, l'individu se révolte contre le progrès, en a peur, et le combat comme un ennemi. Lorsqu'elle se montre à nous dans sa nudité, sa jeunesse et sa beauté, la vérité nous effraie ; il faut, pour plaire, qu'elle se fasse vieille et ridée, et qu'elle se cache sous le vêtement à la mode. Aussi l'histoire de tous les génies inventeurs n'est-elle qu'un long martyrologe qui se déroule à travers les siècles.

Je n'ai nul goût au martyre : c'est pourquoi, en proposant quelques mesures qui auraient pour effet de faire sortir enfin le campagnard de cet état d'infériorité qui n'a jamais cessé

---

(1) *Études historiques.*

« Le Christ, mes amis, a racheté le peuple de l'esclavage ancien ; plus tard, une autre évolution s'est accomplie dans la société : la rédemption des serfs ; l'œuvre que vous accomplissez en ce moment, c'est la rédemption des salariés. » — Monseigneur Sibour, visite aux associations ouvrières du faubourg Saint-Antoine, 20 novembre 1851.

de faire son partage, j'aurai bien soin de ne mettre en avant aucune innovation, de n'avancer aucune idée sans présenter son extrait de naissance daté d'une époque assez éloignée pour être respectable. Qu'un autre, plus ambitieux, bâtisse son utopie de toutes pièces : je me contenterai de ramasser dans les débris du passé tous les matériaux du palais de l'avenir.

Il n'est d'ailleurs pas si bien mort, ce passé que je suis loin de regretter, qu'il n'en reste encore quelques vestiges, qui sont les pierres d'attente auxquelles nous rattacherons notre édifice, et qui prouvent que ce même paysan, généralement si indisciplinable et si jaloux de son isolement, peut être ramené aux habitudes anciennes, aux institutions évangéliques d'autrefois, dans lesquelles, pour les mettre à la hauteur des besoins de la société moderne, il suffit d'introduire un élément qui alors faisait défaut, la liberté !

Tandis que dans le département de la Loire-Inférieure, la propriété de la vigne est entourée de restrictions qui rappellent l'usage du complant, dans une autre partie de la Bretagne, le Finistère, les Côtes-du-Nord et le Morbihan ne sont pas affranchis encore des entraves du domaine congéable. Aux îles d'Hœdic et d'Houat, non loin de Belle-Ile-en-Mer, propriété, pouvoir spirituel et temporel, judiciaire et administratif, tout est, d'un commun accord, aux mains du curé, qui est à la fois maire, juge-de-paix, percepteur, agent de l'enregistrement et des domaines, notaire, syndic des gens de mer, agent des douanes et de l'octroi, directeur de la poste aux lettres, surveillant de l'école, écrivain public, et au besoin médecin et pharmacien. Là, le tien, le mien, ces deux frères ennemis, sont inconnus ; chacun verse et puise tour à tour à la masse commune, et le curé règne et gouverne, assisté de douze vieillards les plus considérés, qui forment un conseil des anciens et représentent toute la communauté (1).

---

(1) *Hœdic et Houat,* par M. l'abbé Delalande. Nantes, 1850.

Dans le département de la Meuse, arrondissement de Montmédy, canton de Gondrecourt, il existe une commune, appelée Bertheleville, qui appartient en totalité à un seul et même propriétaire, le marquis de G***, lequel réalise, en plein XIXe siècle, la fable du marquis de Carabas, et qui jouit d'un pouvoir à faire envie au despote le plus absolu. Les habitants de cette commune sont tous des employés et ouvriers des forges de Bertheleville, qui appartiennent, comme tout le reste, à M. le marquis, ou ses bucherons, ses cultivateurs à gages ou ses domestiques. Il n'est pas seulement propriétaire de toutes les terres, il l'est aussi de toutes les maisons, qu'il ne loue point à l'année, mais au mois ; et encore ses locataires prennent-ils en y entrant l'engagement formel de laisser M. le marquis jouir seul des bois communaux, d'un revenu net de 50,000 francs, à charge par lui de les chauffer, de payer les contributions, les gardes, et de pourvoir aux autres dépenses communales.

M. le marquis est, quand il lui plaît, maire de la commune ; dès que cela l'ennuie, il fait nommer à sa place un de ses employés. Inutile d'ajouter que l'adjoint et les autres membres du conseil sont toujours désignés, c'est-à-dire nommés par lui.

Enfin M. le marquis est aussi propriétaire de la maison commune, de la maison d'école, du presbytère, et même de l'Église, et loue tous ces édifices à la commune, moyennant une faible redevance annuelle, uniquement pour conserver son droit.

On voit que les seigneurs féodaux n'étaient guère plus puissants jadis : seulement, grâce à la liberté, le marquis de G*** sera toujours désormais bon prince, vu qu'autrement ses sujets le déposeraient, ce qu'ils n'eussent pu faire jadis.

Walter-Scott constate que la culture associée des anciennes communautés d'habitants est encore en pleine vigueur et constamment suivie dans quelques cantons reculés vers le nord de la Grande-Bretagne et dans l'archipel des îles Schetland (1), et moi-même, j'ai trouvé dans la Vendée et dans une partie du département de Maine-et-Loire, quelques vestiges de ces usages d'autrefois. Quand le fils aîné se marie, le fermier l'associe pour un tiers, un quart, une moitié aux bénéfices de la ferme. La fille aînée, en se mariant, sera associée de même. Cela s'appelle encore, comme jadis, vivre en parsonnerie, et, à dater du jour du mariage de l'aîné, le père paie aux autres, ou leur garantit l'intérêt de la somme donnée en dot à celui-ci. Souvent deux familles prennent une ferme indivise, et les bénéfices sont partagés proportionnellement au nombre d'enfants et aux services qu'ils rendent. Tout cela marche avec une harmonie parfaite, le maître n'a jamais à intervenir dans des discussions d'intérieur. Quant aux juges de paix, aux notaires, aux huissiers, on a rarement affaire à eux. La voix du père est toute puissante et décide sans appel. Je dois dire que cet état de choses tend à disparaître.

En Belgique et dans les Pays-Bas, on a établi des colonies agricoles qui remplacent avec d'immenses avantages nos dépôts de mendicité et nos maisons centrales de correction. Elles sont basées sur une sorte de procédé mixte entre le régime morcelé et le mode sociétaire. Depuis de longues années, dans les régions officielles, on a l'*intention*, en France, d'imiter ces établissements. Un projet était à l'étude au moment de la révolution de février, pour essayer une de ces colonies auprès de la maison centrale de Fontevrault, dans la forêt qui l'avoisine. Une ancre de salut allait être jetée peut-être dans le sol qui avait été si hospitalier à Robert d'Arbrissel et à ses pieux travailleurs. C'était l'heure de se hâter ; on a tout justement abandonné le projet.

Il existe également des colonies agricoles en Allemagne,

(1) *Le monastère*, ch. Ier.

en Pologne, distinctes du trésor, mais revêtues d'un caractère public. Elles se constituent par le concours volontaire des propriétaires qui se fondent en une sorte d'être moral, vis-à-vis duquel ils s'engagent sous les mêmes rigueurs d'exécution que pour le paiement de l'impôt, à verser régulièrement l'intérêt des obligations foncières émises par l'association, jusqu'à concurrence de la valeur de la moitié de la propriété (1).

Voici ce que je lis dans l'*Almanach de France* de 1842. Il s'agit d'un fait observé dans l'arrondissement de Rambouillet :

« Les onze frères B..., de la commune de Brières, canton de Limours, restèrent, il y a peu d'années, orphelins, mais avec quelque fortune. Les aînés étaient déjà grands et robustes ; la tutelle commune et l'éducation des plus jeunes furent confiées à trois oncles, hommes de grand sens, et excellents cultivateurs. Ces braves gens administrèrent en commun cette succession que leur propre bien doit grossir un jour. Ils s'appliquèrent à élever dans l'amour du travail et la concorde fraternelle ces enfants à qui la Providence n'avait enlevé un père que pour leur en rendre trois. Bref, ils s'acquittèrent si bien de cette double tâche, qu'en arrivant successivement à l'époque de leur majorité, aucun des pupilles ne voulut réclamer son indépendance et demander compte de son bien.

» Aujourd'hui encore, la succession demeure indivise, et toutes les terres sont régies en commun. D'après les avis des trois tuteurs, avis que l'on suit comme des ordres, les cultures se distribuent selon la qualité et l'exposition des terrains ; elles s'équilibrent de telle sorte que les produits surabondants d'une ferme suppléent à tout ce qui manque dans une autre ; enfin il règne dans cette exploitation ainsi

---

(1) *Journal des économistes*, 15 déc. 1848.

combinée une variété raisonnée et enchaînée de cultures, que l'on ne trouve ordinairement qu'au sein des grands domaines réunis dans la main d'un seul propriétaire. Ce n'est pas que les frères B... aient continué de vivre en commun : chacun s'est établi dans une petite ferme. Plusieurs se sont mariés; mais ce nouveau lien n'a pas détruit les premiers...

« Tenez, monsieur, nous disait le cultivateur qui nous a donné ce renseignement, c'est à la vendange, à la moisson, à la fenaison qu'il faut les voir : chacun de ces gaillards-là n'a pas moins de vingt-deux bras à son service. Dès le matin, les onze frères sont réunis, chacun à la tête de ses ouvriers, et vous les voyez courir de clos en clos, de sillon en sillon, selon la maturité des récoltes; en un clin d'œil, le vert de la prairie a disparu sous la faux, les gerbes sont couchées et liées; la vigne, qui était noire, s'éclaircit; et puis c'est un entrain, une gaieté dont vous ne vous faites pas d'idée! Ils n'ont déjà qu'un pressoir et qu'un four, et l'on dit dans le village qu'ils vont faire construire une grange et un cellier pour eux tous. Les vaches paissent toutes ensemble, tantôt dans le pré de François, tantôt dans le pré de Jérôme; il ne leur manquerait plus que de rentrer le soir dans une seule étable. Et ce n'est pas tout! Faut-il, sur l'une des onze fermes, vingt chevaux pour un charroi, on les a le lendemain. A-t-on besoin de quinze charrettes d'engrais, on les amène, et l'argent ne manque pas, allez!... Tant y a qu'ils s'arrondissent chaque jour, et que la ferme à Jean-Baptiste, où il faisait si mal ses affaires, et dont personne ne voulait, ils l'ont reprise, eux, et la voilà en plein rapport. Comprenez-vous quelque chose à tout cela, monsieur? »

Dans sa curieuse *Excursion dans la Nièvre*, M. Dupin aîné a décrit avec un grand charme une de ces associations dont parle Guy Coquille, qu'il visita en 1840, à Saint-Benin-des-Bois, non loin de Nevers.

« ..... Le groupe d'édifices dont se compose les Jault est

situé sur un petit mamelon, à la tête d'une belle vallée de prés, bornée à l'horizon par des collines boisées, sur l'une desquelles, au couchant, se dessinent l'église et le clocher de Saint-Benin-des-Bois. La maison principale d'habitation n'a rien de remarquable au dehors. A l'intérieur, on trouve au rez-de-chaussée, en montant seulement deux marches, une vaste salle ayant à chaque bout une grande cheminée dont le manteau comporte environ neuf pieds de développement (et ce n'est pas trop pour donner place à une si nombreuse famille). A côté de l'une de ces cheminées est l'ouverture d'un large four à cuire le pain, et, de l'autre côté, un tonneau à lessive, de pierre, aussi ancien que la maison elle-même ; car il est incrusté dans la muraille, et a reçu le poli à force de servir. Tout auprès, dans un cabinet obscur, se trouve un puits peu profond, dont l'eau ne tarit jamais, et qui fournit abondamment aux usages de la maison. La grande chambre, dans toute sa longueur, est flanquée d'un corridor dans lequel débouchent, par autant de portes, des chambres séparées, véritables cellules où chaque ménage a son domicile particulier. Ces chambrettes sont tenues fort proprement : dans chacune il y a deux lits, quelquefois trois, suivant le nombre des enfants : deux armoires de chêne, cirées avec soin, ou bien encore un coffre et une armoire, une table, deux siéges et fort peu d'ustensiles, composent tout le mobilier.

» ..... Cette visite domiciliaire était à peine terminée, que nous entendîmes la voix de la gardienne prononcer ces mots : Les voici! C'était la famille, au nombre de trente-six, hommes, femmes et enfants, qui revenait du service divin, le maître de la communauté en tête. Tous entrèrent pêle-mêle dans la grande salle.

» ..... L'existence de cette communauté date d'un temps immémorial. Les titres, que le maître garde dans une arche qui n'a pas été visitée par les brûleurs de 1793, remontent au delà de l'an 1500, et ils parlent de la communauté comme d'une chose déjà ancienne à cette époque. Claude (c'est le chef de la communauté) alla nous chercher quelques-uns de ces vieux contrats, que nous eûmes grand'peine à déchiffrer; et le notaire nous confirma tous ces faits. Je demandai si la propriété qui avait servi de noyau à la communauté était originairement un bien seigneurial ? — Claude soutint fièrement que non, et affirma que c'était un bien patrimonial, un bien franc. Quoi qu'il en soit, la possession de ce coin de terre s'était maintenue dans la famille des Jault, et, avec le temps, elle s'était successivement accrue par le travail et l'économie de ses membres, au point de constituer, par la réunion de toutes les acquisitions, un domaine de plus de 200,000 francs dans la main des possesseurs actuels; et cela, malgré toutes les dots payées, comme je dirai bientôt, aux femmes qui avaient passé par mariage dans des familles étrangères.

» ..... Je voulus savoir comment et à l'aide de quels moyens on était parvenu à empêcher les morcellements, les partages, et, finalement, la dissolution de la communauté. Dans l'origine, le maître naturel de la communauté fut le père de famille, ensuite son fils, et cette hérédité naturelle se continua aussi longtemps que se maintint la ligne directe, et que l'on put distinguer un aîné de la capacité convenable. Mais à mesure qu'en s'éloignant la proximité de la parenté s'est affaiblie, au point de ne plus offrir que des collatéraux, on a choisi le plus capable parmi les hommes faits pour diriger les affaires; et la femme la plus entendue pour présider aux soins du ménage. Du reste, le régime de cette maîtrise domestique est fort doux, et le commandement y est presque nul. — Chacun, nous dit le maître, connaît son ouvrage et le fait. La principale charge du maître est de faire les affaires du dehors, d'acheter et vendre le bétail, de faire les acquisitions au nom de la communauté, lorsqu'il y a convenance et deniers suffisants, ce qu'il ne fait pas, au reste, sans prendre le conseil de ses communs ; car, ainsi que l'a remarqué Guy

Coquille : « eux tous vivant d'un pain, couchant sous une couverture, et se voyant tous les jours, le maître est malavisé, ou trop superbe, s'il ne communique et prend l'avis de ses *parsonniers* sur les affaires importantes. » Les fonds de la communauté se composent : 1° des biens anciens ; 2° des acquisitions faites pour le compte commun avec les économies ; 3° des bestiaux de toute nature ; 4° de la caisse commune, anciennement tenue par le maître seul, aujourd'hui déposée, par précaution, chez un notaire de la ville de Saint-Saulge.

» Mais en outre chacun a son pécule, composé de la dot de sa femme et des biens qu'il a recueillis de la succession de sa mère, ou qui lui sont advenus par don ou legs, ou par toute autre cause distincte de la raison sociale. La communauté ne compte parmi ses membres effectifs que les mâles. Eux seuls font tête (*caput*) dans la communauté. Les filles et les femmes, tant qu'elles veulent y rester en travaillant, y sont nourries et entretenues tant en santé qu'en maladie ; mais elles ne font pas tête dans la communauté. Lorsqu'elles se marient au dehors (ce qui arrive le plus ordinairement), la communauté les dote en argent comptant. Ces dots, qui étaient fort peu de chose dans l'origine, se sont élevées dans ces derniers temps jusqu'à la somme de 1350 francs. Moyennant ces dots une fois payées, elles n'ont plus rien à prétendre, ni elles, ni leurs descendants, dans les biens de la communauté. Seulement, si elles deviennent veuves, elles peuvent revenir habiter la maison, et y vivre comme avant leur mariage. Quant aux femmes du dehors qui épousent l'un des membres de la communauté, j'ai déjà dit que leurs dots ne s'y confondent pas, par le motif qu'on ne veut pas qu'elles y acquièrent un droit personnel. Ces dots constituent un pécule à part ; seulement elles sont tenues de verser dans la caisse de la communauté 200 francs pour représenter la valeur du mobilier livré à leur usage. Si elles deviennent veuves, elles auront le droit de rester dans la communauté, et d'y vivre avec leurs enfants ; sinon, elles peuvent se retirer, et dans ce cas on leur rend les 200 francs qu'elles avaient originairement versés.

» Tout homme, membre de la communauté, qui meurt non marié, ne transmet rien à personne. C'est une tête de moins dans la communauté, qui demeure aux autres en entier, non à titre de succession de la part qu'y avait le défunt; mais ils conservent le tout par droit de non-décroissement, *jure non decrescendi* : c'est la condition originaire et fondamentale de l'association. S'il a été marié et qu'il laisse des enfants, ou ce sont des garçons, et ils deviennent membres de la communauté, où chacun d'eux fait une tête, non à titre héréditaire (car le père ne leur a rien transmis), mais *jure proprio*, par le seul fait qu'ils sont nés dans la communauté, et à son profit. Si ce sont des filles, elles ont droit à une dot; elles recueillent en outre et partagent avec les garçons le pécule de leur père, s'il en avait un ; mais elles ne peuvent rien prétendre de son chef dans les biens de la communauté, parce que leur père n'était pas commun avec droit de transmettre une part quelconque à des femmes qui la porteraient au dehors dans des familles étrangères ; mais il était membre de la communauté, à condition d'y vivre, d'y travailler, et de n'avoir pour héritier que la communauté elle-même. On voit par là quel est le caractère propre et distinctif des communautés nivernaises. Il n'en est pas comme des sociétés conventionnelles ordinaires, où la mort de l'un des associés emporte la dissolution de la société, parce qu'on y fait en général choix de l'industrie et capacité des personnes. Les anciennes communautés nivernaises ont un autre caractère : elles constituent une espèce de corps, de collége (*corpus, collegium*), une personne civile, comme un couvent, une bourgade, une petite cité, qui se continue et se perpétue par la substitution des personnes, sans qu'il en résulte d'altération dans l'existence même de la corporation, dans sa manière d'être, dans le gouvernement des choses qui lui appartiennent.

» Je ne puis résister au désir de rapporter ici le texte même d'un des contrats de mariage de cette honnête famille, tant il m'a paru conçu en termes simples et naïfs, qui expliquent bien la moralité de cette institution, et l'esprit dans lequel elle s'est perpétuée et maintenue. »

Suit le texte du contrat.

« Plus tard, et par l'effet de mauvais conseils, les enfants de Jeanne Desault ont voulu, du chef de leur mère, élever des prétentions sur le corps même de la communauté, et en provoquer le partage ; mais la Cour d'appel de Bourges, par un sage arrêt du 6 mars 1832, a maintenu les stipulations du contrat de mariage et les conventions transactionnelles faites entre les parties, et a rejeté la demande en partage. Si la conscription vient atteindre quelque membre de la communauté, elle fournit jusqu'à concurrence de 2000 francs pour acheter un remplaçant. En cas d'insuffisance, le surplus devait se prendre sur le pécule du conscrit.

» Quant à la probité, il est sans exemple qu'un seul membre de cette communauté ait été condamné pour un délit. Ce fait m'a été confirmé par toutes les personnes que j'ai pu interroger. Les mœurs y sont pures : une seule fois il est arrivé qu'une de leurs filles se soit laissé séduire ; mais le scandale a été aussitôt réparé par le mariage, qui avait servi de prétexte à la séduction.

» Cette famille est très charitable. Nous le savions, et nous en eûmes la preuve sous nos yeux. Pendant que nous causions de tout ce que je viens de raconter, à l'un des bouts de la salle, deux pauvres, assis près de la cheminée qui était à l'autre extrémité, tenaient sur leurs genoux chacun une écuelle de soupe qu'ils mangeaient fort tranquillement. Aucun pauvre ne passe sans trouver ainsi la soupe ou le pain. Aussi, suivant l'expression du maître : « le pain va vite dans la maison. » Le nombre des membres n'est que de 36, grands et petits, et l'on consomme par semaine 900 livres de grain, c'est-à-dire à peu près 130 livres par jour. Tous les communs vivent ainsi, suivant la loi de leur association, *au même pain, pot et sel*. Quant aux vêtements, le maître distribue à chaque ménage, en raison du nombre et de l'âge des individus qui le composent, le chanvre et la laine.

» L'état sanitaire de cette famille est parfait. Les hommes y sont grands et forts, les femmes robustes, quelques-unes assez bien ; leur mise est propre et ne manque pas d'élégance.

» Dans la suite de mon voyage, j'ai vu la contre-partie. Après avoir pénétré par Decise et Fours jusqu'à Luzy, je suis revenu par la montagne Saint-Honoré, les bains romains et par la commune de Préporché, non loin de Villapourçon (pays des porcs). Dans cette commune existait jadis un grand nombre de communautés ; la plus célèbre, celle qui a subsisté la dernière, était celle des Gariots. Le siége de cette communauté se trouve sur une petite butte entourée d'un ravin qui en rend l'accès assez difficile. Ce pays est aussi pauvre que celui de Saint-Benin est fertile. On n'y récolte que du seigle, du sarrasin, et, depuis trente à quarante ans seulement, des pommes de terre. Cette communauté cependant vivait et nourrissait tous ses membres. Depuis la révolution, on a voulu partager. Dans le nombre des *parsonniers*, quelques-uns ont prospéré et sont à l'aise, mais d'autres sont tombés dans un état fort misérable. Le dernier maître, qui réside actuellement à Préporché, a emporté chez lui comme un trophée le grand pot de la communauté. Les autres restent groupés sur le mamelon des Gariots. Les grandes chambres ont été divisées. La grande cheminée est partagée en deux par un mur de refend. Les habitations sont chétives, malpropres ; les habitants, un peu sauvages, se montraient inquiets et presque effrayés à notre aspect. A peine s'ils voulaient ou pouvaient répondre à nos questions. A notre départ ils nous suivaient des yeux, comme on suit l'ennemi qui opère sa retraite, en se glissant derrière leurs maisons.

» A Jault, c'était l'aise, la gaieté, la santé; aux Gariots, c'était la tristesse et la pauvreté.

» Est-ce donc à dire que les habitants de la campagne devraient reprendre ou continuer le régime des communautés? Certes je ne méconnais pas, pour la Nièvre surtout, l'avantage de la division des propriétés, le bien-être qui résulte pour chacun d'avoir sa maison, son jardin, son pré, son champ, son ouche, tout cela bien cultivé, bien soigné.

» Mais l'association bien conduite a aussi ses avantages; j'en ai signalé les heureux effets; et là où elle existe encore avec de bons résultats, je fais des vœux pour qu'elle se maintienne et se perpétue.

» Je crois surtout que, pour l'exploitation des fermes, il serait fort utile aux paysans de rester ensemble. Une nombreuse famille suffit par elle-même à l'exploitation; trop faible, il faut y suppléer par des valets, et ces mercenaires qu'il faut payer fort cher, emportent le plus net du produit, et n'ont jamais, pour la culture et le soin du bétail, la même attention que les maîtres de la maison. Ajoutez que les enfants restant avec leurs père et mère, reçoivent tout à la fois les exemples et les leçons de leurs parents : séparés d'eux, mis en service trop jeunes, la corruption s'en empare et bien souvent la misère les atteint.

» D'un autre côté, le fait des partages exercés trop souvent et poussés trop loin opère un morcellement tel, que les enfants du même père ne peuvent plus se loger dans les bâtiments, et que les morceaux de terre, devenus trop petits, se prêtent mal à la culture. »

Voilà donc, mis en regard et étudiés sur le vif, l'association préconisée et le morcellement condamné par l'homme qui fut longtemps le premier magistrat debout de la Cour suprême. Il réfute de la manière la plus décisive, c'est-à-dire par le fait, — après Guy Coquille et Legrand d'Aussy, — toutes les objections banales d'immoralité, de paresse, de désordre, d'impossibilité, que les conservateurs-bornes prodiguent à cette idée si juste et si simple. Ce contraste de la misère des Gariots tombés en régime de propriété personnelle et morcelée, avec l'aisance, la santé, la gaieté des Jault restés fidèles à l'association, tout cela, dans sa bouche, est concluant et irréfutable. Ajoutons que, sur tous ces points, M. Troplong est exactement de l'avis de M. Dupin :

« Ces débris respectables de vieilles institutions, dit-il, résisteront-ils longtemps encore aux principes de dissolution que le droit commun a placés à côté d'elles? Cette vie commune se prolongera-t-elle comme une source d'*émulation, de bons exemples, de bon gouvernement agricole*? C'est ce qu'il n'est pas permis d'*espérer* dans un siècle où la centralisation, de jour en jour plus active, promène en tous sens l'égalité de lois et de mœurs. »

CHAPITRE IX.

État de la question. — L'association agricole.

> « Ce n'est que par des révolutions que l'intelligence divine elle-même développe ses ouvrages et les conduit de perfection en perfection. »
> BERNARDIN DE SAINT-PIERRE, I, 5.

Je crois avoir surabondamment démontré, par les faits plus encore que par le raisonnement, qu'au sein du village actuel, et avec le morcellement indéfini de l'agriculture, nul progrès sérieux n'est possible, et que le paysan découragé, je l'ai dit et ne saurais trop le répéter, déserte de toutes parts la campagne qui manque de bras, pour aller encombrer les villes d'existences sans emploi, tandis que, dans les cités, l'ouvrier refuse jusqu'à la mort de retourner vers la campagne qu'il a une fois abandonnée.

Il faut donc en prendre son parti et aviser résolûment à

changer les conditions de la vie matérielle, morale et intellectuelle au village, puisque l'homme refuse de la subir et de s'en contenter; il faut donc fonder des colonies agricoles, au sein desquelles il trouve toutes les séductions des villes, ou des équivalents, ou même quelque chose de mieux, ce qui n'est nullement irréalisable, ces séductions étant beaucoup plus apparentes que réelles.

Ajoutons qu'aujourd'hui le capital et le travail sont deux ennemis en présence. C'est un fait que l'on peut déplorer, mais qu'il n'est plus temps de nier et dont il faut tenir compte. Cet antagonisme, d'ailleurs, était facile à prévoir, et c'est un trait de génie à Montesquieu d'avoir, en deux lignes, signalé le mal en indiquant le remède.

« Il n'y a qu'une société de perte et de gain qui puisse réconcilier ceux qui sont destinés à travailler, avec ceux qui sont destinés à jouir (1). »

Jetons donc, il en est temps, les bases de cette réconciliation en solidarisant leurs intérêts dans l'association. Isolés, le capital et le travail ne peuvent rien; associés, ils réalisent la fortune et le bonheur, puisque ce sera le propre de l'association de doubler, de décupler parfois les forces de la production et les économies de la consommation. Ils auront donc tout intérêt à rester unis. Nous leur conservons, du reste, toute liberté de se séparer, et de continuer leur lutte périlleuse.

Que l'on veuille bien, à ce mot d'association, ne pas crier au socialisme! et se rejeter avec terreur en arrière. Il ne s'agit dans tout ceci que de voir si, en synthétisant le passé et le présent, on ne parviendra pas à donner un corps aux aspirations de M. Dupin, de M. Troplong et de tous les esprits intelligents et généreux.

Je dis tous, et j'en cite quelques-uns.

---

(1) *Esprit des lois,* liv. XIII, ch. III.

A tout seigneur, tout honneur ! à l'Empereur d'abord.

« Qu'y a-t-il donc à faire? Le voici. Notre loi égalitaire de la division des propriétés ruine l'agriculture; il faut remédier à cet inconvénient par une association qui, employant tous les bras inoccupés, recrée la grande propriété et la grande culture sans aucun désavantage pour nos principes politiques (1). »

Après l'Empereur, son ministre des finances, qui m'écrivait à la date du 12 novembre 1847 (2) :

« Le travailleur, dites-vous, a été tour à tour esclave, serf, salarié : pourquoi ne serait-il pas associé?

» Je me réunis de cœur et d'esprit à cette pensée. Vous la poursuivez depuis longtemps déjà, et chaque jour vous l'exprimez avec une force nouvelle. *L'avenir est à elle*, mais cet avenir ne viendra pas seul; aussi est-ce *une glorieuse tâche* de le préparer.

» Mais elle est difficile. L'association se montre déjà sur plusieurs points du travail humain, mais le plus souvent elle a pour but le mal plutôt que le bien. Association, ou plutôt coalition des messageries, des maîtres de forges, des banquiers, des soumissionnaires de chemins de fer, etc.... La chose commence ainsi par ses abus, et non par ses avantages. Mais ces abus ne prévaudront pas contre la valeur même de l'idée, et, après ces premières difficultés, l'idée d'association finira par triompher. »   « *Signé* BINEAU. »

Voici maintenant deux professeurs d'économie politique, deux hommes payés par l'État pour enseigner au peuple la science et la vérité.

« L'association doit bannir le paupérisme, assembler en un ordre social régulier les éléments sans cohésion des sociétés modernes. Le principe de l'association rendra la paix au monde, qui en a soif. Ceux qui se feront ses apôtres,

---

(1) *Extinction du paupérisme*, par L.-N. Bonaparte.

(2) A l'occasion d'un premier mémoire couronné par l'Académie de Nantes : *Les paysans au XIXᵉ siècle.*

et qui sauront se faire écouter, seront *les bienfaiteurs du genre humain* (1). »

C'est M. Michel Chevalier qui parle ainsi. Voici maintenant M. Wolowski :

« Le progrès social ne peut consister à dissoudre toute association, mais à substituer aux associations forcées, oppressives, des temps passés, des associations volontaires et équitables, des réunions, non plus seulement dans un but de sécurité et de défense, mais dans un but commun de production (2). »

« Quand le morcellement aura produit tous ses fruits, dit M. Louis Reybaud, et qu'à la suite de dommages évidents on reviendra de la culture émiettée à la grande culture, un autre *progrès* se fera dans les voies d'une alliance entre les intérêts humains. De la propriété parcellaire naîtra l'association (3). »

« L'esprit d'association et l'esprit de famille se partagent le monde, a dit M. de Cormenin au sujet des associations agricoles (4). La Providence a mis ces deux instincts dans l'homme.

» Tous deux, sagement employés selon le but qu'il y a lieu d'atteindre, concourent au bien particulier et au bien social.

» La division extrême des propriétés commence à avoir, en plus d'un endroit, les mêmes inconvénients que leur extrême concentration. Au lieu d'être, comme ci-devant, le serf d'un seigneur, le paysan est devenu le serf de la misère, joug non moins pesant à porter. Comme il n'y a plus à secouer ni féodalité, ni dîmes, et qu'il n'y a plus autour de lui de terres à partager, il ne lui reste pas même ce qu'il avait jadis, la plainte et l'espérance.

---

(1) Michel Chevalier, *Diction. de la conversation*, art. POPULATION.
(2) Leçons au Conservatoire des arts et métiers, 16 décembre 1844.
(3) *Étude sur les réformateurs modernes*, I, 198.
(4) *Entretiens de village*, ch. XXII.

» Dans les pays à terres morcelées, le paysan, moitié manœuvre, moitié propriétaire, ou simplement locataire et ouvrier de main et de journée, a tout à gagner à l'association.

» Elle peut faire ici des merveilles.....

» Et de plus, *quelle moralité dans ces associations!* quel accroissement de bien-être dans le présent! quelle tranquillité d'âme pour l'avenir! quelle estime de soi-même et des autres! quels gages de bienveillance mutuelle, de salutaire et contagieux exemple, de bonne et volontaire discipline, de fidélité aux engagements pris, et de paix intérieure pour la commune (1)! »

Le village de l'avenir commencera par abandonner les huttes, les cabanes, les chaumières, les caves, les bicoques effondrées et toutes ces hideuses tanières qui ont trop longtemps abrité le roi détrôné du globe, pour revenir à l'unité de demeure d'autrefois : seulement elle sera élargie, elle aura ses dômes et ses portiques, ses jardins, ses galeries, ses vastes salles et ses cloîtres aux longues colonnades, l'air et l'espace pour tous, la société pour ceux-ci, l'isolement pour ceux-là...

Eh quoi! au milieu des misères inouïes du moyen âge, d'inutiles moines purent couvrir l'Europe, pour abriter leur paresse, de splendides palais dont les ruines immenses font encore à cette heure l'étonnement des archéologues, et vous ne voulez pas que l'homme régénéré trouve dans sa demeure les avantages de tout genre, le luxe et le grandiose que l'on admire dans les débris de ces opulents moutiers? Eh quoi! vous élevez pour les restes inutiles et mutilés de la gloire militaire, pour les instruments des jeux cruels des batailles, le splendide hôtel des Invalides ; vous construisez au centre des cités des casernes monumentales, des écuries plus belles que les maisons des hommes, des manéges plus vastes, plus gran-

---

(1) « Sans la solidarité des intérêts, sans l'association, beaucoup d'améliorations agricoles sont impossibles. » — *Journal d'agriculture pratique*, novembre 1854, p. 391.

dioses que des temples (1), et vous riez à l'idée de loger le paysan comme un invalide, comme un soldat ; et vous ne comprenez pas qu'il est temps à la fin de faire pour la production ce que l'on n'a fait jusqu'à ce jour que pour la destruction, qu'il est temps que l'atelier soit honoré à l'égal de la caserne, la production à l'égal de la destruction ?

Et d'ailleurs, pensez-vous que ce soit pour le seul plaisir d'élever des monuments, et n'est-ce pas bien plutôt parce qu'il est évident de reste qu'il est plus économique d'abriter 2000 chevaux dans quatre ou cinq vastes écuries, que de bâtir deux mille étables, avec deux mille portes, deux mille fenêtres, deux mille greniers, etc...; plus économique de construire un seul palais qui durera des siècles, pour loger 2000 soldats, que de leur élever deux mille masures, qui s'écrouleraient tous les vingt ans, avec deux mille cuisines et matériels culinaires, etc.

Ne croyez pas, toutefois, que je prétende faire manger trois cents familles à la gamelle, ni coucher dans un dortoir commun. S'il est plus avantageux de préparer les aliments dans un vaste atelier culinaire, avec le simple concours de vingt ou vingt-cinq personnes, au lieu des trois cents feux, des trois cents matériels et des trois cents ménagères qu'emploie la commune actuelle, rien n'empêche chacun de vivre isolément. Il y aura dans la cité agricole, comme il y a déjà aujourd'hui, des gens qui préféreront prendre leurs repas à table d'hôte, en nombreuses réunions, d'autres qui mangeront à leur table dans la salle commune, comme aujourd'hui encore, d'autres qui se feront servir chez eux, toujours comme aujourd'hui. On jouit des avantages de l'association pour la préparation des aliments, tout en sauvegardant les exigences légitimes de l'esprit d'individualisme.

Rien de tout cela n'est utopique ; c'est la réalisation d'un

(1) Par exemple, la caserne, les écuries, les manéges, les greniers, les magasins de l'école de cavalerie de Saumur.

fait pratique dont les heureux effets sont éprouvés : « Autant que possible, dit M. Villermé (1), les locataires d'une même maison se réunissent pendant l'hiver pour travailler avec un seul feu, et, le soir, avec une seule lumière ; le même poêle sert à tous les ménages pour faire la cuisine et conserver chauds les aliments. On conçoit que les économies qui résultent de semblables réunions, dans lesquelles on s'excite mutuellement au travail, non plus le soir seulement comme à la veillée, mais depuis le lever jusqu'au coucher, doivent être pour quelque chose, ainsi que l'a montré M. le professeur de Candolle (2), dans les bas prix auxquels ces ouvriers peuvent livrer leurs produits. »

Trop souvent les plus graves discussions reposent sur des malentendus et des querelles de mots. Ainsi on confond d'habitude le *ménage* avec la *famille*. Aux champs, le ménage est dans toute sa simplicité primitive et élémentaire. La compagne du villageois manipule la farine, pétrit le pain, cuit et prépare les aliments, presse le lait et le fromage, file la laine ou le chanvre qui feront la chemise, le gilet ou les bas, fait les lits, restaure les vêtements, soigne les marmots... Dans les cités, si l'on ne dîne pas au restaurant ou à table d'hôte, on a tout au moins des domestiques chargés de ces embarras; on a des bonnes d'enfant, on prend son pain chez le boulanger, sa viande chez le boucher commun, ses fruits et ses légumes chez le fruitier ; on fait blanchir son linge en ville... Est-ce à dire que la famille est détruite à la ville, et qu'elle n'existe plus qu'au village? L'association simplifiera encore le ménage, mais sans toucher à la famille. Bien au contraire,

(1) *Tableau de l'état physique et moral des ouvriers*, art. ZURICH.
(2) M. de Candolle constate l'existence de semblables réunions dans les cantons d'Appenzell et de Saint-Gall. M. Audiganne, dans son livre sur les *Populations ouvrières et industrielles de France*, nous montre un spectacle analogue et de pareilles réunions dans les campagnes normandes où l'on confectionne les dentelles.

dégagée de tous ces ennuis, de tous ces écueils, de toutes ces entraves, elle brillera d'un éclat plus vif et plus pur, fondée seulement sur la mutuelle affection et le dévouement.

Il n'y a rien de nouveau sous le soleil, et il y a tout juste un siècle que toutes ces banales accusations d'impossibilité et d'immoralité ont été réfutées dans l'*Encyclopédie* (1).

« On ne manquera pas de dire qu'une association de gens mariés est absolument impossible ; que ce serait une occasion perpétuelle de trouble, et qu'infailliblement les femmes mettraient le désordre parmi les consorts ; mais ce sont là des objections vagues et qui n'ont aucun fondement solide. Car pourquoi les femmes causeraient-elles plutôt du désordre dans une communauté conduite avec de la sagesse, qu'elles n'en causent tous les jours dans la position actuelle, où chaque famille, plus libre et plus isolée, plus exposée aux mauvaises suites de la misère et du chagrin, n'est pas contenue, comme elle le serait là, par une police domestique et bien suivie ? D'ailleurs, si quelqu'un s'y trouvait déplacé, s'il y paraissait inquiet, ou qu'il y mît de la division ; dans ce cas, s'il ne se retirait de lui-même, ou s'il ne se corrigeait, on ne manquerait pas de le congédier.

» Mais on n'empêcherait pas, dit-on, les amours furtives, et bientôt ces amours causeraient du trouble et du scandale.

» A cela je réponds que l'on ne prétend point refondre le genre humain : le cas dont il s'agit arrive déjà très fréquemment, et sans doute il arriverait ici quelquefois ; néanmoins on sent que ce désordre serait beaucoup plus rare. En effet, comme l'on serait beaucoup moins corrompu par le luxe, moins amolli par les délices, et qu'on serait plus occupé, plus en vue et plus surveillé, ou aurait moins d'occasions de mal faire et de se livrer à ses penchants illicites. D'ailleurs les vues d'intérêt étant alors presque nulles dans les mariages, les

(1) Article MORAVES, par Faiguet, trésorier de France.

seules convenances d'âge et de goût en décideraient; conséquemment il y aurait plus d'union entre les conjoints, et, par une suite nécessaire, moins d'amours répréhensibles. J'ajoute que, le cas arrivant, malgré la police la plus attentive, un enfant de plus ou de moins n'embarrasserait personne, au lieu qu'il embarrasse beaucoup dans la position actuelle. Observons enfin que les mariages mieux assortis dans ces maisons, une vie plus douce et plus réglée, l'aisance constamment assurée à tous les membres, seraient le moyen le plus efficace pour effectuer le perfectionnement physique de notre espèce, laquelle, au contraire, ne peut aller qu'en dépérissant dans une autre position.

» Au surplus l'ordre et les bonnes mœurs qui règnent dans les communautés d'Auvergne, l'ancienneté de ces maisons et l'estime générale qu'on en fait dans le pays prouvent également la bonté de leur police et la possibilité de l'association proposée. Des peuples entiers, à peine civilisés, et qui, pourtant, suivent le même usage, donnent à cette preuve une nouvelle solidité. En un mot, une institution qui a subsisté jadis pendant des siècles, et qui subsiste encore presque sous nos yeux, n'est conséquemment ni impossible ni chimérique. J'ajoute que c'est l'unique moyen de les contenir dans les bornes d'une sage économie, et de leur épargner une infinité de sollicitudes et de chagrins, qu'il est moralement impossible d'éviter dans l'état de désolation où les hommes ont vécu jusqu'à présent. »

Que l'on veuille bien comprendre qu'il n'y a rien d'absolu dans les critiques que j'ai adressées à l'éparpillement illimité du sol. Il faut, au contraire, morceler la terre, l'émietter encore, s'il est possible, afin que chacun en possède un lambeau, tant minime soit-il. Je l'ai dit et je le répète, c'est la meilleure, c'est la seule garantie de l'ordre et de la stabilité, et la société compte ses ennemis par le nombre des prolétaires. Morcellement de la propriété, association des cultures; association pour le travail et la production, liberté la plus absolue laissée à l'individualisme pour la consommation, telle sera la loi de l'avenir.

Un travail cadastral fait avec une minutieuse exactitude constate la richesse de chacun, la quantité de terres en pâturages, céréales, vignes ou bois; la qualité relative, le revenu moyen, etc. On sait par suite quel sera le droit proportionnel de chacun dans la répartition des bénéfices au point de vue du capital. Mais comme il faut laisser à chacun toute et entière liberté d'augmenter ou de modifier son avoir, ces propriétés seront représentées par des actions ou coupons d'actions vendables, échangeables, négociables comme toute autre valeur. On cumule ainsi les avantages de la grande culture avec ceux non moindres du morcellement agricole, tout en évitant les dangers de l'un et de l'autre de ces systèmes appliqués exclusivement.

Aussitôt tous ces murs laids et dispendieux, qui brisent la vue et ruinent la bourse, disparaissent avec les fossés inutiles et les haies qui dévorent le sol et recèlent les animaux nuisibles : « Où mur y a, et devant, et derrière, — comme dit Rabelais dans son utopie de l'abbaye de Thelèmes, — y a force murmures, envie et conspiration mutüe. » On peut enfin exécuter, dans l'intérêt de tous, les travaux de desséchement et d'irrigation impossibles sous le régime du morcellement. Nous voyons disparaître, avec l'usure et le vol, les agents de répression, et les huissiers, avoués, notaires, avocats, que l'agriculture morcelée engraisse à ses dépens.

On s'exagère singulièrement l'amour de l'homme pour la propriété exclusive et individuelle, fait purement humain, qui a eu besoin, pour exister, d'être promulgué par la loi civile, et qui n'existe que dans les limites qu'elle lui impose (1). Tous les peuples, à leur berceau, la fuient avec

---

(1) «Natura jus commune generavit, usurpatio jus facit privatum. » — Saint-Ambroise, *De offic. minist.*, lib. I, 42.

« Otez le gouvernement, la terre et tous ses biens sont aussi communs entre

persistance (1). Nos aïeux, les Germains, les Gaulois, les Francs, ne la connurent point (2), et ce n'est pas pour cela qu'ils valaient moins que nous. Voyez, à côté des peuples agriculteurs, comme les peuples pasteurs n'eurent jamais, et nulle part, le même appétit que les premiers à l'endroit de l'appropriation personnelle du sol ! Voyez comme, indifférents à la propriété, ils s'obstinèrent toujours à regarder l'usage et la possession comme de droit commun, ou peu s'en faut ! Le libre parcours est la seule loi qu'ils reconnaissent, tant il est vrai que les opinions, les affections même les plus invétérées des hommes dépendent le plus souvent de certaines conditions de leur existence, et même de certaines circonstances géographiques ou chronologiques. Je ne remonterai point jusqu'aux Hébreux de l'ancienne loi, nos ancêtres en religion, auxquels Dieu, se réservant absolument la propriété de la terre, avait

les hommes que l'air et la lumière. » — Bossuet, *Politique tirée de l'Écriture sainte*, I, 42.

« Cet ordre n'est fondé que sur la seule volonté des législateurs qui ont pu avoir de bonnes raisons, mais dont aucune n'est prise d'un droit naturel que vous ayez sur ces choses. S'il leur avait plu d'ordonner que ces biens, après avoir été possédés par les pères durant leur vie, retourneraient à la république, vous n'auriez aucun sujet de vous en plaindre... Vous n'y avez aucun droit de vous-même et par la nature. » — Pascal, *Discours sur la condition des grands*.

« Qu'est-ce que la propriété ? C'est le droit que tous ont donné à un seul de posséder exclusivement une chose à laquelle, dans l'état naturel, tous avaient un droit égal. » — Mirabeau.

« Une propriété antérieure à la loi est une chimère ; il n'en existe que par la loi. Rousseau définit la propriété : le droit au premier occupant par le travail. Il a fallu que la loi intervînt, car personne ne sème, s'il n'a la certitude de recueillir. » — Maury.

« C'est l'établissement seul de la société, ce sont les lois conventionnelles qui sont les véritables sources du droit de propriété. » — Tronchet.

(1) « Les nations sauvages, sous l'empire des idées primitives, ont un invincible éloignement pour la propriété particulière, fondement de l'ordre social. De là, chez quelques Indiens, cette propriété commune, ce champ public des moissons, ces récoltes déposées dans des greniers où chacun vient puiser selon ses besoins. » — Châteaubriand, *Voyage en Amérique*.

(2) « Neque quisquam agri modum certum, aut fines proprios habet. Sed

défendu de l'usurper pour ne leur en accorder que l'usufruit (1). De nos jours, et à notre porte, les Espagnols du revers des Pyrénées, prenant trop au sérieux le mot de Louis XIV, lorsque l'orgueilleux monarque crut supprimer cette éternelle barrière en l'abaissant sous les pas de son petit-fils, refusent de comprendre qu'ils ne sont pas, avec leurs troupeaux de chèvres, parfaitement chez eux de ce côté-ci de la montagne, et c'est avec la fronde et le bâton qu'ils répondent aux arguments des propriétaires irrités. C'est en toute sécurité de conscience qu'ils emploient tous les moyens, l'homicide compris, pour défendre ce qu'ils regardent sans doute comme leur droit. « Ils sont fort dévots, dit un illustre écrivain, témoin de ces faits ; et qui sait s'ils ne croient pas consacrer comme un droit religieux l'occupation de nos landes par leurs troupeaux ? Peut-être regardent-ils cette terre immense et quasi déserte comme un pays que Dieu leur a livré, et qu'ils doivent défendre en son nom contre les envahissements de la propriété individuelle (2). »

---

magistratus ac principes in annos singulos gentibus cognationibusque hominum qui unà coierunt, quantum et quo loco visum est agri attribuunt, atque anno post alio transire cogunt. » — Cæsar., *De bell. Gall.*, lib. VI.

« Arva per annos mutant... Nulli domus, aut ager, aut aliqua cura, prout ad quem venere aluntur. » — Tacite.

« Si quis autem migraverit in villam alienam, et ei aliquid infrà duodecim menses secundùm legem contestatum non fuerit, securus ibidem consistat sicut et alii vicini. » — *Lex salica*, tit. XLVII, art. 4. Quand l'usurpation est si facile, la propriété n'existe pas.

(1) « La terre ne sera point vendue absolument, car la terre est mienne, et vous êtes étrangers et forains chez moi. » — Lévitique, XXV, 23.

On pourrait aller jusqu'à dire que Dieu ne permet pas même l'appropriation individuelle de l'argent, puisque le prêt sans intérêt, le *mutuum*, était obligatoire entre Juifs. — Deutér., xv, 9 ; xxiii, 19, 20 ; — Exode, xxii, 25 ; — Lévitique, xxv, 36, 37. L'Église, qui, au fond, était du même avis, n'a jamais, depuis, osé se prononcer sur toutes ces questions brûlantes.

(2) *Mémoires de Georges Sand*. *Presse* du 23 mai 1855.

J'ignore si l'auteur de Mauprat sait que ces pasteurs défendent en effet un droit qu'on ne leur contestait pas jadis, sinon de nation à nation, du moins de

Ceci soit dit, toutefois, sans prétendre nier en aucune manière le sentiment de la propriété individuelle, dont je reconnais toute la force et toute l'énergie actuelle. Je le confesse d'autant plus volontiers, que je le trouve parfaitement naturel et légitime en lui-même. Seulement il y a, dans la manière dont on le comprend et dont on l'exerce, plus d'habitude, de préjugé et d'étroitesse de vues que d'instinct naturel. Le paysan tient avec fanatisme à sa chaumière triste et sombre, et qui souvent n'est pas *sa* chaumière, mais celle du propriétaire, qui peut, au gré de son caprice, le chasser de ce toit si vanté qui l'a vu naître et qui ne le verra pas mourir. Mais le riche habitant des villes déménage sans regret, et comprend combien l'on est mieux dans un simple appartement dont on n'a pas la propriété, dans un de ces immenses et magnifiques hôtels où cent familles vivent côte à côte, se rendant parfois service et ne se gênant jamais.

Le paysan s'attache à son coin de terre, à son lambeau de sol ; il le fume, le laboure et le moissonne de ses propres mains, et peut-être trouve-t-il un certain bonheur à ce labeur rude et monotone. Mais le riche propriétaire donne sans regret la possession de son bien à ses fermiers ; il a des terres qu'il n'a jamais vues, sur lesquelles il ne mettra jamais le pied, et qu'il

---

suzerain à vassal, de maître à sujet. Je n'en veux pour preuve, après ce que j'ai rapporté, page 339, que cette charte de 1080.

« Au nom de la sainte et indivisible Trinité, moi, vicomte Hilduin, docile à la voix qui annonce qu'il y aura liesse parmi les anges pour un pécheur converti, je veux que ceci soit connu de tous les fidèles de la sainte Église du Christ, tant présents que futurs. Je rends, sans aucune réserve, afin qu'ils en jouissent et y fassent paître, l'été comme l'hiver, les pâturages de ma terre, dans les bois comme hors des bois, dont jouissaient, *selon la coutume antique et leur droit perpétuel*, les bestiaux de la celle de Saint-Pierre et de Jusiers. C'est pour le salut de mon âme et pour le remède de celle de mon père Hugo que je fais cette restitution, parce que, contre toute justice, mon père, par une coutume mauvaise, leur avait interdit l'usage de *l'herbe que Dieu fait naître de la terre pour tous les animaux.* » — Guérard, *Cartulaire de Saint-Père de Chartres*, 172.

n'éprouve aucune félicité à voir s'étaler au soleil. On tient à la propriété, on fait bon marché de la possession. L'association n'en demande pas davantage.

L'habitant des villes déserte la maison qui est à lui pour passer le meilleur de son temps au cercle, au casino, dont le local est à l'association. Pour le prix que coûterait, *chez lui*, un journal *à lui*, il lit vingt journaux et brochures, lutte au jeu avec des groupes amis et rivaux à la fois, puise dans les trésors de la bibliothèque de l'association, auprès de laquelle la sienne, à lui, n'est qu'un atome.

C'est qu'en effet l'association nous déborde de tous côtés et nous saisit à notre insu. Et plus nous vivons de la vie sociale, plus notre intelligence s'élargit, et plus en même temps les préjugés tombent et font litière sous les pas de l'idée nouvelle qui s'avance, prête à conquérir le monde qui lutte en vain, comme luttait la société payenne alors que l'idée libératrice du christianisme s'élargissait au milieu d'elle et grandissait sur ses ruines.

L'association, dit-on sans cesse, détruit la société ! Il serait facile de retourner ce banal argument, et de dire que la société n'existe que parce que le morcellement, la concurrence et l'individualisme ne sont pas complétement réalisés et qu'un grand nombre de choses restent dans le domaine de la communauté. Rendez donc à l'appropriation individuelle les grandes routes et les sentiers, les rivières et les fleuves, ces chemins qui marchent, l'église, et la maison commune, et l'école ! De quel droit les villes retiennent-elles donc, au nom de la communauté, les rues et les places, les temples et les théâtres, les marchés et la bourse, les hospices et les musées, les promenades, les quais, les ponts, les bibliothèques et les palais ? Insensés ! vous fondez des colléges et des écoles, des crèches et des asiles, des casernes et des hôpitaux ; vous souffrez qu'on ouvre des cercles et des cabinets de lecture, des restaurants et des cafés, des lieux de réunion pour la danse et pour les concerts, et vous ne voyez pas que par toutes ces voies et par toutes ces fissures l'association se glisse et s'introduit, et qu'elle monte, et qu'elle grandit, et qu'elle va tout envahir! Car, dans votre société fondée sur le sable mouvant de l'individualisme, il ne se fait rien de bien, rien de fécond, rien de grand, qui ne sorte de l'individualisme pour rentrer dans l'association.

Associons-nous donc et rapprochons nous! Assez de bornes dans nos champs, assez de limites dans nos cœurs. N'y a-t-il pas trop longtemps que les hommes sont frères à la manière de ces enfants de Jacob qui vendirent Joseph aux marchands d'Emmaüs?

C'est le morcellement, bien plutôt que l'association, qui détruit la société et rend l'homme insociable : « Je suppose, dit la Bruyère, qu'il n'y ait que deux hommes sur la terre, qui la possèdent seuls et qui la partagent entre eux deux; je suis persuadé qu'il leur naîtra bientôt quelque sujet de rupture, quand ce ne serait que pour les limites. »

Sans contredit : mais aussi pourquoi la partager et poser des limites? Pourquoi s'appauvrir de moitié et ne pas la garder toute à eux deux? Si des industriels se font concurrence, sont ennemis et cherchent à se ruiner, voyez, dès qu'ils s'associent, comme ils marchent de concert, et, leurs profits augmentant, comme ils vivent en bonne harmonie? Un homme, qui n'était pas socialiste, avait deviné, guidé par la puissance de son génie, et mettait en pratique cette sorte de propriété collective telle que la fera l'avenir.

« Au retour d'Italie, et partant pour l'Égypte, Napoléon acquit la Malmaison; il y mit à peu près tout ce qu'il possédait. Il l'acheta au nom de sa femme, qui était plus âgée que lui; en lui survivant, il pouvait se trouver n'avoir plus rien; c'est, disait-il lui-même, qu'il n'avait jamais eu le goût ni le sentiment de la propriété. Il n'avait jamais eu, ni n'avait songé à avoir. — « Si peut-être j'ai quelque chose aujourd'hui, continuait-il, cela dépend de la manière dont on s'y sera pris au loin depuis mon départ ; mais, dans ce cas encore, il aura tenu à la lame d'un couteau que je n'eusse rien au monde. Du reste, chacun a ses idées relatives : j'avais le goût de la fondation, et non celui de la propriété. Ma propriété, à moi, était dans la gloire et la célébrité : le Simplon pour les peuples, le Louvre pour les étrangers, m'étaient plus ma propriété que mes domaines privés. J'achetais des diamants à la couronne, je réparais les palais des souverains, je les encombrais de mobilier, et je me surprenais parfois à trouver que les dépenses de Joséphine, dans ses serres ou sa galerie, étaient un véritable tort pour mon jardin des Plantes ou mon musée de Paris (1). »

On voit aujourd'hui chaque famille avec son four, son pressoir, et peu s'en faut qu'elle n'ait son moulin ou qu'elle ne broie son blé entre deux pierres. Ici encore l'avenir empruntera au passé les anciennes banalités, — moins le seigneur. La cité agricole possédera son pressoir banal, son four banal, son moulin banal, sa machine à battre le blé, etc. Pour le four, ce sera quelque chose comme ces boulangeries sociétaires que quelques particuliers, désireux de manger le meil-

---

(1) *Mémorial de Sainte-Hélène*, édit. illustr., I, 90. La même idée se trouve développée autrement à la page 387.

Une intelligence d'une tout autre nature, mais non pas inférieure, a rendu hommage aux mêmes principes :

« Dès mes plus jeunes années, la possession réelle des choses n'a jamais été un plaisir pour moi. Jamais rien ne m'a fait envie, en fait de palais, de voitures, de bijoux, et même d'objets d'art ; et pourtant j'aimais à parcourir un beau palais, à voir passer un équipage élégant et rapide, à toucher et à retourner des bijoux bien travaillés, à contempler les produits d'art ou d'industrie où l'intelligence de l'homme s'est révélée sous une forme quelconque. Mais je n'ai jamais éprouvé le besoin de me dire : ceci est à moi ! — et je ne comprends pas même qu'on ait ce besoin-là !... Le luxe me paraît la ressource des gens bêtes, et je me sens de la race de ces bohémiens dont Béranger a dit :

» Voir, c'est avoir. »

— G. Sand, *Hist. de ma vie*, feuilleton de la *Presse* du 25 déc. 1854.

leur pain au meilleur marché possible, ont fait réussir dans plusieurs villes, à Nantes et ailleurs, bien qu'entravés, je le constate avec regret, par le mauvais vouloir de l'autorité.

Tout paysan possède quelques ares de vignes disséminés à de grandes distances. Attelé au léger véhicule inventé par Pascal, à la brouette, véritable char du morcellement, chacun va récolter avec grandes fatigues les grappes qui sont sa propriété. L'association remplace les trois cents brouettes et les trois cents brouetteurs par quatre ou cinq fortes charrettes attelées de dix ou douze chevaux, ce qui, outre une fabuleuse économie de temps, rend au travail direct de la cueillette deux cent quatre-vingt charroyeurs.

Chaque brouetteur brouette sa mince récolte dans son cellier et fait son vin dans son pressoir : c'est trois cents celliers, trois cents pressoirs et matériels établis dans les plus détestables conditions, et qui sont remplacés par un seul et excellent cellier, et par trois ou quatre puissants pressoirs mécaniques, qui sont loin de nécessiter l'emploi de six cents bras de la commune.

Une fois fait, le vin séjourne dans ces mauvais celliers, dans des fûts insuffisants, et livré le plus souvent à des mains malhabiles ; l'association le garde en de vastes foudres, dans les larges flancs desquels il s'améliore, comme chacun sait, autant qu'il se détériore dans de petits vaisseaux.

L'époque rigoureuse des vendanges est fixée par des bans publiés quelques jours d'avance et dont il faut subir les limites. Ce qui est trop mûr doit attendre, au risque d'être desséché par les vents ou délayé par les pluies ; ce qui ne l'est pas suffisamment gâtera la qualité de toute la récolte. N'importe, on ne peut devancer l'époque fixée, et, si l'on tardait, on serait pillé par ses voisins. D'ailleurs, comment récolter à plusieurs reprises quelques ares de vignes? Il faudrait presser sa vendange entre ses doigts, et faire cuver dans un arrosoir. En association le vol est supprimé, grâce à la double impossibilité de le pratiquer et d'en profiter. Opérant sur de grandes masses et agissant dans un seul intérêt, elle prend son temps, vendange à plusieurs reprises, et à mesure seulement que le raisin est reconnu arriver à parfaite maturité.

Les divers ares de terre que possède chaque vigneron sont parfois à d'assez grandes distances et dans des cantons de qualités très différentes. Force est bien au petit propriétaire de presser tout cela au même pressoir ou de faire bouillir à la même cuve. L'association se garde bien d'opérer ainsi ; elle a grand soin de ne pas détériorer ses produits par le mélange de qualités inférieures. Cela ne fait point difficulté pour la répartition rigoureusement juste et proportionnelle des bénéfices ; car on sait très exactement la quantité d'ares ou d'hectares possédés par chacun, et les terres sont classées suivant leurs qualités.

N'est-il pas évident et incontestable que, comparativement au procédé actuel, l'association opère avec une économie immense, incalculable, que ses produits sont d'une qualité infiniment supérieure, et que, par suite, les dividendes de tous, propriétaires et travailleurs, croîtront dans une proportion considérable ?

On ne finirait pas si l'on voulait insister sur tous les points d'excellence de l'association. Chaque famille possède au moins une vache, et fait les frais d'un matériel de laiterie. On va dépenser à la ville une journée pour porter sa livre de beurre, sa douzaine d'œufs, son lot de fruits ou de légumes. En hiver, on ne peut nourrir sa génisse que de feuilles récoltées à l'automne, de foin, d'herbages secs. On a peu de lait, on ne fait le beurre que deux fois, ou trois au plus par mois, après avoir fait légèrement chauffer le lait au four pour faire monter la crème ; on fait de mauvais beurre en petite quantité.

« Retiré dans un village de la Suisse, écrivait M. de Montlauzier en 1826 (1), je vois sortir régulièrement de chaque

(1) *Mémoire à consulter*, 1826.

maison des seaux de lait qu'on apporte à une maison commune pour une fabrique commune. Un registre exact est tenu chaque jour des quantités versées, et chaque maison reçoit finalement sa quotité correspondante de fromage. Dans une telle administration, où la fraude est si facile, comment n'en voit-on pas des exemples? JAMAIS. »

Une chose bien étrange, c'est que toutes les fois que nous pouvons la prendre sur le fait, cette affreuse association, qui doit être la perversion de la désorganisation et l'abomination de la désolation, elle se présente à nous aussi profondément pacifique, honnête et morale, que nous voyons le système qu'on lui oppose, taré, immoral, déshonnête et voleur. — Mais passons.

La cité agricole imitera ici la Suisse, ou plutôt, sans passer la frontière, elle imitera les fruitiers du Jura, où le lait ne se manipule pas autrement, et, opérant sur des grandes masses, elle fera le beurre chaque jour. Le produit sera meilleur, plus abondant, plus économiquement fait ; les dividendes augmenteront d'autant.

En régime morcelé, le paysan veut surtout obtenir de sa terre tout ce dont il a besoin, et n'avoir rien à débourser. Ainsi, que la nature du sol s'y prête ou non, il faut, outre le champ qui produit le blé pour lui, l'avoine pour sa maigre haridelle, l'orge pour ses poules, la pomme de terre pour l'animal qui se nourrit de glands, comme disait Delille, avec plus d'élégance que de justesse ; il faut que chacun ait son morceau de vigne, son coin de chanvre pour occuper sa femme et ses filles pendant les longs loisirs du triste hiver. Il faut un autre morceau de terre pour le jardinage, fût-ce dans le canton le plus rebelle à la culture maraîchère. Il creuserait à grands frais un puits à côté du puits de son voisin, mais le jardin du campagnard ne connaît pas l'usage de l'arrosoir. Enfin, il semble qu'on se soit posé pour problème d'obtenir les plus mauvais produits possibles par les procédés les plus dispendieux, les plus pénibles, les plus répugnants. Dans la cité agricole, chacun ayant un droit proportionnel sur l'ensemble des produits, on met en œuvre un système d'assolement tout différent. Chaque canton est affecté exclusivement à la culture qui lui est propre : les crêtes élevées se couronnent de forêts, les pentes arides, que le midi féconde de ses feux dévorants, se couvrent de vignes qui ravissent au soleil sa chaleur généreuse ; les plaines regorgent de riches moissons, et les humides vallées se transforment en gras pâturages. Au lieu de ce triste laboureur qui va, revient, passe sans cesse, baignant son champ de ses sueurs et de son ennui, voyez ces groupes de travailleurs, ces attelages brillants qui luttent, ces charrues nombreuses qui fendent le sol, les joyeuses chansons qui se répondent, les plaisanteries qui se croisent !.... C'est tout l'attrait des courses et leurs émotions, avec le danger en moins, et en plus l'intérêt très réel d'une plus grande utilité. On se divise la besogne, c'est une lutte, un concours continuel, à qui fera plus et mieux. L'amour-propre seul en est garant, et aussi l'intérêt, car les dividendes sont en raison de l'abondance des produits, du travail et du talent de chacun.

Quel spectacle s'offre aujourd'hui aux regards de l'homme qui vit aux champs et qui observe? L'un, par excès de courage, d'économie, d'avarice ou de jalousie, veut cultiver lui-même toutes ses terres, s'exténue, les cultive mal et se suicide lentement. Un autre, par indifférence, égoïsme, paresse ou impuissance, laisse une portion de ses terres en jachère, ou ses vignes incultes. Et à côté d'eux sont des hommes sans terre qui demandent du travail et qui ne peuvent en obtenir, et qui meurent de misère, tandis que l'intérêt de tous serait que le travail fût équilibré entre tous les hommes, et qu'ainsi une plus grande quantité de produits fût créée. Qui oserait dire que le mode associé du moyen âge n'était pas plus selon le Christ, selon la fraternité, selon la charité? Alors le travail ne faisait pas défaut, et la misère ne pouvait pas peser sur un des membres de la communauté d'habitants comme elle le fait aujourd'hui sur le paysan isolé et auquel nul ne s'intéresse. S'il meurt à la peine, sa mort sera bien accueillie par plus d'un, car la famille, privée de son chef, sera ruinée, ses terres seront vendues, et chacun pourra satisfaire enfin cette fièvre ardente de propriété qui les consume tous.

Ici donc encore le passé nous donne le remède contre le mal du présent, et l'association fait disparaître ce vice, ce danger social. Le prolétaire n'est plus à la merci du détenteur de l'instrument du travail ; son droit de travailleur est sacré comme le droit de posséder de son voisin, et il travaillera concurremment avec tout autre tant qu'il y aura de la besogne à faire. Une agence supérieure reçoit ses plaintes et y fait justice, comme elle ferait justice aussi de sa paresse et de son inconduite. Dans tous les cas, son dividende, comme travailleur, sera proportionnel à son mérite reconnu et à sa part de travail exécuté.

CHAPITRE X.

L'Association agricole (suite).

> « Et après cela je vis un ciel nouveau et une terre nouvelle ; car le premier ciel et la première terre avaient disparu......
> » Et moi, Jean, je vis descendre du ciel la ville sainte, la nouvelle Jérusalem qui venait de Dieu, étant parée comme une épouse qui s'est revêtue de ses riches ornements pour paraître devant son époux. » *Apocalypse*, XXI, 1, 2.

> « Les temps sont passés où l'on s'en tenait, en fait d'idées, au patrimoine de ses pères. »
> Mme DE STAEL.

Ce qui constitue l'incontestable supériorité de l'Angleterre agricole sur notre patrie, c'est qu'en Angleterre, pays de grande propriété, le mode d'exploitation du sol, c'est le mode économique, le mode industriel, celui qui appelle à son aide la division du travail, le meilleur emploi possible des terres, des bestiaux, du temps, des hommes et des machines. La culture parcellaire, qui ne se prête à aucun progrès, rend impraticable l'emploi de tous ces procédés. Le travail était bien réellement organisé dans les communautés d'habitants d'autrefois ; il le sera, et mille fois mieux, dans la cité agricole. Il existe dès à présent des machines capables de battre en un jour dix-huit cents à deux mille doubles décalitres de blé, et qui, outre une prodigieuse économie de temps (1), affranchissent du travail affreux de battre en août le blé sur l'aire. Mais le paysan qui cueille deux ou trois cents boisseaux de chaque espèce de grain, et souvent beaucoup moins, ne peut appeler leur concours et reste condamné à l'antique et barbare procédé du fléau (2). De sorte que ces utiles inventions, à l'usage exclusif des grosses exploitations, auront pour résultat d'enrichir la richesse et d'appauvrir encore la pauvreté. On a inventé, dans ces dernières années, des machines à défricher, à labourer, et tous ces progrès immenses, que la culture éparpillée repousse, sont sa condamnation la plus éclatante. L'association, au contraire, les emploiera toutes, en attendant qu'elle en invente bien d'autres encore, et le travail aura ainsi perdu toute sa répugnance, n'ayant plus rien de ces fatigues qui assoupissent l'intelligence par leur monotonie et l'accablante fatigue qu'ils imposent au corps brisé et déformé.

Par la force même des choses, et grâce à cette simplification extrême du travail dans l'avenir, l'humanité ne sera plus

(1) On bat, au fléau, de 25 à 30 doubles décalitres par jour, au rouleau, de 80 à 100.

(2) J'ai vu, cet été, une femme, tandis que son mari faisait la métive au dehors, une mère battre sa récolte avec ses deux enfants, deux jumeaux de neuf ans !... Tout cela battait fort mal, sans doute, mais s'exténuait et se tuait fort bien.

divisée en classes tranchées et presque infranchissables d'ouvriers industriels ou agricoles et de *gens comme il faut,* dédaignant tout labeur, le regardant comme au-dessous d'eux, et traînant au sein de l'ennui une longue existence inutile. Aussi l'organisation d'une commune agricole, essentiellement et exclusivement agricole, ne serait-elle pas la solution complète du grand problème social, en face duquel le monde commence à comprendre enfin qu'il est placé? Il faut non-seulement rattacher au sol le paysan qui l'abandonne, en lui faisant une condition meilleure, acceptable pour un être humain ; il faut encore retirer des grandes villes leur trop-plein menaçant pour rétablir entre les champs et les cités l'équilibre de population rompu par la surexcitation industrielle aveugle et fatale des quarante dernières années. En un mot, la commune associée doit être une colonie agricole-industrielle. L'homme des villes ne peut, du jour au lendemain, devenir laboureur et rien que laboureur. D'un autre côté, une seule de ces industries ne développe qu'une partie de l'individu. Le villageois est robuste, bien portant, mais l'adresse chez lui ne vient point en aide à la force. L'ouvrier de l'industrie est plus leste, plus adroit, mais il reste étiolé et sans force. Nous voulons désormais faire des hommes, c'est-à-dire des êtres intégralement développés dans leur intelligence, dans leur cœur et dans leur corps. Si Dieu a donné au dernier chef-d'œuvre de la création des sens, un cœur et une intelligence, ce n'est pas apparemment pour que l'on mutile et annihile tout cela.

L'association appelant à son aide des machines inapplicables en morcellement, toutes les fonctions, domestiques et agricoles, employeront à peine la moitié des individus dont on a besoin à présent. La part serait laissée trop large aux loisirs. Sans doute l'éducation, pour les enfants, et les distractions intellectuelles, pour les adultes, en rempliront une grande partie. Mais il en resterait trop encore, surtout si l'on considère que les travaux de la terre ont leurs temps d'arrêt, leurs chômages forcés et qu'il faut utiliser. Ici encore, d'ailleurs, cette double fonction agricole et industrielle n'est que la généralisation d'un fait existant et dont les bons effets sont éprouvés (1), et il y a déjà longtemps que le docteur Villermé, que l'on ne saurait trop souvent citer, a dit que c'était dans cette voie qu'il fallait chercher, là qu'était le salut (2).

L'agriculture restera la base de l'organisation nouvelle, tout lui sera subordonné, et la nature elle-même impose à l'atelier agricole cette suprématie : *Naturæ nisi parendo non imperatur*, a dit Bacon. Les saisons ont leur cour impassible et régulier qui ramène les grands travaux dont on ne peut avancer ni retarder l'époque. L'industrie au contraire peut produire par avance, pourvu qu'elle ne produise pas, comme aujourd'hui, que la concurrence anarchique la pousse et l'entraîne, en aveugle et sans proportion avec les besoins de la consommation. Elle peut conserver ses produits dans le bazar ou l'entrepôt, et attendre l'instant prévu de la vente. La production industrielle a donc besoin d'être réglementée par des

---

(1) « C'est là un fait important qui ressort de tout ce que j'ai vu : tandis que dans les villes, les ouvriers se trouvent réduits à la plus affreuse misère, quand cesse la demande de leur travail, dans les campagnes, leur double profession de tisserand et de cultivateur diminue pour eux les malheurs des crises industrielles. Ils doivent encore à cette position particulière d'autres avantages qui ne sont pas moins précieux : ils vivent plus dans l'intérieur de leurs familles, et ils ont aussi plus de vertus domestiques que ceux des villes .. Cette double profession répand l'aisance dans les familles agricoles. » — Villermé, I, 445.

(2) « Cette tendance des machines à remplacer le travail des hommes et des adultes par celui des femmes et des enfants est très remarquable. Je ne sais ce qu'elle doit produire, mais elle me fait entrevoir pour l'avenir la possibilité *d'un bien immense, dont la nécessité devient chaque jour plus évidente.* C'est la décentralisation, l'éparpillement, jusqu'à un certain point, des manufactures dans les campagnes. Laissant alors les hommes faits, les bras vigoureux aux travaux agricoles, les manufactures se contenteront peut-être des femmes et des enfants, que ces travaux n'emploient pas, ou dont ils peuvent se passer. » — *Id.*, II, 311.

statistiques qui feront connaître les besoins probables de la consommation, et limiteront ou activeront les forces de la production.

En agriculture, ce danger d'une impulsion trop grande donnée à la production n'est pas à redouter. Si l'industriel ne peut vivre qu'à la condition de vendre le produit fabriqué, le campagnard, lui, vit directement sur le sol et des produits du sol. Aujourd'hui, je le sais, deux ou trois années d'abondance qui se suivent peuvent occasionner la gêne du producteur, dont les blés, les vins ou les chanvres, n'étant plus recherchés, n'ont plus de valeur. Ce n'est pas parce que les champs produisent trop, c'est parce que les villes ne consomment pas assez. J'ai vu, phénomène monstrueux, et qui, à lui seul, donne la mesure de l'état imparfait et barbare de notre société ! j'ai vu le paysan ne pouvoir faire d'argent avec ses produits qui ne se vendent pas, tandis que le peuple des villes souffre de la faim, boit de l'eau, manque de vêtements pour réchauffer son corps, et n'a pas de bois pour cuire ses aliments.

Non, aux champs comme à la ville, le peuple ne consomme pas ! Vingt-cinq millions de Français ne sont pas des consommateurs sérieux ! Que ces vingt-cinq millions de prolétaires soient rendus au bien-être, qu'ils participent enfin aux jouissances de la vie sociale, et vous n'aurez plus à courir guerroyer par delà les océans pour ouvrir des marchés et conquérir des débouchés, et la production et la richesse pourront s'élever à des proportions énormes. Aujourd'hui la production enfante la misère !

Nous avons dit que la vaine pâture et les exigences de la garde du bétail écartaient de toute nécessité l'enfant de l'école, et rendaient tout développement intellectuel absolument impossible. La cité industrielle-agricole aménage son territoire de manière à avoir de vastes pâturages, et, empruntant encore au passé ses bergers et ses troupeaux communs, quatre ou cinq jeunes garçons, aidés de quelques chiens, suffisent à cette besogne qui, de nos jours, emploie tant de monde.

C'est ici le lieu d'insister sur le rôle capital réservé à l'éducation dans notre colonie nouvelle, et je crois inutile de dire qu'elle sera de droit commun, et non plus le privilége et le monopole de la richesse. L'héritage immatériel de l'intelligence est le domaine de tous les hommes, tous y ont un droit égal, et l'intérêt général est qu'il soit partagé. Nous rougirions d'être à cet égard moins avancés que ne l'étaient les associations du moyen âge, où l'éducation était gratuite (1).

La crèche et l'asile y sont tout naturellement établis, et dans les meilleures conditions; ils cumulent en effet pour l'enfant ces deux avantages, impossibles à réunir aujourd'hui, même dans les villes, bien qu'également indispensables : le bonheur de l'éducation collective et la garantie des soins maternels. Nul, d'ailleurs, n'est forcé d'y placer son fils, et cela pourra épargner à bien des parents la douleur de l'envoyer en nourrice, souvent à de grandes distances et loin de toute surveillance.

L'école mutuelle deviendra plus professionnelle. Des ateliers-miniatures de toutes sortes seront ouverts aux enfants pour provoquer l'éclosion de leurs diverses vocations; on utilisera leur incessante curiosité, leur infatigable activité, leur

---

(1) « Dans les communautés rustiques, les frais d'étude, nourriture et éducation des enfants sont à la charge de la communauté. » — Denis Lebrun, *Traité de la communauté.*

« Quand la communauté est de tous biens universellement, l'impense faite pour l'honneur des enfants de l'un des associez doit estre des biens communs... Vrai est quant à l'estude du fils et dotation de la fille, pour ce que ces charges ne sont pas pures volontaires, à respect du père à ses enfants. » — G. Coquille, *sur Nivernois.* Il s'agit de la communauté d'habitants et non de la communauté entre époux.

Tous les anciens jurisconsultes sont unanimes sur ce point : Chabrol, *sur Auvergne*, II, 512, chap. XV, art. 1ᵉʳ; — Godefroy, *L. si socius*, 81, ff., *pro socio*; — Henrys, I, liv. IV, quest. 51; — Despeisses, I, 136, n° 25; — *Fachineus, controv.*, lib. VIII, cap. IV.

manie d'imitation. Soyez assurés que ce n'est pas en vain que la nature leur donne à tous ces penchants, si gênants aujourd'hui. Leur mobilité même, leur soif insatiable de changement sera mise à profit pour leur faire suivre de front plusieurs apprentissages. Il est peu d'hommes assez pauvrement doués pour n'être propres qu'à une seule chose. Quand une éducation intégrale aura intégralement développé les individus, ils pourront faire vingt métiers, grâce surtout à l'application du mode industriel, à la division du travail ; et il ne se produira plus ce fait déplorable, qu'un ouvrier sans ouvrage parce que le feu, une faillite ou tout autre sinistre a brisé pour un temps son industrie, ne puisse plus être autre chose que terrassier, et exécuter une besogne grossière qui ne peut mériter un salaire capable de faire vivre une famille.

On ne fait bien qu'un métier, — répète-t-on sans cesse. C'est là une grave erreur, bien que ce soit un peu vrai à cette heure, grâce à l'ineptie de l'éducation actuelle. Plus on sait, plus on apprend facilement. Un homme spécial, même dans les professions libérales, est presque toujours un homme nul, et c'est avec une haute raison que Voltaire disait qu'il aimerait que Newton eût rimé quelques vaudevilles. Ne sait-on pas déjà comment une jeune fille élégante confectionne, presque sans les apprendre, ces mille travaux d'aiguilles, ces charmantes merveilles,

<small>Ces tissus plus légers que des ailes d'abeilles, (V. Hugo.)</small>

qu'une grossière fille des champs ne saurait apprendre? Chacun a vu des hommes du monde, pour échapper au supplice de la paresse, se faire tourneurs, menuisiers, serruriers, jardiniers, exécuter en se jouant ces métiers qui exigent un si long apprentissage de l'homme du peuple inculte et ignorant.

Les arts, la musique, le dessin linéaire surtout, seront considérés comme chose de première nécessité. Quant à l'enseignement universitaire, il sera, dans les premiers temps tout au moins, un peu sacrifié à l'enseignement professionnel. chacun n'en reste pas moins libre d'ailleurs, au sein de la colonie nouvelle, de relâcher les liens sacrés de la famille et d'envoyer son fils à cinquante lieues de chez soi, *ne pas apprendre* pendant dix ans à faire des thèmes grecs et des vers latins, mais apprendre très bien une débauche précoce, l'oubli du foyer maternel, la haine de l'autorité, du maître, l'horreur d'un travail forcé, répugnant, monotone, la rivalité entre condisciples. On apprendra plus de langues vivantes, de sciences et d'arts, moins de langues mortes et de philosophie ancienne, plus de choses et moins de mots. En principe, il faut apprendre, étant enfant, ce que l'on fera étant homme. Quant au reste, il suffit qu'on laisse à chacun toute liberté à cet égard.

Il est encore une question qui, bien qu'accessoire et incidente, n'en est pas moins d'une importance suprême pour l'agriculture ; c'est celle du reboisement, dont la solution pourrait exercer un immense effet sur le rendement du sol, tant par la valeur propre des forêts que par la sécurité qu'elle assurera dans l'avenir aux richesses du globe. Outre que le bois se fait rare et que la terre est appauvrie de cette richesse, il est évident que les hautes forêts exercent une grande influence sur les phénomènes électriques ; que si les montagnes, les collines élevées, étaient couronnées de forêts, le régime des eaux serait équilibré ; que les vapeurs seraient uniformément attirées et absorbées ; que les vents, cardés et brisés dans leur course par les pins majestueux et les chênes séculaires, ne porteraient plus dans les vallées le ravage et la destruction ; que les eaux, au lieu de rouler en torrents dévastateurs le long des pentes dénudées, s'infiltreraient également et peu à peu ; que les terres, retenues aux flancs des collines, n'iraient plus combler et élever le lit des fleuves qui débordent et déborderont de plus en plus fréquemment, portant la ruine et la mort dans les plaines où ils devaient entretenir la fertilité et la vie.

Oh! combien étaient merveilleusement bien inspirés les peuples anciens quand ils mettaient les bois sous la protection des divinités, et que, donnant le tronc de chaque arbre pour retraite à quelque nymphe protectrice, ils faisaient retentir sous ces voûtes mystérieuses et sombres les voix des dieux mêmes, des oracles et des Égéries. Nécessairement et fatalement l'individualisme et le morcellement promèneront de plus en plus leur hache dévastatrice dans les forêts. Qui sèmera des futaies qui ne commenceront à donner quelques revenus que dans trente ans, et qui exigent un siècle avant d'être parvenues à toute leur valeur? On a calculé déjà dans combien d'années les plus riches bassins houillers, gaspillés par la concurrence et l'incohérence d'action, cesseront de prodiguer à l'homme leurs trésors éphémères. Les bois de construction diminuent et disparaissent à vue d'œil, et l'on se demande déjà avec effroi où bientôt l'on ira chercher de quoi réchauffer nos membres, cuire les aliments, donner la vie aux machines. L'association, qui ne meurt pas, qui voit les choses d'un point de vue plus élevé, et qui fait présider à tous ses actes le sentiment religieux de la solidarité, l'association seule exécutera ces grands travaux et reboisera le globe.

Il appartenait à Bernard de Palissy, ce sublime potier qui avait tant souffert de la disette du combustible, et qui jetait ses meubles à la flamme pour cuire ces chefs-d'œuvre devant lesquels notre siècle s'incline encore, de pousser le cri d'alarme et, tout en signalant le mal, d'indiquer un palliatif (1).

« Il me semble, disait-il, qu'il n'y a trésor au monde si précieux, ni qui deust estre en si grande estime que les petits gistes des arbres et arbustes, voire les plus méprisés. Je les ai en plus grande estime que non les minières d'or et d'argent.

---

(1) *Des moyens de devenir riche par l'agriculture*, **88.**

Et quand je considère la valeur des moindres gistes ou espèces, je suis tout émerveillé de la grande ignorance des hommes, lesquels il semble qu'aujourd'huy ils ne s'étudient qu'à rompre, couper et déchirer les belles forêts que leurs prédécesseurs avaient si soigneusement gardées.

» Je ne trouverais pas mauvais qu'ils coupassent les forêts, pourvu qu'ils en plantassent après quelques parties; mais ils ne se soucient aucunement des temps à venir, ne considérant point le grand dommage à leurs enfants à l'advenir.

» Je ne puis assez détester une telle chose, et ne la puis appeler faute, mais une malédiction et un malheur à toute la France, parce que, après que tous les bois seront coupés, il faut que tous les arts cessent et que les artisans s'en aillent paître l'herbe, comme fit Nabuchodonosor. Je trouve une chose fort estrange que beaucoup de seigneurs ne contreignent leurs vassaux de semer quelques parties de leurs terres de glands, autres parties de châtaigniers, autres parties de noyers, qui seraient un bien public et qui viendraient en dormant; cela serait fort propre en beaucoup de pays, là où ils sont contraints d'amasser les excréments des bœufs pour se chauffer, et, en d'autres contrées, de se chauffer et faire bouillir leurs pots, de paille. N'est-ce pas là une faute et ignorance publique? »

On rencontre des esprits mobiles et inquiets, des hommes très richement doués parfois, que l'horizon étroit de l'atelier ou du village est impuissant à satisfaire, et dont notre société ne sait faire que des vagabonds ou des forçats. On les enrôlera en colonnes mobiles de travailleurs agricoles, chargés plus spécialement de ces grands travaux d'utilité générale, de reboisement, de défrichements, d'irrigation, de desséchement. Cette vie nomade et agitée en satisfera un grand nombre, et s'il est légitime de décimer chaque année la population pour les besoins meurtriers de la guerre, ne doit-il pas l'être mille fois davantage de lever ces généreuses phalanges qui seront, si l'on veut, les *déversoirs de population* de l'auteur de l'*Extinction du paupérisme*.

Il est une éternelle et banale objection que chacun a sur les lèvres, et qui se représente avec trop d'obstination pour qu'on puisse la passer sous silence. Si la misère ne maintient pas l'homme sous le frein du travail, si tous sont heureux et dans l'aisance, qui consentira à travailler? Je l'avoue, j'ai peine à comprendre que la paresse et l'oisiveté soient notre destinée providentielle et fatale ici-bas. C'est bien plutôt l'action, l'activité, le travail. Dieu a voulu que l'homme ne pût vivre qu'à la condition de travailler; il n'a donc pu, à moins d'inconséquence ou de cruauté, mettre dans son sein l'amour de la paresse et l'horreur du travail. Qui veut la fin veut les moyens. Si inepte que nous supposions Dieu, pour le faire à notre image, sous prétexte qu'il nous a faits à la sienne, il faut supposer son intelligence à la hauteur de cet aphorisme élémentaire. Il a donné l'instinct du travail à tous les animaux qui ont besoin, pour vivre, de travailler : aux abeilles, aux fourmis, aux castors…. Pouvait-il être moins prévoyant à l'égard de sa créature privilégiée ? Il est indigne de sa justice, de sa sagesse et de sa bonté, d'avoir voulu faire de notre globe le bagne de l'humanité pour l'y condamner aux travaux forcés.

Peut-être y a-t-il là un malentendu, peut-être n'a-t-on pas su distinguer le fait éternel et divin, — la loi du travail, — du fait humain et modifiable, — l'organisation, le mode du travail. J'aime mieux adopter l'avis de Montesquieu, qui me semble avoir parfaitement senti cette distinction (1) : « Parce que les lois étaient mal faites, on a trouvé des hommes paresseux… Avant que le christianisme n'eût aboli la servitude civile, on regardait les travaux des mines comme si pénibles, qu'on croyait qu'ils ne pouvaient être faits que par des es-

---

(1) *Esprit des lois*, XV, 9.

claves ou des criminels. Mais on sait qu'aujourd'hui les hommes qui y sont employés vivent heureux ; on a, par de petits priviléges, encouragé cette profession ; on a joint à l'augmentation du travail celle du gain, et l'on est parvenu à leur faire aimer leur condition plus que toute autre qu'ils eussent pu prendre. »

Les plus paresseux parmi les travailleurs ont dû être les esclaves. Les serfs devaient déjà être plus activement sollicités au travail. Les salariés aujourd'hui le sont davantage. Mais l'associé, ayant un intérêt direct et profitant de *tous les fruits* de son labeur, devra l'emporter sur eux tous.

Aujourd'hui chacun subit la profession que lui impose le hasard. Dans la cité industrielle-agricole, l'enfant, excité à laisser éclore toutes ses vocations, sera libre d'accomplir sa destinée. Le travail est monotone, nous le ferons varié ; il est isolé, nous grouperons les travailleurs ; il est rétribué d'ordinaire en raison inverse de sa répugnance, nous ferons tout le contraire. Et si, malgré tout cela, il y a encore des paresseux, eh bien ! ils resteront pauvres, et, justement déconsidérés, ils n'auront droit qu'au strict minimum que la société *doit*, suivant Montesquieu lui-même (1), à l'homme par ce fait seul qu'elle le dépouille de ses droits naturels. Au pis aller, ce sera comme à présent à leur égard, et l'association n'en existera pas moins avec tous ses avantages au profit des hommes actifs.

On a exalté l'oisiveté pour en faire le privilége des gens comme il faut, — c'est *comme il ne faut pas*, qu'il faudrait dire ; — on a flétri le travail pour en faire le châtiment du forçat au bagne, et l'on s'étonne que l'on cherche au sein de la paresse un refuge contre le travail, quand d'ailleurs on prend à tâche de l'entourer de circonstances qui feraient des

---

(1) « L'État *doit* à tous les citoyens une subsistance assurée, la nourriture, un vêtement convenable et un genre de vie qui ne soit point contraire à la santé. » — *Esprit des lois*, XXIII, 29.

plaisirs mêmes un supplice. La plus divine des jouissances et l'une des plus vives est d'entendre jouer le *Cid*, *Guillaume Tell* ou le *Misanthrope*, bien assis dans une stalle moelleuse, quand le froid du dehors vous fait goûter la volupté d'une tiède température, alors que les galeries étagent autour de vous, comme des guirlandes de fleurs, ces femmes qui rivalisent de beauté, de parures et de gracieux sourires. Au lieu de cela, supposez un spectateur seul, isolé, dans une grange froide, nue et mal éclairée, et faites représenter devant lui, sans entr'actes, sans repos, sans merci, trêve ni pitié, le *Misanthrope*, qui recommencera sans cesse, et tous les jours, toutes les semaines et toutes les années, ainsi qu'il en est pour son travail; et puis, au lieu de ce plaisir, de ce repos, de cette paresse, laissez-lui le choix d'un labeur, tant rude soit-il, au grand air, au milieu de groupes animés à la besogne, et vous verrez s'il optera pour le repos ou pour le travail, pour la paresse ou pour l'action.

« Il n'est pas bon que l'homme soit seul (1). » C'est Dieu lui-même qui a laissé tomber cette parole aux premiers jours de la création. Semblable, en effet, au soldat sous les armes, l'homme a besoin de *sentir les coudes à gauche*. A cette condition, il n'est pas de labeur, si pénible et si malsain soit-il, qui ne puisse devenir attrayant.

Voilà un étang à nettoyer. L'eau est écoulée; il ne reste plus qu'une boue froide et infecte qu'il s'agit de rejeter sur les bords. Il faudrait un salaire bien élevé pour décider un homme seul à faire cette rude tâche. Au lieu de cela, appelez vingt travailleurs et voyez-les à l'œuvre. L'odeur de la vase n'existe plus pour eux, le froid les trouve insensibles à ses atteintes. Une anguille qui apparaît est une source d'émotions inépuisables; on se plonge dans la boue, on s'en lance à l'envi; elle est transformée en un élément de plaisir. On fait

---

(1) *Genèse*, II, 18.

circuler quelques bouteilles de vin vert et mordant, quelques gorgées d'eau-de-vie ; on distribue le soir quelques poissons qui frétillent dans le bissac en attendant la poêle à frire, et, *sans salaire*, on a fait faire l'une des besognes les plus malsaines et les plus pénibles à des hommes qui ont envié le plaisir d'y prendre part.

L'homme, et c'est fort naturel et légitime à mon avis, recherche ce qui est attrayant et fuit ce qui est répugnant, et l'attrait ou la répugnance d'une fonction dépendent uniquement de l'organisation des plaisirs ou des travaux, — et aussi des aptitudes et des attractions de chacun (1). De ce qu'on appelle aujourd'hui plaisir, on peut faire un ennui, un supplice même ; tandis que du travail on peut faire un plaisir. Tout dépend, je le répète, du mode d'organisation.

CHAPITRE XI.

L'association agricole (suite).

> « Lorsque cette terre, qui paraissait déserte et toute désolée aux yeux des passants, aura commencé à être cultivée de nouveau,
> » On dira : Cette terre, qui était inculte, est devenue comme un jardin de délices. »
> ÉZÉCHIEL, XXXVI, 34, 35.

> « Ceux qui repoussent les remèdes nouveaux se préparent des calamités nouvelles. »   BACON.

En morcellement, je l'ai dit, le campagnard est forcé de vendre ses denrées le lendemain de la récolte, autant par impuissance de les conserver dans de bonnes conditions que par la nécessité de faire de l'argent pour payer ses fermages. Et

---

(1) On voit des gens qui travaillent énormément à poursuivre des cailles et des perdrix par les plaines, et qui traitent de paresseux les hommes de cabinet qui fuient de tels délassements. Il y en a d'autres qui se plaisent à passer leurs nuits au bal, et l'on sait que, dans les plus brillants salons du grand monde, **Parent-Duchâtelet** regrettait ses promenades dans les **égouts de Paris**.

comment se fait cette vente? Il est arrivé à celui qui écrit ces lignes de vendre un jour quelques cents d'avoine à un marchand. Dans le même jour, cette avoine avait passé par l'intermédiaire de trois marchands, haussant toujours de prix, avant d'arriver jusqu'à l'aubergiste qui devait la faire consommer. Elle n'avait pas quitté les greniers du vendeur, chez lequel l'aubergiste la fit prendre. Seulement le producteur et le consommateur avaient payé un impôt à trois agents parasites qui avaient stérilement gagné sur eux. Ici encore, en synthétisant deux institutions existantes, nous allons découvrir les conditions du commerce dans l'avenir.

Voici comment se font sur les côtes de l'Océan, et notamment aux Sables-d'Olonne, où j'ai observé le fait, la pêche et le commerce de la sardine. La barque appartient au patron, qui la monte avec deux hommes et un mousse. Un marin ne travaille jamais à terre, et le soin de la barque, au retour, est confié à une femme, désignée sous le nom de *garçonne*, qui, à la marée basse, la lave sur toutes les faces et est chargée de sa toilette. Tous sont associés, et non salariés. La pêche est divisée en six parts. La barque,— le capital,— en prélève deux ; le patron a de plus son dividende comme travailleur, un autre sixième ; il a donc, en réalité, un tiers et demi, ou moitié. Chacun des deux matelots a un autre sixième, et le dernier est partagé entre le mousse et la garçonne. Voilà l'association proportionnelle du capital et du travail. Mais ce n'est pas tout.

Le marin, professant le plus souverain mépris pour toute fonction à terre, les femmes font le marché et vendent la pêche aux poissonniers, qui l'expédient vers les villes de l'intérieur. Il arrivait qu'elles étaient mal payées et qu'elles se trouvaient à la discrétion des marchands, qui eussent cessé tout commerce avec une femme assez osée pour actionner et poursuivre en justice le paiement de ce qui lui était dû. En présence de ce grave danger, c'est encore l'association qui est venue à leur secours. Plusieurs personnes riches ont réuni un capital et fondé, sous le nom de *monopole*, un établissement auprès duquel chaque femme vient déclarer telle quantité de poisson vendu tant à tel marchand. Le monopole la paie, et il saura bien se faire rembourser. A marchand, marchand et demi ! Par malheur cet ingénieux mécanisme est une entreprise particulière et non un établissement municipal. C'est une assurance, mais qu'il faut payer, sans que ses bénéfices profitent à tous, ce qui aurait lieu si la commune prenait l'initiative.

Cela est simple, cela est pratique, cela sauvegarde complétement l'intérêt du producteur sans blesser en rien la liberté de l'agent de circulation, et l'on ne se réfugiera pas derrière ce terrible mot : — impossible ! — en présence d'une institution qui existe.

Le département des Hautes-Alpes renfermait avant la révolution un grand nombre de greniers d'abondance, destinés principalement à venir en aide aux malheureux dans les années difficiles. Quelques-uns ont été rétablis sous l'empire et sous la restauration. Fondés d'abord grâce à des offrandes généreuses, ils se sont accrus par des legs faits en faveur des pauvres. Ces greniers font des prêts sur gages ou sur caution aux cultivateurs gênés, aux pères de famille surchargés d'enfants qui manquent de semences ou de denrées nécessaires à leur existence. L'intérêt en nature payé par les débiteurs sert à maintenir leur réserve, à couvrir les dépenses de loyer, de manutention et de surveillance (1).

Si, au lieu d'un droit proportionnel sur l'ensemble de la récolte, notre paysan préfère avoir sa portion en nature, et qu'il ait besoin d'argent, il la dépose à cette caisse d'épargne agricole, — connue dans les Hautes-Alpes, — laquelle, sans se faire pour cela marchande, pourra traiter et vendre en son lieu et place, la vente en gros étant plus facile et d'ordinaire plus avantageuse, et dans tous les cas lui avancera la totalité

---

(1) *France pittoresque*, I, 160.

du prix de sa récolte, comme aux Sables-d'Olonne. Elle profite, par suite de cette vente, mais à l'avantage de tous, des bénéfices répétés de ces myriades de petits marchands, intermédiaires aujourd'hui indispensables entre le modeste cultivateur et le négociant en gros, mais qui tous, sans nulle utilité sociale, font monter le prix des denrées sans ajouter à leur valeur, — ils en détériorent souvent au contraire la qualité, — et spéculent aux dépens de la production et de la consommation, auxquelles ils font la loi, tandis qu'ils devraient la recevoir d'elles (1).

Quant à la distribution de la richesse sociale proportionnellement aux droits de chacun, le produit brut pourra être divisé en quatre parts, inégales bien entendu, dont la première fera face aux dépenses générales, telles que primes d'assurances, constructions et entretien, achat de matériel, etc.

La seconde acquittera les droits du capital. Aujourd'hui les profits du capital sont, non pas en raison du taux de l'intérêt, mais en raison de la masse du capital. Ainsi celui qui opère avec 200,000 francs réalisera, toutes circonstances restant les mêmes, des bénéfices plus que doubles de ceux que pourra faire celui qui n'agit qu'avec 100,000. C'est ce principe bien

---

(1) Il a déjà été fait des tentatives dans cette voie, tant le besoin des réformes commerciales est urgent et se fait vivement sentir ! J'extrais les lignes suivantes du *Courrier du Gard*, 14 déc. 1854 :

« Il vient de se passer dans la petite commune de Langlade (Gard) un fait peu important en apparence, mais qui est d'une assez grande portée, si on le considère au point de vue de la sincérité de la vente des vins. Les habitants de ce village, dont le vin est renommé à juste titre, désirant lui conserver sa vieille réputation, ont formé une association pour le vendre sous son véritable nom et pur de tout mélange. Un règlement très positif, très détaillé, signé par tous les propriétaires de vignes, à l'exception de huit ou dix sur cent cinquante-quatre, et converti en acte public, est un sûr garant que leurs intentions ne seront pas trompées. Un conseil d'administration, très bien composé, est chargé d'en assurer l'exécution. Il veille à ce que les vendanges soient faites en temps opportun, à ce qu'aucun propriétaire ne mêle à la récolte des raisins étrangers, et juge si le vin a les qualités nécessaires pour être accepté par l'association. Il est assisté dans ses opérations les plus importantes par une

connu qui fait aujourd'hui les associations, ou plutôt les coalitions de négociants, banquiers et industriels. On peut donc établir en principe que, pour le capital, les chances de richesse et de gain augmentent avec la richesse elle-même.

Le travail participe-t-il à ces chances heureuses du capital? Chacun comprend que c'est tout le contraire qui doit avoir lieu : aussi est-ce avec raison qu'Adam Smith, l'un des oracles de l'économie politique, a écrit ces lignes : « Les maîtres en tout genre font souvent des marchés plus avantageux avec leurs domestiques et ouvriers dans les années de cherté que dans celles d'abondance, et, dans les premières, ils les trouvent plus soumis, plus dociles. » Cette soumission et cette docilité se résolvant en salaires incessamment abaissés, à mesure que les objets de consommation augmentent de prix, fait d'ailleurs signalé par J.-B. Say (II, 109, 117, 118), on peut dire que, tandis que la fortune engendre la richesse, les chances de pauvreté augmentent avec la pauvreté elle-même; double résultat également funeste, loi fatale du passé que le langage proverbial des

---

commission plus nombreuse, dans laquelle nous voyons figurer, à titre de propriétaires forains, quelques-uns de nos concitoyens les plus honorables...
Extrait des règlements de l'association :

Association viticole des propriétaires de Langlade (Gard).

Art. II. — L'association s'engage à ne vendre que le vin produit sur la propriété des membres qui la composent.

Aucune futaille ne sort du magasin commun sans porter sur le fond et sur la bonde l'estampille ou le cachet de l'association.

Art. XIII. — Le conseil d'administration détermine l'époque des vendanges; il veille par lui-même ou par son agent à ce que les mauvais raisins n'entrent pas dans les cuves, et donne avis sur la durée de la cuvaison; lorsque les vins sont dépouillés, il les déguste, les classe, juge s'ils peuvent être reçus, etc.

Art. XIV. — **Les membres de l'association sont tenus de lui livrer tout le vin de leur récolte.**

Art. XXI. — Il est expressément défendu à tout sociétaire de mettre dans sa cuve des raisins ne provenant pas de sa récolte, à moins qu'ils ne soient recueillis sur le territoire de Langlade...

nations a reconnu de tout temps : « La pierre va au tas. — *Abyssus abyssum vocat.* » Il me semble que l'association a le pouvoir de la détrôner au profit d'une loi plus juste.

Toutes les circonstances fâcheuses disparaissent avec l'association, qui, d'autre part, a la propriété d'augmenter dans une proportion énorme les forces de la production. Elle réalise des économies immenses, elle neutralise les effets désastreux de l'antagonisme et de la concurrence anarchique ; elle a, on le devine, son mécanisme de crédit, ses banques, ses comptoirs d'escompte, faits secondaires qui exigeraient leurs développements ; elle a ses entrepôts, ses greniers de réserve, ses assurances unitaires et contre tous risques. Agissant dans un milieu aussi favorable, on peut, sans injustice ni spoliation, réduire les profits des fonds lancés dans l'association industrielle-agricole au taux légal de 5 pour 100, avec droit à des dividendes proportionnels au montant des intérêts annuels échus à chacun.

La troisième part acquitte les droits du travail, les salaires des ouvriers, les traitements des ingénieurs, professeurs, fonctionnaires divers, surveillants, chefs et directeurs des groupes de travailleurs. Le salaire sera basé sur un minimum correspondant aux nécessités impérieuses de la vie ; il doit assurer et garantir à chacun le logement, la nourriture et le vêtement. Ceci est de justice rigoureuse, et la vie est le droit de tout être qui naît. Ce minimum est variable suivant l'âge, la force, le sexe, l'intelligence de l'ouvrier, qui a droit ensuite à des dividendes proportionnels au total des salaires gagnés dans toute l'année.

Quant à l'application de ce mode de répartition, il ne saurait s'élever de grandes difficultés pour le capital. C'est une immense entreprise dans laquelle chacun possède un nombre bien constaté d'actions ou de coupons d'actions ; les droits de chacun sont clairs et évidents. Il ne faut pas se dissimuler que, pour le travail, la question est plus épineuse. Mais enfin il n'est pas impossible de comprendre qu'un registre témoigne du nombre de semaines, de journées, d'heures même de présence aux champs, aux vergers, à l'atelier ; du degré d'habileté de l'ouvrier, du danger attaché à tel détail de sa fonction. N'est-ce pas ainsi que les choses se passent aujourd'hui ? Il faut d'ailleurs laisser quelque chose au désintéressement humain, et si quelque injustice de détail se glissait au sein de la cité nouvelle, elle ne serait pas détruite pour cela ; car alors autant vaudrait nier l'existence de la société actuelle, puisque le désordre y est flagrant partout, et que l'on y voit trop souvent les gains, les salaires, les traitements des individus fixés en raison inverse de l'utilité sociale de leur fonction, de leur travail, de leur capacité.

Nous ne voulons plus de ces travaux abrutissants par leur monotonie, et qui atrophient l'intelligence aussi bien que le corps, en ne mettant en œuvre qu'une portion, un membre de l'individu, un bras, une jambe, une main. Au sein de la cité industrielle-agricole, de vastes ateliers propres, élégants même, ventilés en été et chauffés en hiver, réunissent les travailleurs qu'une rivalité constante stimule sans cesse. Grâce à un système de relais habilement ménagé, à peine la fatigue et l'ennui s'emparent-ils de l'un d'eux, qu'il quitte le groupe où il était, et, se délassant d'une occupation par une autre, passe de l'atelier aux champs, quitte son cabinet pour les jardins et les vergers, et se mêle à d'autres groupes dont il réveille l'ardeur.

Tous les groupes de travailleurs nomment celui qui les dirige et les surveille. Ces différents groupes dépendent plus ou moins directement de telle ou telle industrie, de celle des céréales ou des fers, de la viticulture ou des cuirs, etc. Les chefs de groupes qui se rattachent ainsi à la même industrie élisent les chefs qui président à cette industrie principale, et ainsi de suite jusqu'à l'agence supérieure, de telle sorte que l'élection monte toujours de bas en haut, que chacun exerce son droit électoral, et ne l'exerce que dans la proportion des choses qu'il sait, qu'il comprend et qui lui importent.

L'agence supérieure distribue les dividendes entre les diverses grandes industries; les chefs de celle-ci entre les divers groupes; les chefs de groupes entre les membres qui les composent. Comme chaque capitaliste aura des fonds engagés dans plusieurs branches d'industrie; comme chaque travailleur sera occupé dans divers ordres de travaux, industriels et agricoles; comme celui qui sera chef dans tel groupe ne sera que simple travailleur dans tel autre, il y aura contrepoids partout, impossibilité de frauder, absence d'intérêt à le faire.

Ce n'est pas tout d'avoir assuré le bien-être de l'homme et donné satisfaction aux légitimes aspirations de sa triple nature, intellectuelle, affective et sensitive. Une quatrième part de la fortune de l'association constituera un fonds de prévoyance sociale, destiné, suivant les ressources et les moyens dont on disposera, à entretenir les crèches et les asiles, à faire les premiers fonds des caisses de retraites et des sociétés de secours mutuels, à fonder l'asile de la vieillesse, les invalides des glorieux soldats de l'agriculture et de l'industrie.

L'association agit directement et fait elle-même ses transactions. Les agents parasites du commerce, les agents parasites de la répression, qui diminueront tout au moins de nombre, tous ceux qui vivent des excès du morcellement et de la concurrence, rendus à la production, à un travail moins stérile et souvent moins rebutant, donneront une impulsion nouvelle à la richesse générale, en même temps que ce même travail, exécuté par plus de bras, des machines plus puissantes et des procédés perfectionnés, laissera à chacun des loisirs légitimes et nécessaires. Les lots sont ainsi faits à cette heure : aux improductifs et aux oisifs, les plaisirs, les excès, la satiété ; aux travailleurs, un labeur sans relâche ou quelques rares plaisirs qu'on leur reproche. Il est de l'intérêt de tous, riches et prolétaires, que les bénéfices et les charges de la société soient répartis plus équitablement. Le travail ne demandant plus tout le temps de la classe la plus nombreuse au profit de la classe privilégiée, des loisirs seront laissés à chacun ; le flambeau éteint de l'intelligence se rallumera dans ces cerveaux rétrécis et courbés si longtemps sous le joug pesant de la misère. La vie sociale aura pour tous ses charmes et ses bienfaits ; et, dans la commune associée, à côté de l'église, dont les tours dominent l'édifice et portent vers le ciel la reconnaissance et les joies sans mélange de l'homme réconcilié avec Dieu et avec la nature, s'élargira le cercle, avec ses lectures et ses causeries du soir, la salle de concerts, le théâtre même, le théâtre, la plus sublime expression du génie humain, qui résume et appelle à son aide tous les arts, qui séduit le cœur, l'intelligence et les sens, temple que l'architecture et la statuaire élèvent à la poésie et à la musique, à la peinture, à la gymnastique, à la danse et à la déclamation.

Alors, on le comprend, le paysan ne désertera plus le village pour la ville ; alors l'ouvrier pourra quitter la cité, ses vices et ses misères, pour le séjour enivrant de la campagne régénérée.

Rêverie, utopie, impossibilité, quel sens accorder désormais à ces mots, boucliers éphémères de l'ignorance et de la stupidité ? Il n'est pas un fait acquis, pas un préjugé vulgaire, pas un lieu commun qui n'ait commencé par être une nouveauté, une rêverie, une impossibilité. Que d'utopies réalisées depuis cent ans ! Un enfant, aujourd'hui, démontre le mouvement de la terre, et Galilée fut torturé dans les cachots de l'Inquisition pour avoir osé avancer cette impossibilité blasphématoire. C'est au nom de Dieu même qu'on le condamnait, au nom de ce Dieu qui a lancé notre atome planétaire au milieu de ce grand mouvement des mondes qui gravitent dans l'espace et dans l'éternité.

L'une des plus hautes et des plus complètes intelligences de l'antiquité, Aristote, était convaincu que l'esclavage était une institution sociale légitime et nécessaire, et que le travail était impossible sans esclaves. Au moyen âge, les esprits les plus éminents étaient convaincus que le servage était juste et indispensable. Aujourd'hui, l'on est convaincu, au même titre, que le morcellement agricole et le salariat sont l'idéal et le dernier mot des institutions sociales. On est convaincu de prime-saut, *à priori*, sans vouloir étudier et les poings dans les oreilles, qu'il n'y a pas d'organisation possible du travail, parce que l'homme hait et déteste absolument le travail; parce que Dieu, qui a fait du travail la condition de l'existence même de l'homme, l'a maudit et en a fait un châtiment!!!...

La loi nouvelle de l'industrie a-t-elle réalisé sur cette terre un si séduisant Eden, qu'il faille déployer nos tentes et nous y arrêter sans espoir ? Puisque la condition des travailleurs a changé sans cesse pour s'améliorer toujours, et que chacune de ces améliorations a sonné l'heure d'une grande et bienfaisante transformation sociale, ainsi que Châteaubriand l'établit avec raison (1), pourquoi ce qui n'a jamais cessé de progresser serait-il subitement frappé d'immobilisme, pourquoi le travailleur, qui a été tour à tour esclave, serf et salarié, ne serait-il pas appelé à devenir associé? Qui donc osera prendre la voix de Dieu pour dire à l'humanité, qui toujours marche : « Tu n'iras pas plus loin ! »

(1) Voir ci-dessus, p. 444.

FIN DU SECOND ET DERNIER VOLUME.

TABLE DES MATIÈRES

CONTENUES DANS LE TOME SECOND.

LIVRE IV. — XVIIe SIÈCLE.

CHAPITRE I. — Les coutumes au XVIIe siècle	1
CHAPITRE II. — Louis XIII. — États généraux de 1614. — Ils restent sans effet pour le peuple. — Guerres civiles. — Guerres de religion...	12
CHAPITRE III. — Tentatives de Richelieu. — Assemblée des notables. — Guerres civiles. — Ravages effroyables. — Révolte des nu-pieds...	22
CHAPITRE IV. — Minorité de Louis XIV. — La France est au pillage. — Les maltôtiers, les gouverneurs, les intendants. — Ravages de l'armée. — Les campagnes sous la Fronde........................	34
CHAPITRE V. — La féodalité au XVIIe siècle. — Les grands jours d'Auvergne. — Tyrannie des seigneurs	60
CHAPITRE VI. — Colbert. — Détresse des campagnes. — Famine. — Misère effroyable. — Extorsions fiscales. — La comédie des états....	73
CHAPITRE VII. — Soulèvement des campagnes. — Une vengeance.....	93
CHAPITRE VIII. — La guerre. — La misère grandit encore. — Persécutions religieuses	101
CHAPITRE IX. — Abus, privilèges, malversations. — Révoltes des paysans. — Situation des campagnes. — La misère. — Famine.......	110

LIVRE V. — XVIIIe SIÈCLE.

CHAPITRE I. — Mémoires des intendants. — État de la France........	119
CHAPITRE II. — Les Cévennes. — Jean Cavalier. — Détresse générale. — Vauban. — La dîme royale	127

Chapitre III. — La France est envahie. — Fénelon. — L'hiver de 1709. — Inondations. — Famine. — Extorsions fiscales. — Le prisonnier de la Bastille.. 139

Chapitre IV. — La régence. — Inutiles efforts du régent. — La détresse augmente encore. — Louis XV. — Le pacte de famine. — Massillon. 154

Chapitre V. — La justice... 167

Chapitre VI. — La chasse... 189

Chapitre VII. — Les philosophes. — Le servage au xviiie siècle. — Les légistes 205

Chapitre VIII. — Louis XVI. — Turgot. — Affranchissement général des serfs. — Le paysan plus asservi que jamais. — Convocation des états généraux. — Les cahiers des bailliages........................ 216

Chapitre IX. — Prise de la Bastille. — Le héros du 14 juillet. — Foulon et le pacte de famine... 240

Chapitre X. — Insurrection des campagnes. — La nuit du 4 août...... 256

Chapitre XI. — Guerres de la Vendée. — La chouannerie............ 266

Chapitre XII. — Vie privée des paysans et situation de l'agriculture... 312

LIVRE VI. — XIXe SIÈCLE.

Chapitre I. — Le paysan propriétaire 350

Chapitre II. — Le paysan fermier................................... 361

Chapitre III. — Le paysan prolétaire............................... 372

Chapitre IV. — L'impôt foncier. — Le système prohibitif. — Les prestations. — L'octroi. — La terre paie tout. — Les assurances. — Nécessité des réformes.. 381

Chapitre V. — Budget de l'agriculture. — L'usure dans les campagnes. — L'impôt du sang.. 398

Chapitre VI. — Félicités champêtres. — Plaisirs intellectuels. — L'enseignement primaire. — L'enseignement agricole. — Ignorance absolue. 410

Chapitre VII. — Félicités champêtres. — Plaisirs du cœur. — Plaisirs des sens. — Infériorité des campagnes. — Désertion du paysan. — Il émigre dans les villes... 425

TABLE DES MATIÈRES.

CHAPITRE VIII. — Pourquoi le paysan est insociable. — Évolutions de la propriété. — Ce qui reste aujourd'hui du passé. — Communauté des Jault 442

CHAPITRE IX. — État de la question. — L'association agricole......... 457

CHAPITRE X. — L'association agricole (suite)...................... 477

CHAPITRE XI. — L'association agricole (suite et fin).................. 490

www.ingramcontent.com/pod-product-compliance
Lightning Source LLC
Chambersburg PA
CBHW071718230426
43670CB00008B/1054